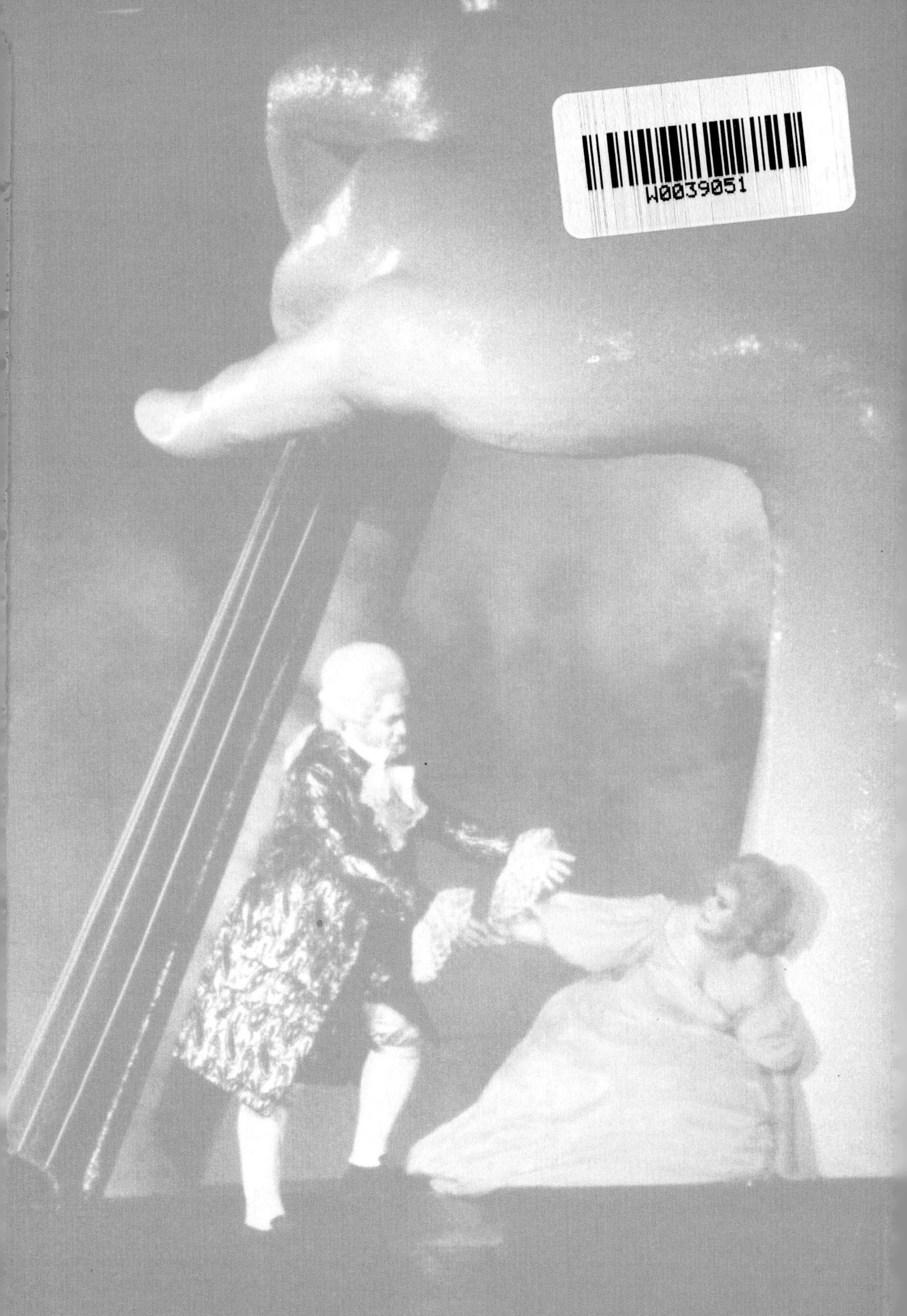

GERSTENBERG VERLAG

50 Klassiker
OPER

Die wichtigsten musikalischen Bühnenwerke

dargestellt von Wolfgang WILLASCHEK

PAARE

KOMÖDIANTEN

TRÄUME UND ALBTRÄUME

Opern von A–Z

Komponisten von A–Z

Einladung in die Oper

»Oper ist Theater und sogar eine besonders volkstümliche Art Theater, denn sie richtet sich direkt an das Gefühl. In keinem Theaterstück kann man so direkt ausrufen ›Ich liebe dich!‹, wie ein Tenor in der Oper, wenn er an die Rampe tritt und ins Publikum singt.«

LEONARD BERNSTEIN

Ursprünge und Geschichte

Oper ist ein Gesamtkunstwerk aus Wort, Ton, Geste, Raum und Licht. Seit ihrer Erfindung ist sie immer aktuelles Gegenwartstheater gewesen, und schon immer wurden in ihr die Tiefen der Seele ausgelotet, lange Zeit vor Entdeckung der Psychoanalyse durch Sigmund Freud. Die Oper fordert jeden dazu auf, sich der eigenen Wünsche, Träume oder Albträume bewusst zu werden, denn dort, wo alles irreal zu sein scheint, werden die eigentlichen Triebkräfte menschlichen Handelns erst sinnlich erfahrbar. Mitglieder gelehrter Akademien wollen um 1600 das Theater der Antike wiederbeleben und (er)finden durch Zufall und auf Umwegen die Oper. Die Oper soll Philosophie, Literatur und Musik

■ Der Blick vom Zuschauerraum auf die Bühne im von Alvar Aalto entworfenen Essener Opernhaus

mit dem erneuerten Wissen von der Antike unter einem Dach vereinen. Es folgen Claudio Monteverdi als erster Vollender, das erste öffentliche Opernhaus, damit der kommerzielle Erfolg, danach die Blütezeit der Barockoper mit Kastraten, Helden und Göttern, Georg Friedrich Händel mit italienischen Opern in England, schließlich im Zentrum der vierhundertjährigen Operngeschichte Wolfgang Amadeus Mozart, dessen große Opern alle zu seiner Zeit gängigen Stilrichtungen revolutionieren. Christoph Willibald Glucks Werke werden, von *Orpheus und Eurydike* abgesehen, heute zwar so gut wie nicht mehr gespielt, für die Operngeschichte bleibt er jedoch der große Reformer, nicht zuletzt, weil mit ihm die Serienfabrikation von Opern durch das einzelne, unverwechselbare Werk abgelöst wird. Ludwig van Beethoven schreibt nur eine Oper. Franz Schubert stehen keine guten Libretti als Vorlagen für Opernkompositionen zur Verfügung, ebenso wenig wie zuvor Joseph Haydn. Im ersten Drittel des 19. Jahrhunderts, im beginnenden Industriezeitalter, wird die Große Oper zum Publikumsmagneten. Mit Vincenzo Bellini und Gaetano Doni-

▪ Illusionsmaschinerie als Element der Kunst: Blick hinab vom Schnürboden, von dem aus mit Hilfe einer ausgeklügelten Maschinerie die Dekorationen auf die Bühne hinabgelassen werden, auf der die Sänger agieren.

»Die Musik ist Sprache. Ein Mensch will in dieser Sprache Gedanken ausdrücken; aber nicht Gedanken, die sich in Begriffe umsetzen lassen, sondern musikalische Gedanken. Es will jemand in Tönen etwas mitteilen, was anders nicht zu sagen ist. Die Musik ist in diesem Sinne eine Sprache.«

ANTON WEBERN

■ Im Schnürboden

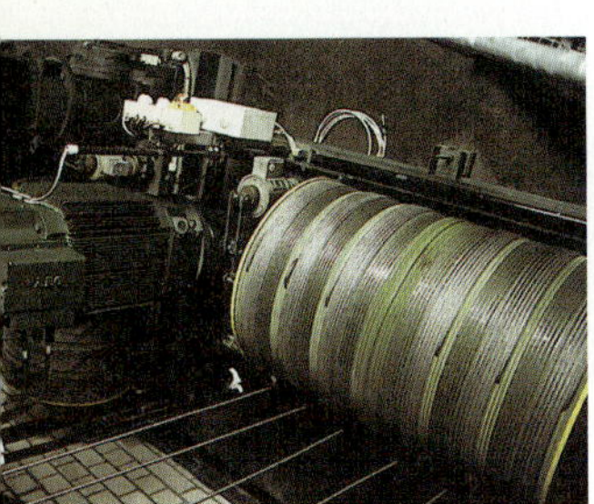

zetti wird der Höhepunkt des Belcanto, des »schönen Gesangs« erreicht. Gioacchino Rossini hat schon nach seinen frühen Erfolgen genug vom Komponieren. Gaspare Spontini bringt Elefanten auf die Bühne. Giacomo Meyerbeer kennt heute kaum noch jemand. Jacques Offenbach schreibt bitterböse musikalische Gesellschaftssatiren. Richard Wagner übertrifft alle und hinterlässt ein schweres Erbe, das Musikdrama. Giuseppe Verdi komponiert angeblich Humtata-Musik und vollendet die Oper als Drama im Geist Shakespeares. Daneben gibt es *Carmen*, *Boris Godunow*, *Die verkaufte Braut*; Nationalopern entstehen, französisch, italienisch, russisch, englisch oder deutsch. Giacomo Puccini nimmt die Dramaturgie des Filmes vorweg, sagt man. Leoš Janáček lässt in mährischen Dörfern große Dramen spielen. Richard Strauss, der sich rühmt, Noten auf jede Speisekarte zu schreiben, ist so etwas wie der letzte Klassiker. Das musikalische Theater wird zum permanenten Experiment. Selbst Alban Bergs *Wozzeck* und *Lulu*, Klassiker der Moderne, vergraulen bis heute die ewig Gestrigen, die zwar niemals auf die Idee kämen, ein Auto von 1920 für den letzten Schrei zu halten, wohl aber eine Oper aus dieser Zeit. Trotzdem gilt (zu Unrecht!) *Die Dreigroschenoper*, in der Bertolt Brecht und Kurt Weill ein sprachverständliches Modell entwickeln, heute längst als Zeitstück von gestern. Doch die Werke von Henze, Nono, Rihm, Lachenmann, Reimann, Trojahn, Hölzsky – der Handvoll zeitgenössischer Opernkomponisten, die das Glück hatten oder haben, dass ihre Stücke nach der Uraufführung nachgespielt wurden und werden – künden von der Unsterblichkeit der Gattung. Kann man überhaupt von einer Geschichte der Oper sprechen? Wenn ja, dann jedenfalls nicht im Sinne eines dürren Knochengerüsts von Daten und Fakten; denn die Oper ist ein faszinierender, lebendiger Organismus, umso lebendiger, je beharrlicher man sie totsagt.

■ Für Tonaufnahmen, die den Zusammenklang von Stimmen und Orchester optimal wiedergeben, verfügt die Essener Oper über eine zentral gesteuerte Mikrofonanlage.

Sprache und Musik

Normalerweise denkt man bei der Oper zuerst an die Arie, den kunstvollen, vom Orchester begleiteten Sologesang. Die zumeist dreiteilige Da-capo-(Wiederholungs-)Arie verkörpert den barocken Gipfelpunkt der dramatischen Gesangskunst. Selbst wenn ein Abschnitt notengetreu wiederholt wird, klingt er beim zweiten Mal anders als beim ersten, und jede noch so kleine Variation spiegelt unter Umständen eine starke dramatische Veränderung wider.

Da Gefühle, gerade extreme Gefühle, nicht ohne ein Mindestmaß an Handlungshintergrund, an Motivation, auskommen, gibt es zunächst keine Arie ohne das vorangehende und nach-

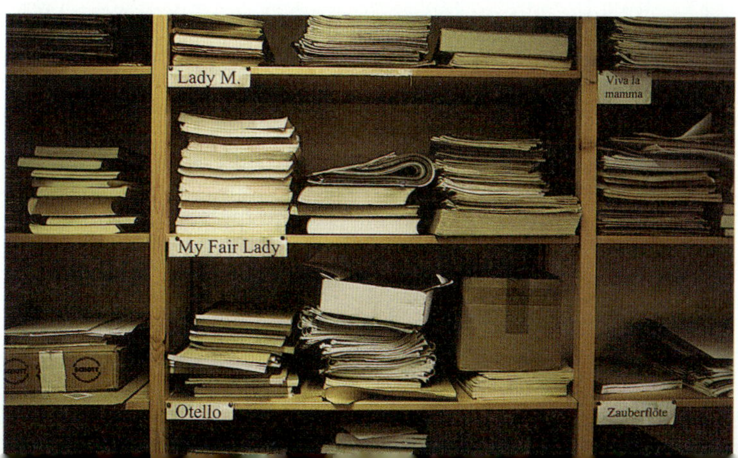

■ Im Notenarchiv lagern die Partituren und die Auszüge aus den Partituren für die einzelnen Stimmen.

folgende, oft genug den musikalischen Verlauf unterbrechende Rezitativ, den instrumental begleiteten Sprechgesang. Die Wechselwirkung von Affekte ausdrückender Arie und die Handlung vorantreibendem Rezitativ ist der Ausgangspunkt für die Dialektik von Sprache und Musik.

In barocken Werken begleiten das Hammerklavier oder das Cembalo oder eine Gruppe von Bassinstrumenten nüchtern und trocken das Seccorezitativ. In klassischen Opern schalten sich im Accompagnatorezitativ verstärkt Orchesterinstrumente ein. In der romantischen Oper wird der Sprachgestus des Rezitativs entweder verdichtet und gesteigert oder weitgehend in einen durchkomponierten musikalischen Handlungsverlauf integriert, wie bei Wagner und seinen Nachfolgern. Dabei hat der Komponist die Möglichkeit, Wort und Musik zu vereinen oder rigoros zu trennen: hier der gesprochene Dialog, dort die innere Handlung in Gesang und Instrumentalmusik. Die herausragenden deutschsprachigen Opern vom Ende des 18. und Beginn des 19. Jahrhunderts gehören der Gattung des Singspiels an: *Die Zauberflöte, Fidelio, Der Freischütz.* Diese Opern mit gesprochenen Dialogen stützen sich auf Texte, die bis heute zu Unrecht unterschätzt werden, obwohl sie exakt das leisten, was ein gutes Libretto (Textbuch) ausmacht: Raum zu schaffen für Musik.

▪ Obwohl normalerweise keiner der Töne, die zu einer Oper gehören, elektronisch erzeugt oder verstärkt wird, gibt es in der Oper eine tontechnische Anlage. Von einem zentralen Pult aus werden sowohl Lautsprecher gesteuert, die Geräuscheffekte erzeugen können, als auch die Mikrofone für Schallaufnahmen.

Bild und Struktur der Musik werden in der Partitur verankert. Wie Oper auf »opus« (Werk) zurückgeht, meint auch die Partitur etwas Klares und Einfaches: Einteilung der Details. Angaben wie Andante, »gehend«, oder Allegro, »heiter, lustig« sind nie ganz exakt zu fassende Vorgaben für die in der Zeit, in einem Tempo auszudrückende Grundstimmung. Der Rhythmus verleiht dem zeitlichen Ablauf einen unverwechselbaren Gestus, macht ihn zum Spiegelbild der Erregung. Das Maß der Dinge ist das Metrum, die Ordnung der Takte, in denen es betonte und unbetonte Impulse gibt: das Auf und Ab der Musik, ihr Atem.

Dazu kommt die Abstufung der Tonstärken, die Dynamik: p steht für piano (leise) und f für forte (stark – was aber nicht gleich »laut« heißt). Allein über die Auffassung dieser beiden Bezeichnungen – von ihren unzähligen Abstufungen nicht zu reden – können sich Interpreten unversöhnlich in die Haare geraten. Was heißt »leise«, was »stark«? Accelerando meint »beschleunigend«, ritardando »verzögernd«, womit ein weiterer wesentlicher Punkt für die schwierige Kunst der allabendlichen Feinabsprachen zwischen Dirigent, Sänger und Orchester benannt ist. Eine Partitur besteht aus einer Fülle von Details, die es stets von neuem zu verlebendigen gilt. Sie ist nicht tote Materie, sondern stets aktuelle Herausforderung.

> *»Der Weg von 743 Hertz bis zum gesungenen fis entspricht etwa dem vom ungebrüteten Ei bis zum ausgewachsenen Huhn.«* WOLF ROSENBERG

Eine Partiturseite beginnt mit den höchsten Blasinstrumenten, den Piccoloflöten und Flöten, und endet mit den tiefsten Streichinstrumenten, den Kontrabässen. Dazwischen finden sich die Holz- und die Blechbläser, unter denen die Schlaginstrumente ihren Platz haben. Die Streichinstrumente bilden einen Teil für sich. Exakt in der Mitte zwischen den Instrumentengruppen, bewusst isoliert und doch so, dass es sich jederzeit dieser oder der anderen Partei zuordnen kann, ist jenes »Instrument« notiert, ohne das Oper schlichtweg unvorstellbar ist: die menschliche Stimme.

»Die menschliche Stimme ist das größte Instrument überhaupt«, urteilt Leonard Bernstein. In Mozarts *Don Giovanni* tauscht der Verführer seine Kleidung mit seinem Diener Leporello. Während dieser vor dem Fenster Donna Elviras steht, steuert Don Giovanni aus dem Dunkel eine verführerische Melodie bei. Donna Elvira fällt auf den Betrug herein. Sie folgt der Magie einer Stimme. Rigoletto glaubt in Giuseppe Verdis gleichnamiger Oper, in dem Sack, der vor ihm liegt, sei der Leichnam des ihm verhassten Herzogs. Mit einem Mal hört er im Hintergrund dessen Stimme. Wer ist stattdessen im Sack? Von einer Sekunde zur

■ Moderne Technik steht bei der Opernaufführung zur Verfügung – und doch wird alles Wesentliche »live« sein.

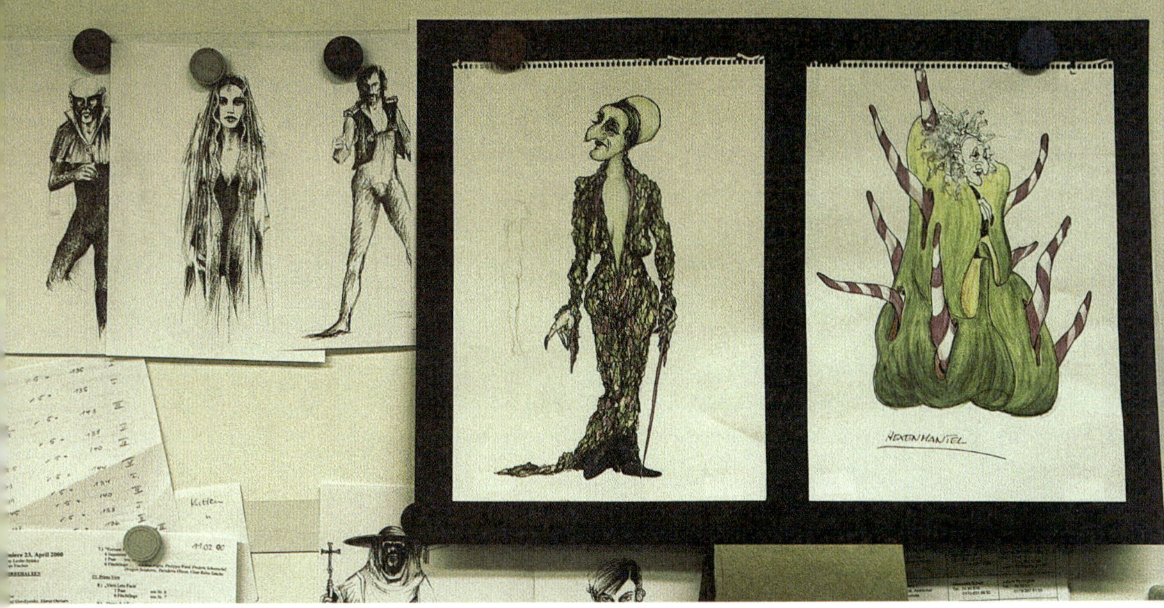

■ Für das sinnliche Erlebnis Oper wirken im Verborgenen zahlreiche Spezialisten. So entstehen in der Kostümabteilung vom Entwurf bis zur Ausführung die Kostüme.

■ Angeschlossen ist sogar eine eigene Färberei.

nächsten bricht Rigolettos Lebenslüge wie ein Kartenhaus in sich zusammen. Die Stimme führt in der Oper zur unleugbaren dramatischen Gewissheit.

Die Erfindung der Oper ist untrennbar mit der barocken Kunst der Kastraten verbunden. Die Grenzen der Geschlechter sind fließend, die Stimme und nicht die Stimmlage macht das Erotische aus. Kastraten erreichen auf »natürliche« Weise die Höhe und den Klang der tieferen weiblichen Stimme, des Alt, während Countertenöre sich dafür des Falsetts, einer besonderen Technik, bedienen. Gegen Ende des 18. Jahrhunderts werden die Geschlechter nach Stimmlagen unterschieden. Zu den Fächern Sopran und Alt bei den Frauenstimmen sowie Tenor und Bass bei den Männern treten zunehmend die exponierten Mittellagen, Mezzosopran und Bariton. Die Primadonna und der Heldentenor rücken ins Blickfeld. Spätestens seit Wagners Anforderungen ist die Fächerzuordnung ein Grundproblem der Opernkunst. Ein Sopran beispielsweise kann lyrisch, jugendlich-dramatisch, dramatisch oder ein dramatischer Koloratursopran sein. Dabei spielen das unverwechselbare Timbre, die Stimmfarbe und die Intonation, das Treffen richtiger Tonhöhen, eine weit größere Rolle als das jeweilige Fach. Das hohe C wird oft und gern zum circensischen Balanceakt verklärt: Hat er's, hat sie's – oder nicht? Doch ein Spitzenton allein sagt wenig aus über die optimale Gestaltung einer Rolle. Die Kunst der Koloratur, das Tremolieren der Stimme in weiträumigen Läufen, ist

nicht nur eine extravagante Verzierung und die vielleicht virtuoseste Form des Operngesanges. Koloraturen spiegeln in erster Linie die Erregung eines außer sich geratenen Menschen wider und liefern in ihrer extremen Künstlichkeit die beste Erklärung, warum ein Mensch in bestimmten Situationen nicht mehr sprechen kann, sondern singen muss.
Die Stimme in der Oper ist weder ein Zufallsprodukt noch ein Göttergeschenk. Zum richtigen Singen benötigt man eine ausgefeilte Technik, die es zu erlernen gilt, vor allem das richtige Atmen, da man auf dem Atem singt. Das A und O einer verantwortungsvollen Ausbildung beruht auf der Beherrschung der »messa di voce«, worunter man das allmähliche An- und Abschwellen des Tones versteht und damit: Selbstbeherrschung, bewussten Einsatz der Stimme. Die höchste Kunst besteht darin, nicht mit viel, sondern mit wenig Stimme zu singen, als Ausdruck einer Entspanntheit des ganzen Körpers. Nicht der Ton macht die Musik – er ist das Ergebnis –, sondern der Tonansatz, ein komplexer Vorgang, zu dem so vermeintlich sterile Begriffe wie Zäpfchen, Gaumensegel oder Einschwingungsvorgang gehören. Man muss nur den Bruchteil von Zeit zwischen der Konzentration des Sängers, dem Einsatz des Dirigenten, dem Atemholen und dem vollendeten Ton beobachten, um die Magie zu begreifen, mit der in der Oper allabendlich Technik, Dramatik und Präsenz zusammenwachsen.

■ Die Kostüme werden für jede neue Inszenierung in der Opernschneiderei realisiert.

Eine Operninszenierung entsteht

Die Entwicklung von Opernaufführungen verlangt Kenntnisse in Musik, Schauspiel, Technik, Architektur, Kostümwesen, Management, Soziologie, Marketing, Psychologie, Philosophie, Geschichte und mehr. Der Intendant trägt die künstlerische Verantwortung. Ihm zur Seite gestellt ist zumeist ein Direktor als betriebswirtschaftlich Verantwortlicher. Beide bestimmen langfristig Spielplan und Struktur eines Hauses. Entscheidend ist, dass sie ihre Kompetenzen exakt aufeinander abstimmen. Der Intendant legt ein Leitungsteam für eine Aufführung fest. Dazu zählen vor-

■ Im Malsaal, wo die Bühnenprospekte entstehen

nehmlich der Dirigent – in vielen Fällen ist dies der musikalische Leiter eines Hauses, der häufig den Titel eines Generalmusikdirektors trägt –, der Regisseur, Bühnenbildner und Kostümbildner. Frühzeitig werden in die Entwicklung einer Neuinszenierung zahlreiche andere Personen und Funktionen einbezogen. Dramaturgen sind neben der Redaktion von Programmheften und Publikumsinformationen für die umfassende künstlerische Analyse zuständig, so für das Quellenstudium und Fassungsfragen. Im künstlerischen Betriebsbüro laufen die Fäden der Planung zusammen. Hier wird der Probeplan erstellt, der alle anstehenden Produktionen umfasst. Wann wird welches Stück mit welcher Besetzung gespielt? Wer singt welche Rolle, ein Mitglied des eigenen Ensembles oder ein Gast?

Das Ergebnis der künstlerischen Auseinandersetzung im Leitungsteam, das auch in Bühnenbild- und Kostümentwürfen festgehalten ist, bildet die Grundlage für die Bauprobe. Auf der Hauptbühne, wo später die Aufführung stattfinden soll, wird mit improvisierten Materialien der Ernstfall ein erstes Mal durchgespielt. Was lässt sich wie bauen? Welche Ideen sind zu realisieren, welche nicht? Eine vermeintlich unscheinbare Frage kann existenziell sein: Welcher Zuschauer sieht von seinem Platz noch welchen Teil des Bühnenraumes? Es geht zudem darum, frühzeitig die unterschiedlichen Abteilungen eines Hauses in die Arbeit einzugliedern: den Malsaal, in dem die großflächigen Prospekte erstellt werden, die Tischlerei, die Schlosserei, die Kaschierwerkstatt, die Kostümabteilung, die Maske.

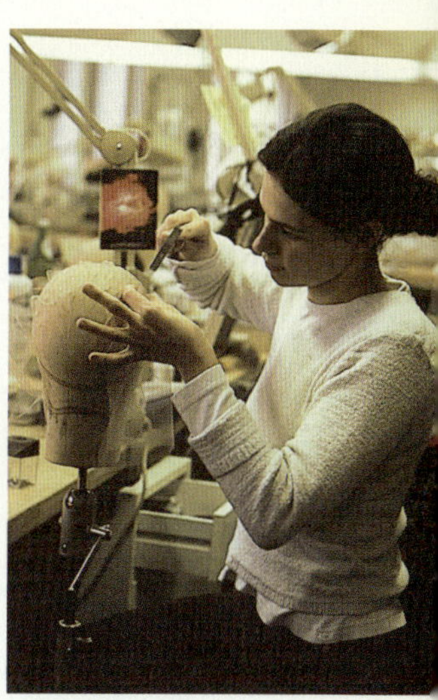

Danach trennen sich für lange Zeit die Wege der Beteiligten. In den Werkstätten beginnt die technische Umsetzung. Die Darsteller studieren ihre Partien in einem Solozimmer unter Anleitung von Korrepetitoren ein, musikalischen Assistenten. Dabei wird mit dem Klavierauszug gearbeitet, in dem die Stimmen des Orchesters auf die zwei Hände des Pianisten verteilt sind. Am ersten Probetag erläutert das Leitungsteam den Mitwirkenden das Konzept der Inszenierung. Auf einer Probebühne beginnen die Stellproben. Die Sänger tragen noch keine Kostüme, sind nicht geschminkt und sehen aus wie Menschen von der Straße, die plötzlich beginnen, den Liebestod aus Wagners *Tristan und Isolde* darzustellen. Um den Regisseur herum beginnt, je nach Probenstadium, ein immer regeres Treiben. Die Regieassistenten tragen die Choreographie der Szenen in ihre Klavierauszüge ein, um später die Aufführungen und Wiederaufnahmen betreuen zu können. Ein guter Assistent unterscheidet sich übrigens von einem schlechten dadurch, dass er nicht nur weiß, wohin ein Darsteller wann zu gehen hat, sondern warum er dies tut. Requisiteure sind für die Requisiten verantwortlich: Jeder auf der Szene verwendete Ge-

■ Bevor ein Entwurf für Maske und Perücke am Sänger realisiert wird, müssen Modelle geschaffen werden.

■ In der Maske

genstand muss vor einer Probe auf dem richtigen Platz liegen. Es gehören Erfahrung und Routine dazu, um herauszubekommen, aus welcher der vielen verschiedenen Abteilungen welcher Gegenstand zu besorgen ist, ob aus der Schreinerei, aus der Requisite, vom Rüstmeister (dem Waffenexperten), aus der Maske oder der Kostümabteilung.

■ In der Requisite harrt eine Vielzahl von Gegenständen darauf, in einer neuen Inszenierung wieder Verwendung zu finden.

Während unter Anleitung des Regisseurs ein Stück geprobt wird, studiert der Dirigent mit dem Orchester die Instrumentalpartien ein; danach werden während der Orchestersitzproben die Sänger integriert, ohne dass sie dabei agieren müssen. Gleichzeitig beginnen die technischen Endproben. Bei der technischen Einrichtung wird das originale Bühnenbild aufgebaut. Die Darsteller werden einzeln zu Kostümproben gebeten. Zu den längsten, nervenaufreibendsten Probeverläufen gehören die Beleuchtungsproben, bei denen erstmals in einem Teilbereich jene Perfektion angestrebt wird, die den Opernabend auszeichnen soll. Eine Probe auf Herz und Nieren, die entscheidende für das künstlerische Gesamtergebnis, ist die Klavierhauptprobe, bei der, wie der Name sagt, das Orchester im Graben durch einen Pianisten ersetzt wird. Ansonsten jedoch sollten Originalbedingungen herrschen. Die Sänger tragen ihre Kostüme, das Bühnenbild ist vollständig aufgebaut und ausgeleuchtet, die Abläufe sind koordiniert. Diese Probe ist vor allem entscheidend für den Chor, neben dem Orchester das für das Gelingen einer Aufführung wesentliche Kollektiv. Nach der Klavierhauptprobe werden in Bühnenorchesterproben die Sing- und Intrumentalstimmen aufeinander abgestimmt. Zumeist hat der Regisseur dabei das Gefühl, dass ihm durch die Eingriffe des Dirigenten alles wieder verloren geht, was detailliert in Wochen an szenischer Präsenz erarbeitet wurde. Am Ende eines Probeprozesses stehen die Orchesterhauptprobe und die Generalprobe, in denen alle Details ineinander fließen müssen, während zugleich immer stärker die Öffentlichkeit den Verlauf mitbestimmt: Fotografen, Filmteams,

■ Requisiten werden auf die Bühne getragen

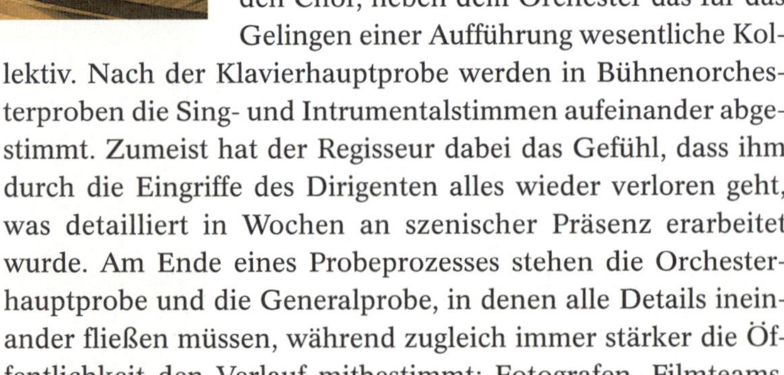

aber auch, was Generalproben heiß begehrt macht, Mitglieder des Hauses und leidenschaftliche Opernfans. Beim Beginn der Premiere gibt der Inspizient das Zeichen zum Auftritt. Er gehört zu den wichtigsten Mitarbeitern bei Proben und Aufführungen, da in seinen Händen die Verantwortung für die Koordination des künstlerischen und technischen Ablaufs einer Aufführung liegt. Er sorgt nicht nur für den Auftritt Don Giovannis zum richtigen Zeitpunkt, sondern auch dafür, dass die Luke im Bühnenboden, durch die der Verführer am Ende in die Hölle fährt, rechtzeitig geöffnet wird. Auf dem Inspizientenpult liegt der Klavierauszug oder die Partitur, das Werk des Komponisten, mit dem alles angefangen hat. Ein Kreis schließt sich.

■ *oben und unten* Probe zu *Aida* im Opernhaus Zürich mit Chor und den Sängern Marjana Lipovšek und Vincenzo La Scola unter Leitung des Regisseurs Johannes Schaaf

■ *nachfolgende Doppelseite: Falstaff* von Giuseppe Verdi. Ensemble und Chor der Hamburgischen Staatsoper in der Inszenierung von Marco Arturo Marelli, 1997.

Orpheus
Der erste Held

Beim ersten durchschlagenden Werk steht die ganze Gattung auf dem Prüfstand. Leidenschaftlich kämpft Orpheus um die Freiheit des singenden Helden. Es ist die Geburtsstunde des Dramas mit, in und für Musik.

■ Unlöslich mit sich und der »Rose des Himmels« verbunden: der Sänger und seine Muse. Philippe Huttenlocher als Orpheus und Reingard Didusch als Eurydike. Inszenierung von Jean-Pierre Ponnelle, Opernhaus Zürich, 1975.

Am 22. Februar 1607 erscheint der singende Mensch auf dem Theater. Die Geburtsstunde der Oper ist ein Missverständnis mit weitreichenden Folgen. Der Versuch kunstbegeisterter italienischer Adeliger, die attische Tragödie, die man sich gesungen vorstellt, wieder zu entdecken, führt zu einer neuen Kunst, mit der sich bald darauf mächtig Kasse machen lässt. Sie wird zu einer Herausforderung, an der sich bis heute die Geister scheiden. Entweder man verfällt der Oper wie einer Sucht, oder man empfindet sie schlichtweg als Zumutung. Wer wäre besser geeignet, den Part des ersten großen Helden zu übernehmen, als Orpheus, der durch seinen Gesang die Natur besänftigt und selbst den Tod besiegt? Zu Beginn von *L'Orfeo* erklingt eine Toccata, die Fanfare der Gonzagas, der Herzöge von Mantua. Dadurch rangiert der Auftraggeber vor dem Komponisten und vor dem Helden. Danach wird ein Prolog in Szene gesetzt, und die neue Kunst erscheint höchstpersönlich: »La musica«. Ihr Wesen

■ Orpheus ist sich seiner Identität als Künstler nicht mehr gewiss; die »goldene Zither« hält er wie zufällig in den Händen. Laurence Dale als Orpheus. Inszenierung von Herbert Wernicke, Salzburger Festspiele, 1993.

und ihren Sinn erläutert sie wie aus einem Parteiprogramm. In der dritten Strophe ist die Rede von der »goldenen Zither und der Himmelsleiter«, Sinnbildern zur Entschlüsselung des Mysteriums Musik. In der letzten Strophe des Prologs befiehlt die Musik, sogar die Natur möge verstummen. Die neue Kunst wird alles andere in den Schatten stellen.
Heiter und ausgelassen beginnt der erste Aufzug mit Chören, Duetten und Hymnen. Endlich erscheint Orpheus, unüberhörbar ein Außenseiter unter Nymphen und Hirten. Als »die Rose des Himmels« besingt er nicht Eurydike, sondern das Licht der Sonne. Monteverdis dramatische Musik mag für die Menschen seiner Zeit Neuland sein, doch verfügen sie über eine enorme Fähigkeit, sich in philosophischen Symbolen auszudrücken. Perfekt beherrscht man am Hof von Mantua die Kunst der Rhetorik. Episches und Dramatisches werden darin zu einem neuen Stil vereint, den man den »repräsentativen« nennt. Orpheus gehört zu Eurydike wie Romeo zu Julia. Obwohl sich alles um ihre »glücklichen, fröhlichen Augen« dreht, erscheint Eurydike, die weibliche Hauptfigur, nur flüchtig. Einmal, kurz vor ihrem Tod, singt sie acht, beim Wiedersehen mit Orpheus in der Unterwelt immerhin zehn Takte. Folgende politische Hintergründe spielen dabei eine entscheidende Rolle: Zur Zukunftssicherung des Hauses Gonzaga werden 12- bis 15-jährige Mädchen des europäischen Hochadels als Bräute, die für Nachwuchs zu sorgen haben, nach Mantua gebracht. Verläuft alles erfolgreich, werden aus ihnen Fürstinnen und mündige Frauen, wie

KÜNSTLERDRAMA ERSETZT GÖTTERHYMNUS

Monteverdis Orpheus wäre unvorstellbar, verkörperte er für die progressiven Dichter jener Zeit, etwa den Librettisten Alessandro Striggio, nicht eine ideale Identifikationsfigur. Dabei ist weniger entscheidend, ob es sich um einen Musiker handelt, als vielmehr die Tatsache, dass Orpheus und der Gott Apollo nicht voneinander zu trennen sind: Programm einer neuen Kunst. Monteverdi fügt das entscheidende Detail hinzu. Erst Musik macht verständlich, welches Leid es bedeutet, als Künstler Außenseiter zu sein. Der Ton bindet das Wort an ein Gefühl, Geburtsstunde der Oper.

Proserpina in *L'Orfeo*. Versagen sie, müssen sie nach nur einem Auftritt in der Fürstengesellschaft von der Bildfläche verschwinden. Ähnlich wird auch Eurydike in der Oper dargestellt. Sie ist für Orpheus, der sie seine Sonne nennt, nicht mehr als nur der Vorwand die Ausdrucksmöglichkeiten einer neuen Kunst zu erkunden und vorzuführen.

■ Übertritt in eine Spiegelwelt. Szene aus dem Film *Orphée* von Jean Cocteau mit Jean Marais in der Titelrolle.

Orpheus durchquert Welt und Unterwelt nach striktem Fahrplan in fünf Akten. Eine Botin verkündet den Tod Eurydikes. Orpheus vergegenwärtigt sich diesen mit bruchstückhaften Tönen. Eine Arie wird zur Studie des Wahnsinns, wie er einen Menschen in extremen Situationen befällt. La Speranza (die Hoffnung) begleitet Orpheus vor die Unterwelt, wo, so steht es am Eingang, »jeder, der eintritt, die Hoffnung fahren lassen« muss. Aus einer antiken Figur, die wirkt, als sei sie eine innere Stimme, macht Monteverdi ein modernes Phänomen: die Muse, ohne die kein Künstler auskommt. Vor Charon, dem Wächter der Unterwelt, singt Orpheus ein Bravourstück, das klingt, wie man sich eine Arie vorstellt: emphatisch, pathetisch, voller Verzierungen (Koloraturen). Das macht gewaltigen Eindruck und hat zugleich einen unwirklichen Anstrich. Auffällig ist auch, dass Monteverdi Klang und Melodie von Strophe zu Strophe entschlackt. Zuletzt ist das Gesungene schlicht, aber glaubhaft. Und der Komponist vollendet meisterhaft die damals gerade erst entdeckte Kunst, einen Ausdruck zwischen »sprechendem Gesang« und »singendem Sprechen« zu finden. Vom sogenannten »cantar parsaggiato« (dem reich verzierten Singen) wandelt sich die Stimme des Orpheus über das »cantar d'affetto« (dem affektbezogenen)

EIN SCHREI AUS DEM NICHTS

Vierter Akt: Der Mensch ist das Zentrum allen Seins. Kein Gott verhindert, dass sich Orpheus nach Eurydike umsieht. Kaum ist dies geschehen, schreien bei Monteverdi Stimmen hinter der Bühne auf. Es gibt keine Musik für diese Reaktion. Ein Schrei ist ein Schrei. Durch Kunst würde das Einzigartige nur künstlich. Der entscheidende Augenblick des Stücks, ein Riss durch eine bislang autoritäre Welt, ist zugleich das Produkt eines irren Zufalls. Welche Einsicht in die heimlichen Spannungskräfte dieser neuen Kunst, und das von ihrem »Erfinder«!

zum »cantar sodo«, dem schlichten Gesang. Man versteht, was und wie ein Mensch fühlt. Die Sache hat lediglich einen kleinen Schönheitsfehler. Charon, der Wächter, schläft beim Gesang von Orpheus ein. Zunächst will – zumindest auf der Bühne – niemand die neue Errungenschaft wahrhaben.

> *»Monteverdi war ein leidenschaftlicher Musiker, ein kompromißloser Neuerer in jeder Hinsicht, ein durch und durch moderner Komponist.«*
>
> NIKOLAUS HARNONCOURT

Die Entscheidung, ob Orpheus Eurydike zurückgewinnt, fällt im Hinterzimmer der Macht, im Schlafzimmer von Proserpina und Pluto. Als gesellschaftlich anerkannte Frau weiß Proserpina, was sie wie fordern muss. Pluto wird tun, was sie verlangt, denn sonst: kein Sex! Monteverdi demonstriert, wie sich das Verhältnis zwischen Männern und Frauen zu wandeln beginnt. Es geht um die Macht des Eros, ein höchst brisantes Thema für die Gattung Oper von *Don Giovanni* bis *Lulu*. Pluto gibt Eurydike der Welt zurück. Außer sich vor Freude über das, was seine Kunst vermochte, begeht Orpheus im Affekt einen folgenschweren Fehler. Orpheus sieht Eurydike in die Augen. Er bricht ein Tabu. Der Chor, die Masse, sagt warum: »Er besiegte die Hölle und wurde dann von seiner Leidenschaft besiegt!« Orpheus zeigt zu viel Gefühl. Erinnert man sich an Prometheus oder Christus, mythische Spiegelbilder zu Orpheus, heißt das: »Kreuziget ihn!« Kaum erfunden, gerät die Gattung gleich in eine schwere, freilich produktive Krise. Gefühle sprengen jede Ordnung. Der schöne Gesang ist ein Mittel, die Zerrissenheit des Menschen einzigartig zu dokumentieren.

Im vierten und fünften Akt fällt das Stück in Bruchstücke auseinander, da Orpheus der erste Held ist, der singt, was er fühlt (!), ohne Rücksicht darauf, was sich seine Auftraggeber erwarten. Das einzige Gegenüber, das er im vierten Akt noch akzeptiert, ist das Echo, also seine eigene Stimme. Die Laute des Echos »Du hast geweint …«, »Es ist genug!« und »Ach!« sind Ausdruck seines Schmer-

■ Auf den Stufen zu einer besänftigten Natur. Charlotte Berthold als Messagera, die Botin. Inszenierung von Jean-Pierre Ponnelle, Opernhaus Zürich, 1975.

CLAUDIO MONTEVERDI
15. 5. 1567–29. 11. 1643

1590 Sänger und Violaspieler in Mantua
1595 Mitwirkung als Hofmusiker beim Feldzug nach Ungarn
1599 Mitwirkung als Hofmusiker beim Feldzug nach Flandern
1601 Hofkapellmeister bei den Gonzagas in Mantua
1613 Domkapellmeister an San Marco in Venedig
1632 Eintritt in den geistlichen Stand
1641 *Die Heimkehr des Odysseus in sein Vaterland*
1642 *Die Krönung der Poppea*

zes, können aber auch als Programm der neuen Kunst Monteverdis gelesen werden. Ein Mensch setzt sich und seine Empfindungen über alles andere. »Es ist genug« mit autoritärer Bevormundung. Ursprünglich wollen die Autoren der Oper, dass Orpheus von rachsüchtigen Erinnyen zerrissen wird. Aber die Auftraggeber wünschen eine andere Lösung, die weit subtiler und perfider ist. Damit man ihn in Zukunft ertragen kann, muss Orpheus unsterblich werden. Apollo, der Fürst als Gott, macht aus ihm ein Sternbild, einen Star. Beide steigen zum Himmel empor. Ihr Ensemble ist das einzige richtige Duett dieser »Fabel in Musik«, da zwei Stimmen tatsächlich dieselben Töne singen. Zugleich ist die Szene eine unverhohlene homoerotische Liebeserklärung des Gonzaga-Herzogs an seinen Hauptdarsteller, den mit großem Aufwand eigens verpflichteten Kastraten Francesco Rasi. Mäzen und Star schließen einen Pakt auf Kosten von Orpheus, dem gescheiterten Künstler. Und auf Kosten von Monteverdi, dessen Vision nur existieren kann, wenn sie sich mit einem prächtigen »event« verbinden lässt. Kaum als Held erschienen, droht Orpheus bereits unterzugehen. Aber das Ereignis, die Geburtsstunde der Oper, lässt sich nicht mehr ungeschehen machen. Dem ersten Helden werden weitere unvergleichliche folgen: Rigoletto, Wozzeck, Parsifal, Carmen, Fidelio, Don Giovanni, Lulu …

■ Vorbereitungen für die Hochzeit von Orpheus und Eurydike, die für sie tödlich endet. Heidi Grant Murphy als Nymphe. Inszenierung von Herbert Wernicke, Salzburger Festspiele, 1993.

ORPHEUS (L'ORFEO)

FAVOLA IN MUSICA IN EINEM PROLOG UND FÜNF AKTEN. IN ITALIENISCHER SPRACHE

HANDLUNG

Prolog: Die Musik erscheint. Sie kommt aus den Quellen des Unbewussten. Sie kann alle Gefühle steuern, von der Liebe bis zum Hass. Sie ist ein Mysterium. Sie wählt sich Orpheus als Mittel zum Zweck. Vor ihr verstummt selbst die Natur.

Erster Akt: Nymphen und Hirten feiern die Hochzeit von Orpheus und Eurydike. Orpheus preist Eurydike als das Licht der Sonne.

Zweiter Akt: Aus heiterem Himmel verkündet eine Botin den Tod Eurydikes. Orpheus gibt sich mit diesem Schicksalsschlag nicht ab. Er verlangt sie von den Göttern zurück.

Dritter Akt: La Speranza, die Göttin der Hoffnung, bringt Orpheus an das Tor zur Unterwelt. Charon, der Fährmann, der die Seelen ins Totenreich geleiten soll, verweigert ihm den Zutritt. Orpheus singt um sein Leben. Charon schläft ein, aber der Weg für Orpheus ist frei.

Vierter Akt: Mit den Waffen einer Frau überredet Proserpina, berührt vom Gesang des Orpheus, ihren Mann Pluto, den Gott der Unterwelt, Eurydike freizugeben. Pluto knüpft daran eine Bedingung. Orpheus darf nicht in die Augen von Eurydike sehen. Die Bedingung ist nicht zu erfüllen. Orpheus verliert Eurydike.

Fünfter Akt: Zurück auf der Erde, bleibt Orpheus nur das Echo seiner Stimme. Apollo, Gott der Sonne und der Musen, erhebt Orpheus in den Himmel. Er macht ihn unsterblich.

DATEN

Text: Alessandro Striggio nach der Dichtung des *Orpheus*-Mythos von Angelo Poliziano

Musik: Claudio Monteverdi

Uraufführung: 22. 2. 1607, Mantua

Handlungszeit: Mythisches Geschehen aus der Sicht des beginnenden 17. Jahrhunderts

Handlungsorte: Arkadische Landschaft, vor dem Tor zur Unterwelt, in der Unterwelt, auf der Erde, am Himmel

Spielzeit: etwa 1¾ Stunden

Personen: *La Musica* (Sopran), *Orfeo* (*Orpheus*, Tenor), *Euridice* (*Eurydike*, Sopran), *Messagera* (*Die Botin*, *Mezzosopran*), *La Speranza* (*Die Hoffnung*, Mezzosopran), *Charon* (Bass), *Proserpina* (Sopran), *Pluto* (Bass), *Echo* (Sopran), *Apollo* (Tenor), *Nymphen und Hirten* (Solopartien: Sopran, Alt, Tenor, Bass), *Chor: Nymphen und Hirten, Geister der Unterwelt – Ballett und Pantomine für die Ritornelle und die abschließende Sinfonia* (Moresca)

WERTUNG

Ideal geeignet für eine doppelte Strategie: dem Publikum die Oper als Drama des singenden Helden nahe zu bringen und ihm zu zeigen, dass alte Musik keine trockene Angelegenheit für Spezialisten ist. Ein multimediales Abenteuer.

Verständlichkeit:	✪✪✪
Eingängigkeit:	✪✪✪✪
Aktualität:	✪✪✪
Barocke Rhetorik:	✪✪✪✪✪
Mythologie:	✪✪✪✪✪

Rigoletto
Der missgestaltete Held

Ein missgestalteter Held kämpft leidenschaftlich um sein privates Glück, bis er an seiner Lebenslüge zerbricht. Ein Mädchen wagt den Ausbruch aus bürgerlicher Enge und findet erst im Tod die Freiheit. Ein Mann kennt nur das Laster der Verführung und singt immer dasselbe.

Wer käme schon auf die Idee, der strahlende Opernheld müsse ein grässlicher Zwerg mit einem Buckel sein, der einen Sack hinter sich herschleift, in dem sich, ohne dass er es ahnt, seine sterbende Tochter befindet? Die Absurdität scheint vollkommen, wenn die Tochter trotz eines Messers im Leib endlos von Erlösung singt. Man sollte doch niemals zu verstehen versuchen, worum es in einer Oper geht, Hauptsache, es wird schön gesungen … Verdi sieht das anders. Das Unwahrscheinlichste an Handlung kommt ihm gerade recht, um die Faszination der Oper auszudrücken. »Ich finde es herrlich, diese äußerlich missgebildete und lächerliche, doch innerlich leidenschaftliche und liebevolle Figur auftreten zu lassen«, urteilt er über eine Gestalt, die einem Drama seines großen Vorbildes Shakespeare entsprungen sein könnte. Stattdessen stammt sie, auf ideale Weise die Unwirklichkeit der Oper verkörpernd, aus einem Schauerdrama des Romantikers Victor Hugo. Rigoletto ist eine Figur wie aus dem Kasperltheater oder dem Horrorfilm. Ein Fluch – der ursprüngliche Titel der Oper lautet *La Maledizione* – spaltet den Körper und weit grausamer noch die Seele dieses missgestalteten Helden. Unentwegt möchte er

■ Eine Figur aus dem Kasperltheater oder dem Horrorfilm. Seine körperliche Missgestalt ist Ausdruck seiner seelischen Gespaltenheit: Rigoletto, der Hofnarr, muss lachen, wo er unentwegt weinen möchte. Ingvar Wixell als Rigoletto. Inszenierung von Hans Neuenfels, Deutsche Oper Berlin, 1991.

weinen und ist doch stets gezwungen zu lachen. Verdi schreibt eine Oper über Schizophrenie. »So dunkel und unbestimmt Menschen sind, so sehr sind sie entzweit« (Ernst Bloch).

■ Einzig in der Liebe zum Herzog findet Gilda ihre Identität. Barbara Hendricks als Rigolettos Tochter in der Berliner Inszenierung.

Die unvergleichlichen Situationen und Affekte des Stückes – Fest, Fluch, Raub, Rache, Gewitter, Mord, Tod und Erlösung – werden durch Charaktere bestimmt. Im Mittelpunkt steht eine Dreiecksgeschichte, die den Gesetzen der italienischen Nummernoper entspricht. Ein Tenor liebt einen Sopran, solange, bis ein Bariton etwas dagegen hat. »Alles geht von dem leichtfertigen und zügellosen Charakter des Herzogs aus. Er begründet die Furcht von Rigoletto, die Leidenschaft der Gilda und alles andere« (Giuseppe Verdi). Der Herzog führt vor, was jeder von ihm erwartet, brillante und bravouröse Arien. In seiner berühmtesten Nummer – »La donna è mobile«, dem Opernhit schlechthin, den Igor Strawinsky dem ganzen Wagner-*Ring* vorzieht – wird deutlich, dass er stets dasselbe singt. Als würde man einen Groschen in eine Musikbox werfen, damit sie immer wieder von neuem losgeht. Showdown: An der im Hintergrund trällernden Tenorstimme erkennt Rigoletto, der eben noch glaubte, der »Rächer der ganzen Welt« zu sein, dass sich im Sack vor ihm doch unmöglich der Herzog befinden kann. Aber wer ist es denn dann? Überhaupt dieser Sack! Verdi behandelt ihn in seinen Auseinandersetzungen mit der Zensur als dramatische Person. Wie diese oder jene Figur heißt, wann und wo das Stück spielt, das ist Verdi egal. Aber auf den Sack verzichten: niemals!

MASKE UND ICH

Erster Akt, Nr. 3 Szene und Duett: »Ah, no, è follia« (»Ach, nein, es ist Tollheit«). Rigoletto, allein auf der Straße, erinnert sich in Tönen, die wie Nadelstiche schmerzen, an die Bosheit des Herzogs. Er sehnt sich zu verklärten Klängen der Flöte nach seiner Tochter. Er hört auf einem Ton den Fluch Monterones. »Alles nur Wahnsinn«: Mit einem Satz, mit einem einzigen Akkord vertreibt Rigoletto alle Bedenken. Er kehrt nach Hause zurück. Kein Bühnenbildner könnte den Ortswechsel als Gesinnungswandel so wiedergeben wie Verdi mit seiner Musik in zwei Takten. Es ist die Kopfgeburt einer Lebenslüge.

■ Niemandsland zwischen privatem und öffentlichem Leben. Gilda verfällt den Verführungskünsten des Herzogs.

Gildas Leidenschaft fasst der Komponist in gläserne Töne, filigrane Melodien und Koloraturen. Eingezwängt in das freudlose bürgerliche Gefängnis, in das Rigoletto sie pfercht, hat Gilda außer zum Vater kaum Bezug zu anderen Menschen. Der erste Mann, den sie sieht, ist zwangsläufig der, dem sie verfällt. »Ihr letzter Atemzug« wird einem Namen, einem Phantom gelten, von dem sie in ihrer Arie singt: »Caro nome che il mio cor festi primo palpitar« (»Teurer Name, der mein Herz zum ersten Mal erzittern ließ«). Tödlich rächt sich, dass der Vater mit Gilda zwar in den zärtlichsten Tönen singt, ihr aber nie seinen Namen preisgibt. So nährt er die (Sehn-) Sucht nach einer Identität, die einzig im Tod zu erringen ist. Die Irrealität der Oper schafft einen Rahmen, in dem sich bis heute ein vergleichbares Beziehungsdrama abspielen könnte. Liebe wird zum Besitzanspruch. Gildas Gesang berührt so unmittelbar, dass die Höflinge, die sie entführen wollen, um sich an Rigoletto zu rächen, für Augenblicke vergessen, warum sie gekommen sind. Es hat seine innere Logik, wenn Rigoletto, der mit verbundenen Augen die Leiter zur Entführung seiner eigenen Tochter hält, den Betrug lange nicht durchschaut. Verdi offenbart, dass der Narr seine Lebenslüge nicht wahrhaben will.

LACHEN UND WEINEN

»Theatralische Handlung nennt man«, schreibt Victor Hugo in seinen Gedanken über das Theater 1827, »den Kampf zweier sich feindlich entgegengesetzter Kräfte.« Ob Triboulet in Hugos *Le roi s'amuse* (Der König amüsiert sich) oder später Rigoletto in Verdis Oper, beiden wird das Lachen als Maske und Lebenslüge aufgezwungen. Dahinter verbirgt sich eine andere Kraft. »Dies Lachen bedeutet Hass, verbissenes Schweigen, Wut, Verzweiflung«, wird Hugo 1869 in *Die lachende Maske* feststellen. Victor Hugos romantische Schauerdramen sind bereits Opern, denen nur eines fehlt: die Musik.

Rigoletto und der Graf Monterone verschmelzen durch die Musik zu einer Figur, beide gespalten durch den Fluch. Auf dem Weg vom Palast des Herzogs zu seinem Haus, im Niemandsland zwi-

> *»Der Kern ist der Fluchtversuch, den die Gefühle der Tochter unternommen haben. Die Flüchtende wird vom Vater ›tot-geliebt‹.«*
>
> ALEXANDER KLUGE

■ Enrico Caruso als Rigoletto.

schen öffentlichem und privatem Leben, singt Rigoletto nur noch bruchstückhafte Phrasen. Kein Rezitativ mehr, aber auch keine Arie. In Panik prallt Rigoletto vor dem Meuchelmörder Sparafucile zurück, der zufällig an der nächsten Straßenecke bereit zu stehen scheint. Eine verführerische Melodie von Cello und Kontrabass, wie von einem Leierkasten gespielt, zeigt die Verwandtschaft Rigolettos zu Sparafucile. Beide morden, der eine mit der Waffe, der andere mit der Zunge. Der Narr vergewissert sich eines Mörders, lange bevor ihm die Handlung einen Anlass dazu liefert.

Aufrichtige Töne singt Rigoletto, wenn er glaubt, Gilda an einen anderen Mann verloren zu haben. Vor den zynischen Höflingen zieht er sich die Maske des grausamen Narren vom Gesicht und findet im Englischhorn und den Celli die Stimmen jenes anderen Ichs, das er bislang nicht wahrnehmen wollte: des Menschen, der weint. Das Gefühl aber bleibt folgenlos. Außer sich vor Wut zwingt Rigoletto Gilda, ein Racheduett anzustimmen. Der selbstherrliche Bürger maßt sich Töne an, die in früheren Opern Verdis großen Befreiungshelden vorbehalten waren. Doch die Zeiten haben sich geändert. Die Rache kehrt sich mit äußerster Brutalität gegen den Rächer. In der privaten Katastrophe spiegelt sich die politische Tragödie, ein zerstrittenes Italien ohne jede Vision.

Als Oper in der Oper ist das Quartett des dritten Aktes Kernstück und Entscheidungszentrum des Dramas. Die faszinierende Gleichzeitigkeit von vier Stimmen erlaubt es Verdi, das Un-

■ Gilda inmitten der dekadenten Hofgesellschaft. Barbara Hendricks als Gilda.

verwechselbare jeder einzelnen Stimme wie in einer Röntgenaufnahme hervorzuheben. Im ersten Teil des Ensembles, also des mehrstimmigen Miteinanders, bleibt die Stimme Gildas an die äußere Situation gebunden. Heimlich beobachtet sie die Affäre zwischen dem Herzog und Maddalena. Im zweiten Teil – vier Stimmen verschmelzen zu einer – dringt Gildas Gesang gewaltsam in das Bewusstsein der anderen Figuren ein. Obwohl betrogen, empfindet sie keine Eifersucht. Am Ende des Quartetts scheint die Zeit stillzustehen. Gildas Entschluss ist unumstößlich. Wie kann sie noch zögern, wenn Maddalena, die Hure, aus aufrichtiger Liebe bereit ist, sich für den Herzog zu opfern? Das in der Natur tobende Gewitter, das Verdi von Chorstimmen und Orchesterinstrumenten produzieren lässt, ist bloße Folie für die dramatische Zuspitzung innerer Vorgänge. Unaufhaltsam, wie auf einem Fließband, wird Gilda vom Sog der Musik mitgerissen und treibt ihrem Tod entgegen.

Die Blitze des abziehenden Gewitters machen den Höreindruck Rigolettos zur unleugbaren Gewissheit. Gilda ist das tödliche Opfer seiner aussichtslosen Rache. Der Fluch, für Rigoletto längst zum Selbstgespräch geworden, ist endlich Gewissheit. Trotz unerbittlicher Schläge im Orchester, mit denen Verdi das Fallen des Vorhangs begleitet, endet Rigolettos Gesang auf jenem Ton, den Gilda mit ihrem letzten Atemzug nicht mehr erreicht. Musik macht das Unglaubliche wahr. Gilda lebt als überirdische Stimme weiter, da sie im Tod eine unauslöschliche Identität gefunden hat. Rigoletto ist wie lebendig begraben. »*Rigoletto* ist das beste Sujet, das ich bisher in Musik gesetzt habe«, bekennt Verdi.

GIUSEPPE VERDI
13. 10. 1813 – 21. 1. 1901

1837 Heirat mit Margherita Barezzi
1838–40 Tod seiner Kinder Virginia und Icilio und seiner Frau
1847 Beginn seiner Beziehung zu Giuseppina Strepponi
1853 Einzug auf dem Landgut Sta. Agata
1859 Heirat mit Giuseppina Strepponi
1860 Vereinigung Italiens
1864 Delegierter bei Parlamentssitzungen in Turin
1874 Ernennung zum Senator
1882 Stiftung eines Krankenhauses in Villanova bei Sta. Agata

■ Der Vater, der zu sehr liebt – zwischen seiner Tochter und ihrem Verführer, dem Herzog von Mantua.

RIGOLETTO

OPER IN DREI AKTEN UND VIER BILDERN IN ITALIENISCHER SPRACHE

HANDLUNG

Erster Aufzug: Obwohl er alle Frauen des Hofes besitzen könnte, geht dem Herzog ein Bürgermädchen nicht aus dem Kopf. Die Höflinge planen aus Rache am Narren Rigoletto, aus dessen Haus ein Mädchen zu entführen, das sie für seine Geliebte halten. Rigoletto treibt am Hof die Brutalitäten auf die Spitze, auch beim Grafen Monterone, der daraufhin den Herzog und dessen Narren für die Entehrung seiner Tochter verflucht. – Sparafucile bietet dem verstörten Rigoletto ein seltsames Geschäft an. Sollte er jemanden benötigen, der einen Mord für ihn ausführt, wäre er jederzeit bereit. – Nur bei seiner Tochter Gilda kann Rigoletto sein trostloses Dasein vergessen. Verblüfft erkennt der Herzog, der sich unbemerkt eingeschlichen hat, dass das Mädchen, dem er heimlich nachstellt, die Tochter Rigolettos ist. Kaum hat Rigoletto das Haus verlassen, überschüttet der Herzog, der sich als armer Student ausgibt, Gilda mit Liebesschwüren. Von Geräuschen aufgeschreckt, flieht der Herzog. Mit verbundenen Augen hilft der ahnungslose Rigoletto den Höflingen bei der Entführung der eigenen Tochter.

Zweiter Aufzug: Auf der Suche nach Gilda bemüht sich Rigoletto krampfhaft, seine Verzweiflung vor den Höflingen zu verbergen. Der Auftritt eines Pagen macht ihm klar, dass Gilda im Schlafzimmer des Herzogs ist. Außer sich vor Wut entblößt er seine wahren Gefühle und schreit nach seiner Tochter. Unbeirrbar hält Gilda an der Liebe zum Herzog fest. Im Angesicht des gefolterten Monterone schwört Rigoletto Rache.

Dritter Aufzug: Rigoletto nimmt das Angebot Sparafuciles an. Noch in dieser Nacht soll der Herzog sterben. Um Gilda die Liebe zu diesem auszutreiben, zwingt Rigoletto sie, anzusehen, wie der als Soldat verkleidete Herzog Maddalena, die Schwester Sparafuciles, zu verführen versucht. Rigoletto schickt Gilda fort und bezahlt die Hälfte des Mordgeldes. Um Mitternacht will er die Leiche des Herzogs in den Fluss werfen. Ein aufziehendes Gewitter zwingt den Herzog, im Haus Sparafuciles zu übernachten. Gegen den Willen ihres Vaters kehrt Gilda zurück und belauscht, wie Maddalena ihren Bruder zu überreden versucht, das Leben des Herzogs zu schonen. Sparafucile will das nur akzeptieren, wenn noch in dieser Nacht ein Fremder käme. Gilda klopft an. Sparafucile tötet sie. Rigoletto ist überzeugt, dass sich im Sack, den ihm Sparafucile eilig übergeben hat, die Leiche des Herzogs befindet. Da hört er im Hintergrund dessen Stimme. Voll schrecklicher Ahnung öffnet er den Sack. Blitze verschaffen ihm letzte Gewissheit. Gilda stirbt in seinen Armen.

DATEN

Text: Francesco Maria Piave nach dem Versdrama *Le roi s'amuse* von Victor Hugo

Musik: Giuseppe Verdi

Uraufführung: 11.3.1851, Teatro La Fenice Venedig

Handlungszeit: Renaissance, 16. Jahrhundert, mit deutlichen Bezügen zum bürgerlichen Zeitalter Verdis

Handlungsorte: Mantua und Umgebung; Schauplätze: Palast des Herzogs, Straße, Haus Rigolettos, Öde, Ort am Ufer des Mincio

Spielzeit: etwa 2½ Stunden

Personen: *Der Herzog von Mantua* (Tenor), *Rigoletto, sein Hofnarr* (Bariton), *Gilda, dessen Tochter* (Sopran), *Sparafucile, ein Bravo* (Bass), *Maddalena, seine Schwester (Alt), Giovanna, Gildas Gesellschafterin* (Mezzosopran), *Der Graf von Monterone (Bass), Marullo, ein Edelmann* (Bariton), *Matteo Borsa, ein Höfling* (Tenor), *Der Graf von Ceprano* (Bass), *Die Gräfin, seine Gemahlin* (Sopran), *Ein Gerichtsdiener* (Tenor), *Ein Page der Herzogin* (Mezzosopran), *Chor: Damen und Herren vom Hof, Hellebardiere, Pagen*

WERTUNG

Ein faszinierendes musikalisches Drama für Jung und Alt, jedenfalls alle, die sich für absurdes Theater, Film oder Musical Comedy begeistern.

Verständlichkeit:	✪✪✪✪✪
Eingängigkeit:	✪✪✪✪✪
Aktualität:	✪✪✪✪
Melodramatik:	✪✪✪✪
Absurdes Theater:	✪✪✪✪✪

Wozzeck
Der sprachlose Held

Mehr als dreihundert Jahre nach Claudio Monteverdis *Orpheus* und mehr als sechzig Jahre nach Verdis *Rigoletto* erscheint der singende Held erneut als Archetyp seiner Zeit.

■ »Jawohl, Herr Hauptmann.« Albert Dohmen als Wozzeck und Hubert Delamboye als Hauptmann. Inszenierung von Peter Stein, Salzburger Osterfestspiele, 1997.

Woyzeck ist dem Stumpfsinn seiner Mitmenschen und der eigenen Ohnmacht hilflos ausgeliefert. Ein Mensch kommt sich abhanden. Er droht mehr und mehr die Sprache zu verlieren. Das Schauspiel Georg Büchners, dessen Modernität in unterschiedlichen Fassungen zum Ausdruck kommt, hat als faszinierende Studie über die Zerstörung, der ein Mensch und damit seine Sprache ausgesetzt sein kann, bis heute nichts an Aktualität eingebüßt. Alban Bergs Oper in drei Akten und fünfzehn Szenen stellt im Unterschied zu Büchners fragmentarischen Szenen eine geschlossene Form dar. Darin sieht der Komponist die ideale Möglichkeit, das Schauspiel nicht einfach nachzuerzählen, sondern dessen Intensität durch eine gegensätzliche Struktur zu verschärfen. Wozzeck – die veränderte Schreibweise geht auf eine Bearbeitung des Stückes von Büchner durch Karl Emil Franzos zurück, die Berg als Vorlage verwendet – hört das Tosen und Rumoren unter der Erde und sieht das Feuer des Weltuntergangs am Horizont. Berg macht aus der Sprachlosigkeit bei Büchner eine neue unverwechselbare Sprache. Das geht einzig mit einer perfekt organisierten Musik. Daher verwendet Berg bewusst traditionelle Stile, die dem Hörer in einer Oper des 20. Jahrhunderts das Gefühl des Vertrauten vermitteln. Man hört eine neue, provozierende, auch bewusst

■ Untreu aus Verzweiflung. Marie tanzt mit dem Tambourmajor. Jon Villars als Tambourmajor und Deborah Polaski als Marie.

verstörende Sprache und glaubt sie dennoch zu kennen. Berg selbst ist entsetzt über den Skandal und die Ablehnung bei der Uraufführung, ist er doch felsenfest davon überzeugt, mit *Wozzeck* eine durch und durch traditionelle Oper geschrieben zu haben.

Wozzeck rasiert den Hauptmann, seinen Vorgesetzten. Der Untergebene setzt mechanisch das Messer an die Kehle seines Peinigers, ohne sich bewusst zu sein, wie bereits in diesem ersten Augenblick des Stückes die wahren Machtverhältnisse umgekehrt werden. Die erregte unsichere Stimme gibt Berg dem Hauptmann. Die ersten Worte Wozzecks lauten monoton: »Jawohl, Herr Hauptmann.« Berg komponiert sie auf einer einzigen Tonhöhe. Der Mensch des 20. Jahrhunderts scheint widerspruchslos zum Jasager verurteilt. Aber gegen die Vorwürfe des Hauptmanns, ein Kind ohne den offiziellen Segen zu haben, setzt sich Wozzeck instinktiv mit immer leidenschaftlicheren Tönen zur Wehr. Wozzeck findet stets dann – dies ist seine Größe – zu einer eigenen Sprache, wenn er den Geheimnissen der Natur auf die Spur kommt. Wozzeck verstummt stets dann – darin liegt seine Tragik –, wenn er diese Sprache in Gefühle für Marie und sein Kind verwandeln will. In der Oper wird eine im Schauspiel lediglich am Rand behandelte Thematik ins Zentrum gerückt – kein Wunder, vergegenwärtigt man sich das Wesen des musikalischen Dramas als Verlebendigung eines Mythos. Der

HISTORIE – DRAMA – OPER

Johann Christian Woyzeck wird 1780 geboren und 1824 als Mörder hingerichtet. Sein Schicksal zählt zu den ersten in der Rechtsgeschichte, in denen ein Gutachten über die mögliche Unzurechnungsfähigkeit eines Täters entscheiden soll. In seinem letzten Lebensjahr macht Georg Büchner 1836/37 daraus in loser Szenenfolge eines der ersten modernen Fragmente der Literaturgeschichte. Berg komponiert sein Stück zwischen 1917 und 1922. Auf dem Weg von der historischen Gestalt über das Drama zur Oper wird Woyzeck/Wozzeck zu einem Archetypus des in seiner Ohnmacht aufschreienden Menschen.

■ »Wir arme Leut'!« Wozzeck kommt sich abhanden. In seiner Gefühlswelt gefangen, kann er sich nicht mehr vermitteln. Angela Denoke als Marie und Albert Dohmen als Wozzeck. Salzburger Festspiele 1997.

Mensch, der aus dem Schutz von Glauben und Natur in die Leere und Dunkelheit seiner eigenen Existenz geworfen wird, bekommt einen unverwechselbaren Namen: Wozzeck. Die Arie, die Berg für Wozzeck im ersten Bild notiert, enthält auch das einzige wirkliche Leitmotiv der Oper, den Aufschrei »Wir arme Leut'!«. Die Armut Wozzecks kann das heutige Publikum sich kaum mehr vorstellen. Das soziale Drama bildet den Rahmen einer Geschichte, die vor allem aber von der Armut an Gefühlen handelt. Sie gibt Berg die Gelegenheit, intensiver als Büchner das Kräfteverhältnis unter den Figuren zu differenzieren. Die gesellschaftlich Ohnmächtigen sind die musikalisch Ausdrucksstarken und damit aufrichtig empfindenden Figuren. Wozzecks enervierende Motive werden stets in Zusammenhang gesetzt zu den lyrischen Themen Maries, mit denen Berg einen aus Verzweiflung, nicht aus Berechnung oder Eitelkeit untreuen Menschen charakterisiert. Marie ist eine einfühlsame und leidenschaftlich um ihre Unabhängigkeit ringende Frau. Die Oper müsste eigentlich einen anderen Titel als das Schauspiel tragen: *Wozzeck und Marie.*

Der erste Akt behandelt die Vorbereitung, der zweite den Wendepunkt und der dritte Akt die Katastrophe im Drama zwischen Wozzeck und Marie: ausweglose Liebe, Eifersucht, Tod. Diese Entwicklung wird – ein Stilmittel, das natürlich einzig ein Komponist einsetzen kann – durch Orchesterzwischenspiele verdichtet, in denen die Konflikte vorbereitet oder kommentiert werden. Den ersten Akt unterteilt Berg in fünf Charakterstücke, die auf traditionellen Formen wie Suite, Rhapsodie, Marsch, Passacaglia oder Rondo beruhen. Wozzeck tritt in Verbindung

> *»So wie dem Wozzeck kann es einem armen Menschen ergehen, in welchem Kleide er auch stecken mag. Allen Menschen, die gedrückt werden durch andere und sich nicht wehren können, wird es immer so ergehen.«*
>
> Alban Berg

zu allen wesentlichen Figuren: zum Hauptmann, zu seinem Kameraden Andres, zu Marie und zum Doktor. Auch in diesem Punkt intensiviert Berg Büchners Intentionen. Vor die Handlungsentwicklung wird der unverwechselbare Charakter der Figuren gestellt.

Die fünf Szenen des zweiten Aktes bilden eine Sinfonie in fünf Sätzen. Das Drama wird durchgeführt. Die Sinfonie wird mit einer Sonate eingeleitet, durch die eine Bindung zwischen Marie, Wozzeck und ihrem Kind hervorgehoben wird, von der so intensiv im Schauspiel nicht die Rede ist. Das Zentrum der Sinfonie, die Mitte der gesamten Oper (8. Szene), ist ein Largo, in dem Wozzeck Marie wegen ihrer Beziehung zum Tambourmajor zur Rede stellt. Zunächst wird die Auseinandersetzung von einem Kammerorchester begleitet. Auf dem Höhepunkt der Szene – Wozzeck geht auf Marie los – wird Maries Gesang vom großen Orchester verstärkt. Am Ende bleibt Wozzeck mit dem Kammerorchester allein: »Der Mensch ist ein Abgrund. Es schwindelt einem, wenn man hinunterschaut.« Selbst das Orchester wird direkter Mitspieler der Tragödie. Im Scherzo, der Wirtshausszene, in der Wozzeck Marie und den Tambourmajor beim Tanz beobachtet,

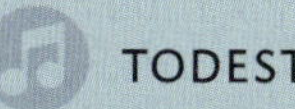

TODESTON H

Dritter Akt, Zweite Szene: Wozzeck ersticht Marie aus Liebe. »Hilfe«, schreit Marie. Der Todeston h stürzt dabei gewaltig in die Tiefe. Danach schlägt der Kontrabassist »die Saiten ans Holz«: medizinisches Todesmoment. Unmittelbar danach erklingen im Orchester alle zentralen Motive Maries. Sie »ziehen wie die wichtigsten Gestalten des Lebens blitzartig und verzerrt an ihr vorüber« (Alban Berg). Es ist das faszinierende »Seelenstenogramm einer Todessekunde« (Leo Karl Gerhartz).

■ Die Todgeweihte. Marie erkennt ihr Schicksal im Gleichnis mit Maria Magdalena. Deborah Polaski als Marie.

ALBAN BERG
9.2.1885 – 24.12.1935

1904 Rechnungspraktikant in der Niederösterreichischen Statthalterei
1910 Beendigung des Studiums bei Schönberg
1911 Heirat mit Helene Nahowski, Arbeit für die Universal Edition in Wien
1915 Dreijähriger Militärdienst
ab 1920 Arbeit als Musikjournalist
1925 Erstes Werk im Stil der Zwölftonmethode
1927 Geheime Liebe zu Hanna Fuchs-Robettin
1932 Intensive Mitarbeit an der Gründung von »23 – Eine Musikzeitschrift«

werden ein Ländler, ein Walzer (mit einem Zitat aus dem *Rosenkavalier* von Richard Strauss) und ein Jägerchor immer stärker verfremdet. Die Musik scheint sich einzig in Wozzecks Kopf abzuspielen. Berg nennt sie eine »Orgie«. Seine Parteinahme für Wozzeck ist nicht zu überhören. Der Mord an Marie beginnt im Kopf eines ohnmächtigen und daher hilflosen Menschen.
Im dritten Akt komponiert Berg Inventionen, das heißt Einfälle oder Erfindungen über Thema, Ton, Rhythmus, Klang, Bewegung. Diese elementaren Bausteine, ohne die keine Musik möglich wäre, drücken aus, dass es keinen Ausweg aus der Tragödie gibt. Es geht um Ursprüngliches und Unumgängliches: Liebe und Tod. Marie kann dem Ton h, mit dem Wozzeck sie in der Szene »Waldweg am Teich« buchstäblich von der Flucht abhält (die meisten seiner Phrasen zielen auf diesen Ton), nicht entrinnen. Der Ton h wird zu Maries Todesschrei. Am Ende der Mordszene verdichten alle Instrumente diesen Ton als Nachruf auf Marie zu einem markanten Rhythmus, den Wozzeck so wenig abschütteln kann wie das Blut an seinen Händen. Auf eine völlig unsentimentale, stattdessen zeitgemäße Art und Weise rückt Berg Marie und Wozzeck in die Nähe von Tristan und Isolde: Menschen, deren Schicksal sich in einer ausweglosen Liebe erfüllt. Bei der Melodie für das Kinderlied in der letzten Szene greift Berg auf Maries Wiegenlied aus dem ersten Akt zurück. Das letzte Wort in dieser Oper, in der die Sprachlosigkeit der Moderne eine Sprache erhält, gehört dem Bild der liebenden Mutter. Berg rechtfertigt die Liebe zwischen Marie und Wozzeck, ohne das soziale und existenzielle Drama Büchners zu zerstören: eine Quadratur des Kreises.

■ Wozzeck will sich von seiner Bluttat reinwaschen und ertrinkt.

WOZZECK

OPER IN DREI AKTEN UND FÜNFZEHN SZENEN IN DEUTSCHER SPRACHE

HANDLUNG

Erster Akt – *Fünf Charakterstücke:* Der Hauptmann wirft Wozzeck einen unmoralischen Lebenswandel vor, da er mit Marie ein uneheliches Kind habe. Wozzeck wagt zu widersprechen. – Wozzeck und sein Kamerad Andres schneiden Schilf. Wozzeck macht Andres mit seinen apokalyptischen Visionen Angst. – Marie ist, sehr zur Eifersucht ihrer Nachbarin Margret, fasziniert von dem an ihr vorüberziehenden Tambourmajor. Immer noch unter dem Eindruck seiner Vision nimmt Wozzeck Marie und sein Kind kaum wahr. – Der Doktor beschuldigt Wozzeck, seinen Anordnungen nicht zu folgen. Wozzeck rechtfertigt sich, da der Mensch der Natur unterworfen sei. – Stolz lässt Marie den Tambourmajor vor sich paradieren. Herausgefordert, versucht der Tambourmajor, sie mit Gewalt zu verführen. Marie wehrt sich, um sich ihm dann freiwillig hinzugeben.

Zweiter Akt – *Symphonie in fünf Sätzen:* Wozzeck überrascht Marie, wie sie die Ohrringe bewundert, die ihr der Tambourmajor geschenkt hat. Marie zerstreut Wozzecks Misstrauen. Er gibt ihr seinen Sold. – Der Doktor stürzt den Hauptmann mit einer schonungslosen Diagnose über sein baldiges Lebensende in Verzweiflung. Beide halten sich schadlos an Wozzeck. Sie verhöhnen ihn mit Anspielungen auf das Verhältnis Maries mit dem Tambourmajor. – In hilfloser Wut beschuldigt Wozzeck Marie der Untreue. Sie weist den Vorwurf heftig zurück. – Im Wirtshausgarten schwadronieren zwei Handwerksburschen über Gott und die Welt. Wozzeck beobachtet den Tambourmajor und Marie beim Tanz. Er findet keinen Zugang mehr zur Wirklichkeit. – Vor Wozzeck und seinen Kameraden brüstet sich der Tambourmajor mit der Eroberung Maries. Wozzeck empört sich und wird vom Tambourmajor brutal zusammengeschlagen.

Dritter Akt – *Sechs Inventionen:* Marie, allein mit ihrem Kind, sucht Trost in der Bibel. Im Gleichnis von Maria Magdalena erkennt sie ihr Schicksal. – Wie im Liebesrausch ersticht Wozzeck Marie auf dem Rückweg vom Waldweg am Teich zur Stadt. – Wozzeck sucht, um die Tat aus seinem Gedächtnis zu löschen, Zuflucht im wilden Treiben in der Schenke. Margret bemerkt Blut an seiner Kleidung. – In Panik kehrt Wozzeck zur Leiche Maries zurück. Er wirft das Messer ins Wasser. Um sich reinzuwaschen, geht er in den Teich. Er ertrinkt. – Orchesterzwischenspiel: Requiem auf Wozzeck. – Maries und Wozzecks Kind spielt auf der Straße. Aufgeregt erzählen herbeieilende Kinder von Maries Tod.

DATEN

Text: Nach dem Bühnenfragment *Woyzeck* von Georg Büchner in der Einrichtung von Karl Emil Franzos

Musik: Alban Berg op. 7

Uraufführung: 14. 12. 1925, Staatsoper Unter den Linden, Berlin

Handlungszeit: Anfang des 19. Jahrhunderts

Handlungsorte: Zimmer, Maries Stube und Wohnung, Studierstube, Wachstube, Gasse, Wirtshausgarten, Schenke, Waldweg am Teich

Spielzeit: 1½ Stunden

Personen: *Wozzeck* (Bariton und Sprechstimme), *Tambourmajor* (Heldentenor), *Andres* (Lyrischer Tenor und Sprechstimme), *Hauptmann* (Tenorbuffo), *Doktor* (Bassbuffo), *Erster Handwerksbursche* (Tiefer Bass und Sprechstimme), *Zweiter Handwerksbursche* (Hoher Bariton, eventuell Tenor), *Der Narr* (Hoher Tenor), *Marie* (Sopran), *Margret* (Alt), *Maries Knabe* (Knabenstimme im Sopran), *Chor: Soldaten und Burschen* (sechsstimmig), *davon ein Soldat* (Solotenor), *Mägde und Dirnen* (zweistimmig), *Kinder* (einstimmig)

WERTUNG

Um die Hemmschwelle »Moderne Oper« zu überwinden, ist dieses Stück ideal geeignet, da sich die Form nicht vom dramatischen Inhalt trennen lässt. Berg schafft eine völlig neue Ausdruckssprache in Verbindung zur Tradition der Oper. Beides schließt sich nicht aus. Beides bedingt sich.

Verständlichkeit:	✪✪✪
Eingängigkeit:	✪✪✪
Aktualität:	✪✪✪✪
Expressionismus:	✪✪✪✪✪
Soziales Drama:	✪✪✪✪

Xerxes
Der untergehende Held

Die Studie eines in seiner Liebe und seinem Anspruchsdenken maßlosen Herrschers und zugleich der Abgesang auf die barocke Welt der Kastraten, der unumschränkten Helden und der großen Affekte im Zeichen absolutistischer Macht.

Was ist eine barocke Oper? Argwöhnt man nicht zu Recht, sie sei stets zu lang und bestünde aus endlosen Arien mit virtuosen Spitzentönen? Der Fachbegriff für das große Solostück lautet Da-capo-Arie, aufgebaut nach einem festen Schema: A–B–A. Abschnitt A ist lang und artifiziell. Teil B ist kurz, bleibt zumeist auf die Wirkung der Stimme beschränkt, als würde ein Mensch tatsächlich das singen, was er denkt und fühlt. Aber A ist halt wieder A. Man muss lange suchen, bis man einen vergleichbaren Vorgang findet, bei dem jemand immer wieder dasselbe sagt, obwohl doch alle außer ihm selbst der Belehrung überdrüssig sind. Vergleichbares gibt es nur im richtigen Leben.

Die Faszination und Künstlichkeit der barocken Oper verbindet man gemeinhin mit der Kunst des Kastraten. Das landläufige Urteil ist falsch: Sie sind keine Männer mit reinen Frauenstimmen. Die äußerst biegsame Stimme des Kastraten klingt hell, metallisch, zuweilen wie eine Trompete und ist das Ergebnis langer und mühevoller Schulung. Ihr damaliger Marktwert ist unermeßlich, sie sind eine Art vokale Stradivari. Das Stimmwunder schlägt sich als gesellschaftliches Phänomen nieder, im Starkult um den Hermaphroditen, den androgynen Helden, der das barocke Ideal vom ewigen Arkadien zur höchsten Vollendung führt. Um ein Geheimnis zu lüften, das keines ist: Die Kastraten sind zumeist keine Nichtmänner, sondern Halbmänner, da der chirurgische Eingriff nur so weit vorgenommen wird, bis man sicher ist, dass die weibliche Stimmfarbe erhalten bleibt. *Xerxes* ist Händels siebenunddreißigste von nahezu vier-

■ Auch ein König bekommt nicht immer, was er begehrt. Yvonne Kenny als Romilda, Ann Murray als Xerxes. Inszenierung von Martin Duncan, Bayerische Staatsoper München, 1996.

zig Barockopern. Sie besteht aus fünfzig (!) musikalischen Nummern und folgt äußerlich dem Schema damals begehrter Massenware. Die Helden können entweder römisch, griechisch oder persisch sein. Xerxes ist eben ein Perser. Aber dies ist schon der einzige Aspekt, der an dieser Oper konventionell im Sinn barocker Stilisierung ist. Denn Händel schreibt seine letzten italienischen Opern im Bewusstsein einer unabwendbaren Krise. Xerxes singt zunächst ein Arioso, schlicht und lyrisch, das berühmte Largo. Dann tritt Romilda auf, die Frau, die er nur einmal hören muss, um sich unsterblich in ihre Stimme zu verlieben. Bläserstimmen erklingen nur, wenn Xerxes eine Schlacht gewonnen hat, eine Brücke einweiht oder vor einen Opferaltar tritt. Alle anderen Nummern, es sind fünfundvierzig von fünfzig, werden mit intimer Kammermusik zu psychologischen Studien unstillbarer Leidenschaft verdichtet. Da-capo-Arien werden bewusst nur dann eingefügt, wenn sich ein Mensch unentwirrbar im Dickicht eigener Gefühle verstrickt, die virtuoseste von ihnen, als Xerxes an die »Flammen der Liebe« denkt, die ein »riesiges Feuer« entfachen, das im Orchester wie Kriegslärm klingt. Der bedingungslos liebende Xerxes ist plötzlich jener mächtige Herrscher, nach dem man in dieser Oper ansonsten vergeblich sucht. Händel zeigt vor allem eins: Xerxes ist kaum noch in der Lage, Herr seiner Gefühle zu sein. Aber er will nicht davon lassen, eine Liebe zu verwirklichen, die alle anderen außer ihn zu vernichten droht. Es kämpft jemand um eine Sache, die längst abhanden gekommen ist.

■ Der absolutistische Herrscher zwischen Machtherrlichkeit und Lächerlichkeit. Inszenierung von Hans Siegle, Bühnen der Stadt Köln.

Das Stück handelt von Obsessionen, wie sie in einem Beziehungsdrama Strindbergs oder ebenso in einer heutigen »soap opera« an der Tagesordnung sind. Xerxes' Bruder Arsame-

BAROCKE VIELFALT

Den spannendsten Text liefert das Umfeld. Eine von Händel ins Leben gerufene »Königliche Akademie der Musik« wird auf der Grundlage einer Aktiengesellschaft gegründet. Nur die Südseeaktien stehen noch höher im Kurs. Aus ganz Europa holt Händel Kastraten und Primadonnen nach London. Das Teuerste ist gerade gut genug. Italienische Komponisten sorgen für den Schein anhaltender Konkurrenz. Die Kostüme der Sängerinnen gelten als letzter Modehit. Und Lord Byron schreibt: »Was soll das Lärmen und Geschrei um Dideldum und Dideldei!« Dieses perfekte Schauspiel nennt man Barockoper.

GEORG FRIEDRICH HÄNDEL
23. 2. 1685 – 14. 4. 1759

1703–1706 Komponist an der Hamburger Oper am Gänsemarkt
1706 Studium in Italien
1710 Hofkapellmeister in Hannover
1712 Feste Übersiedlung nach London
1716–1718 Zweijähriger Aufenthalt in Hannover
1719–1728 Leitung der Royal Academy of Music; Unternehmen für italienische Opern
1724 *Julius Cäsar in Ägypten*
1742 *Der Messias*

nes, der Romilda liebt und von ihr geliebt wird, ahnt vom ersten bis zum letzten Rezitativsatz, dass er gegen den mächtigen Bruder wenig Chancen hat im Ringen um die große Geliebte – Szenen wie aus Shakespeares Königsdramen. Die Brüder sind eigentlich Schwestern, denn Xerxes ist ein Kastrat und Arsamenes ursprünglich ein Sopran, was das intime Beziehunsgeflecht noch schillernder macht, zu dem auch Romildas Schwester Atalanta und die sich als Mann ausgebende Amastris, die frühere Geliebte von Xerxes, gehören. Revolutionär an dieser Oper ist, dass für den Fortgang der Intrigen vor allem ein Diener namens Elviro zuständig ist, der nicht hierher, sondern in die Opera buffa, die komische Oper, gehört, die gerade in Neapel Furore macht – Elviro als Vorfahre von Mozarts Leporello aus *Don Giovanni*.

Es bedarf lediglich einer Verbannung (1. Akt), einer Briefintrige (2. Akt) und eines Hochzeitsfestes (3. Akt), um aus der antiken Familienaffäre spannende moderne »Beziehungskisten« herauszuholen. Nummer 48: Xerxes' Da-capo-Arie über Furien und Höllenfahrt klingt, als würde Händel dem barocken Helden einen Abgang mit Pauken und Trompeten verschaffen wollen. Nummer 49: Es erklingt eines von drei Duetten dieser Oper, das erste, das, nun viel zu spät, dem eigentlichen Liebespaar vorbehalten ist, Romilda und Arsamenes. Nummer 50: Der für die Apotheose unverzichtbare Schlusschor entfällt und muss, eine kleine Revolution, von den Solisten übernommen werden. Händel lässt sie wie Automaten über das reflektieren, was vorher nie herrschte, über »Frieden und Freude«. Allerdings geschieht es in einem neuen suggestiven Ton, der anzeigt, wer und was bald an die Stelle des barocken Stils treten wird: Mozart und die Oper des Rokokozeitalters.

■ Clownerie und Maskerade beim höfischen Reigen. Undurchsichtige Liebesintrigen bestimmen das Geschehen. Inszenierung von Joachim Herz, Leipzig, 1971.

XERXES(SERSE)

OPER (DRAMMA PER MUSICA) IN DREI AKTEN
IN ITALIENISCHER SPRACHE

HANDLUNG

Erster Akt: Der persische König Xerxes hat seine Geliebte Amastris verlassen und sich in Romilda verliebt, die Tochter des Feldhauptmanns Ariodates. Zu seinem Schrecken vernimmt Arsamenes, der Bruder von Xerxes, der Romilda ebenfalls liebt, dass der König gerade sie als neues Opfer erkoren hat. Xerxes wird von Romilda zurückgewiesen und lässt daraufhin Arsamenes verbannen. Dies weckt in Atalanta, der Schwester Romildas, die wiederum Arsamenes liebt, die Hoffnung, ihr Angebeteter würde sich von Romilda trennen. Die Liebesaffären werden durch die Rückkehr von Amastris noch undurchsichtiger. Sie schleicht sich als Soldat verkleidet in die Nähe von Xerxes. Arsamenes schickt seinen Diener Elviro mit einem Abschiedsbrief zu Romilda.

Zweiter Akt: Unter einem Vorwand gelingt es Atalanta, Elviro, den Diener von Arsamens, dazu zu überreden, ihr den Brief von Arsamenes an Romilda zu überlassen. Atalanta gibt ihn Xerxes mit der Lüge, Arsamenes schwöre ihr darin seine Liebe. Freudig, den Bruder als Nebenbuhler auf diese Weise los zu sein, gibt er ihr die Erlaubnis, Arsamenes zu heiraten. Er zeigt den Brief Romilda, die nun glauben muss, Arsamenes würde Atalanta lieben. Elviro gelingt es inzwischen, Amastris vor einem Selbstmord aus Liebeskummer abzuhalten. Inmitten all der Liebesintrigen gibt Xerxes seinem Feldhauptmann Ariodates den Befehl, die persischen Heere nach Griechenland einmarschieren zu lassen. Arsamenes lässt nicht ab von seiner Liebe zu Romilda. Auch Xerxes hört nicht auf, Romilda immer aufs neue zu bedrängen.

Dritter Akt: Arsamenes und Romilda versöhnen sich, da ihnen Atalanta die Intrige mit dem Brief eingesteht. Xerxes fordert aufs neue Romildas Liebe. Sie redet sich darauf hinaus, erst die Erlaubnis ihres Vaters zu benötigen. Xerxes beruft sich vor Ariodates auf das bereits gegebene Versprechen, Romilda solle einen Mann aus königlichem Geblüt erhalten. Ariodates glaubt daraufhin, seine Tochter mit Arsamenes vermählen zu sollen. Romilda macht Xerxes vor, sie habe sich Arsamenes bereits hingegeben. Daraufhin befiehlt Xerxes das Todesurteil für seinen Bruder. Aber es ist zu spät, denn Ariodates hat Romilda und Arsamenes bereits miteinander verheiratet. Xerxes übergibt Arsamenes sein Schwert. Mit ihm soll er Romilda töten, die an allem schuld sei. Da begehrt Amastris den tödlichen Schlag zu tun, weil derjenige bestraft werden soll, der ein Herz verriet. Xerxes erlaubt es. Amastris gibt sich zu erkennen und richtet das Schwert gegen Xerxes, der augenblicklich allen verzeiht.

DATEN

Text: unbekannter Bearbeiter nach einem Libretto von Silvio Stampiglia zum Musikdrama *Serse* (1694) von Giovanni Bononcini

Musik: Georg Friedrich Händel

Uraufführung: 15. 4. 1738, King's Theatre, Haymarket, London

Handlungszeit: 481 v. Chr.

Handlungsorte: Aussichtsterrasse am Rande eines prächtigen Gartens, Hof des Schlosses, Platz in der Stadt mit Säulenhalle, Lager des Xerxes am asiatischen Ufer der Dardanellen, einsame Gegend nahe der Stadt, Galerie, ein Waldstück mit Park, hell erleuchteter Festsaal

Spielzeit: etwa 3 Stunden

Personen: *Xerxes, König von Persien* (Tenor/Sopran, ursprünglich Kastratenstimme), *Arsamenes, sein Bruder* (Tenor, ursprünglich Sopran), *Amastris, eine Königstochter, die Braut des Xerxes* (Alt), *Romilda, Tochter des Ariodates* (Sopran), *Atalanta, Tochter des Ariodates* (Sopran), *Ariodates, Fürst und Feldhauptmann des Xerxes* (Bass), *Elviro, Diener des Arsamenes* (Bass), *Chor: Soldaten, Matrosen, Priester, Volk*

WERTUNG

Das Stück ist ideal geeignet, um das Vorurteil auszuräumen, es ginge bei der Kunst der Barockoper einzig um festliches Dekor und um virtuose Gesangskunst. Die undurchschaubaren Intrigen und die mit großem Affekt vorgetragenen Empfindungen machen eine barocke Welt zum Spiegelbild unserer von Affären und Machtinteressen bestimmten Gegenwart.

Verständlichkeit:	✪✪✪
Eingängigkeit:	✪✪✪✪
Aktualität:	✪✪✪
Barocktheater:	✪✪✪✪✪
Erotik:	✪✪✪✪

Boris Godunow

Der wahnsinnige Held

Die Historie wird zu unmittelbarer Gegenwart. Ein Volk wird gnadenlos unterdrückt. Politik ist Gewalt. Den Helden holt die eigene Geschichte ein, und sein Gewissen treibt ihn in den Wahnsinn und in den Tod.

»Wie konnte das einmal so mächtige, vor Gesundheit strotzende Russland so tief fallen?« Dieser Satz über die in die russische Geschichte als »smuta« (»Zeit der Wirren«) eingegangene Epoche der Bojarenkämpfe am Anfang des 17. Jahrhunderts, die den Hintergrund der Opernhandlung bildet, stammt von Alexander Solschenizyn. Aufstieg und Fall des Zaren Boris sind von unverminderter Aktualität, nicht allein in Russland, aber dort vor allem, da das Porträt des Zaren Boris zwangsläufig an Iwan den Schrecklichen oder Stalin erinnert.

Einzig im »Ur-Boris«, der ersten Fassung Mussorgskys von 1868/69, steht das Monodrama vom Aufstieg, Wahnsinn und Tod des Zaren im Zentrum. Im »Original-Boris«, den Mussorgsky nach der Ablehnung durch das Kaiserliche Theater in

■ Die Masse hat zu applaudieren, wenn nach dem Tod des Zaren Boris die neuen Herrschenden einziehen. Vladimir Galouzine als Dimitri und Marjana Lipovšek als Marina. Inszenierung von Herbert Wernicke, Salzburger Osterfestspiele, 1994.

St. Petersburg zwischen 1871 und 1874 verfasst, rückt der Machtkampf zwischen Boris und Grigori, der sich als Zarewitsch Dimitri ausgibt, in den Vordergrund – zwei Opernhandlungen in einer, die sich völlig unabhängig voneinander entwickeln.
Der Aufseher Nikititsch zwingt zu Beginn der Oper das Volk, dem jeder neue Machthaber recht ist, zu Bittgesängen für den künftigen Zaren Boris. Hinter dem fadenscheinigen Ritual verbirgt sich brutale Gewalt. Dies macht Mussorgsky mit einem musikalischen Thema klar, das in der weiteren Handlung stets auftaucht, wenn Menschen andere Menschen quälen und unterdrücken. Die Tortur ändert aber nichts an der Aufrichtigkeit und Intensität der russischen Volksweisen, die von der Masse gesungen werden, als handle es sich um ein Requiem. Menschen kann man verbiegen, ihre zur Anklage werdende Klage nicht.
Hauptakteur des ersten Teils der Oper ist das geknechtete Volk. Der Mönch Pimen schreibt an einer Chronik Russlands. Die Vision eines einzelnen Menschen kann so nachhaltige Konsequenzen haben wie der Aufstand ganzer Völker. Daten und Fakten ziehen am Betrachter »wie ein Ozean, ein Meer« vorüber. Zu diesen Worten Pimens erklingt eine betörende romantische Melodie. Geschichte wird zum subjektiven Bekenntnis. Die dubiose Story vom Zarewitsch Dimitri kommt ins Spiel: War sein Tod Unfall oder Mord? Als wäre er unmittelbar an den Vorgängen beteiligt gewesen, steigert sich Pimen so leidenschaftlich in

MODEST MUSSORGSKY
21.3.1839 – 28.3.1881

1856 Eintritt als Offizier in das Preobraschenski-Regiment
ab 1857 Herausbildung eines Komponistenkreises um den Komponisten Balakirew, später »Das Mächtige Häuflein« genannt
1863 Aufnahme einer Beamtentätigkeit
1868 Arbeit in der Forstabteilung des Ministeriums für Landwirtschaft
1871 Wohngemeinschaft mit dem Komponisten Rimski-Korsakow
1874 *Bilder einer Ausstellung* für Klavier
1879 Endgültige Quittierung des Kanzleidienstes

■ Das Porträt eines Tyrannen. Anatoli Kotscherga als Boris Godunow.

■ Marjana Lipovšek (rechts) als Marina.

die Geschehnisse hinein, dass man glaubt, alles würde sich in der Gegenwart wiederholen. Sein Novize Grigori hört ihm fasziniert zu und schlüpft in die Rolle des Zarewitsch Dimitri. Die Szene ist eine packende gegenwartsnahe Studie über die ideologische Beeinflussung eines ahnungslosen Fanatikers wie Grigori durch einen charismatischen Heilsverkünder wie Pimen. Das musikalische Thema, das Grigoris fixe Idee ausdrückt, der nächste Zar zu werden, ist das einzige fast unveränderte Leitmotiv der Oper: das Dimitri-Motiv. Hauptakteur des zweiten Teils ist die Geschichte.

Erst im fünften Bild, dem dritten Akt, tritt Boris persönlich ins Blickfeld des Betrachters. Der bisher als zärtlich und einfühlsam erscheinende Familienvater Boris Godunow, der sich um das Erbe seiner Kinder sorgt, wird in diesem Bild ausgelöscht vom Realpolitiker Boris Godunow, den seine Vergangenheit einholt. Mussorgsky verfolgt diese Bewusstseinsspaltung bis in kleinste Nuancen, von der ersten, kaum spürbaren Verstörung über die zunehmende Verwirrung bis zum völligen Wahnsinn. Der Zar weiß nicht mehr, wem von seinen Ratgebern er trauen soll. Dem Fürsten Schuiski, das merkt der Hörer schnell, jedenfalls besser nicht. Denn Schuis-

> *»Niemand hat so zart und tief das Beste in uns angerührt.«*
>
> CLAUDE DEBUSSY

ki versteht es geschickt, das für Boris unheilvolle Dimitri-Motiv immer wieder ins Spiel zu bringen. Es wird zum Kainszeichen. Es vergegenwärtigt das Blut, das an den Händen des Zaren klebt. Hauptakteur des dritten Teils ist der Wahnsinn. Der letzte Teil beginnt im »Ur-Boris« mit der Begegnung des Zaren und des Narren vor der Basilius-Kathedrale. Mythos und Volksglaube fließen in einer Figur zusammen, die nach uralter Tradition »Jurodiwi« genannt wird, der Gottesnarr. Wenn alle anderen Menschen aus Angst oder Gleichgültigkeit schweigen, ist er der Einzige, der es wagt, in der »verrückten« Sprache des Narren den Mächtigen die Wahrheit ins Gesicht zu sagen. Er spricht aus, was alle längst wissen und was auch dem Zaren im Unterbewusstsein klar ist: Er ist verflucht. Der Untergang ist unausweichlich. Die letzte Szene des »Ur-Boris« ist zugleich Rückblick und Lebensbeich-

KRÖNUNGSGLOCKEN UND TOTENGELÄUT

Erster Teil, Zweite Szene (»Ur-Boris«), Krönung des Zaren:
Boris Godunow ist auf dem Höhepunkt der Macht. Eingebettet in triumphale Chorgesänge hält Boris eine Ansprache an das Volk. Mussorgsky vertont nicht den Text, in dem es wieder einmal einer besser machen will als seine Vorgänger, sondern den emotionalen Zustand des Zaren: voller Zweifel, innerlich zerrissen, geplagt von Gewissensbissen. Der Mächtigste ist unter allen Menschen der Einsamste. Sein Aufstieg ist der erste Schritt zum Fall. Wenn Boris die Glocken wieder hört, werden sie im letzten Bild der Oper seinen Tod einläuten. Sieben Jahre dauert diese Entwicklung in der Historie. Auf der Opernbühne erscheint sie wie ein Wimpernschlag.

■ Das Bewusstsein geht nicht mehr im Takt der Zeit. Boris Godunow wird von seiner Vergangenheit eingeholt. Die Verstörung endet im Wahnsinn. Anatoli Kotscherga als Boris.

GESCHICHTE – DRAMA – OPER

Am 15. Mai 1591 wird der neunjährige Zarewitsch Dimitri, der jüngste Sohn von Iwan dem Schrecklichen, tot aufgefunden. War es ein Unfall oder ein Mord im Auftrag von Boris Godunow? 1766 erscheint die *Geschichte des russischen Reiches* von Nikolai Karamsin, der auch nach Einsicht der Originalquellen sagt: Es war Mord! 1825 vollendet Alexander Puschkin, im Umfeld der antizaristischen Dekrabistenaufstände, sein Drama, das erst 1866 gespielt werden darf. Und für Mussorgsky ist der Stoff erst zugänglich, als ein Zarenerlass von 1837 aufgehoben wird. Kein Zar auf einer Opernbühne, hatte es darin geheißen. Die Entstehungsgeschichte spiegelt die Handlung wider: ein einziger Aufschrei gegen die Willkür der Mächtigen.

te, es ist ein großer Monolog über den fließenden Übergang vom Wahnsinn zum Tod. Am Ende befiehlt Boris die »schima«, seine Aufnahme in den Mönchsstand. Mussorgsky macht deutlich, worin für Boris letzten Endes die Erlösung liegt. Nach und nach verklingt das Dimitri-Motiv. Der Tod ist für den Zaren die Befreiung von den ihn verfolgenden Wahnbildern. Hauptakteur des vierten Teiles ist das Gewissen als höchste Instanz menschlichen Bewusstseins.

Jeder kann Held, Narr oder Massenmörder sein. Mussorgsky treibt diese Erkenntnis auf die Spitze. Seine Studie des Zaren Boris – im Text die Geschichte vom Aufstieg und Fall des Mächtigen, in der Musik die Parabel von Eitelkeit, Wahn und Tod – stellt Geschichte und Politik auf den Kopf. Nicht nur der Mensch ist ein Verbrecher. Der Verbrecher ist stets auch ein Mensch.

▪ Geschichte vom Aufstieg und Fall des Mächtigen. Der Glockenschlag besiegelt das Ende. Von seinem peinigenden Gewissen wird Boris Godunow erst durch den Tod erlöst.

BORIS GODUNOW

OPER IN VIER TEILEN UND SIEBEN SZENEN (»Ur-Boris« 1868/69)
OPER IN EINEM PROLOG, DREI AUFZÜGEN UND SIEBEN SZENEN (»Original-Boris« 1871–1874)
IN RUSSISCHER SPRACHE

HANDLUNG »Ur-Boris« 1868/69

Erster Teil, *Erste Szene:* Das Volk stimmt Bittgesänge für Boris Godunow an, damit der Unentschlossene die Wahl zum Zaren animmt. – *Zweite Szene:* Das Volk jubelt dem neuen Zaren Boris Godunow zu. Gerade gekrönt, wird er von düsteren Vorahnungen heimgesucht.

Zweiter Teil, *Erste Szene:* Der Mönch Pimen durchlebt beim Schreiben einer Chronik noch einmal die Ereignisse der Geschichte. Auf Bitten seines Schülers Grigori erzählt Pimen die Vorgänge, die zur Ermordung des Zarewitsch Dimitri geführt haben. Um dem eintönigen Klosterleben zu entkommen, beschließt Grigori, sich als Dimitri auszugeben. – *Zweite Szene:* Grigori, der nach Polen fliehen will, um Anhänger für seinen Kampf gegen Boris Godunow zu sammeln, entkommt in einer Schenke den Nachstellungen von Soldaten, die auf der Suche nach einem aus Moskau geflohenen Mönch sind.

Dritter Teil: Boris ist in seinem sechsten Regierungsjahr. Obwohl er versucht, ein gütiger und volksnaher Zar zu sein, nehmen Armut und Krankheit im Land immer mehr zu. Fürst Schuiski, der Gerüchten zufolge eine Verschwörung gegen Boris plant, berichtet dem Zaren von einem Aufrührer in Polen, der behauptet, der Zarewitsch Dimitri zu sein. Die Erzählung löst in Boris Wahnvorstellungen aus.

Vierter Teil, *Erste Szene:* Ein Gottesnarr nennt Boris einen zweiten Herodes. Schuiski will den Narren festnehmen lassen, aber Boris sieht in ihm einen Heiligen, der für sein Heil beten soll. – *Zweite Szene:* Die Bojaren verhängen die Todesstrafe über Dimitri. Noch während Schuiski von einem Wahnsinnsanfall des Zaren berichtet, erscheint Boris Godunow selbst. Er glaubt sich vom toten Zarewitsch verfolgt. Auf Veranlassung von Schuiski wird Pimen vorgelassen, der dem Zaren von Wundertaten am Grab des toten Zarewitsch Dimitri berichtet. Erregt befiehlt Boris die »schima«, die Aufnahme in den Stand der Mönche. Seinen Sohn Fjodor warnt er vor den Machenschaften der Bojaren. Im Irrglauben, seine Macht weitergeben zu können, stirbt Boris.

DATEN

Text: Nach der gleichnamigen dramatischen Chronik von Alexander Puschkin (1825)

Musik: Modest Mussorgsky

Uraufführung: »Original«-Boris 27. 2. 1874, Mariinsky-Theater St. Petersburg; »Ur-Boris« 5. 3. 1929 Stanislawski-Nemirowitsch-Dantschenko-Musiktheater Moskau

Handlungszeit: Februar 1598 bis April 1605

Handlungsorte: »Ur-Boris« (1868/69): Vor dem Jungfrauenkloster bei Moskau, Platz im Moskauer Kreml, in einer Zelle des Tschudow-Klosters, eine Schenke an der litauischen Grenze, Zarengemach im Kreml, vor der Moskauer Basilius-Kathedrale, Sitzungssaal im Kreml

Spielzeit: »Ur-Boris« (1868/69): etwa 2¼ Stunden – »Original-Boris« (1871–1874): etwa 3¼ Stunden

Personen: »Ur-Boris« (1868/69): *Boris Godunow* (Bariton oder Hoher Bass), *Fjodor, sein Sohn* (Mezzosopran), *Xenia, seine Tochter* (Sopran), *Xenias Amme* (Mezzosopran), *Fürst Wassili Iwanowitsch Schuiski* (Tenor), *Andrei Schtschelkalow, Geheimschreiber bei der Duma* (Bariton), *Pimen, Grigori Otrepjew, der falsche Dimitri* (Tenor), *Chronist, Mönch* (Bass), *Warlaam, entflohener Mönch* (Bass), *Michail, entflohener Mönch* (Tenor), *Eine Schankwirtin* (Mezzosopran), *Ein Gottesnarr, u. a., Chor: Polnische Edelleute*

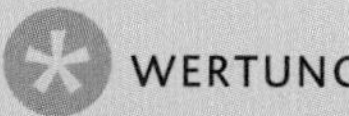

WERTUNG

In Inhalt, Form und Stil stellt diese Oper eine völlige Neuheit dar. Mussorgskys Idee eines an der natürlichen menschlichen Redeweise orientierten musikalischen Dramas führt zu einer einzigartigen Bestandsaufnahme von Macht und Willkür und zu einer differenzierten Persönlichkeitsstudie eines nach und nach dem Wahnsinn verfallenden Herrschers.

Verständlichkeit:	✪✪✪
Eingängigkeit:	✪✪✪
Aktualität:	✪✪✪✪
Politthriller:	✪✪✪✪
Wahnsinnsstudie:	✪✪✪✪✪

Fausts Verdammnis

Der ruhelose Held

Ein »Anti«-Faust-Stück, das Goethe bewusst hinter sich lässt, macht – mitten im 19. Jahrhundert! – die Oper zu einer virtuellen und multimedialen Kunst. Berlioz ist Faust, und Faust sind wir: ruhelos umherirrende Helden als moderne Jedermänner zwischen Lust und Frust.

Hector Berlioz nennt den Text seines Werkes schlicht und monumental »das Buch«. Man klappt es auf und hat ein Welttheater vor sich. In *Fausts Verdammnis* wird der Fluch eines ganzen Zeitalters dramatisiert. Menschen jagen sinnlos einer Ersatzbefriedigung nach der anderen hinterher, bis sie namenlos im Sprach- und Gefühlswirrwarr der modernen Hölle, sei dies eine Fabrikhalle oder ein Opernhaus, verschwinden. Der grübelnde Einzelgänger wird zum Massenmenschen umfunktioniert. Obwohl die meisten Beurteiler bezweifeln, dass dieses Werk überhaupt eine Oper ist, stellt es einen entscheidenden Durchbruch zum musikalischen Theater der Moderne dar. Berlioz ist Zeit seines Lebens fasziniert von der Vorstellung, die Perfektion von

■ Galanter Animateur und Erzeuger künstlicher Paradiese. Mit Rosenduft versetzt Mephisto Faust in einen Traum. David Kübler als Faust und Philippe Rouillon als Mephisto. Inszenierung von Harry Kupfer, Bregenzer Festspiele, 1992.

Automaten oder Maschinen sei eine ideale Spiegelung des menschlichen Organismus. Hört man die Musik zu *Fausts Verdammnis*, meint man, durch Gehirnwindungen und Herzkammern eines Menschen zu rasen. Dieses vergegenwärtigt, so verrückt es sich anhören mag, den Faust-Mythos auf eine bis dahin unvorstellbare Art und Weise. Worin besteht der Sinn einer Existenz? Welche überirdischen, welche satanischen Fähigkeiten besitzt der Mensch? Er mag sie in Gott oder dem Teufel suchen. Vor allem findet er sie in sich selbst.

Faust erscheint in wechselnden Gestalten. Der erste Teil handelt von einem Schwärmer, der zweite von einem Verführten, der dritte von einem Verführer, der vierte schließlich von einem Verdammten. Das Stück beginnt auf einer Ebene in Ungarn, mitten im Krieg. Warum nicht Ungarn, wenn »die Musik es will«, rechtfertigt sich Berlioz. Faust erlebt die Welt um sich herum als abstrusen Spaziergang. Wie ätzende Säuren schieben sich über sein melodisches Auftaktthema der stupide »Tralalala«-Rhythmus der Bauern und der furiose Rákóczi-Marsch der Soldaten. Faust wird von Kollektiven eingezwängt. Seine Rettung vor dem Selbstmord am Ostermorgen ist ein gigantisches Requiem auf das menschliche Individuum. Mit einem kurzen Blitzlichtgewitter im Orchester – und im folgenden nie anders – erscheint Mephisto. Er hat nichts Metaphysisches an sich, sondern ist ein galanter Animateur, ein Erzeuger von künstlichen Paradiesen. Keine mittelalterlichen Butzenscheiben zieren Auerbachs Keller. Die Welt selbst ist ein Trinkgelage, bevölkert von Jüngern, die in einer aberwitzigen Choralfuge auf dem Wort »Amen« die Blasphemie zur neuen Weltreligion erheben. Mephisto versetzt Faust in einen Traum, den er mit Sylphen und Gnomen bevölkert, ganz im Stil eines Pariser Luxusbordells jener Zeit. So skurril es klingen mag, man riecht in der Musik von Berlioz jenen Rosenduft, mit dem Faust betäubt wird. Einzig der Name der Ge-

■ Die Verdammnis des modernen Menschen. David Kübler als Faust.

> *»In jedem Menschen existieren zu jeder Stunde gleichzeitig zwei Bestrebungen: die eine zu Gott, die andere zum Satan.«*
>
> CHARLES BAUDELAIRE

KAMPF DER PRINZIPIEN

»Als ob es keinen anderen Faust gebe als den von Goethe«, trumpft Hector Berlioz auf, um sich gegen die Vorwürfe zu wehren, ein »Denkmal des Geistes verstümmelt zu haben«. Berlioz macht aus dem Sinnsucher Faust ein zweites Ich. Die Ruhelosigkeit des Helden, die auch die Nervosität ihres Schöpfers ist, beruht auf dem verzweifelten Kampf gegen eine Zeitkrankheit: »ennui«, die grenzenlose Langeweile, die einen Menschen aufzuzehren droht.

liebten, nach der sich Faust sehnt, lässt sich nicht künstlich erzeugen. Mephisto ist darauf angewiesen, dass Faust ihn im Traum nennt. Der Weg zu Margarete führt mitten durch Studenten- und Soldatenchöre. Faust droht in der Masse unterzugehen.

Faust durchsucht das leere Zimmer Margaretes. Ihre größte Intensität erreicht die Musik seiner Arie im Nachspiel. Egoismus und Fetischismus ersetzen das Ideal der romantischen Liebe. Ein weiteres Mal muss Mephisto nachhelfen. Der Tanz der von ihm befehligten Irrlichter soll Margarete gefügig für Fausts Begehren machen, bricht aber nach einigen Takten immer wieder kurzzeitig ab. Bizarre Töne dringen wie Messer-

■ Der moderne Faust ist der Massenmensch, und konformiert ist die Sinnlichkeit, zu der ihn Mephisto verführt.

■ Produkt der Männerphantasien. Béatrice Uria Monzon als Margarete.

stiche ins Bewusstsein des Hörers. In Margaretes Lied vom König in Thule entdeckt ein Mädchen die Liebe. Und Berlioz schreibt ein »chanson gothique«, dessen Hauptthema klingt, als wäre soeben die Melodie erfunden worden. Margarete ist neben Mephisto, dem Hexenmeister der Moderne, die einzige individuelle Gestalt dieser Oper, erneut eine provokative und paradoxe Zuspitzung von Berlioz, da sie nur eine einzige Rolle auszufüllen hat: die des Opfers, die aber aus der Sicht von Berlioz unverwechselbar ist.

Jagdhörner illustrieren im letzten Teil die Unter-

VERGEBLICHE LIEBE

Dritter Teil, Dreizehnte Szene, Duett Faust – Margarete: In der Oper funktioniert die Liebe nach strengen formalen Gesetzen. Faust singt ein Thema. Margarete singt es identisch nach. Dann singen beide dasselbe. Berlioz macht diesen Mechanismus als Konstruktion hörbar: so und so viele Takte plus so viele Takte etc. Plötzlich begreift jeder, wie fremd sich Faust und Margarete sind. Sie agieren wie Marionetten in einem Puppenspiel. Mephisto kommt zur Tür herein, mit ihm ein ganzer Chor. Jetzt heißt es fliehen. Ein neuer Mechanismus ersetzt einfach den alten. Manchmal glaubt man, das ganze Leben funktioniere so. Die Vermittlung dieses Empfindens macht die *Faust*-Oper von Berlioz so aktuell.

■ Aneinander gefesselte Menschen auf dem Weg durch eine absurde Fantasiewelt: Faust, Margarete und Mephisto im multimedialen Opernspektakel von Hector Berlioz.

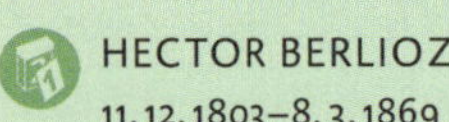

HECTOR BERLIOZ
11.12.1803–8.3.1869

1826 Studium am Konservatorium in Paris
1828 Erstes eigenes Konzert
1830 Erster Preis beim »Rompreis«-Wettbewerb
1833 Heirat mit der Schauspielerin Harriet Smithson
1835 Übernahme des Musikfeuilletons am »Journal des Débats«
1844 Trennung von seiner Frau
1848 Beginn der Memoiren
1854 Zweite Heirat mit Marie Recio
1856 Mitglied des Institut de France

schrift Fausts unter den Teufelspakt, Verballhornung einer damals berühmten Melodie aus Meyerbeers Oper *Robert der Teufel*. Handlung, Fabel und Figuren lösen sich auf. Was bleibt, ist Oper, Oper, Oper ... Der Höhepunkt jeder Faust-Geschichte, die Auslieferung des Menschen an Satan, verkommt bei Berlioz zu einer Randepisode. Ein Massenschicksal wird besiegelt, eine Unterschrift unter irgendeinen Kaufvertrag geleistet. Dann geht es aufs Pferd und mit der Musik ins Kino, das es damals noch gar nicht gibt. Mit gewaltigem Krach bricht der Schlund zur Hölle auf, Kulisse für einen gewaltigen Tanzchor. Das Höllenalphabet, das mit den Worten »Has Has Has! Irimurkarabrao« endet, ist Spiegelbild der sprachlich ebenso unverständlichen Himmelschöre. Berlioz macht, eine weitere für seine Zeit unerhörte Provokation, keinen Unterschied zwischen Himmel und Hölle, Verklärung oder Verdammnis. Die Gleichsetzung ist nicht nur ironisch gemeint. Beide Sphären versinnbildlichen Ersatzwelten, die sich Menschen schaffen müssen, um mit der Sinnlosigkeit ihrer Existenz leben zu können. Der Blick in den Spiegel zeigt kein Individuum mehr, nur noch ein abgestumpftes Produkt der Masse Mensch.

FAUSTS VERDAMMNIS (LA DAMNATION DE FAUST)

DRAMATISCHE LEGENDE IN VIER TEILEN UND ZWANZIG SZENEN FÜR SOLI, CHOR UND ORCHESTER IN FRANZÖSISCHER SPRACHE

HANDLUNG

Erster Teil, *Erste Szene:* Faust, den es nach Ungarn verschlagen hat, beschwört die Allmacht der Natur. – *Zweite Szene:* Faust beneidet die Bauern um ihr sorgloses und heiteres Leben. – *Dritte Szene:* Faust bleibt, während triumphierende Soldaten an ihm vorüberziehen, unempfänglich für die Verführung durch den Ruhm.
Zweiter Teil, *Vierte Szene:* Faust wird durch den Osterhymnus davon abgehalten, sich das Leben zu nehmen. – *Fünfte Szene:* Mephisto entreißt Faust der Enge, um ihm das sinnliche Leben zu zeigen. – *Sechste Szene:* Das Gegröle in Auerbachs Keller ödet Faust an. – *Siebente Szene:* Mephisto gaukelt Faust am Ufer der Elbe eine Traumerscheinung vor. Faust gibt ihr den Namen Margarete. – *Achte Szene:* Mephisto führt Faust mitten durch Soldaten und Studenten zum Haus Margaretes.

Dritter Teil, *Neunte Szene:* Faust durchsucht leidenschaftlich das Zimmer Margaretes. – *Zehnte Szene:* Mephisto versteckt Faust vor Margarete. – *Elfte Szene:* Auch Margarete hat von Faust geträumt. – *Zwölfte Szene:* Mephisto versucht mit dem Tanz der Irrlichter Margarete zu verzaubern. – *Dreizehnte Szene:* Faust und Margarete singen von der Liebe. – *Vierzehnte Szene:* Mephisto treibt mit hämischen Spottrufen der Nachbarn Faust und Margarete auseinander.

Vierter Teil, *Fünfzehnte Szene:* Margarete wird Opfer ihrer Sehnsucht. – *Sechzehnte Szene:* Faust flüchtet sich in die Natur. – *Siebzehnte Szene:* Mephisto berichtet, dass Margarete wegen der Ermordung ihrer Mutter zum Tode verurteilt wurde. Faust unterzeichnet den Teufelspakt. – *Achtzehnte Szene:* Die Höllenfahrt spielt sich über den Köpfen entsetzter Bauern ab. – *Neunzehnte Szene:* Mephisto lässt sich als Höllenfürst feiern. – Epilog auf der Erde: Büßerstimmen sind zu hören. – *Zwanzigste Szene:* Margarete wird im Himmel verklärt.

DATEN

Text: Almire Gandonnière und Hector Berlioz nach *Faust. Der Tragödie Erster Teil* von Johann Wolfgang von Goethe in der französischen Übersetzung von Gérard de Nerval (1828)

Musik: Hector Berlioz

Uraufführung: 6.12.1846, Opéra-Comique Paris (konzertant); 18.2.1893, Opéra Monte Carlo (szenisch)

Handlungszeit: Ins 19. Jahrhundert verlegte Handlung aus dem Mittelalter

Handlungsorte: Ebene in Ungarn, Norddeutschland, Auerbachs Keller in Leipzig, Wälder und Wiesen am Ufer der Elbe, Margaretes Zimmer, Wälder- und Höhlenlandschaft, Fahrt in den Abgrund, Hölle, im Himmel

Spielzeit: etwa 2¼ Stunden

Personen: *Marguerite* (*Margarete*, Mezzosopran), *Faust* (Tenor), *Méphistophélès* (*Mephisto*, Bariton/Bass), *Brander* (Bass), *Chor: Doppelchor, Kinderchor ad libitum, Ballett*

WERTUNG

Ohne die Bilderfülle von Berlioz, der in diesem Stück Elemente aus Oper, Drama, Sinfonie, Oratorium, Roman und Mysterienspiel miteinander vereint, wäre die Stilvielfalt im Musiktheater des 20. Jahrhunderts nicht vorstellbar. Um seine Visionen zu charakterisieren, muss man Begriffe bemühen, die es zu seiner Zeit in dieser Form nicht gab: Absurdes Theater, Dadaismus, Musikrevue, Science-Fiction oder Comic-Film.

Verständlichkeit: ✪✪✪
Eingängigkeit: ✪✪✪✪
Aktualität: ✪✪✪✪✪
Stilvielfalt: ✪✪✪✪✪
Moderner Held: ✪✪✪✪

Eugen Onegin
Der unentschlossene Held

Dieses Werk, für das sich der Komponist Sänger wünscht, die gut und natürlich spielen, berührt gerade durch *die* Konflikte, die Menschen bereits »selbst erfahren und gesehen haben« (Tschaikowsky). Im Ton ist es lyrisch, in der Handlung dramatisch.

Tschaikowsky nennt diese Oper »lyrische Szenen«. Das Drama von der erbarmungslosen Zurückweisung einer liebenden Frau spielt sich wie hinter Schleiern ab. Tatjana und ihre Schwester Olga träumen zu Beginn der Oper von der Erfüllung ihrer Sehnsüchte. Als Kontrapunkt wird in ihren Traum von der großen Liebe der Sprechgesang ihrer Mutter Larina und der Amme Filipjewna eingefügt, die dem Glück längst vergangener Tage nachtrauern. Zwischen der verlorenen Sprache der Vergangenheit und der ins Leere laufenden Hoffnung auf eine vage Zukunft löst sich eine stumpfsinnige Gegenwart in Nichts auf. Zeit und Raum von *Eugen Onegin* sind die alltägliche Leere. Die

■ Lauter heiratsfähige Bauerstöchter. Tschaikowsky zeigt eine von materiellen und erotischen Besitzansprüchen beherrschte Welt. Inszenierung von Götz Friedrich, Deutsche Oper Berlin, 1996.

zweite Nummer, ein Chor der Landleute, die den Gutsbesitzern Erntegaben bringen, hat nichts mit jener Folklore zu tun, die in vielen Inszenierungen als vermeintlich unverwechselbares russisches Kolorit auf der Bühne gezeigt wird. Der Komponist deckt stattdessen in aggressiven Tönen, mit denen die Bauern auf heiratsfähige Töchter anspielen, eine von materiellen und erotischen Besitzansprüchen bestimmte Welt auf.

Tschaikowsky macht hörbar, dass es keineswegs eingeschüchterte, verzärtelte oder bloß dandyhafte Wesen sind, die in diesem Stück Opfer ihrer Illusionen werden, sondern starke, um ihre Gefühle kämpfende Menschen. So wie Tatjana, die sich zunächst fieberhaft an eine leblose Welt aus Büchern klammert, um überhaupt ein Stück Identität zu erringen. Oder auch Menschen wie Onegin, der aus Zynismus längst zur Marionette geworden ist. Der emotional verkümmerte Held wird durch extrem in die Länge gezogene, zumeist auf gleichen Notenwerten aufgebaute, daher einsilbig klingende Themen charakterisiert. In seiner Einsamkeit ringt er um die Kraft der Melodie. Bei ihrer ersten Begegnung sind Tatjana und Onegin äußerst befangen, im Unterschied zu Olga und Lenski, dem nach der Tradition heiteren Gegensatzpaar. In der Musik Tschaikowskys werden Lenski und Olga aber keineswegs unbeschwert geschildert, sondern wirken in ihrer aufgesetzten Fröhlichkeit traumverloren und einsam. Über einem langen Ton der Hörner und zu einem monotonen Rhythmus der Streicher, der Herz- und Pulsschläge zum Stillstand bringt, lässt Tschaikowsky die Stimmen von Onegin, Lenski, Tatjana und Olga im Quartett des ersten Bildes wie in

■ Mirella Freni als Tatjana und Sergei Leiferkus als Eugen Onegin.

EXISTENZIELLE LEERE

Mit 24 Jahren beginnt Alexander Puschkin die Niederschrift des Versromanes *Eugen Onegin*. Mit der Gestalt dieses oberflächlichen Dandys entlarvt er die Dekadenz seiner Zeit. »Früh waren die Gefühle in ihm erkaltet; langweilig wurde ihm das Treiben der großen Welt.« Dennoch solidarisiert sich Puschkin mit ihm. »Das Spiel der Leidenschaften kannten wir beide, und beiden war das Leben eine Qual.« Eine Poesie des Alltäglichen wird zum Rahmen einer Tragödie von antikem Ausmaß. Menschen gehen an der Stupidität ihrer Umwelt und an ihrer inneren Leere zugrunde.

■ Der Ballsaal als monströses Wachsfigurenkabinett. Die bedingungslos liebende Tatjana wird zum Gespött der Gesellschaft. Der zynische Onegin flirtet mit ihrer Schwester Olga und entfacht die Eifersucht Lenskis.

einer Eiswüste einfrieren. Tatjana ist die wahre Heldin der Oper, Onegin lediglich der, wie der Komponist selbst sagt, »sich langweilende Großstadtlöwe«, der für Tatjana jedoch das Idealbild eines Mannes ist, an das sie sich wie eine Ertrinkende klammert, sobald es als erträumtes Objekt der Begierde in ihrer Nähe auftaucht. Ihre Briefszene, einer der längsten Sologesänge des gesamten Repertoires, ist ein euphorischer Befreiungsakt. Tatjanas Arie beginnt mit einem sich in die Höhe schraubenden Thema, das der russische Musikwissenschaftler Boris Assafjew die »Sequenz der wachsenden Leidenschaften« nennt. Naiv macht sich Tatjana zunächst an das Schreiben eines Briefes an Onegin, in dem sie ihm hemmungslos ihre Hingabe bekennt. Dies wird von Tschaikowsky in einer ersten Ariette ausgedrückt, die bereits nach vierzehn Takten endet. Ein zweites Arioso – Tatjana singt eine Arie aus vielen Arien – besteht aus einem unentwegt wiederholten Thema, dessen erster Takt jeweils als entschlossener Schriftzug ansteigt, um im zweiten Takt in einzelne Floskeln zu zerfallen, wie ein Gedanke, der sich nicht aufs Papier bringen lässt. Tatjana fängt den Brief immer wieder von vorne an, wobei sich schließlich ein leises Thema entwickelt, das zunächst allein von der Singstimme bestimmt wird. Es vergegenwärtigt jenen Augenblick, in dem sich Tatjana bewusst wird, dass Onegin der ihr von Schicksal und Himmel gesandte Geliebte ist. Dieses lyrische Thema wird im weiteren Verlauf der

WINTERLICHE LEERE

Zweiter Akt, Fünftes Bild, Nr. 18, Duellszene: Aus einem grell tönenden Ballsaal wird die winterliche Totenlandschaft des Duells zwischen Lenski und Onegin. Für Tschaikowsky ist es der dramatische Höhepunkt, geboren aus einer »verhängnisvollen Kollision mit den Forderungen des Begriffs »Ehre«. Vor dem tödlichen Schuss kommen sich Onegin und Lenski ein letztes Mal nah. Onegin singt jede Phrase Lenskis einen halben Takt später identisch nach. Als Liebeserklärung auf das Ideal der Freundschaft kommt das Duett zu spät.

Arie, später der ganzen Oper, zu einem ekstatischen Bekenntnis ausgeweitet. Tschaikowsy komponiert in dieser Szene, als befände er sich nicht in einer Oper, sondern in einer Sinfonie. Tatjana sprengt die Enge ihrer Welt von innen heraus. Diese totale Parteinahme für eine Frau, die sich bedingungslos an einen Menschen kettet, erinnert daran, dass Tschaikowsky während der Arbeit an *Eugen Onegin* mit Antonina Miljukowa eine Frau heiratet, die Tatjana ähnelt – eine Beziehung, die ihn bis zum Selbstmordversuch treibt. Trotz seiner Parteinahme sucht er in *Eugen Onegin* nicht nach Schuld und Sühne, sondern verdichtet die Motive, die Menschen abhängig voneinander machen.

Dass diese Oper nicht zum Seelendrama verkommt, liegt an Tschaikowskys kompromissloser Steigerung des Sittengemäldes aus Puschkins Versroman, einer gesellschaftskritischen Studie, in der die Liebe durch Standesdünkel erstickt wird. Zu Walzermelodien, Mazurkaklängen und Polonaiserhythmen, die sich wie unsichtbare Wände einer Folterkammer auftürmen, kesselt eine sensationslüsterne Masse Tatjana, Olga, Onegin und Lenski im zweiten Akt ein. Die einander verloren gehenden Liebenden haben keine Chance, einem Intrigenspiel zu entkommen, in dem sie die Rollen von Eifersüchtigen und Gedemütigten zu spielen haben. Das vermeintlich arglos klingende Couplet des von der russischen Ballgesellschaft verehrten französischen Tanzmeisters Triquet im vierten Bild, eine originäre Erfindung Tschaikowskys, wird zur öffentlichen Zurschaustellung Tatjanas als Lustobjekt. Tschaikowsky spitzt die gereizte Atmosphäre

PETER TSCHAIKOWSKY
25.4.1840 – 25.10.1893

1859 Abschluss der Rechtsschule
ab 1866 Harmonielehrer in St. Petersburg
1868 Erste Sinfonie
1877 Heirat mit Antonina Miljukowa, Trennung, Selbstmordversuch, Jahresrente durch Nadeshda von Meck
1888/89 Reisen nach England und Amerika
1890 *Pique Dame*
1892 Ballett *Der Nußknacker*

■ Opfer eines falsch verstandenen Ehrbegriffs. Lucio Gallo als Onegin und Laurence Dale als Lenski in der Duellszene im fünften Bild des Zweiten Aktes.

durch Rokokomelodien zu, die aus einem Leierkasten zu kommen scheinen. Der Ballsaal wird zum monströsen Wachsfigurenkabinett. Tschaikowsky komponiert wie zur Zeit Mozarts, nur dass er schonungslos aufdeckt, welchen reaktionären Zwecken ein solcher Stil inzwischen dient. Menschen, die sich nicht in diesen Lustreigen einfügen, wird die Luft zum Atmen genommen.

Dritter Akt: Nach sechzehn Jahren sieht Tatjana, inzwischen Fürstin Gremin, Onegin auf einem Ball wieder. Tschaikowsky komponiert die Zeitspanne wie den Übergang von der langen Nacht eines trügerischen Traums in den gleißenden Morgen einer unumgänglichen Entscheidung. Der Komponist verzweifelt während der Arbeit zunächst an der Unmöglichkeit, die Oper mit einem großen, auf psychologischen Details aufgebauten Duett zwischen Tatjana und Onegin beenden zu können. Er erwägt kurzzeitig sogar eine Eifersuchtsszene des Fürsten Gremin, der Tatjana und Onegin überrascht. Schließlich aber hält sich Tschaikowsky an die im Stück selbst entwickelte Kompromisslosigkeit. Die Stimmen von Onegin und Tatjana wollen sich nicht ineinander fügen, weder in der Erinnerung noch beim Versuch, durch euphorisches Singen eine neue Bindung herzustellen. Das Duett ist eigentlich gar keins. Beide singen aneinander vorbei. Wie schon zu Beginn der Oper löst sich die Gegenwart in eine nicht zu bewältigende Vergangenheit und in eine ungewisse Zukunft auf. Die Liebesthemen des ersten Aktes klingen beim vergeblichen Versuch, sie als Zitate aufleben zu lassen, verzerrt. Jetzt, da Onegin Tatjanas Musik mit einem Thema aus der Briefarie endlich hört, ist der Mensch, der sie ihm aus Leidenschaft widmete, für ihn unerreichbar geworden. Tatjana besteht dieses Mal auf der Gegenwart: Sie wird sich nicht vom Fürsten Gremin trennen. Onegins Verzweiflung macht betroffen, da Onegin zum erstenmal den Ton arroganter Distanz verliert. Am Ende gelingt Tschaikowsky sogar die Identifizierung mit seinem Anti-Helden. Onegin ist der moderne Orpheus, der in der Stimme des anderen Menschen nach seiner Identität sucht: vergeblich.

■ Auf der Flucht vor sich selbst. Am Ende versucht Onegin verzweifelt, nach der Liebe Tatjanas zu greifen. Doch die Vergangenheit lässt sich nicht ungeschehen machen. Inszenierung von Götz Friedrich, Deutsche Oper Berlin, 1996.

EUGEN ONEGIN (JEWGENI ONEGIN)

LYRISCHE SZENEN IN DREI AKTEN UND SIEBEN BILDERN
IN RUSSISCHER SPRACHE

HANDLUNG

Erster Akt, *Erstes Bild:* Tatjana und ihre Schwester Olga sehnen sich nach der großen Liebe, die für ihre Mutter Larina und die Amme Filipjewna längst verklärte Vergangenheit ist. Bauern, die ihre Erntegaben bringen, spielen auf die Heiratsfähigkeit der Töchter an. Bei einem Besuch des Dichters Lenski, der Olga liebt, lernt Tatjana Eugen Onegin kennen, einen Dandy aus St. Petersburg. – *Zweites Bild:* Tatjana kann nicht schlafen. Filipjewna soll aus ihrer Jugend erzählen. Tatjana vertraut ihr an, verliebt zu sein. Sie schreibt einen Brief an Onegin, den Mann, den sie für die Erfüllung ihres Ideals hält, und liefert sich seiner Entscheidung kompromisslos aus. Der begriffsstutzigen Filipjewna zwingt sie am nächsten Morgen auf, den Brief zu Onegin zu bringen. – *Drittes Bild:* Onegin sagt Tatjana, sie wäre die richtige Frau für ihn, hätte er nicht der Ehe abgeschworen. Es wäre besser für sie, ihre Jungmädchenträume zu vergessen.

Zweiter Akt, *Viertes Bild:* Tatjana ist auf einem Ball dem Geschwätz der Gesellschaft ausgesetzt. Gereizt durch das provinzielle Treiben auf dem Fest tanzt Onegin wiederholt mit Olga. Lenskis Eifersucht stachelt Olga und Onegin an, ihren Flirt fortzusetzen. Es kommt zum Skandal. Lenski fordert Onegin zum Duell. – *Fünftes Bild:* Weder Lenski noch Onegin können sich vom falsch verstandenen Begriff der Ehre trennen. Onegin tötet Lenski im Duell.

Dritter Akt, *Sechstes Bild:* Sechzehn Jahre später begegnet Onegin, unfähig, den Tod Lenskis zu vergessen, Tatjana auf einem Ball. Sie ist die Frau des Fürsten Gremin geworden. – *Siebentes Bild:* Onegin versucht, Tatjana wiederzugewinnen. Aber das Vergangene lässt sich nicht ungeschehen machen. Tatjana reißt sich mit letzter Kraft von Onegin los.

DATEN

Text: Peter Tschaikowsky und Konstantin Stepanowitsch Schilowski nach dem Versroman *Eugen Onegin* von Alexander Puschkin (1823–1830)

Musik: Peter Tschaikowsky

Uraufführung: 29. 3. 1879, Maly Theater Moskau

Handlungszeit: 1. Hälfte des 19. Jahrhunderts.

Handlungsort: Russland, teilweise St. Petersburg

Spielzeit: etwa 2 1/4 Stunden

Personen: *Larina, Gutsbesitzerin* (Mezzosopran), *Tatjana, ihre Tochter* (Sopran), *Olga, ihre Tochter* (Alt), *Filipjewna, Amme* (Mezzosopran), *Eugen Onegin* (Bariton), *Lenski* (Tenor), *Fürst Gremin* (Bass), *Ein Hauptmann* (Bass), *Saretzki* (Bass), *Triquet, ein Franzose* (Tenor), *Guillot, Kammerdiener* (Stumme Rolle), *Chor: Bauern, Bäuerinnen, Ballgäste, Gutsbesitzer und Gutsbesitzerinnen, Offiziere; Ballett: Ballgäste*

WERTUNG

Das zu Unrecht von manchen als schwärmerische und undramatische Oper abqualifizierte Werk ist ein in sinfonischen Zusammenhängen entwickeltes Sittenbild. Aufrichtige Gefühle fallen dem Stumpfsinn einer dekadenten Gesellschaft zum Opfer.

Verständlichkeit:	✪✪✪✪
Eingängigkeit:	✪✪✪✪
Aktualität:	✪✪✪
Lyrik:	✪✪✪✪
Tragisches Scheitern:	✪✪✪✪

Othello
Der verblendete Held

Shakespeare schreibt ein Renaissance-Drama. Verdi vertont ein Drama des 19. Jahrhunderts. Der Querschnitt aus beiden ergibt ein Drama unserer Gegenwart. Im Bewusstsein des realen Krieges, der sie umgibt, wird das Denken von Menschen vom Chaos der Gefühle beherrscht.

■ Die Saat der Intrige beginnt aufzugehen, denn die Eifersucht des Außenseiters ist leicht zu entfachen. Placido Domingo als Othello und Barbara Frittoli als Desdemona. Inszenierung von Ermanno Olmi, Salzburger Osterfestspiele, 1996.

Giuseppe Verdi und sein Librettist Arrigo Boito machen aus Shakespeares Schauspiel von der tödlichen Eifersucht des Außenseiters Othello, dem Neid des Intriganten Jago und der bis in den Tod bedingungslosen Liebe Desdemonas ein allegorisches Drama. Die Oper beginnt mit dem Aufruhr der Elemente in einer Sturmszene. Es ertönen die Posaunen der Apokalypse. Othellos erstes Wort »Esultate« (»Jubelt«) dröhnt wie eine Auferstehung aus nächtlichem Chaos. Ein großer Bogen führt vom Anfang ans Ende der Oper. Othellos letztes Wort »un bacio« (»ein Kuß«) gilt einer über den Tod hinaus strahlenden Sehnsucht nach Liebe. Mag dies in Shakespeares Schauspiel als Ahnung angelegt sein, erst Boito und Verdi eröffnen dem Drama diese kosmische und zeitlose Dimension.

Verdi entwickelt aus Boitos neuer Opernsprache eine bis dahin ungeahnte Sprach-Oper. Dabei wird der kaum noch hörbare, trotzdem die Architektur bestimmende Charakter der Nummernoper nicht aufgelöst. *Othello* ist modernes Musikdrama auf der Grundlage der traditionellen Oper. Dem Feuer-Chor – der den Trugschluss illustriert, die Kräfte der Natur seien zu bändigen – folgt ein Trinklied, dessen zunehmend aus Takt und Form gera-

tende Musik Jagos Vorgehensweise ideal widerspiegelt. Er macht Cassio betrunken und verführt ihn, ein Lied zu singen, dessen Verlauf er bestimmt, bis sich Cassio heillos in der Melodie verheddert und sie nicht mehr mitsingen kann. Ein Lied bricht zusammen, eine Ordnung auch. Die Intrige spielt sich stets zwischen den Nummern ab, draußen vor der Tür, außerhalb der gängigen Oper. Alle durchschauen die Machenschaften Jagos, nur nicht die Opfer auf der Bühne. Das Spiel beruht auf der Fatalität des Zufalls. Die ist von Anfang an tödlich. Der erste Akt endet, undenkbar im Schauspiel, mit einer Liebesszene. Aber für Desdemona und Othello besteht diese Liebe einzig in der Erinnerung an die Vergangenheit. Sie kommen sich in der Gegenwart nicht näher, sondern gehen einander im unwirklichen Gesang über Sterne und Wunschträume verloren. Das Kussthema, Leitmotiv der Oper, erklingt einzig im Orchester vollständig. Othello kann nur Bruchstücke davon singen, in der Liebesszene des ersten Aufzuges ebenso wie in der Todesszene am Ende der Oper. Die Stimmen der Liebenden finden im Duett des ersten Aktes erst in den letzten drei Takten zueinan-

■ Zwischen kaltblütigem Kalkül des Nihilisten und dem Zerstörungszwang des unter seiner Andersartigkeit Leidenden. Desdemona wird unschuldiges Opfer des intriganten Jago und des vor Eifersucht rasenden Othello. Inszenierung von Ruth Berghaus, Opernhaus Zürich, 1994.

ORTSBESTIMMUNG

Shakespeares gleichnamiges Drama spielt in Venedig und Zypern und entwickelt sich nach der Logik der Sprache aus einem dichten sozialen Beziehungsgeflecht. Im Zentrum steht der Mohr als Außenseiter. Verdis Oper beginnt nicht in einem von politischen Intrigen geprägten Venedig, sondern zwischen Meer und Land, zwischen Himmel und Hölle. Verdi deckt in Tönen auf, was in der Sprache Hintergrund bleiben muss, damit es letztlich Fazit sein kann. Die private Tragödie ist eine unausweichliche Naturkatastrophe.

■ Arbeit an der Aggression. Othello und Jago beschließen die Ermordung Desdemonas.

der – Sphärenharmonie, außerhalb jeder Realität. Othellos Kraft wendet sich als animalischer Instinkt gegen Desdemona, gegen das Ideal, das er aus dem Wüten der Elemente heraushalten will. Jago ist der Beobachter, der Physiker und Chemiker dieser Entwicklung. Der zweite Akt, »Jago und Othello«, besteht aus einer Arie Jagos, einem als Abschiedsgesang auf die Lichtgestalt Desdemonas gestalteten Chor, einem Quartett innerer Stimmen, einer kurzen, bereits von Zerstörung bedrohten Arie des einstigen Helden Othello, einem schlichten, den angeblichen Liebestraum Cassios beängstigend wahr einfangenden Lied Jagos in C-Dur, als könne es gar nicht anders sein, und einem Duett von Jago und Othello. Im Text geht es dabei um Rache. Othello beginnt seinen Fluch auf einem monoton wiederholten Ton. Das Orchester steuert eine Melodie dazu bei, die sich Jago raffiniert aneignet, als wäre es seine eigene Stimme. Dabei singt er nur, was Othello hören will.

Jagos Credo, das Glaubensbekenntnis eines Nihilisten, mit dem der zweite Akt beginnt, ist eine Erfindung Boitos. Verdi nennt es »shakespearisch in allem und jedem«. Es wäre »der billigste Irrtum«, so Boito, Jago als »mephistophelischen Dämon misszuverstehen. Jedes Wort Jagos kommt von einem ruchlosen Menschen, aber von einem Menschen.« Wenn teuflisch, ist Jago es als Sohn der Aufklärung. Verdi, dem ein einziges, zunächst unbedeutendes Triolenmotiv zur Charakterisierung von Jagos Obsession genügt, sieht diese Figur »zerstreut, nonchalant, bissig«. Er wünscht sie sich fast ausnahmslos »mezza voce« (»mit mittlerer Stimme«). Dies bedeutet, dass Jago die Fähigkeiten besitzt, seine Mitmenschen

SPRACHE OHNE WORTE

Vierter Akt, Dritte Szene, Othellos Auftritt im Gemach Desdemonas: Othello tritt durch eine Geheimtür auf. Vom tiefsten Ton der Kontrabässe schraubt sich langsam eine Melodie nach oben, die in einer hektischen rhythmischen Figur, eingeleitet durch die Bratschen, endet. Das eine, die Melodie, ist die Todeslinie. Das andere, das kurze, erregte Motiv, spiegelt die Emotion, die Erregung, den Reflex wider. Bei Verdi sagt Othello kein Wort, wenn er in den Todesraum tritt. Und sagt doch alles.

nüchtern und kaltblütig zu analysieren, da er auch seine Stimme zumeist sachlich und bestimmt einsetzt. Im »bösen« Biedermann Jago ist der bürgerlich korrekte Herrenmensch vorausgeahnt, der mehr als ein halbes Jahrhundert später in buchhalterischer Manier Massenvernichtungslager leiten wird. Boito möchte, schon um die Konkurrenz zu einer gleichnamigen Oper Rossinis zu vermeiden, das Stück lange Zeit *Jago* nennen. Aber Verdi will nicht den Eindruck erwecken, sich hinter »diesem Titel zu verstecken«. Jago ist für ihn die Kraft, die alles bewegt, aber Othello ist der, der handelt. »Er liebt, er ist eifersüchtig, und er bringt sich um.« Der dritte Aufzug, der im Orchester mit dem Zitat jener Eifersucht beginnt, vor der Jago Othello heuchlerisch warnte, spielt sich eigentlich als Monolog in Othellos Kopf ab. In einem fast schon tonlosen Adagio zerbricht er innerlich. Das Geschehen läuft auf zwei Ebenen ab, innerhalb und außerhalb der Figuren, privat und öffentlich. Diese Gleichzeitigkeit ist einzig durch Musik möglich. Othello und Desdemona werden gezwungen, das Trugbild einer überirdischen Liebe auszulöschen. Desdemonas unausweichlicher Untergang spiegelt sich in öffentlicher Bloßstellung. Zunächst als grandioses Schlachtengemälde geplant, ist das Finale des dritten Aktes ein zum gewaltigen Ensemble gesteigertes Aufbäumen einer einzigen Stimme. Das, wogegen Othello ohnmächtig aufbegehrt, nimmt Desdemona ohne jedes Pathos als einzige Existenzmöglichkeit an: Liebe bis in den Tod.

Dem öffentlichen Raum des dritten folgt die Todeskammer des vierten Aktes, in die am Ende alle Überlebenden drän-

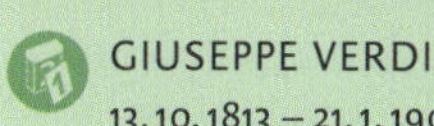

GIUSEPPE VERDI
13.10.1813 – 21.1.1901

1837 Heirat mit Margherita Barezzi
1838–40 Tod seiner Kinder Virginia und Icilio und seiner Frau
1847 Beginn seiner Beziehung zu Giuseppina Strepponi
1853 Einzug auf dem Landgut Sta. Agata
1859 Heirat mit Giuseppina Strepponi
1860 Vereinigung Italiens
1864 Delegierter bei Parlamentssitzungen in Turin
1874 Ernennung zum Senator
1882 Stiftung eines Krankenhauses in Villanova bei Sta. Agata

■ Sara Mingardo als Emilia und Ruggero Raimondi als Jago. Inszenierung von Ermanno Olmi, Salzburger Osterfestspiele, 1996.

> *»Othello ist wie ein Mensch, der unter einem Albtraum umhergeht und unter dem verhängnisvollen und zunehmenden Zwang dieses Albtraums denkt, handelt, leidet und sein fürchterliches Verbrechen verübt.«*
>
> Arrigo Boito

gen, um dem Mord wie einem ersten Sündenfall beizuwohnen. Brachte Jagos Trinklied im ersten Aufzug die Ordnung aus den Fugen, stellt Desdemonas »Lied von der Weide« im letzten Aufzug den verloren gegangenen Sinn wieder her, da sie die völlige Leere um sich herum als trauernde Natur annimmt. Wie Messerstiche klingen die einsamen, von keinem Instrument begleiteten rituellen Rufe, mit denen jede Strophe des Liedes endet. Absichtlich lässt Boito in der ganzen Oper Desdemona kein einziges Wort mit Jago wechseln. Wie Flügelbilder eines mittelalterlichen Altars umrahmen beide Figuren den Zerstörungs-, schließlich Selbstzerstörungsakt Othellos. Im »Lied von der Weide« wird der Wind zur Stimme von Desdemonas Todesangst. Im Duett versucht sie bis zuletzt, Othello von der Tat abzuhalten. Der mitleidlosen Dokumentation des Endes stellt Verdi aber das Drama einer inneren Zuversicht entgegen. Ihr »Ave Maria« betet Desdemona im Rezitativ wie auswendig gelernt herunter. In dem Augenblick aber, in dem ihr bewusst wird, wie groß die Glaubenskraft ist, die aus ihr selbst kommt, bricht eine Melodie auf, durch die alle Angst aufgehoben wird. Das Stück endet, wie es begann. Die Natur ist stärker als der Wille des Menschen, sie zu bezwingen. Nur dass die gesichtslose Menschheit der Sturmszene durch den leidenschaftlichen Todeskampf eines Menschen ein unverwechselbares Gesicht erhält: jenes Desdemonas.

■ Die Phalanx der Gewalt und ihre Opfer. Das unbedingte Gefühl der Liebe verliert im Angesicht der Öffentlichkeit seine Beweiskraft.

OTHELLO (OTELLO)

LYRISCHES DRAMA IN VIER AKTEN IN ITALIENISCHER SPRACHE

HANDLUNG

Erster Akt: Aus einem Sturm erhebt sich der Befehlshaber Othello, der Mohr in Venedigs Diensten und Statthalter von Zypern, als Sieger über die Türken. Der Fähnrich Jago, der Othello hasst, weil dieser Cassio bei der Beförderung vorgezogen hat, verwickelt den in Othellos Gattin verliebten venezianischen Edelmann Rodrigo in eine Intrige, die den Untergang des Mohren besiegeln soll. Rodrigo provoziert Cassio. Im Handgemenge verwundet dieser seinen Vorgesetzen Montano. Othello beendet den von Jago angezettelten Aufruhr. Cassio wird degradiert. Trügerische Stille. Othello und Desdemona sind allein.

Zweiter Akt: Jago drängt Cassio, sich an Desdemona zu wenden, um von Othello Vergebung zu erlangen. Durch zwielichtige Andeutungen, Desdemona sei ihm nicht treu, erweckt Jago in Othello erstes Misstrauen. Da Desdemona für Cassio bittet, beginnt Othello Jago zu glauben. Wütend wirft Othello das Taschentuch weg, mit dem Desdemona seine Stirn betupft, um seinen Kopfschmerz zu lindern. Emilia, Jagos Frau, nimmt es an sich. Jago entreißt es ihr, um es in Cassios Haus zu verstecken. Er besitzt jetzt jenes Beweismittel, das Othello gebieterisch verlangt, um von Desdemonas Schuld überzeugt zu sein.

Dritter Akt: Othello bezichtigt Desdemona des Ehebruchs, da sie ihm das Taschentuch, das er haben will, nicht geben kann. Othello, von Jago in ein Versteck geschickt, belauscht, wie Jago mit Cassio über die Hure Bianca spricht, glaubt aber, es sei von Desdemona die Rede. Er ist endgültig von Desdemonas Schandtat überzeugt, als er in Cassios Hand das Taschentuch erblickt. Während Trompeten den venezianischen Gesandten Lodovico ankündigen, beschließt Othello mit Jago die Ermordung Desdemonas. Ein Brief des Dogen ruft Othello nach Venedig zurück. Cassio soll sein Nachfolger auf Zypern werden. In Panik fliehen alle, die sehen, wie Othello Desdemona verflucht und die Anwesenden bedroht. Jago, der Rodrigo beauftragt, Cassio zu ermorden, triumphiert über den gefallenen Helden Othello.

Vierter Akt: Desdemona erinnert sich an ein Lied, das eine unglückliche Magd ihrer Mutter sang. Sie verabschiedet sich von Emilia. Durch eine Geheimtür gelangt Othello in ihr Schlafzimmer. Er will wissen, ob sie zur Nacht gebetet hat, und kündigt ihr an, dass sie für ihre Untreue sterben müsse. Othello erwürgt sie. Emilia kommt und verkündet, dass Cassio Rodrigo getötet habe. Bevor sie stirbt, beteuert Desdemona ihre Unschuld. Die Wahrheit kommt an den Tag. Othello ersticht sich mit einem Dolch vor der Leiche Desdemonas.

DATEN

Text: Arrigo Boito nach der Tragödie von William Shakespeare

Musik: Giuseppe Verdi

Uraufführung: 5. 2. 1887, Teatro della Scala Mailand

Handlungszeit: Ende des 15. Jahrhunderts

Handlungsort: Eine Hafenstadt auf Zypern; Schauplätze: Platz vor dem Schloss, Saal im Schloss, Großer Saal im Schloss, Desdemonas Schlafgemach mit Bett

Spielzeit: etwa 3 Stunden

Personen: *Othello, ein Mohr, Befehlshaber der venezianischen Flotte* (Tenor), *Jago, Fähnrich* (Bariton), *Cassio, Hauptmann* (Tenor), *Rodrigo, venezianischer Edelmann* (Tenor), *Lodovico, Gesandter der Republik Venedig* (Bass), *Montano, Othellos Vorgänger als Gouverneur von Zypern* (Bass), *Ein Herold* (Bass), *Desdemona, Othellos Gemahlin* (Sopran), *Emilia, Jagos Gemahlin* (Mezzosopran), *Chor: Soldaten und Matrosen der Republik Venedig, venezianische Edeldamen und Edelleute; Einwohner von Zypern; griechische, dalmatinische und albanische Soldaten; Kinder von der Insel; ein Schankwirt; vier Bedienstete in der Schenke, Volk.*

WERTUNG

Man sollte sich nicht vom angeblich schwierigen Spätwerk Verdis abschrecken lassen. Stattdessen lohnt der Vergleich des Schauspiels mit der mythischen Erhöhung in der Oper. Ohne Substanzverlust gewinnt Verdi dem Schauspiel neue faszinierende Aspekte hinzu: eine fatale Dreiecksgeschichte in Kriegszeiten.

Verständlichkeit:	✪✪✪✪
Eingängigkeit:	✪✪✪✪✪
Aktualität:	✪✪✪
Beziehungsdrama:	✪✪✪✪✪
Eros und Tod:	✪✪✪✪✪

Parsifal

Der suchende Held

Ein Bühnenweihfestspiel, das in Wahrheit ein Endspiel ist. Menschen, die auf der Suche nach Erlösung sind, wird die Existenz ewiger Qual bewusst.

Ob Parsifal nach dem Gral und damit nach dem Sinn seiner Existenz sucht, ist in Wagners langer, für viele langatmiger Oper nicht so eindeutig geklärt wie in dem Epos des Wolfram von Eschenbach, wo in ungeheurer Bilderfülle Geschichte an Geschichte gereiht wird. Im Text der Oper wird nur bruchstückhaft von der Gralslegende erzählt. Um so aufregender vergegenwärtigt die Musik eine unablässige Wanderung durch eine öde Welt. Auf der Suche nach Erlösung irren hilflose und gequälte Menschen ohne jede Orientierung durch Zeit und Raum. Der erste Akt zeigt die leidvolle Erinnerung an den Sündenfall von Amfortas, der zweite Akt führt in ein trügerisches Zauberreich, in dem Klingsor die Kunst der Verführung zur Machterhaltung nutzt, und der dritte spielt, wie häufig bei Wagner, in einem Niemandsland und auf einer Toteninsel, trotz der blühenden Karfreitagsaue, von der in der Szenenanweisung die Rede ist.

■ »Die ganze Welt nichts wie ungestilltes Sehnen« – und menschliche Existenz nichts als die Suche nach Erlösung. Kurt Moll als Gurnemanz und Siegfried Jerusalem als Parsifal. Inszenierung von Robert Wilson, Hamburgische Staatsoper, 1991.

Wagner sieht in der klaren Disposition der Akte den Kern seiner Dramaturgie. »Ich muß alles in drei Hauptsituationen von drastischem Gehalt zusammendrängen.« Im Zentrum der Oper steht menschliche Leiderfahrung. Eine Lebenseinsicht Wagners wird zur Variation eines einzigen Themas: »Jede Andacht wird zur Qual. Wo ist das Ende, wo Erlösung? Leiden der Menschheit in alle Ewigkeit fort! … Die ganze Welt nichts wie ungestilltes Sehnen. Wie soll es denn je sich stillen?«.

»Parzival taugt zum Einholen des Netzes: zur Erfahrung der Widersprüche der Welt, die zugleich Bedingungen sind für ihre Herrlichkeit.«

ADOLF MUSCHG

Was ist der Gral? Der Antwort auf die alles entscheidende Frage weicht Wagner aus. Im Text ist jene Kraft, die der Mythenforscher Joseph Campbell »die Erfüllung der höchsten geistigen Möglichkeiten des menschlichen Bewußtseins« und damit den Zweck und das Ziel der Sinnsuche nennt, eindeutig mit christlichen Symbolen besetzt: der Kelch des Abendmahls und der Speer, mit dem Christus am Kreuz durchbohrt wurde. In seinem Film *Die Macht der Gefühle* zeigt Alexander Kluge den Feuerlöschkommandanten Schönecke, wie er, nachdem er in die Requisitenkammer eingedrungen ist, ein Opernhaus abbrennen lässt. So erbost ist er darüber, dass sich hinter dem Geheimnis des Grals lediglich eine dürftige Schale verbirgt. Das Leid des Amfortas und die Wunde, die sich nicht schließen will, ist bei Wagner als eine entartete, da von einem Sündenfall bestimmte Passion Christi gedeutet. Es wird, wie Nike Wagner, die Uren-

■ Verkörperung des Sexus: Klingsors Zaubermädchen. Bühnenbildentwurf von Ewald Dülberg, Hamburg, 1914.

■ Die Gralsritter fordern ihre rituelle Speisung, und der König muss seines Amtes walten. Inszenierung von Peter Mussbach, Théâtre Royal de la Monnaie, Brüssel, 1989.

kelin, analysiert, bewusst »das Leiden am Sexus ins Religiöse transformiert … Unverhohlen handelt das Musikdrama von dem, was es gleichzeitig tabuisiert: von der Geschlechtlichkeit des Menschen.«

Der Gralslehrer Gurnemanz, mit dessen vermeintlich umständlichen Erzählungen die Oper beginnt, erklärt Parsifal auf dem Weg zu Amfortas: »Du siehst, mein Sohn, zum Raum wird hier die Zeit.« Obwohl dieser Satz in der Mitte des ersten Aufzuges nur eine Verwandlungsmusik auslösen soll, wird er zu einer Formel der Moderne. Im ersten Aufzug wird Gurnemanz fluchtartig von der Erinnerung an die Verwundung des Amfortas heimgesucht. Die Bilder, die ihm nicht aus dem Sinn gehen, gleichen Halluzinationen. Seine Erzählung schlägt im entscheidenden Moment ins Dramatische um. Gurnemanz gibt unreflektiert an die nächste Generation ein Feindbild weiter, das Versöhnung von vornherein ausschließt. Jeder Gralsritter wird zum unerbittlichen Gegner des Zauberers Klingsor erzogen, der sich einst entmannte, um dem Zwang zum Sündenfall zu entge-

AUGENBLICK DER ERKENNTNIS

Zweiter Aufzug, Kundry küsst Parsifal: In der Handlung versündigt sich Kundry. In der Musik aber wirkt der Kuss befreiend. Die Musik steigt auf. Plötzlich fällt sie abrupt ab. Dieser gewaltsame Sprung – das »Schmerz-Motiv« – führt zur Erinnerung an die große Klage des Gralskönigs. Sobald ihm dies bewusst wird, schreit Parsifal auf: »Amfortas!« Wagner zieht in zwölf Takten die große Kreisbewegung der ganzen Oper auf engsten Raum zusammen. Parsifal erkennt den untrennbaren Zusammenhang von Liebe und Tod. Von da an ist er kein reiner Tor mehr, sondern ein ruhelos durch die Welt streifender Sinnsucher.

hen. Das Bühnenweihfestspiel ist zugleich ein modernes Psychodrama.

Von religiöser Aura oder feierlicher Atmosphäre haben die Versammlungen der Gralsritter im ersten und dritten Akt wenig an sich. Ihre Melodien klingen banal und fragwürdig wie bei jeder Elite. Darin gleichen die Ritter den Blumenmädchen aus dem Reich Klingsors im zweiten Akt, die durch suggestiven Gesang betören, aber nicht anders als die Männer aus der Gralswelt eine Streitmacht im Kampf der Heilslehren verkörpern. Titurel, der Vater von Amfortas, scheint außerhalb von Zeit und Raum zu stehen. Sein musikalisches Motiv ist ein monotoner Paukenschlag, Zeichen für Unnahbarkeit und Tod. Parsifal, dem Wagner die opernhafteste, das heißt am stärksten arios gestaltete Musik zuweist, bricht im ersten Aufzug als junger Wilder in die Gralswelt ein. Wagners unbekümmerte Helden, die sich unbelastet auf Sinnsuche begeben, gleichen frappant gewissenlosen Rowdys, die vor keiner Gewalt zurückschrecken. Es bedarf tranceartiger Zustände, um sie für andere Gefühle empfänglich zu machen. Kundry ruft in Parsifal genau in der Mitte des Werkes die Erinnerung an seine Mutter und an seine Kindheit hervor. Der Kuss Kundrys ist vor allem metaphorisch gemeint. Erst Liebe erzeugt ein Bewusstsein von Schuld und Verantwortung. Parsifal begreift das Leid des Amfortas. Dafür weist er das Begehren Kundrys selbstherrlich zurück.

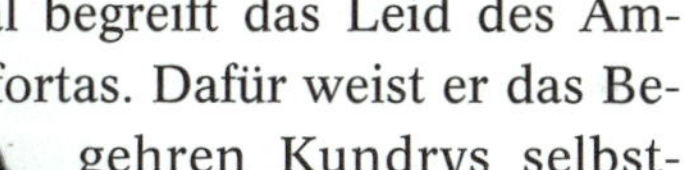

In dem Moment, da Wagner bei der Konzeption bewusst wird, dass die verfluchte Zauberin, die einst Christus am Kreuz verlachte, und die hoffnungslose Büsserin in der Gralswelt, die für Amfortas Balsam aus Arabien bringt, ein und dieselbe Gestalt sind, in dem Augenblick

RICHARD WAGNER
22.5.1813 – 13.2.1883

1834 Musikdirektor in Bad Lauchstädt
1836 Heirat mit Minna Planer
1837 Musikdirektor in Königsberg und am Deutschen Theater in Riga
1843 Zweiter Kapellmeister am Dresdner Hoftheater
1849 Maiaufstand in Dresden, Flucht in die Schweiz
1857 Enger Kontakt zu Mathilde Wesendonck
1864 Ludwig II. von Bayern ordnet den Bau eines Wagner-Theaters an
1870 Heirat mit Cosima von Bülow
1876 Erste Bayreuther Festspiele
1877 Gründung einer Stilbildungsschule in Bayreuth

■ Kundry und Parsifal. Berlin, 1914

URMYTHOS

Die Vielfalt des Epos von Wolfram von Eschenbach ist nicht zu vertonen. Wagner benötigt ein ursprünglicheres Bild und findet es im Mythos. Mit dem Schlachtruf »Amor!« auf den Lippen reitet der Gralskönig aus. Er trifft auf einen heidnischen Ritter. Die Lanze des Gralskönigs tötet den Muslim, aber die Lanze des Heiden kastriert den Christen. Gemeint ist damit eine Parabel: Wenn Geist und Gefühl getrennt werden, ist keine Erlösung möglich. Nur noch ewige Qual. Nicht im Text, aber in der Musik drückt Wagner diese mythische Urerfahrung aus.

also, da er für die komplizierten psychologischen Zusammenhänge einen sinnfälligen theatralischen Ausdruck findet, kann er die Gestalt der Kundry komponieren. Sie ist die erste seiner Heldinnen, die nicht nur erlösen will, sondern auch selbst erlöst werden möchte. Keine Tonhöhe erscheint ihm für Kundry exaltiert genug. Kein Schrei ist Wagner zu schrill, um Kundrys Aufbegehren gegen ewige Verdammnis auszudrücken. Im dritten Akt verstummt die Figur völlig, für eine Oper des 19. Jahrhunderts ein ungeheuer moderner Kunstgriff.

Parsifal kommt im letzten Akt endgültig in ein »Wüstes Land« – T.S. Elliots Parabel des 20. Jahrhunderts ist bei Wagner prophetisch vorweggenommen. Aus den Trümmern einer verlorenen Zeit erwächst im ersten Teil des dritten Aktes für Augenblicke die Utopie des Karfreitagszaubers. Es sind stets nur wenige trügerische Momente, in denen Menschen glauben, das Ziel ihrer Sinnsuche gefunden zu haben. Parsifal gibt den Speer, den er Klingsor abgenommen hat, am Ende den Gralsrittern zurück. »Erlösung dem Erlöser« lautet die höchst fragwürdige Schlussformel. Ein neuer Weltenkönig? Gar ein vom Judentum befreiter Christus, was einem diese Oper endgültig zutiefst suspekt machen würde? Die Musik drückt anderes aus. Trotz der Verherrlichung am Ende bleibt Parsifal dem Zuhörer vor allem als Umhergetriebener im Bewusstsein, als ein durch eine sinnlos gewordene Welt irrender Sinnsucher. *Parsifal* ist das erste große Lehrstück über die Heimatlosigkeit des Menschen im 20. Jahrhundert.

■ Der Gralstempel. Bühnenbildentwurf von Heinz Grete, Mannheim 1924. Für das Bühnenbild der Uraufführung 1882 hat Wagner sich vom Dom in Siena anregen lassen, eine Tradition, die in *Parsifal*-Inszenierungen lange fortwirkte.

PARSIFAL

BÜHNENWEIHFESTSPIEL IN DREI AUFZÜGEN
IN DEUTSCHER SPRACHE

HANDLUNG

Erster Aufzug: In unzusammenhängenden Bruchstücken offenbart der Lehrer Gurnemanz die Vorgeschichte. Knappen und Ritter warten im Bezirk des heiligen Grals sehnsüchtig auf die Erscheinung des reinen Toren, der allein durch Mitleid Wissen erringen kann, um die unstillbare Wunde des Gralskönigs Amfortas zu schließen. Alle Versuche, diesen zu heilen, sind bislang gescheitert. Ohne Wirkung bleibt auch der Balsam Arabiens, den Kundry bringt, die im Bezirk des Grals als reuige Sünderin erscheint. Gurnemanz sieht die drohende Katastrophe unmittelbar vor sich. Der Zauberer Klingsor, der auf der anderen Seite desselben Gebirges herrscht, giert nach dem Besitz des Grals. Einst konnte er Amfortas den heiligen Speer entwinden und ihm die unheilbare Wunde zufügen, da der Gralskönig der Verführung Kundrys erlag, die im Zauberreich stets die Züge eines teuflisch schönen Weibes annimmt. Gurnemanz glaubt in Parsifal, der ohne Mitleid im heiligen Bezirk einen Schwan erlegt, den Erlöser zu erkennen. Doch das Experiment scheitert, Parsifal im Gralstempel zum Zeugen von Amfortas' unsäglichem Leid zu machen. Parsifal hat weder Verständnis für die unmenschliche Forderung von Titurel, sein Sohn Amfortas möge den Gral öffnen, noch begreift er die Qual des Gralskönigs. Wütend jagt Gurnemanz Parsifal davon.

Zweiter Aufzug: Klingsor richtet Kundry darauf ab, Parsifal nach der Begegnung mit den Blumenmädchen, die für ihn nur naive Gespielinnen sind, zu verführen. Kundry ruft in Parsifal die Erinnerung an seine Mutter und an seine Schuld an ihrem Tod wach. Parsifal erkennt in ihrem Kuss den Zusammenhang zwischen Liebe und Tod. Von diesem Augenblick an ist er empfänglich für das Leid des Amfortas. Kundry will er nicht durch Liebe, sondern durch Zurückweisung retten. Er nimmt Klingsor den Speer ab, was augenblicklich dessen Tod bedeutet.

Dritter Aufzug: Parsifals Weg zurück zu Amfortas geht durch Qual und Todeserfahrung. Nach langer Irrfahrt kehrt er am Karfreitagmorgen in den Bezirk des Grals zurück. Parsifal, Gurnemanz und Kundry erleben den Karfreitag als Versöhnung mit ihrem Schicksal. Amfortas wird von den Gralsrittern verfolgt, da er sich, um sterben zu können, beharrlich weigert, den Gral zu enthüllen. Parsifal gibt den heiligen Speer zurück, heilt Amfortas' Wunde und übernimmt sein Amt als König.

DATEN

Text und Musik: Richard Wagner

Uraufführung: 26. 7. 1882, Bayreuth

Handlungszeit: Zeitlos in der Mythologie

Handlungsorte: Im Gebiet des Grals, Gralstempel, im Schloss Klingsors, Zaubergarten, frühlingshafte Aue, Gralstempel

Spielzeit: etwa 4½ Stunden

Personen: *Amfortas* (Bariton), *Titurel* (Bass), *Gurnemanz* (Bass), *Parsifal* (Tenor), *Klingsor* (Bariton/Bass), *Kundry* (Sopran), *1. Gralsritter* (Tenor), *2. Gralsritter* (Bass), *1. Knappe* (Sopran), *2. Knappe* (Alt), *3. und 4. Knappe* (Tenor), *Sechs Blumenmädchen* (Sopran/Alt), *Stimme aus der Höhe* (Alt), *Chor: Gralsritter, Jünglinge, Knaben, Blumenmädchen*

WERTUNG

An die Stelle des mittelalterlichen Epos setzt Wagner eine Vergegenwärtigung vom Mythos der Sinnsuche in Form eines bereits modernen Endzeitstückes. Die Problematik liegt darin, dass er dafür im Text den Rahmen eines katholischen Weihespiels wählt, mit dem die Musik absolut nichts zu tun hat. Sie ist stattdessen die Schilderung von der Heimatlosigkeit Umherirrender in einem wüsten Land.

Verständlichkeit:	✪✪✪
Eingängigkeit:	✪✪✪
Aktualität:	✪✪✪
Episches Theater:	✪✪✪✪✪
Sinnsuche:	✪✪✪✪✪

Franziskus von Assisi
Der gekreuzigte Held

Dieses Bekenntniswerk eines zeitgenössischen Komponisten ist eine der eindrucksvollsten Opern des 20. Jahrhunderts. Sie handelt von einer außergewöhnlichen Identifikation: Franziskus lebt das Mysterium von Christus nach.

■ Glauben ist Hören – Franziskus lebt das Mysterium von Christus nach. José van Dam als Franziskus. Inszenierung von Peter Sellars, Salzburger Festspiele, 1998.

Olivier Messiaen, einer der zentralen Wegbereiter der Neuen Musik, und speziell durch seine Orgelwerke bekannt, entschließt sich 1975 auf Bitten von Rolf Liebermann, dem damaligen Intendanten der Pariser Oper, ein Werk für das Musiktheater zu schreiben. Da sich auf einer Bühne das »Hauptmysterium des christlichen Glaubens«, um das es Messiaen geht, nicht mit Christus darstellen lässt, wählt er die Figur des Heiligen Franziskus. Trotz des gigantischen Ausmaßes und der großen Herausforderung an einen Theaterapparat sind Messiaens Ausgangspunkte und seine zentrale Aussage einfach und unmissverständlich. Für ihn ist Glauben gleich Hören.

Es sind wenige, für jeden Hörer auch ohne Kenntnis von Noten einprägsame Themen, die Saint François (Franziskus) charakterisieren. Existenz bedeutet für ihn im Sinne Messiaens Arbeit am Glauben. Man wird nicht heilig, also zum Vorbild, durch Erleuchtung, sondern einzig durch radikale Veränderung seiner Existenz und seines Ich. Franziskus versucht die Berührungsängste mit einem Aussätzigen abzubauen, hört die Stimme Gottes, sieht einen leibhaftigen Engel, erleidet die Wundmale Christi und erlebt schließlich den Tod als Rückblick auf sein Leben. Drei musikalische Themen prägen diesen in einen Kreislauf gefassten Prüfungsweg. Das Wesen von Franziskus wird durch

■ Vermittlung einer rituellen Erfahrung. Frode Olsen als Franziskus. Inszenierung von Gottfried Pilz, Oper Leipzig, 1998.

eine »den Streichern anvertraute Melodie, ein echtes Leitmotiv« (Messiaen) geformt. Ein Detail ist dabei entscheidend, da es verdeutlicht, worin das Dramatische und Opernhafte dieser Franziskanischen Szenen besteht. Franziskus wird nicht mit Musik geschildert, sondern entsteht aus der Musik. Er wird im Verlauf der Handlung erzeugt, regelrecht konstruiert, ohne dadurch an Ausstrahlung zu verlieren. Darin folgt Messiaen einem klassischen Prinzip, das man von Monteverdis *Orpheus* an bis zum *Wozzeck* von Berg finden kann. Die Helden der Oper sind Archetypen. Stellvertretend erleben sie menschliches Leid. Die Darstellung eines außergewöhnlichen Identifikationsprozesses macht dieses Stück, das weit mehr ist als ein szenisches Oratorium, zu einem Klassiker der Oper, zu einem idealen Bindeglied zwischen Tradition und Moderne.

Zwei aufeinander folgende Akkorde versinnbildlichen das »Thema der Entscheidung«, wie Messiaen eine zentrale musikalische Chiffre nennt. Es geht ihm um einen unaufschiebbaren Lebenswandel, eine Herausforderung, der Franziskus nicht ausweicht. Ein Motiv aus vier Akkorden bildet das »Thema der Freude«. Es ist der sich aus dem Zwang zur Entscheidung ergebende Affekt, Lohn der Glaubensarbeit. Messiaen komponiert keine Psychologie, auch keine Verklärung. Es geht ihm stattdessen um die Vermittlung einer rituellen Erfahrung. Durch Gamelan-Musik – ein Ensemble von Schlaginstrumenten, dessen Musik auf kultische Zeremonien aus Java und Bali zurückgeht – und mit Hilfe von Vogelstimmen, durch die eine direkte Kommunikation mit der Natur möglich wird, dringt der Zuhörer unmittelbar, das heißt theatralisch in die

OPER DER MODERNE

Das Werk wurde bislang nur in Paris, bei den Salzburger Festspielen und an der Leipziger Oper inszeniert. Über 100 Instrumentalisten, allein 68 Streicher werden benötigt, 150 Chorsänger, 5 Schlagwerker, exotische Klangkörper wie das Ondes Martenot, ein elektronisches Tasteninstrument nach dem Prinzip des Röhrengenerators. Im Rahmen katholisch, im Stil episch, in der Darstellung rituell, ist diese Oper in ihrer Musik höchst dramatisch. Inhalt und Form ergänzen einander, Oper im ursprünglichen Sinn. Dies ist ein klares Plädoyer für eine szenische Aufführung.

OLIVIER MESSIAEN
10.12.1908 – 28.4.1992

1919 Studium am Konservatorium in Paris
1935 Beginn umfangreicher Orgelkompositionen mit *La Nativité du Seigneur*
1941 Professor für Harmonielehre, später für Komposition in Paris
1949 *Turangalila-Symphonie*
1955/56 *Oiseaux exotiques* aus der Reihe zahlreicher, von der Vogelkunde beeinflusster Kompositionen

Wahrnehmungswelt von Franziskus ein. Neben den Themen spielt die Grundstruktur aller Bilder eine entscheidende Rolle. Auch sie ist so klar konstruiert, dass jeder Hörer ein direktes Verständnis für selbst komplizierteste meditative oder existenzielle Vorgänge entwickeln kann. Nahezu jeder szenisch wichtige Komplex wird stets dreimal entwickelt. Das erste Hören dient der Einfühlung. Die Wiederholung erzeugt Wiedererkennung. Beim dritten Mal wird ein eingeführtes Schema durchbrochen. Die musikalische Form spiegelt ein Glaubensprinzip wider.

Der erste Akt ist Aufbruch in eine neue Existenz. Der zweite Akt ist die Vision einer Lebensmitte. Der dritte Akt ist die Vollendung eines Lebensweges bis zur letzten Konsequenz. In der Mitte des Stückes, im fünften Bild, dringt Franziskus in der Begegnung mit dem musizierenden Engel in einen von glasharfenähnlichen Tönen erfüllten Klangraum vor, der Komponisten aller Zeiten und Stile faszinierte, sei es als Himmelsleiter oder Sphärenmusik. Das Geheimnis des Seins erschließt sich dem Komponisten Messiaen als musikalische Offenbarung. Eingeweiht in das Wesen der Musik, tritt Franziskus in einen erregten Dialog mit der Natur. Die Predigt, in der sich einheimische und exotische Vogelstimmen miteinander verbinden, ist das längste Bild der Oper und besteht sogar aus Abschnitten, in denen die Instrumentalisten nach dem Einsatz des Dirigenten völlig autonomen Verläufen folgen. So wird deutlich, was Messiaen unter einem durch Glaubensstärke gewonnenen neuen Selbstbewusstsein versteht. Stigmatisierung und Tod, Themen der letzten beiden Bilder, komponiert Messiaen in dramatischen Klangvisionen, die Folterakten gleichen. Sie haben nichts Ätherisches oder Transzendentales an sich. Vor die Apotheose des Endes, ein Halleluja aus Chorhymnus und Vogelkonzert, setzt der Komponist ein »großes Schweigen«. Bei der Uraufführung kann Messiaen kein Licht hell genug sein, um »Annäherungswerte an die Ewigkeit« zu schaffen. Franziskus' Weg ist das Sinnbild eines Weges, der jedem Menschen offensteht. Und der sich am sinnfälligsten als Musik gestalten lässt.

■ Mysterium der Musik. Ofelia Sala als Engel, Frode Olsen als Franziskus.

FRANZISKUS VON ASSISI (SAINT FRANÇOIS D'ASSISE)

FRANZISKANISCHE SZENEN IN DREI AKTEN UND ACHT BILDERN
IN FRANZÖSISCHER SPRACHE

HANDLUNG

Erster Akt, *Erstes Bild, »Das Kreuz«:* Auf Fragen des ängstlichen Bruders Léon antwortet Saint François (Franziskus) mit der Verherrlichung der vollkommenen Freude, deren tiefstes Geheimnis darin besteht, den Tod am Kreuz anzunehmen.
Zweites Bild, »Die Laudes«: Im Lobgesang auf die Natur überwindet Franziskus die Wirklichkeit, erfährt die Gewalt der göttlichen Stimme und fleht um die Begegnung mit einem Aussätzigen.
Drittes Bild, »Der heilige Franziskus küsst den Aussätzigen«: Franziskus hält den Flüchen des Aussätzigen die inwendige Schönheit entgegen. Die Stimme des Engels stellt die Größe Gottes gegen die Klage des menschlichen Herzens. Der Aussätzige empfindet Ekel vor sich selbst. Franziskus heilt ihn durch einen Kuss. Franziskus erlangt das Bewusstsein von der Verzeihung all jener, die viel geliebt haben.

Zweiter Akt, *Viertes Bild, »Der wandernde Engel«:* Niemand außer Franziskus nimmt den Engel in seiner göttlichen Gestalt wahr. Der Engel schlägt gegen die Klosterpforte. Bruder Masseo öffnet. Bruder Elia, Vikar des Ordens, verweigert dem Engel die Antwort auf die Frage nach der göttlichen Vorsehung. Bruder Bernardo dagegen erteilt sie im visionären Sinn von Franziskus.
Fünftes Bild, »Der musizierende Engel«: In der Begegnung mit dem Mysterium der Musik verliert Franziskus das Bewusstsein.
Sechstes Bild, »Die Vogelpredigt«: Franziskus deutet Bruder Masseo die Stimmen der einheimischen Vögel, aber auch jene exotischer Vögel aus fernen Ländern, die er im Traum hört. Franziskus verkündet allen Vögeln den Segen des Kreuzes.

Dritter Akt, *Siebentes Bild, »Die Stigmata«:* Der heilige Franziskus erhält durch fünf Lichtstrahlen, die von einem riesigen schwarzen Kreuz ausgehen, die Wundmale Christi.
Achtes Bild, »Der Tod und das neue Leben«: Im Rückblick auf die Stationen seines Weges stirbt der heilige Franziskus und tritt in ein neues Leben ein.

DATEN

Text: Olivier Messiaen u. a. nach *Vita beata Francisci* von Tommaso da Celano, nach Schriften des hl. Bonaventura und nach den volkstümlichen Legenden *I fioretti di San Francesco*

Musik: Olivier Messiaen

Uraufführung: 28. 11. 1983, Salle Garnier der Opéra de Paris

Handlungszeit: Im 13. Jahrhundert, Leben des Franziskus von Assisi

Handlungsorte: Eine Straße, kleine Klosterkirche, Leprastation San Salvadore bei Assisi, auf dem Monte Alverno, in der Klause der Carceri, in der Verna, im Inneren der Porziuncola-Kirche in Santa Maria degli Angeli

Spielzeit: etwa 4 Stunden

Personen: *Der Engel* (Sopran), *Saint François (Franziskus,* Bariton), *Der Aussätzige* (Tenor), *Bruder Léon* (Bariton), *Bruder Masseo* (Tenor), *Bruder Elia* (Tenor), *Bruder Bernardo* (Bass), *Bruder Silvestro* (Bass), *Bruder Rufino* (Bass), *Chor: Brüder, Stimme Christi (10-stimmig)*

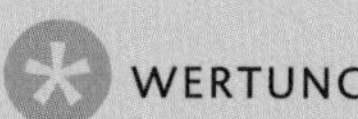

WERTUNG

Trotz der seltenen Aufführungen gibt es entgegen aller Vorurteile kaum ein zweites Werk, in dem man zum einen die sogenannte »Moderne Musik« als aufregende und durchaus vertraute Entdeckung und zum anderen den Grundcharakter der Oper als Dramatisierung eines Lebensweges und Lebensentwurfes so unmittelbar und packend erleben kann.

Verständlichkeit:	✪✪✪
Eingängigkeit:	✪✪✪✪
Aktualität:	✪✪
Sakrales Theater:	✪✪✪✪✪
Identifikationsfigur:	✪✪✪

Der fliegende Holländer
Der unstete Held

Unter dem Vorwand, ein »mythisches Gedicht des Volkes« zu schaffen, kreiert Wagner ein Psychodrama von der Isolation des einsamen Helden und Künstlers. Ein phantastisches Gespensterstück entsteht aus dem Blickwinkel des bürgerlichen Wohnzimmers. Heute nennt man dies virtuelle Kunst.

Das Stück ist Wagners Durchbruch zum eigenen Stil. Er entdeckt Volkssage und Mythos als ideale Vorlagen für seine Musikdramen. Und doch beginnt die Meeresoper mit Filmmusik. Die Streicher sind die Wellen, hohe Bläser die Blitze. Das »Hojohe! Hallojo!« der Matrosen klingt wie die Tonbandaufnahme eines Schiffsmanövers. Der Komponist Hector Berlioz nennt diese Effekte ein »dunkles Kolorit mit gewissen Sturmeffekten« und kritisiert »den Mißbrauch des Tremolos«. Zu sehr zittern ihm Instrumente und Kulissen. Am 27. Juli 1839 erleben Richard und Minna Wagner auf dem Handelsfrachter »Thetis« einen Sturm,

■ Begegnung mit dem ewigen Irrfahrer. Inszenierung von David Pountney, Bregenzer Festspiele, 1989.

bei dem sie um ihr Leben fürchten, ein Erlebnis, das später, fulminant genug, in der Komponistenstube des Kapellmeisters und Revolutionärs nachgedichtet wird. Er hat etwas erlebt und sucht jetzt nach dem Stück für dieses Erlebnis. Für Wagners trügerisches Verhältnis zur Wirklichkeit ist diese Episode signifikant. Erst durch »Veroperung« wird ihm das Erlebnis zur Wahrheit. Die romantische Oper, die Wagner zunächst eine »dramatische Ballade« nennen will, besteht aus Liedern, Duetten, Terzetten und Chören, nur dass die Übergänge fließend sind und regelmäßige Strophen rücksichtslos aufgebrochen werden. Beim Lied des Steuermanns in der ersten Szene sinkt auch die traditionelle Oper in den Schlaf. Mit dem gespenstischen Satz des Holländers »Die Frist ist um« – eher gesprochen als gesungen – beginnt das musikalische Drama einer Moderne. In immer neuen Wiederholungen schleudert der aufbegehrende Außenseiter dem Hörer seinen Nihilismus entgegen: »Nirgends ein Grab! Niemals der Tod!«

■ Ein phantastisches Gespenstерstück entsteht aus dem Blickwinkel des bürgerlichen Wohnzimmers. Die Normalität gerät ins Schwanken. Inszenierung von Dieter Dorn, Bayreuther Festspiele, 1991.

HELDENGEBURT

Heinrich Heine warnt. Frauen sollten sich in Acht nehmen und keinen fliegenden Holländer heiraten. Männer sollten bedenken, wie leicht sie durch Frauen zugrunde gehen können. Wagner liest aus Heine eine ganz andere Figur heraus. Sein fliegender Holländer ist Odysseus, Ahasver (der ewig verfluchte Jude), Sisyphos, Charon, Hermes, Kolumbus, Faust, Don Juan, Frankenstein und Blaubart in einer Person. Er ist der erste große »romantische« Opernheld, geschaffen von einem ewig umhergetriebenen »Künstlergenie«.

■ Realität und Utopie stehen in unversöhnlichem Gegensatz. Das zeigt der Gesangswettbewerb zwischen der Mannschaft des Kaufmanns Daland und der Besatzung des Geisterschiffes. Szene aus der Inszenierung von David Pountney.

Wagner will, dass man den Holländer real wie »einen gefallenen Engel« vor sich sieht. Figur und Komponist erheben das Außenseitertum des Helden bzw. Künstlers zur einzig möglichen Daseinsform.

Wagner nennt Sentas Ballade vom Mann auf dem Schiff »mit blutrotem Segel und schwarzem Mast« den »thematischen Keim«. Er überträgt der weiblichen Hauptfigur im Zentrum des Werks die Funktion, die Oper alten Stils abzuschaffen und ein Drama des Einfühlens, Miterlebens und Neugestaltens zu proklamieren. Die ersten beiden Strophen der Ballade sind Nacherzählung des Mythos, Bildbetrachtung aus jenem »Großvaterstuhl«, in den Wagner Senta setzt – für ihn stärker Medium und Vehikel als Frau und eigenständige Person. Dem Fluchgesang in Moll wird jeweils die Vision der Erlösung in Dur entgegengesetzt. In die dritte Strophe fügt Wagner die entscheidende Wende ein. Die Erlösungsformel wird wie unter Hypnose von den zuvor in die Alltagshektik ihres Spinnliedes vertieften Mädchen gesungen, bevor Senta, wahnsinnig, hysterisch und hellsichtig geworden, die Wand

DER ERSTE AUGENBLICK

Zweiter Akt, Beginn des Finales: Unvermittelt steht der Holländer in Sentas Tür. Laut Szenenanweisung stößt sie »einen gewaltigen Schrei der Überraschung aus«. Singen Senta und der Holländer vom künftigen Glück, klingen ihre Melodien brav und bieder, wie aus einem konventionellen Liebesduett. Ungewöhnlich, das heißt neu und modern ist die Musik nur dann, wenn der eine als das ersehnte Ideal des anderen erscheint. Beide streben unerfüllbaren Wunschbildern nach: der ewige Wanderer, die ewige Erlöserin.

> *»Von hier aus beginnt meine Laufbahn als Dichter, mit der ich die des Verfertigers von Operntexten verließ!«*
>
> RICHARD WAGNER

zwischen Realität und Fiktion durchtrennt: »Ich sei's, die dich durch ihre Treu erlöse!« Erklärt er Senta einerseits zum »Weib der Zukunft«, klammert sich Wagner andererseits an die Realität: »Es ist beobachtet worden, wie norwegische Mädchen mit so starker Gewalt empfanden, daß der Tod durch plötzliche Erstarrung des Herzens bei ihnen vorkam.«
Auf zwei Eckpfeilern – Arie des Holländers, Ballade der Senta – baut Wagner das romantische Drama in seinem Kern als Zweipersonenstück auf. Geschlossene Liedformen dominieren, geht es um Dalands Kupplerei oder um Eriks vergebliche Liebe. Wagner ergreift Partei für den Jäger unter den Fischern: »Er soll kein sentimentaler Winsler sein.« Wie in einem Horrorfilm wird zu Beginn des dritten Aufzuges die Unvereinbarkeit zwischen Realität und Utopie im grotesken Gesangswettbewerb zwischen der Mannschaft Dalands und der Besatzung des Geisterschiffes deutlich. Zu hören ist Musik aus dem Schlund der Hölle, Vernichtungsgesang eines noch in weiter Ferne liegenden Jahrhunderts. Das letzte Finale beginnt auf den ersten Eindruck hin als Rückfall in die Opernkonvention. Dem Holländer genügt das

RICHARD WAGNER
22. 5. 1813 – 13. 2. 1883

- 1834 Musikdirektor in Bad Lauchstädt
- 1836 Heirat mit Minna Planer
- 1837 Musikdirektor in Königsberg und am Deutschen Theater in Riga
- 1843 Zweiter Kapellmeister am Dresdner Hoftheater
- 1849 Maiaufstand in Dresden, Flucht in die Schweiz
- 1857 Enger Kontakt zu Mathilde Wesendonck
- 1864 Ludwig II. von Bayern ordnet den Bau eines Wagner-Theaters an
- 1870 Heirat mit Cosima von Bülow
- 1876 Erste Bayreuther Festspiele
- 1877 Gründung einer Stilbildungsschule in Bayreuth

■ Hoch die blutroten Fahnen! Vernichtungsgesang aus dem Geist der Utopie.

Duett zwischen Senta und Erik, um lauthals Verrat zu schreien und von neuem zur Irrfahrt aufzubrechen. Dieses eine Mal allerdings unter Verzicht auf Strafe und Verdammnis für jene Frau, die vom Felsenriff in den Tod springt, was vor allem als Theatertrick begeistert: »Im Nu versinkt das Schiff des Holländers.« Wie wirksam Wagners Fabel heute noch ist, hängt nicht zuletzt von der Darstellung und Deutung der ambivalenten Beziehung von zwei Menschen ab, die sich zwangsläufig fremd bleiben müssen: Traum oder Psychose? Bis ans Ende seines Lebens ringt Wagner um mögliche Verbesserungen der Partitur. Es spricht für seine Selbstkritik, dass ihm gerade sein Durchbruchswerk als Fragment erscheint. Im besagten Sturm von 1839, der für die Oper als direkte Vorlage gedient haben soll, lässt sich Minna mit einem Tuch an ihren Mann Richard binden, um gemeinsam mit ihm zu sterben. Die Oper schlägt ins Leben durch, nicht umgekehrt.

■ Traum oder Psychose? Aus dem Inneren des bürgerlichen Gebäudes kommt die Erschütterung.

■ Mit Symbolik aufgeladenes Geschehen. Das Kreuz zwischen dem Männlichen und Weiblichen. Erlösung oder Trennung?

DER FLIEGENDE HOLLÄNDER

ROMANTISCHE OPER IN DREI AUFZÜGEN
IN DEUTSCHER SPRACHE

HANDLUNG

Erster Aufzug: Das Schiff des reichen norwegischen Kaufmanns Daland ist nahe der Heimat nach einem schweren Sturm in einer verlassenen Bucht gestrandet. Der Steuermann schläft bei der Nachtwache ein. Die Erscheinung des mit roten Segeln beflaggten Schiffes des fliegenden Holländers bleibt zunächst unbemerkt. Der Holländer ist zu ewiger Irrfahrt auf dem Meer verdammt. Einzig eine Frau kann ihn durch Treue bis in den Tod erlösen. Alle sieben Jahre darf er an Land, um für sein Heil zu kämpfen. Desillusioniert sehnt er die ewige Vernichtung herbei. Der ungeheure Reichtum, den der Holländer als Lohn für das Gastrecht und ein liebendes Weib in Aussicht stellt, nimmt Daland nach anfänglicher Skepsis für den Fremden ein, und freudig bietet er ihm die Hand seiner Tochter Senta an. Der Wind schlägt um. Beide Schiffe brechen auf.

Zweiter Aufzug: Senta weigert sich, an der von ihrer Amme Mary beaufsichtigten Arbeit in der Spinnstube mitzumachen. Sie steigert sich zum Schrecken der überraschten Mädchen in die Vision hinein, den fliegenden Holländer zu erlösen, an den ein Bild im Zimmer erinnert und von dem ihr Mary oft genug in einer Ballade erzählt hat. Der Jäger Erik, der in Senta verliebt ist, kündigt die bevorstehende Ankunft Dalands an. Warnend erzählt er von seinem Traum, in dem Senta mit dem Holländer aufs Meer flieht. Senta steigert sich immer rückhaltloser in ihre Vision hinein. Nach Dalands Heimkehr lässt dieser nach kurzer Klärung von Formalitäten betreten den Holländer und Senta allein. Dieser erblickt in ihr den verheißenen Engel, sie in ihm den zu erlösenden Verdammten.

Dritter Aufzug: Auf dem Fest, das die heimgekehrten Seeleute feiern, fordern die Norweger immer frecher die Besatzung des Holländerschiffes heraus, bis deren gespenstischer Gesang ihr fröhliches Treiben erstickt. Erik beschuldigt Senta, ihren Treueschwur an ihn gebrochen zu haben. Der Holländer, der sie belauscht, glaubt sich verraten. Er enthüllt den auf ihm lastenden Fluch, will seine Irrfahrt fortsetzen, aber auf eine Strafe für die in seinen Augen treulose Senta verzichten, da ihr Bund noch nicht vor Gott geschlossen worden sei. Während der Holländer abfährt, stürzt sich Senta mit dem Aufschrei, sein Engel zu sein, der ihm Treue bis in den Tod hält, von einem hohen Felsenriff ins Meer. Das Schiff des Holländers versinkt.

DATEN

Text: Richard Wagner nach Motiven von *Aus den Memoiren des Herren von Schnabelewopski* von Heinrich Heine (1834)

Musik: Richard Wagner

Uraufführung: 2.1.1843, Königlich Sächsisches Hoftheater Dresden

Handlungszeit: Mythisches Geschehen mit Bezügen zur sozialen Wirklichkeit des 19. Jahrhunderts

Handlungsort: Die norwegische Küste; Schauplätze: Steiles Felsenufer (das Meer nimmt den größeren Teil der Bühne ein), ein großes Zimmer im Hause Dalands, Seebucht mit felsigem Gestade

Spielzeit: etwa 2¼ Stunden

Personen: *Daland, ein norwegischer Seefahrer* (Bass), *Senta, seine Tochter* (Sopran), *Erik, ein Jäger* (Tenor), *Mary, Sentas Amme* (Mezzosopran), *Der Steuermann Dalands* (Tenor), *Der Holländer* (Bariton), Chor: *Matrosen des Norwegers, die Mannschaft des Fliegenden Holländers, Mädchen*

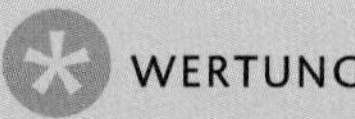

WERTUNG

Die beste Möglichkeit, die Schwellenangst vor den Musikdramen Wagners zu überwinden. Die Lektüre von Heinrich Heines ironischer Kolportage des Stoffes macht deutlich, mit welcher Klarheit und Konsequenz Wagner mythische Vorlagen zu brennend aktuellen Gegenwartsstücken umformt.

Verständlichkeit:	✪✪✪
Eingängigkeit:	✪✪✪✪
Aktualität:	✪✪✪
Erlösungsdrama:	✪✪✪✪
Abenteuergeschichte:	✪✪✪✪

Peter Grimes
Der verstoßene Held

Diese Oper ist ein Klassiker, da sie in einer modernen und doch dem Hörer leicht zugänglichen Musiksprache einen einzigen Grundkonflikt, der im Musiktheater ständig auftaucht, in immer neuen Variationen behandelt: den des Menschen, der heimatlos ist, da ihn die Gemeinschaft, nach der er sich sehnt, ohne Erbarmen verstößt.

Während eines Aufenthaltes in Amerika entdeckt Benjamin Britten, in dem viele seiner Zeitgenossen einen neuen Henry Purcell sehen, die Außenseiterfigur des Peter Grimes. Sie erscheint ihm ideal geeignet, seine enge Verbundenheit zur Natur seiner Heimat auszudrücken und gleichzeitig den Anforderungen einer zeitgemäßen Oper gerecht zu werden, in der ein Bezug zur Tradition allein deswegen gewahrt bleibt, weil im Mittelpunkt der Handlung ein Held steht, der durch sein Charisma ein Bruder der Sinnsucher Orpheus, Faust und Wozzeck ist. Grimes wird zu Beginn des Prologs vor Gericht gerufen. Beim Nachsprechen der Schwurformel singt er intensiver und länger als Bürgermeister Swallow, der jede Forderung von Peter Grimes mit einer einschmeichelnden Melodie abwürgt. Es gibt keine Gemeinsamkeit zwischen dem zum Sündenbock abgestempelten Außenseiter und den Menschen des »borough«, dieser typisch britischen Form einer Stadtgemeinde. Die Idylle des Fischerdorfes bildet die trügerische Fassade einer gnadenlosen Menschenjagd. Peters Weg in den Tod ist von Anfang an vorgezeichnet.

■ Niemand reicht ihm die Hand. Vergeblich sehnt sich Peter Grimes nach menschlicher Gemeinschaft. Ben Heppner als Peter Grimes. Inszenierung von Anthony Pilavachi, Bühnen der Stadt Köln, 1994.

Das »Guten Morgen!« der Spießbürger in der ersten Szene ist ebenso verlogen wie am Ende der Oper ihr geheucheltes »Gute Nacht!«. Mit einem schrillen, vom Orchester wiederholten Ruf nach Hilfe für sein gestrandetes Boot bricht Peter Grimes im ersten Bild in die Scheinwelt des »borough« ein. Seine Existenz fordert alle heraus, Freunde wie Gegner. In einem

großen Tableau werden die Figuren wie Marionetten an Schnüren aufgereiht, bis Ellen in einer befreienden Arie das Dickicht der Stimmen durchbricht. Außer ihr hat einzig Kapitän Balstrode einen Draht zu Peter. Grimes verfängt sich mit seinem Wunschtraum, Ellen eines Tages heiraten zu können, in einer Lebenslüge. Anstatt Balstrodes Vorschlag zur Flucht anzunehmen, beharrt Peter auf seiner Bindung an die Gemeinschaft. Irrtümlich glaubt er, die Anerkennung seiner Mitmenschen erringen zu können, wäre er erst einmal reich. Er lebt von der Illusion, Ellen heiraten zu können. Britten lässt den Sänger diesen Wunsch so lange wiederholen, bis der Hörer endgültig merkt, wie unmöglich es für Peter Grimes ist, sich anzupassen. Erst am Ende der Oper, wenn sich zu dumpfen Tönen eines Nebelhorns der Kreis über einem widersprüchlichen Lebenslauf in Zitaten und Bruchstücken schließt, wird jene Melodie erneut erklingen, mit der Peter am Ende des ersten Bildes auf die Suche nach einem »Hafen für sein Herz« geht. Die Musik spannt den Bogen so weit, dass jeder hört, die Heimat, die Peter ersehnt, ist nicht von dieser Welt.

■ Der Mensch ist des Menschen Wolf. Immer abschüssiger wird der Boden für Peter Grimes.

Der Sturm tobt als tönender Orkan um Aunties Kneipe. Das Schlagen einer Tür macht deutlich, dass jeder, der hierher kommt, in einer Falle sitzt. Dies gilt erst recht für Peter Grimes, der wie von einer Flutwelle in den Raum gespült wird und von den Plejaden und vollen Fischernetzen phantasiert. Zunächst auf einem einzigen Ton gesungen, dringt durch Dunkel und Leere die Verheißung der Erlösung. Die als Reaktion auf Peters apokalyptische Vision ausbrechende Revolte lässt sich nur durch ein von allen wie im Rausch angestimmtes Allerweltslied auf »Old Joe, der fischen ging« vertreiben. Immer unaufhaltsamer prallen unvereinbare Welten als Klangflächen aufeinander. Spielt sich zu Beginn des zweiten Aktes der Bruch zwischen Ellen und Peter im Vordergrund

DER VERWANDELTE HELD

Die Oper beruht auf dem in 6 800 Versen abgefassten Sittenbild *The Borough* von George Crabbe, dem Lord Byron der rauhen englischen Südküste. Dreimal, damit prophetisch, geistert George Crabbe als stumme Randfigur durch die Oper, nicht anders als Alfred Hitchcock durch seine Filme. Die Dorfbewohner warnen davor, diesem Crabbe zu nahe zu treten. Wort und Ton müssen getrennt bleiben. Britten weiß, was er »seinem« Autor verdankt: die Studie eines Geisteskranken, die in der Oper zum Mythos des ewig Unbehausten und Umhergetriebenen wird.

einer sonntäglichen Messe ab, so schälen sich zu Beginn des dritten Aktes aus den Tanzmelodien der Bühnenmusik die Sensationslust und Mordgier von Peters Peinigern heraus, angeführt von Mrs. Sedley, der Verkörperung der »öffentlichen Meinung«. Bereits zuvor hatte ein aggressiver Trommelschlag die Menschenhatz auf Peter eingeleitet. Sie ist – 1945 wird die Oper vollendet – gespenstischer Nachhall eines bis in letzte private Nischen dringenden Vernichtungskrieges. Vier Frauen – Ellen, Auntie und ihre Nichten – bleiben allein zurück, um in kammermusikalischen Tönen die Sinnlosigkeit von Gewalt auszudrücken. Sie erscheinen wie Klageweiber in einem antiken Drama. An Intensität wird diese Stelle einzig durch das Ende des vierten Bildes übertroffen. Während der Mob unverrichteter Dinge aus Peters Hütte abzieht, klettert Balstrode durch die Tür am Kliff Peter und dem abgestürzten Jungen nach. Über einem unwirklichen Klang der Celesta erzählt ein lyrisches Solo der Bratsche von der ansonsten unausgesprochenen Beziehung Peters zu dem Jungen, einer Hassliebe aus Not und Zwang.

■ Ben Heppner als Peter Grimes und David Schmidt als Boy John.

Die Gesellschaft in diesem Stück ist keine anonyme Masse. In Sittenbildern, zumeist intim und rezitativisch gestaltet, schafft Britten unverwechselbare Charaktere, von denen jeder einzelne Schuld an der Vernichtung Peters trägt. Der Mensch ist des Menschen Wolf und gibt nicht eher Ruhe, als bis sein Opfer vernichtet ist. Der metaphysische Aspekt der Oper – der Mensch als Teil einer übergeordneten Natur – wird durch sechs sinfonisch strukturierte Orchesterzwischenspiele hervorgehoben. Das Meer wird zum Mitspieler des Dramas und ist von tückisch tödlicher Ruhe am Anfang und am Ende der Oper. Dazwischen ertönt unentwegt der Aufschrei eines ewig Verfluchten. Balstrodes Aufforderung in der letzten Szene, Peter solle sich mit seinem Boot auf offener See versenken, um der Gemeinschaft Frieden zu bescheren, ist lediglich gesprochen.

BENJAMIN BRITTEN
22.11.1913 – 4.12.1976

1933 Abschluss des Studiums, Bekanntschaft mit Peter Pears
1939 Übersiedlung in die USA
1942 Rückkehr nach England
1947 Gründung der »English Opera Group«
1957 Umzug nach Aldeburgh
1958 Einrichtung der Festspiele in Aldeburgh
1961 *War Requiem*

PETER GRIMES

OPER IN DREI AKTEN, EINEM PROLOG UND SECHS BILDERN IN ENGLISCHER SPRACHE

HANDLUNG

Prolog: Peter Grimes wird vor dem gesamten Dorf angeklagt, den Tod seines Fischerjungen verursacht zu haben. Bürgermeister Swallow schärft ihm ein, keinen neuen Jungen zu sich zu nehmen. Peters Forderung nach einer ordentlichen Gerichtsverhandlung, bei der er seine Unschuld beweisen kann, verhallt ungehört. Mit Ellen Orford, einer jungen, verwitweten Lehrerin, träumt er von der Zukunft.

Erster Akt, *Erstes Bild:* Nur der Apotheker Keene und der sich im Ruhestand befindliche Kapitän Balstrode sind bereit, Peter zu helfen, sein gestrandetes Boot an Land zu ziehen. Keene hat im Waisenhaus einen neuen Fischerjungen für Peter besorgt. Ellen zwingt den Fuhrmann Hobson, mit ihr zusammen den Jungen zu holen. Vergeblich versucht Balstrode, Peter davon zu überzeugen, das Dorf zu verlassen.
Zweites Bild: Alle sind starr vor Schreck, als Peter Grimes, der seinen neuen Gehilfen abholen will, wirr von der Zukunft phantasiert. Balstrode schlichtet einen Streit zwischen Peter und dem betrunkenen Methodisten Boles. Peter reißt den völlig durchnässten Jungen aus den Armen Ellens und zerrt ihn mit sich fort.

Zweiter Akt, *Drittes Bild:* Ellen entdeckt, dass der Junge von Peter misshandelt wurde. Peter schlägt sie im Streit darüber und eilt mit dem Jungen davon. Zeugen aus dem Dorf rüsten zum Marsch auf seine Hütte.
Viertes Bild: Mit der Hoffnung auf reichen Fang drängt Peter den Jungen zum Aufbruch aufs Meer. In Panik vor den sich nähernden Dorfbewohnern stößt Grimes den Jungen zur hinteren Tür am Kliff hinaus. Der Junge stürzt in die Tiefe. Die Dorfbewohner finden die Hütte leer vor.

Dritter Akt, *Fünftes Bild:* Die sensationslüsterne Mrs. Sedley belauscht eine Unterhaltung zwischen Balstrode und Ellen über den am Strand gefundenen Pullover des Jungen. Sie wiegelt das Dorf zur Menschenjagd auf.
Sechstes Bild: Ellen und Balstrode finden den halluzinierenden Grimes bei seinem Boot. Balstrode redet auf ihn ein, hinauszufahren und sich mit dem Boot zu versenken. Der Morgen graut. Die Menschen gehen wieder ihrem Alltag nach. Draußen auf dem Meer versinkt ein Boot.

DATEN

Text: Montague Slater nach einer Episode aus der Verserzählung *The Borough* von George Crabbe (1810)

Musik: Benjamin Britten

Uraufführung: 7. 6. 1945, Sadler Well's Theatre, London

Handlungszeit: Um 1830

Handlungsort: Fischerstädtchen an der englischen Ostküste

Spielzeit: 2½ Stunden

Personen: *Peter Grimes, ein Fischer* (Tenor), *Junge* (John), *sein Gehilfe* (Stumme Rolle), *Ellen Orford, eine Witwe, Lehrerin des Ortes* (Sopran), *Kapitän Balstrode, früher bei der Handelsmarine* (Bariton), *Auntie* (Tantchen), *Wirtin des Gasthauses »Zum Eber«* (Alt), *Erste und Zweite Nichte, Hauptattraktionen des »Ebers«* (beide Sopran), *Bob Boles, Fischer und Methodist* (Tenor), *Swallow, Anwalt und Bürgermeister* (Bass), *Mrs. (Nabob) Sedley, Witwe eines Bediensteten der Ostindischen Handelskompanie* (Mezzosopran), *Reverend Horace Adams, der Pfarrherr* (Tenor), *Ned Keene, Apotheker und Quacksalber* (Bariton), *Hobson, Fuhrmann* (Bass), *Dr. Crabbe* (Stumme Rolle), *Chor*

WERTUNG

Die auf extreme Sprachverständlichkeit ausgerichtete Musik, in der trotz eines zeitgemäßen modernen Stils traditionelle Formen dominieren, ermöglicht dem Zuhörer einen guten Zugang zu einer aktuellen Problematik, nämlich der einer Isolation von Andersdenkenden in einer bürgerlichen Gesellschaft.

Verständlichkeit:	✪✪✪✪
Eingängigkeit:	✪✪✪
Aktualität:	✪✪✪✪✪
Gesellschaftskritik:	✪✪✪✪
Meeresstück:	✪✪✪✪✪

Falstaff
Der lachende Held

Die triumphale Wiedergeburt Don Giovannis als feister Ritter, der den Bürgern von Windsor einen Zerrspiegel ihrer Eitelkeit und Selbstgefälligkeit vor Augen hält.

Die Erkenntnis Falstaffs aus Shakespeares Königsdrama *Heinrich IV.*, »Ich bin nicht bloß selbst witzig, sondern auch Ursache, dass andere ihren Witz haben« macht Giuseppe Verdi zum Ausgangspunkt seiner letzten Oper, in der er die Tragik seines Lebens und Schaffens in ein derbes und ironisches Lachen kleidet. Falstaff entpuppt sich in der kleinbürgerlichen Welt Windsors, dem Inbegriff für »immer und überall«, als Mittelpunkt allen Seins. Das Stück beginnt mit einem wahren Paukenschlag. Der erste Ruf gilt Falstaff. Gelassen reagiert er auf alle Angriffe von außen. An seinem dicken Bauch, den der Komponist als gewaltigen Resonanzkörper in seine Musik einbezieht, prallen Chaos und Unruhe wirkungslos ab. Dies macht ihn von den ersten Tönen an zu einer einzigen großen Sympathiefigur. Verdi weist Falstaff ein musikalisches Thema zu, das von den tiefen Kontrabässen bis zu den hohen Flöten ansteigt. Das ganze Orchester steht auf Falstaffs Seite. Deutlicher hätte Verdi seine Parteinahme nicht zeigen können. Da das Geld zu Ende geht, plant der dicke Ritter, sich seiner erotischen Wirkung sicher, gleichlautende Liebesbriefe an die betuchten Damen Alice und Meg zu schicken. Doch stößt der Plan auf den Widerstand seiner beiden Diener, die sich scheinheilig auf die Ehre berufen. Note für Note zerstückelt Falstaff in einem großen Monolog, der Arie und Rezitativ zugleich ist, den verlogenen Begriff, bis von der Ehre nur eine leere Floskel übrigbleibt.

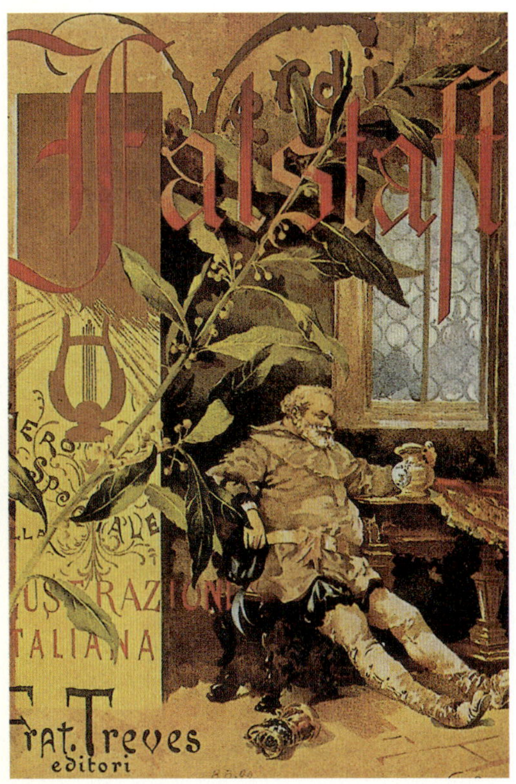

■ Titelseite der Zeitschrift *L'illustrazione italiana* zur Uraufführung in Mailand 1893.

Alle Figuren sind im zweiten Bild unaufhörlich in Bewegung. Männer und Frauen hetzen aneinander vorbei, ohne sich zu erkennen, da die Gedanken und Gefühle aller auf Falstaff fixiert sind. Er spukt vor allen Dingen dann in ihren Köpfen herum, wenn er gar nicht leibhaftig vor ihnen steht, ein wunderbares Thema für einen Komponisten, der mit seiner Musik Falstaff zur Allgegenwärtigkeit verhilft. Im Text ist von Alices Wut über die gleichlautenden Liebesbriefe die Rede. Aber eine Melodie des Englischhorns offenbart, dass dieser Brief eine ungestillte Sehnsucht in ihr weckt. Vom allgemeinen Chaos der umherirrenden Bürger hebt sich einzig die Liebe von Nannetta und Fenton ab. Ihr Gesang mündet stets in die Melodie vom »Mund, den man küssen muss«. Verkörpert Falstaff einen zeitlosen Eros, dem weder Alter noch Schwerfälligkeit etwas anhaben können, so versinnbildlichen Nannetta und Fenton die anbrechende, sich selbst noch unbewusste Liebe. Verdi macht beides zu Eckpfeilern seiner Tragikomödie, in der die Liebe sowohl dem behäbigen Leben als auch der Scheinmoral in Windsor ein Ende setzt.

■ Wie ein dicker Ritter die Herzen der schönen Frauen bricht – Falstaff und Alice Ford. Inszenierung von Michael Hampe, Bühnen der Stadt Köln, 1976.

Die Bürger Windsors kommen im dritten Bild zu Falstaff, um ihn in ihre Welt zu locken. Zunächst erscheint Mrs. Quickly mit der verlogenen Verheißung, Alice warte sehnsüchtig auf Falstaff. Er lässt sich auf jedes Abenteuer ein, da ohne Risiko menschliches Leben und Lieben sinnlos wären. Master Ford, der Falstaffs Annäherung an Alice unterbinden will und den dicken Ritter in der Verkleidung des wohlhabenden Mister Fontana bittet, ein Stelldichein mit Alice zu arrangieren, steht am Ende seiner Arie, die zu den grausamsten

DER VERLIERER WIRD ZUM SIEGER

Nicht nur »selbst witzig will er sein, sondern auch Ursache, dass andere Witz haben«. Shakespeares wahrer Sir John Falstaff kommt nicht in seiner Komödie *Die lustigen Weiber von Windsor* vor, sondern in den beiden Teilen des Historiendramas *Heinrich IV*. Dort werden ihm Mutterwitz und Instinkt grausam ausgetrieben, bis er am Ende das erbarmungswürdige Abbild jenes Narren ist, den man zum Abschaum erklärt, wenn es nur noch um Macht geht. Falstaff verliert vor Schreck die Sprache. Erst Verdi gibt sie ihm wieder zurück, zu anderem Zweck. Jetzt ist es Falstaff, der alle anderen an der Nase herumführt.

■ Im nächtlichen Spuk offenbart Falstaff das Geheimnis eines erotischen Mysteriums. Alan Titus als Falstaff. Inszenierung von Marco Arturo Marelli, Hamburgische Staatsoper, 1998.

Seelentorturen zählt, die Verdi je komponiert hat, vor einem Scherbenhaufen seiner Existenz. Falstaff konfrontiert durch seine Unbekümmertheit Ford mit der eigenen Lebenslüge. Wer wie er Liebe mit Wohlstand und Bürgertum gleichsetzt, droht beides zu verlieren. Während Ford – im Orchester sind die ihm aufgesetzten Hörner nicht zu überhören – wie versteinert dasteht, scheint sich Falstaff mit der Melodie »Va, vecchio John« (»Geh, alter John«) federleicht in die Lüfte zu heben. Nichts verjüngt ihn so sehr wie die Erwartung erotischer Abenteuer. Ohne Umschweife kommt Falstaff zu Beginn des vierten Bildes bei Alice Ford auf die Liebe zu sprechen. Im kleinen Lied von seiner Jugendzeit als »Page beim Herzog von Norfolk«, das nur fünfundzwanzig Takte umfasst, scheint sich Falstaff durch eine beschwingte Melodie von einer auf die andere Sekunde zu verjüngen. Er wird durch die Imaginationskraft der Musik zu einem glaubhaften Verführer, sodass es nur gut ist, dass Meg, Mrs. Quickly und gleich darauf die vom wütenden Ford angeführten Bür-

DIE ZEIT STEHT STILL

Zweiter Aufzug, Zweites Bild: Falstaff im Wäschekorb versteckt, alles auf der Jagd nach ihm, Nannetta und Fenton hinter dem Wandschirm. Plötzlich verstummt der Lärm. Pause. Keine Musik mehr. Die Komödie führt selbst Regie: »bacio – ein Kuss«. Der Schein trügt. Ford: »Dich krieg ich!« Das ist der Auftakt zum Andante, dem langsamen Teil des großen Finales. Wie eine Kamera umkreist die Musik das Geschehen. Wie unter einem Mikroskop hört und sieht man alles. Gleichzeitig. So etwas geht nur in der Oper. Im Zentrum das Liebespaar, als sei es allein auf der Welt. Verdi genügt ein Wandschirm, um zu demonstrieren: Alle Lust will Ewigkeit.

ger von Windsor das Stelldichein stören, da Alice ihre Rolle im Betrugsspiel sonst nicht mehr lange durchhalten könnte.

Das Geschehen kulminiert im Finale des vierten Bildes, dem Dreh- und Angelpunkt des Stücks. Um aufzuzeigen, wie sich nach lähmendem Stillstand tosende Gewalt entlädt, die schließlich zur Massenhysterie führt, benötigt Verdi auf leerer Bühne neben einem Wäschekorb lediglich einen Wandschirm. Hinter ihm, einer Welt für sich, scheint ein Kuss zwischen Nannetta und Fenton ewig zu dauern, während die eigentliche dramatische Aktion, die Beseitigung Falstaffs, im Zeitraffer dahinrast. Falstaff wird auf dem Höhepunkt des Chaos samt Wäschekorb in die Themse geworfen. Falstaff fällt, schlimm genug bei seiner Liebe zum Wein, lediglich ins Wasser, aus dem er sich zwar lädiert, aber ungebrochen erhebt. Mrs. Quickly erweckt vor Falstaff zu Beginn des fünften Bildes die Illusion, Alice begehre ihn nach wie vor. Von dem Augenblick an, da die Bürger von Windsor glauben, Falstaff erneut in eine Falle gelockt zu haben, herrscht in der Musik eine diffuse Stimmung zwischen Tag und Nacht, zwischen Traum und Wirklichkeit. Instrumente und Stimmen scheinen sich aufzulösen. Die Menschen von Windsor fliehen in ein nächtliches Zauberspiel, einen zweiten *Sommernachtstraum*.

Trotz aller Vorliebe für derben Theaterspuk mit Feen und Kobolden geht es Verdi bei der mitternächtlichen Erscheinung Falstaffs unter der Eiche des Herne vor allem um die Erneuerung des Mythos vom ungebändigten Jupiter. Falstaff ist der demaskierte Eros. Er schert sich weniger als je zuvor um bürgerliche Moral. Unverhohlen fordert er Alice und

»Ziehe deinen Weg, solange du kannst. Lustiger, ewig wahrer Schurke unter verschiedenen Masken zu allen Zeiten, an allen Orten! Geh, geh, ziehe hin, leb wohl!«

GIUSEPPE VERDI

■ In der Erwartung auf Liebeserfüllung verjüngt sich Falstaff von einer Sekunde auf die andere. Alan Titus als Falstaff, Adrianne Pieczonka als Alice Ford.

■ Der in den Wäschekorb geflüchtete Falstaff wird bald mitsamt seines Verstecks in der Themse landen. Meg Page, Mrs. Quickly und Falstaff in einer Inszenierung von Michael Hampe, Bühnen der Stadt Köln, 1983.

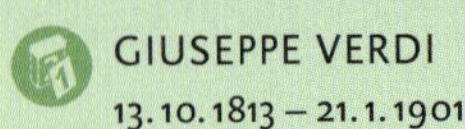

GIUSEPPE VERDI
13.10.1813 – 21.1.1901

1837 Heirat mit Margherita Barezzi
1838–40 Tod seiner Kinder Virginia und Icilio und seiner Frau
1847 Beginn seiner Beziehung zu Giuseppina Strepponi
1853 Einzug auf dem Landgut Sta. Agata
1859 Heirat mit Giuseppina Strepponi
1860 Vereinigung Italiens
1864 Delegierter bei Parlamentssitzungen in Turin
1874 Ernennung zum Senator
1882 Stiftung eines Krankenhauses in Villanova bei Sta. Agata

Meg auf, ihn »wie einen Bock auf dem Opferaltar zu vierteilen«. Die Bürger von Windsor geraten außer Rand und Band und zelebrieren eine von Verdi in ironischen Psalmtönen vertonte Schwarze Messe. Zu einem gewaltigen Akkord beendet Falstaff die Hetzjagd und macht dem nächtlichen Spuk ein Ende. Die Bühne ist frei zur großen Abrechnung mit jenen Dutzendmenschen, die glaubten, Falstaff vernichten zu können.

Falstaff stimmt am Ende der Oper eine Fuge auf den Lauf der Welt an. Die Spieler aus Windsor sind in Wahrheit Marionetten. Keine Menschen mehr, nur noch Stimmen, die dorthin folgen, wohin Falstaff sie ruft. Sie können nur existieren, wenn sie sich dem »dux«, dem Führer im Verlauf einer Fuge, ohne wenn und aber ausliefern. Erst jetzt wird deutlich, was Verdi mit dieser Oper tatsächlich beabsichtigt. Er benützt die großartige Charaktergestalt Shakespeares als Identifikationsfigur. Verdi behält in seiner Fuge »Alles in der Welt ist Posse, der Mensch ist als Possenreißer geboren« dem Wort »Mensch« den mit Abstand längsten Ton vor. Alles könnte jederzeit und überall von vorne beginnen. Falstaff scheint am Ende auf und davon zu sein, ewig unterwegs, und ist als Störenfried doch immer wieder zur Stelle, wenn man glaubt, es sich gerade behaglich in Windsor eingerichtet zu haben.

FALSTAFF

LYRISCHE KOMÖDIE IN DREI AKTEN UND SECHS BILDERN IN ITALIENISCHER SPRACHE

HANDLUNG

Erster Aufzug, *Erstes Bild:* Der dicke Ritter Falstaff hat sich im Gasthaus »Zum Hosenband« eingenistet. Zusammen mit seinen Dienern Bardolfo und Pistola erträgt er gelassen die Vorwürfe des von ihnen geprellten Wohlstandsbürgers Dr. Cajus. Um zu Geld zu kommen, hat Falstaff gleichlautende Liebesbriefe an die reichen Bürgersfrauen Alice Ford und Meg Page geschrieben. Unter fadenscheiniger Berufung auf die Ehre weigern sich die Diener, die Briefe zu überbringen. Angewidert jagt Falstaff sie davon. – *Zweites Bild:* Empört über die Briefe wollen Alice und Meg, unterstützt von Mrs. Quickly, Falstaff einen Denkzettel verpassen. Ford weiß inzwischen von Bardolfo und Pistola, was Falstaff vorhat. Mitten im Chaos finden Nannetta, die Tochter Fords, und Fenton – für Ford nicht standesgemäß, da arm – Zeit für ihre heimliche Liebe.

Zweiter Aufzug, *Drittes Bild:* Mrs. Quickly teilt Falstaff Ort und Stunde des Rendezvous' mit Alice mit. Ford gibt sich als Mr. Fontana aus und ködert Falstaff mit Geld, damit dieser ihm bei Alice das Feld zur Verführung bereitet. Falstaff triumphiert, er habe Alice bereits erobert. Wahnsinnig vor Eifersucht sieht sich Ford ruiniert. – *Viertes Bild:* Während der Vorkehrungen zu Falstaffs Besuch versichert Alice ihrer Tochter Nannetta, sie müsse auf keinen Fall Cajus heiraten, wie es Ford wünsche. Ganz nach Plan stören Meg und Mrs. Quickly das Rendezvous von Falstaff und Alice, um scheinheilig Fords Ankunft zu verkünden. Doch der kommt tatsächlich. Statt Falstaff stöbern die hysterischen Männer hinter einem Wandschirm Nannetta und Fenton auf. Falstaff steckt derweil in einem Wäschekorb, der kurz darauf in die Themse geworfen wird.

Dritter Aufzug, *Fünftes Bild:* Anfangs noch misstrauisch, bringt Mrs. Quicklys Botschaft, Alice würde ihn um Mitternacht unter der Eiche des Herne erwarten, Falstaff wieder auf die Beine. Die Bürger von Windsor beschließen, Falstaff beim mitternächtlichen Spuk kräftig einzuheizen. Mrs. Quickly belauscht Fords Plan, bei dieser Gelegenheit Nannetta mit Cajus zu verheiraten. – *Sechstes Bild:* Die Bürger verstricken Falstaff in einen Mummenschanz. Aber Falstaff erkennt Bardolfo und dreht den Spieß um. Fords Plan zur Hochzeit misslingt. Durch die List der Frauen wurden die Kleider der Männer vertauscht. Nannetta heiratet Fenton. Cajus, dem man Bardolfo als Braut untergeschoben hat, ist betrogen. Falstaff tritt aus dem Spiel, um das Ende zu verkünden. Die Welt ist eine Posse und die Menschen darin nichts als Narren.

DATEN

Text: Arrigo Boito nach *Die lustigen Weiber von Windsor* und vereinzelten Motiven aus *Heinrich IV.* von William Shakespeare

Musik: Giuseppe Verdi

Uraufführung: 9. 2. 1893, Mailänder Scala

Handlungszeit: Während der Regierungszeit von Heinrich IV. (1399–1413)

Handlungsort: Windsor

Spielzeit: etwa 2½ Stunden

Personen: *Sir John Falstaff* (Bariton), *Ford, Alices Gatte* (Bariton), *Fenton* (Tenor), *Dr. Cajus* (Tenor), *Bardolfo, in Falstaffs Diensten* (Tenor), *Pistola, in Falstaffs Diensten* (Bass), *Mrs. Alice Ford* (Sopran), *Nannetta, ihre Tochter* (Sopran), *Mrs. Quickly* (Mezzosopran), *Mrs. Meg Page* (Mezzosopran), *Der Wirt vom Gasthaus »Zum Hosenbund«* (Stumme Rolle), *Robin, Falstaffs Page* (Stumme Rolle), *Ein kleiner Page Fords* (Stumme Rolle), *Chor: Bürger und Volk von Windsor, Masken von Kobolden, Feen, Hexen, Geistern und Teufeln*

WERTUNG

Verdis Vermächtnis ist ideal geeignet, um zu verstehen, wie wenig man für das magische Wunder in der Oper braucht: unverwechselbare Charaktere, eine fast leere Bühne und einen Helden, an dem keiner vorbeikommt. Und nicht zu vergessen: einen Wäschekorb und einen Wandschirm.

Verständlichkeit:	✪✪✪✪
Eingängigkeit:	✪✪✪✪
Aktualität:	✪✪✪
Eros:	✪✪✪✪
Lebensphilosophie:	✪✪✪✪✪

Don Giovanni
Männlicher Eros

Vollendung eines Stoffes und einer Figur: der singende Held schlechthin. Eine Oper über das Mysterium von Eros und Tod.

Die Oper handelt von der Skrupellosigkeit eines Verführers, der ohne Rücksicht die Begegnung mit Eros und Tod sucht. Der Anarchist Don Giovanni hat ebensowenig Bedenken bei der Eroberung einer Frau wie bei der Begegnung mit der Statue des »Steinernen Gastes«, dem Sinnbild unbeugsamer Macht. Die Ermahnung zu bereuen schlägt Don Giovanni im letzten Finale aus. Furchtlos ergreift er die Hand des Komturs und wird in die Hölle gezogen. Zwei Mord- und Todesszenen umrahmen die Oper. *Don Giovanni* ist als erotischer Opernkrimi Mozarts Nachtstück.

Bereits in der Ouvertüre prallen zwei Welten unerbittlich aufeinander. Das Motiv des Steines wird mit dem Motiv des Degens konfrontiert. Der unbeugsame Schritt des Komturs ist einer brillanten Musik entgegengesetzt, mit der Don Giovanni auf einem prunkvollen Fest seiner Zeit auftreten könnte. Don Giovanni ist der Einzige aus der Feudalgesellschaft, der keinerlei Probleme hat, die revolutionäre Forderung nach Gleichheit wirklich in die Tat umzusetzen. Zu Mozarts Zeit sind die Stimmfächer für die

■ Kein Respekt vor Autoritäten. Don Giovanni, in Begleitung seines Dieners Leporello, lädt auf dem Friedhof die Statue des Komturs zum Abendessen ein. Feruccio Furlanetto als Don Giovanni, Bryn Terfel als Leporello. Inszenierung von Patrice Chéreau, Salzburger Festspiele, 1994.

Partien von Don Giovanni und Leporello nahezu identisch. Wenn sich Leporello zu Beginn des zweiten Aktes von Don Giovanni trennen will, lässt Mozart den Diener dieselben Töne singen wie den Herrn. Der eine singt »si« (»ja«), der andere »no« (»nein«). Und doch ist ihre Musik gleich. Es ist unmöglich, sich von Don Giovanni loszulösen. Leporello ist der Chronist des Stückes, der alles akribisch festhält, was Don Giovanni erlebt. Man erfährt die Geschichte bereits aus »bürgerlicher« Hand.

Im ersten Akt lädt Don Giovanni alle Figuren des Stückes zu einem Fest auf sein Schloss ein. Im Finale spielen drei Bühnenorchester nach der frenetischen Aufforderung, es gelte Freiheit für alle, drei unterschiedliche Tänze, die jeweils einen gesellschaftlichen Stand charakterisieren: Adel, Bürgertum und Bauernschaft. Die Musik klingt bereits wie eine Collage aus dem 20. Jahrhundert. Im Finale des zweiten Aktes geschieht ähnlich Verblüffendes. Don Giovanni lässt Bühnenmusiker gängige Hits aus damals berühmten Opern spielen. Mozart macht sich einen Spaß daraus, zuletzt sogar eine Arie aus seiner Oper *Die Hochzeit des Figaro* ins Potpourri einzuschmuggeln. Musik droht austauschbar zu werden. Vor die Höllenfahrt setzt Mozart eine Satire. Zuvor schildert er bereits auf dem Friedhof eine Begegnung Don Giovannis mit der Statue des Komturs als Posse. Mozart treibt seiner Zeit ganz gnadenlos jede scheinheilige Moral aus.

Es ist Unsinn, zu behaupten, Don Giovanni sei ein Bruder Casanovas. Erinnert eine historische Gestalt an ihn, dann Marquis de Sade. Kein Experiment geht beiden weit genug. Drei zentrale Frauenfiguren treten in den beiden Akten auf: Donna Anna, Donna Elvira

■ Don Giovanni, der Verführer, mit Donna Anna. Aufführung am Königlichen Opernhaus Berlin, 1906.

VON DER WAHRHEIT DES UNBEWUSSTEN

Erster Akt, Nr. 10, Rezitativ und Arie der Donna Anna: Donna Anna hat in Don Giovanni den Mörder ihres Vaters erkannt. In den tiefen Streichinstrumenten steigt wie aus dem Unbewussten ein Akkord nach oben. Er gehört zu jener Tonart, die zu Beginn der Oper der Nähe zwischen Donna Anna und Don Giovanni vorbehalten ist. Donna Anna erinnert sich in der Musik nicht an den Mord, sondern an die Verführung. In der folgenden großen barocken Arie muss sie unaufhörlich von Rache singen, um eines nicht bekennen zu müssen: ihre Liebe zu Don Giovanni.

■ Die Höllenfahrt eines Mannes, der weder die Begegnung mit dem Eros noch mit dem Tod scheut. Ruggero Raimondi als Don Giovanni. Inszenierung von Luc Bondy, Wiener Festwochen, 1990.

und Zerlina. Donna Anna, die Tochter des Komturs, flieht zu Beginn vor dem nächtlichen Verführer. Sie singt dabei dieselbe Melodie wie Don Giovanni. Sie wird seine Musik nicht mehr los. Selbst als sie erkennt, dass der nächtliche Verführer und der Mörder ihres Vaters identisch sind, bleibt sie in Tönen an das nächtliche Erlebnis gebunden. In ihrer großen Rachearie denkt sie nur an einen, an Don Giovanni. Große Bewegungslinien bestimmen das Stück. Flieht Donna Anna unentwegt vor Don Giovanni, um nicht zuzugeben, wie nah sie ihm ist, läuft ihm Donna Elvira unentwegt nach wie eine Schwester, die auch die letzte sein wird, die ihn ermahnt, umzukehren, freilich vergeblich. Donna Elviras erste Arie ist in Wahrheit ein Terzett, da die Stimmen Don Giovannis und Leporellos untrennbar zu ihr gehören. Zu Beginn des zweiten Aktes verfällt Donna Elvira der Verführung des als Don Giovanni verkleideten Leporello. Das ist kein Unsinn. Mozart zeigt lediglich, dass sie glaubt, was sie

VOM MANTEL-UND-DEGEN-STÜCK ZUR PARABEL DER AUFKLÄRUNG

Das 1630 gedruckte Schauspiel *Der Spötter von Sevilla* des spanischen Mönchs Gabriel Téllez, der sich als Autor Tirso de Molina nennt, ist eine Mantel-und-Degen-Komödie, barockes Drama der Kontraste, eine einzige Orgie. Es ist Molière, der in *Don Juan ou Le Festin de Pierre* das spanische Schaustück in eine bissige Kontroverse über sittliche und moralische Werte verwandelt. Statt mit dem Degen überzeugt sein Don Juan mit der Zunge. Genau diesen ungebändigten Freigeist wünscht sich Mozart als erotische Ausnahmefigur: ein per Sprache Verfolgter, der durch Musik zum Verfolger aller anderen wird.

> *»Es ist aber gerade das Geheimnis dieser Oper, dass ihr Held zugleich die Kraft in den übrigen Personen ist. Don Juans Leben ist das Lebensprinzip in ihnen.«*
>
> SÖREN KIERKEGAARD

glauben möchte. Sie wird, ein ideales Thema für eine Oper, vom Zauber einer Stimme verführt. Don Giovanni verspricht der Bäuerin Zerlina am Tag ihrer Hochzeit mit Masetto die Ehe. Während sich Zerlina mit Worten gegen die Verführung sträubt, erliegt sie ihr in der Musik. Donna Elvira kreuzt gerade noch im rechten Augenblick mit einer furiosen Barockarie auf, um beide zu trennen.

Obwohl die Oper *Don Giovanni* heißt, wird dem Titelheld keine richtige Arie zugestanden. Im unter dem unsinnigen Titel »Champagnerarie« berühmt gewordenen Rondo vertont Mozart ein einziges Thema, das unentwegt anfängt und sogleich endet. Blickt man dem Eros unmittelbar ins Auge, ist er ständig in Bewegung, nicht auf einen Punkt oder eben eine Arie zu bringen. Don Giovannis Ständchen im zweiten Akt ist eine konventionelle Nummer, die man aus jedem Radio gehört hätte, hätte es ein solches damals gegeben. Der dritte Sologesang ist aus der Not des Augenblicks geboren. Don Giovanni, in den Kleidern Leporellos, greift blitzschnell zu Musik, um die zum Totschlag bereiten Bauern abzulenken. Don Giovanni hat im engen Sinn keine eigene Musik, löst aber unentwegt Musik anderer aus. Nicht zufällig schildern die großen Ensembles dieser Oper – das Quartett im ersten und das Septett im zweiten Akt – allein mit Vernunft nicht zu erklärende Situationen. Um Donna Anna und Don Ottavio von jedem Verdacht abzulenken, erklärt Don Giovanni kurzerhand Donna Elvira für verrückt. Alle werden von einem unbekannten Albdruck befallen. Sie singen wie unter einer Glasglocke, wie in einem Vakuum. Im Sextett des zweiten Aktes wird allen im undurchsichtigen Chaos der Gefühle bewusst, dass »ihnen tausend wirre Gedanken durch den Kopf schwirren«. Alle sechs Sän-

■ Wer das Duell mit Don Giovanni sucht, kommt darin um. Der Titelheld im Zweikampf mit dem Komtur. Bühnenbildentwurf von Ludwig Sievert zu einer Inszenierung von Rudolf Hartmann, Bayerische Staatsoper, München, 1941/42.

WOLFGANG AMADEUS MOZART
27. 1. 1756 – 5. 12. 1791

1777/78 Reise nach Paris, auf der die Mutter stirbt
1779 Aloisia Weber lehnt Mozarts Heiratsantrag ab
1781 Bruch mit dem Fürsterzbischof von Salzburg, Übersiedlung nach Wien, Große Oper *Idomeneo*
1782 Heirat mit Constanze Weber
1784 Mozart beginnt die Eintragung seiner Stücke in ein Werkverzeichnis
1785 Aufnahme in die Freimaurerloge »Zur Wohltätigkeit«
1787 Reise nach Prag, Ernennung zum k. u. k. Kammermusicus
1791 Opera seria *La clemenza di Tito; Requiem* (unvollendet)

ger stehen im Bann Don Giovannis, ohne sich davon befreien zu können.
Die Oper hat auf den ersten Blick ein merkwürdiges Ende. Mozart fügt der Höllenfahrt einen Epilog hinzu, ein Sextett, in dem Leporello aus dem Untergang eine Schlagzeile für die nächste Morgenausgabe macht: »… riesiger Krach, … vom Teufel verschluckt«. Danach singen alle, dass der »Tod eines solchen Schuftes immer seinem Leben« gleicht. Während sie mit Worten ständig das Böse beschwören, lässt Mozart alle Figuren solange ein und dasselbe musikalische Thema umkreisen, bis selbst der letzte Zuhörer merkt, dass mit Don Giovanni alle den Mittelpunkt ihres Lebens verloren haben.
Auch Mozart kommt mit dem *Don Giovanni* an kein Ende. Nach der Prager Uraufführung soll das Stück in Wien gezeigt werden, wo man nicht so aufgeklärt denkt wie in Prag. So wird die Oper zum Werkstattprozess. Unter anderem komponiert Mozart eine neue Arie für Donna Annas Verlobten Don Ottavio. Dieser ist kein Schwärmer oder Schwächling, wie irrtümlich in vielen Inszenierungen gezeigt, sondern ein intensiv fühlender Mensch. Er wird zum eigentlichen Widersacher Don Giovannis, da er, um ihn zu überführen, nicht länger auf ein Duell setzt, sondern öffentlich Anklage erhebt. Don Ottavio, unfähig, Donna Anna von ihrer Hörigkeit zu befreien, versteht, was Vernunft und Recht angeht, durchaus die Zeichen seiner Zeit. Nur eines geht unwiderbringlich verloren: die Faszination des ungebundenen Eros, die freie Entscheidung über Liebe und Tod.

■ Niemand kann sich der Herausforderung Don Giovannis entziehen. Aufführung am Königlichen Opernhaus Berlin.

DON GIOVANNI (OSSIA IL DISSOLUTO PUNITO)

DRAMMA GIOCOSO IN ZWEI AKTEN
IN ITALIENISCHER SPRACHE

HANDLUNG

Erster Aufzug: Leporello wartet in der Dunkelheit auf seinen Herrn Don Giovanni, der in das Zimmer von Donna Anna, der Tochter des Komturs, eingedrungen ist. Als das Mädchen ihren Vater um Hilfe ruft, kommt es vor dem Haus zum Duell, bei dem Don Giovanni den Komtur tötet. Zusammen mit ihrem Verlobten Don Ottavio schwört Donna Anna dem unbekannten Mörder Rache. Im Morgengrauen stößt Don Giovanni auf Donna Elvira, die er drei Tage nach der Heirat verließ. Er überlässt es Leporello, der Gedemütigten ein Register seiner Eroberungen vorzutragen. Bäuerinnen und Bauern feiern die Hochzeit von Zerlina und Masetto. Um mit Zerlina ungestört zu sein, erteilt Don Giovanni Leporello den Befehl, Masetto und die Bauern auf sein Schloss zu bringen. Donna Elvira stört Don Giovanni und Zerlina. Vor Donna Anna und Don Ottavio erklärt Don Giovanni Donna Elvira für verrückt. Allein mit Don Ottavio, gesteht Donna Anna, in Don Giovanni ihren nächtlichen Verführer erkannt zu haben. Sie schwört Don Ottavio auf Rache ein. Auf Befehl seines Herrn bittet Leporello Donna Anna, Donna Elvira und Don Ottavio maskiert zu einem Fest, bei dem alle Standesunterschiede aufgehoben sind. Im Chaos drängt Don Giovanni Zerlina aus dem Saal. Ihre Hilfeschreie alarmieren die anderen. Ungeniert gibt Don Giovanni seinem Diener die Schuld an der versuchten Vergewaltigung. Don Ottavio, Donna Anna und Donna Elvira ziehen Don Giovanni zur Rechenschaft. Aber er kann fliehen.

Zweiter Aufzug: Selbst auf der Flucht ist Don Giovanni auf neue Eroberungen aus. Um ihre Kammerzofe verführen zu können, lenkt er Donna Elvira ab und tauscht mit Leporello die Kleider. Es gelingt Don Giovanni in der Verkleidung Leporellos, die von Masetto angeführten Bauern, die den adligen Verführer erschlagen wollen, zu überlisten. Vergeblich versucht Leporello, sich Donna Elviras zu entledigen. In eine Falle geraten, ist er gezwungen, sich vor den anderen zu erkennen zu geben. Donna Elvira ist gedemütigt. Leporello flieht. Als Don Giovanni auf dem Friedhof wieder mit Leporello zusammentrifft, fordert er diesen übermütig dazu auf, das Denkmal des Komturs zum Nachtmahl einzuladen. Don Giovanni gibt um Mitternacht jenes Fest, zu dem er den Komtur eingeladen hat. Donna Elvira versucht ein letztes Mal, Don Giovanni zur Aufgabe seines Lasterlebens zu bewegen. Aber er reicht furchtlos der Statue, vor der sich Leporello versteckt, die Hand. Mit dem Bekenntnis zu seiner Natur fährt Don Giovanni in die Hölle. Alle anderen haben den Mittelpunkt ihres Lebens verloren.

DATEN

Text: Lorenzo Da Ponte

Untertitel: Der bestrafte Wüstling

Musik: Wolfgang Amadeus Mozart KV 527

Uraufführung: 29. 10. 1787, Gräflich Nostitzsches Theater Prag

Handlungszeit: Mitte des 18. Jahrhunderts

Handlungsort: Eine Stadt in Spanien

Spielzeit: etwa 3 Stunden

Personen: *Don Giovanni, ein sehr leichtfertiger junger Edelmann* (Bariton), *Der Komtur* (Bass), *Donna Anna, seine Tochter, Verlobte Don Ottavios* (Sopran), *Don Ottavio* (Tenor), *Donna Elvira, Dame aus Burgos, von Don Giovanni verlassen* (Sopran), *Leporello, Diener Don Giovannis* (Bass), *Masetto, Liebhaber Zerlinas* (Bass), *Zerlina, Bäuerin* (Sopran), *Chor: Bäuerinnen und Bauern, Diener, unterirdischer Chor, Musikanten*

WERTUNG

Der Mythos von Eros und Tod wird erst durch Musik vollendet. In keiner anderen Oper erfährt man so umfassend, warum eine Figur nicht mehr sprechen kann, sondern singen muss.

Verständlichkeit:	✪✪✪✪
Eingängigkeit:	✪✪✪✪✪
Aktualität:	✪✪✪✪
Tragikomödie:	✪✪✪✪
Eros:	✪✪✪✪✪

Lulu
Weiblicher Eros

Aufstieg und Fall einer zeitlosen Figur. Ein erotisches Mysterium, das sich in Kreisläufen vollzieht.

■ Die Frau als Projektionsphänomen des Mannes. Lulu, das erotische Mysterium, wollen alle Männer besitzen. Christine Schäfer in der Titelrolle. Inszenierung von Peter Mussbach, Salzburger Festspiele, 1995.

»Nicht um Gottes willen, um mich mit Mozart zu vergleichen, sondern um die zwei Figuren Lulu und Don Juan gleichzustellen«, sieht Alban Berg in seiner Titelheldin das Spiegelbild zum Anarchisten der Aufklärung. Der Komponist Ernst Křenek nennt Lulu eine der »Urgestalten der erotischen Mythologie«. Auf der Bühne ist sie zumeist als männermordender Vamp oder als verführerische Kindfrau in einer mondänen Männergesellschaft zwischen Jahrhundertwende, Jugendstil und luxuriöser Gegenwart dargestellt. All diese Facetten geben nur sehr schemenhaft wider, was in der Partitur steht. Berg geht in drei Akten, sieben Bildern und einem Zwischenspiel, dessen Mitte exakt die Wende vom Aufstieg zum Fall Lulus markiert, weit über die ironische Gesellschafts- und Kunstkritik in den Dramen Wedekinds hinaus. Seine Oper ist ein faszinierendes erotisches Mysterium, das unentwegt aus Kreisläufen besteht. In eine Frau ohne Gesicht projizieren die Männer ihre unbefriedigten Sehnsüchte. Sie geben Lulu Namen wie Nelly, Eva oder auch Manon. Aber anstatt in Lulus Mysterium zu leben, wollen sie das Unbegreifliche besitzen, sich einverleiben. Die Männer verlieren sich selbst und sterben. Es bleibt einzig Lulu überlassen, das große Mysterium von Eros und Tod bis zur letzten Konsequenz zu durchschreiten.

Obwohl Alban Berg sicher ist, in diesem Stoff die geeignete Fortsetzung für seinen *Wozzeck* gefunden zu haben, zögert er aus Angst, diese Oper könne zu melodramatisch werden, lange mit dem Beginn der Arbeit. Die Probleme der Umwandlung sind immens. Vier Fünftel der Vorlage müssen gestrichen werden. Die Oper ist im Stil der »Komposition mit zwölf aufeinander bezogenen Tönen« seines Lehrers Arnold Schönberg verfasst, ohne dadurch an dramatischer Ausstrahlungskraft zu verlieren. Die angewandte Reihentechnik bildet das architektonische, um Lulu kreisende Grundgerüst. Dieses bietet dem Komponisten die ideale Möglichkeit, durch Abspaltungen und Umstellungen bestimmter Töne aus der Grundreihe alle Figuren in enger Verbindung zu Lulu darzustellen. Zudem verbindet Berg diese »Reihen-Figuren« zu einer »Figuren-Reihe« mit zahlreichen traditionellen Formen und Stilen, vom Kanon und Choral bis zum Ragtime und English Waltz.

■ Der Maler und sein unbezwingbares Modell. Robert Gambill und Christine Schäfer.

Dem brutalen Herrenmenschen Doktor Schön, der an seiner Weigerung zugrunde geht, in Lulu die Zerstörung seiner Scheinmoral zu akzeptieren, ordnet Berg das klassische Prinzip der Sonate zu. Haupt- und Seitenthema dieser Sonate versinnbildlichen das »Drama einer Zugehörigkeit« (Alban Berg) zwischen Lulu und Schön. Am Ende des ersten Aktes kapituliert Schön vor Lulu. In der Mitte des zweiten Aktes gerät Schöns Versuch, Lulu zum Selbstmord zu zwingen, zur eigenen Hinrichtung. Am Ende der Oper wird Lulu von Doktor Schön in Gestalt des Lustmörders Jack the Ripper getötet. Jene Männer, die Lulu im letzten Bild der Oper zu einer Drehorgelmusik (Variationen zu einem von Wedekind verfassten Bänkellied) in einer herunter gekommenen Londoner Dachkammer besuchen, werden von denselben

> *»Im Kern der Frauenfrage steckt die Frage nach dem Mann. Ist die Frau ein Projektionsphänomen des Mannes, so muß die Lichtquelle selbst beleuchtet werden, damit die projizierten Bilder verständlicher werden.«*
>
> NIKE WAGNER

ALBAN BERG
9.2.1885–24.12.1935

1904 Rechnungspraktikant in der Niederösterreichischen Statthalterei
1910 Beendigung des Studiums bei Schönberg
1911 Heirat mit Helene Nahowski, Arbeit für die Universal Edition in Wien
1915 Dreijähriger Militärdienst
ab 1920 Arbeit als Musikjournalist
1925 Erstes Werk im Stil der Zwölftonmethode
1927 Geheime Liebe zu Hanna Fuchs-Robettin
1932 Intensive Mitarbeit an der Gründung von »23 – Eine Musikzeitschrift«

Männern dargestellt, die Lulu im ersten Akt zum Opfer fielen. Tod wird zum Spiegelbild des Eros.

Schigolch – Zuhälter, Clochard und Urvater in einer Person – wird durch Chromatik charakterisiert, das heißt durch eine Folge von Halbtonschritten, mit denen Berg ausdrückt, dass diese Figur keinen Anfang und kein Ende kennt. Der Asthmatiker Schigolch (angeblich Wedekinds Umkehrung von »logisch«), dem in Bergs Oper jeden Augenblick die Luft auszugehen droht, ist in Wahrheit eine mythische Urgestalt, die ewig lebt und nicht zufällig am Ende der Oper mit dem Satz »Wenn jemand nach mir fragt, ich sitze unten im Lokal« der Todesorgie entkommt. Die Gräfin Geschwitz wird durch Pentatonik charakterisiert, durch eine Fünftonreihe, die zumeist lyrisch klingt, ohne eindeutig einem Tongeschlecht, wie Dur oder Moll, zugeordnet werden zu können. Sie steht zwischen allen Figuren. Bei Wedekind ist die Geschwitz (angeblich Wedekinds Verkürzung von »Geschlechterwitz«) eine in Lulu vernarrte Lesbierin. Bei Berg dagegen versucht sie verzweifelt, mit Lulu zu einer Gestalt zu verschmelzen.

Alwa, der Schriftsteller, mit dem sich der Komponist Berg identifiziert, drückt sich vornehmlich in Moll und in einem am Ende des zweiten Aktes zum Hymnus gesteigerten Rondo aus. Er bleibt bis zum Ende, da er sich als Person völlig auflöst, an seine

■ Spiel um Macht und Verführung.

■ Allegorische Menschen- und Seelenschau.

»idée fixe«, das Bild Lulus gebunden. Wesentlicher Bestandteil der Musik sind Lulus »Bildnisharmonien« – Akkorde als Übereinanderschichtungen, die Berg aus der Grundreihe gewinnt. Die Grundreihe, unentwegt Basis der Töne, erklingt in der Oper »original« nur zweimal. Einmal am Beginn des ersten Aktes in einem Rezitativ zu Alwas Frage: »Darf ich eintreten?« Berg stellt die Figuren auf ihre Ausgangspositionen. Sie erscheinen seit ewigen Zeiten immer wieder zu einem bedingungslosen Spiel um Eros und Tod. Ein zweites Mal erklingt die Grundreihe bei Lulus Bekenntnis: »Wenn sich die Menschen um meinetwillen umgebracht haben, setzt das meinen Wert nicht herab.« Dies ist der Beginn des Anton Webern gewidmeten »Liedes der Lulu«, das neben Koloraturen – eine Figur gerät außer sich – vor allem aus der »Erdgeist-Quarte« besteht, einem Leit-Intervall, das Lulu als Naturphänomen zeigt. Lulu, ansonsten zumeist durch eine aufreizende Tanzmelodie charakterisiert, ist allgegenwärtig: Verführerin, Totengöttin, Jugend, Alter, Natur.

Verlauf des Stückes: Der Prolog aus dem Zirkusmilieu, dessen Thema in der Spielhölle des Pariser Salons am Beginn des dritten Aufzuges wiederholt wird, bietet eine allegorische Menschen- und Seelenschau. Im ersten Akt werden Begegnungen zu

GEHEIMNIS DER »BÜCHSE DER PANDORA«

Zweiter Akt, Filmmusik: Alban Berg drängt die Zeit zwischen der Verhaftung, dem Kerkeraufenthalt und der endgültigen Befreiung Lulus in eine dreiminütige Filmmusik zusammen. Sie besteht aus den zentralen Motiven und Themen Lulus. Exakt im Zentrum und damit in der Mitte des gesamten Werkes steht ein einziger Takt, gebildet aus einem Klingelzeichen von Vibraphon und Klavier, das immer dann ertönt, wenn sich die Schraube der Handlung ein Stück weiter dreht. Das Geheimnis der »Büchse der Pandora« ist gelüftet: Es handelt sich um einen Mechanismus.

ENTSTEHUNG DER »BÜCHSE DER PANDORA«

»Eine Monstretragödie« nennt Frank Wedekind seine 1894 geschriebene Urfassung der *Lulu*. Da der Verleger vor einer Herausgabe zurückschreckt, teilt Wedekind das Drama zwischen 1898 und 1901 in *Erdgeist* und *Die Büchse der Pandora* auf. Der zweite Teil führt zu langwierigen Auseinandersetzungen mit der Berliner Staatsanwaltschaft. Berg lernt die Bedeutung des Dramas aus der Sichtweise des Satirikers Karl Kraus kennen: »Ein Spießrutenlauf der Frau, die vom Schöpferwillen dem Egoismus des Besitzers zu dienen nicht bestimmt ist, die nur in der Freiheit zu ihren höheren Werten emporsteigen kann.«

Kreisläufen. Der als Kanon gestaltete Geschlechterkampf zwischen Lulu und dem Maler (Frau contra Mann) endet mit dem Tod des Medizinalrates. Diese Figur ist für Berg nichts anderes als ein aussetzender Herzschlag. Die wie auf einem Karussell angeordnete Begegnung Lulus mit Schigolch und die von Automatenmusik (»Monoritmica«) bestimmte Todesszene des Malers gipfeln in der zentralen Auseinandersetzung Lulus mit Doktor Schön: des Mannes und der Frau. Im ersten Bild des zweiten Aktes werden die Vorgänge in absurde und groteske Simultanität verwandelt. Dr. Schön glaubt in seinem Verfolgungswahn überall Liebhaber Lulus zu sehen. Nach dem großen Zwischenspiel – Lulus Weg in das und aus dem Gefängnis – werden Teile aus dem Todesbild des Doktor Schön wiederholt, allerdings in extremer Zeitlupe, als sei jene Welt, in die Lulu zurückkehrt, zur Toteninsel geworden. Im letzten Akt werden die Kreisläufe von einer strengen zweigliedrigen Form abgelöst: Aktienrausch und Todesrausch. Die zwölf Töne der Grundreihe werden ein einziges Mal in der Oper zu einem Herz und Hirn durchdringenden Akkord: dem Todesschrei Lulus. Wie Mozarts Don Giovanni vereint auch Lulu Eros und Tod. Berg schreibt 1907 an eine Freundin: »Die Sinnlichkeit … ist der Angelpunkt allen Seins und Denkens.«

■ Die Projektion gewinnt Übermacht und kehrt sich gegen ihren Schöpfer. Lulu erschießt Doktor Schön. Christine Schäfer und John Bröcheler. Inszenierung von Peter Mussbach, Salzburger Festspiele, 1995.

LULU

OPER IN DREI AKTEN
IN DEUTSCHER SPRACHE

HANDLUNG

Prolog: Lulu ist die »Urgestalt des Weibes«. Ein Tierbändiger präsentiert die Welt als Bestiarium.

Erster Akt, *Erstes Bild:* Lulu ist die Frau des Medizinalrates und lässt sich von einem Maler porträtieren. Mit ihm alleingelassen, versucht dieser, sie zu verführen. Der gewaltsam eingedrungene Medizinalrat bricht vom Schlag getroffen tot zusammen.
Zweites Bild: Lulu ist die Frau des Malers. Doktor Schön, ein Freund des verstorbenen Medizinalrats, der Lulu völlig verfallen ist, klärt ihren Mann rücksichtslos über die Vergangenheit und das Wesen seiner Frau auf. Der Maler schneidet sich die Kehle durch.
Drittes Bild: Lulu ist Tänzerin. Lulu interessiert sich in ihrer Garderobe vor Alwa, Doktor Schöns Sohn, und einem Prinzen, der sie heiraten will, einzig dafür, dass die Vorstellung von Doktor Schön und seiner Verlobten besucht wird. Auf der Bühne fällt sie in Ohnmacht, was Doktor Schön zu ihr in die Garderobe zwingt. Willenlos unterschreibt er einen von Lulu diktierten Brief an seine Verlobte, in dem er erklärt, die Beziehung aufzulösen.

Zweiter Akt, *Viertes Bild:* Lulu ist die Frau von Doktor Schön. Gegen seinen Verfolgungswahn ist sie machtlos. Er glaubt sich von den Liebhabern Lulus umstellt. Doktor Schön drängt Lulu seinen Revolver auf. Sie soll sich selbst töten. Der Wahn kehrt sich gegen ihn. Lulu erschießt Doktor Schön. Alwa liefert sie der Polizei aus.

Zwischenspiel (Filmmusik): Lulu verwandelt sich während der Kerkerzeit.

Fünftes Bild: Lulu wird sehnsüchtig erwartet. Der Athlet, der sie seine Braut nennt, flieht Hals über Kopf, als er ihren elenden Zustand wahrnimmt. Lulu atmet befreit auf. Mit Alwa und Schigolch geht sie nach Paris.

Dritter Akt, *Sechstes Bild:* Lulu wird, da man sie als Mörderin des Doktor Schön sucht, vom Marquis, einem Mädchenhändler, und dem Athleten erpresst. Zusammen mit Schigolch plant sie die Ermordung des Athleten, für die sie auch die von ihr abhängige Gräfin Geschwitz gewinnt. Alwa verliert alle seine Aktien. Lulu flieht mit ihm und Schigolch nach London, wo sie der Prostitution nachgeht.

Siebentes Bild: Lulu ist am Ende ihres Weges angelangt. Der Kreis schließt sich. Die Männer, die ihr zum Opfer fielen, kehren als ihre Kunden zurück: als der Professor, der Neger und Jack the Ripper. Alwa, bis zuletzt fanatisch an ihrem Abbild hängend, wird ermordet. Schigolch macht sich aus dem Staub. Jack the Ripper tötet Lulu und rammt der Gräfin Geschwitz, die sich ihm in den Weg wirft, das blutbefleckte Messer in den Leib.

DATEN

Text: Alban Berg nach *Lulu* von Frank Wedekind

Musik: Alban Berg, dritter Akt vollendet von Friedrich Cerha

Uraufführung: zweiaktige Fassung 2. 6. 1937, Stadttheater Zürich; dreiaktige vollendete Fassung 24. 2. 1979, Grand Opéra de Paris

Handlungszeit: 1920er und 30er Jahre

Handlungsorte: Zirkus, Maleratelier, Salon, Theatergarderobe, Großer Saal in deutscher Renaissance, Salon in Paris, Dachkammer in London

Spielzeit: 3 Stunden

Personen: *Lulu* (Hoher Sopran), *Gräfin Geschwitz* (Dramatischer Mezzosopran), *Eine Theater-Garderobiere / Der Gymnasiast / Ein Groom* (Alt), *Der Medizinalrat / Ein Professor* (Sprechrolle oder Spielbariton), *Der Maler / Ein Neger* (Lyrischer Tenor), *Doktor Schön / Jack the Ripper* (Heldenbariton), *Alwa, Doktor Schöns Sohn, Komponist* (Jugendlicher Heldentenor), *Schigolch* (Hoher Charakterbass), *Der Tierbändiger* (Prolog) / *Der Athlet* (Heldenbass mit Buffo-Einschlag), *Der Prinz / Der Kammerdiener / Der Marquis* (Tenorbuffo), *u. a.*

WERTUNG

Vergegenwärtigt man sich die Faszination und Aktualität, mit der Berg mythische Männer- und Frauenbilder in die Gegenwart transportiert, spielt das gängige Vorurteil über die Oper, dass ihre Musik nicht modern sei, keine Rolle mehr.

Verständlichkeit:	✪✪✪
Eingängigkeit:	✪✪✪
Aktualität:	✪✪✪✪
Gesellschaftsdrama:	✪✪✪✪
Eros:	✪✪✪✪✪

Carmen
Die verführerische Frau

Ein Stück über eine Zigeunerin, einen Soldaten, einen Stierkämpfer und ein Bauernmädchen und über ein Schicksal, dem man nicht entgeht. Die Figuren sprechen alltäglich miteinander. Singen sie, versteht man jedes Wort. Ihr Spiel ist ganz natürlich. Oper in Vollendung.

Wer ist Georges Bizet? Der Komponist von *Carmen*. Ach ja … Hätte die Gattung Oper bis dahin nicht existiert, mit diesem Stück wäre sie erfunden worden. Ist das Stück spanisch? Nein, im Stil durch und durch französisch. Aber die Habanera, das Auftrittslied Carmens vom wilden unbezähmbaren Vogel namens Liebe? Es stammt aus Kuba, geht zurück auf eine Melodie von Sebastian de Yradier, dem Komponisten von *La Paloma*. Und das Lied des Toreros Escamillo, der Schlager der Schlager, unentbehrlich für jeden Stierkampf, jedem ein Begriff, wenn auch manchem nur in der deutschen Verballhornung von »Auf in den Kampf, die Schwiegermutter naht«? Bizet entnimmt die Melodie einer anderen, älteren Oper, die nichts mit Spanien zu tun hat. Gut, also nicht spanisch, aber dann ist doch wenigstens Carmen der Inbegriff der Verführerin? »Sie ist der Traum jeden Mannes«, sagt Carlos Saura, dem Mitte der 1980er Jahre mit seinem Tanzfilm die x-te erfolgsträchtige Vermarktung von Stoff und Oper gelingt. Und Saura weiter: »Ich glaube, es handelt sich um eine Utopie … Andererseits trifft man diese Art Frau immer mehr im täglichen Leben.« Ja, was denn nun? Einigen wir uns, *Carmen* ist der

■ Gegenfigur zu Carmen. Micaela zieht einen Schwarm Männer hinter sich her, aber sie will nur Don José. Ildiko Raimondi als Micaela. Inszenierung von Jérôme Savary, Bregenzer Festspiele, 1991.

größte Welterfolg der Oper. Aber die Uraufführung ist ein einziges Fiasko. Bizet wird unter anderem vorgeworfen, zu viele Melodien aus anderen Werken zitiert zu haben. Den einen ist das Stück zu vulgär, den anderen zu alltäglich. Wen interessieren schon die Streitereien von Zigeunern, Soldaten und Schmugglern? Aber ist *Carmen* nicht lange vor den Werken Puccinis das Plädoyer für einen an Alltag und Lebenswirklichkeit angelehnten Realismus? Jedoch mit dem bloßen Gattungsbegriff »realistische Oper« kommt man der Faszination dieses Erfolgsstückes nicht auf die Spur.

Der erste Akt beginnt mit Musik der »limpidezza«, der unvergleichlichen Atmosphäre trockener südlicher Luft. Kinder marschieren grölend auf, als würde das Leben nie ernst – ein Trugschluss. Junge Männer warten auf die Zigeunerinnen aus der Fabrik. Alle scheinen nur eine Frage zu kennen: »Wo bleibt Carmen?« Sie kommt, singt ihre Habanera, zunächst in Moll, dann in Dur, weckt Lust, hält sich ebenso geschickt die Männer vom Hals und wirft Don José im Vorübergehen eine Blume vor die Füße. Sekunden vor ihrem Tod wird es sein Ring sein. Die heimlichen Spielleiter der Oper sind die Macht des Schicksals und die Fügung des Zufalls. Nichts kommt unvorhergesehener als die Liebe. Nichts folgt ihr so unweigerlich wie der Tod.

■ Das ewig lockende Weib, das sich nicht einfangen lässt. Während sie sich dem einen nähert, schaut sich Carmen bereits nach einem anderen um. In der Titelrolle Marjana Lipovšek.

Ein Nebensatz aus Mérimées Erzählung, Don José habe eine Vorliebe für baskische Frauen, bringt die Librettisten auf den Gedanken, die Figur der Micaela als Gegenpol einzufügen. Was für eine geniale dramaturgische Idee! Sie kann mit Don José noch so berührend das einzige große Liebesduett dieser Oper singen, ihm im dritten Akt noch so verzweifelt in die Berge nachlaufen – zugleich die Mutprobe ihres Lebens, von Bizet in einer emphatischen Arie ganz ernst genommen –, immer flieht Don José in die Arme Carmens, der anderen Frau.

> *»Ich bin überzeugt, daß in etwa zehn Jahren* Carmen *die beliebteste Oper der Welt sein wird.«*
>
> PETER TSCHAIKOWSKY

■ Während der Stierkampf des Toreros seinen Höhepunkt erreicht, tötet Don José Carmen. Philippe Rouillon als Torero Escamillo.

Damit erfüllt Micaela bei Don José keine andere Funktion als Escamillo bei Carmen, der unentwegt wie ein zweiter Don Giovanni singen muss. Im letzten Akt gesteht er Carmen im Vorübergehen, auf dem Weg zum Kampf: »Ich liebe dich.« Sie, die Eigenständige und Eigenwillige, singt seine Phrase identisch nach. Das Duett zweier von vornherein im Einklang miteinander stehender Stimmen gehorcht in diesem Fall einer festen Opernvereinbarung. Es gibt keinen Widerspruch, daher aber auch keine Entwicklung in der Beziehung von Carmen und Escamillo. Der unkonventionelle Ton bleibt dem Verhältnis zwischen Carmen und Don José vorbehalten. Ihr Schicksal ist unweigerlich mit dem seinigen verbunden.

Im zweiten Akt, in dem Schmuggler und Zigeunerinnen so despektierlich ein Quintett singen, als würden sie nicht nur Stoffballen stehlen, sondern auch die Melodien aus Musikkomödien von Mozart und Rossini, er-

LEBENSBEICHTE

Die Novelle des Franzosen Prosper Mérimée, ein Rechenschaftsbericht, ist für ein Drama so ungeeignet, wie es ein Stoff nur sein kann. Der zum Tode verurteilte Don José erzählt darin wenige Stunden vor der Hinrichtung dem Ich-Erzähler seine Lebensgeschichte. Zum Libretto taugt die Vorlage nur, weil die Autoren der Oper sie radikal auf das Grundgerüst »Tenor liebt Sopran, Sopran liebt irgendwann Bariton« reduzieren. Aber sie entlehnen der Erzählung ein Requisit, das für jeden Betrachter und alle Zeit mit dem Schicksal Carmens verbunden bleiben wird: die Blume, die sie Don José vor die Füße wirft. Anscheinend achtlos …

zeugt Bizet einen brüchigen und expressiven, bis dahin in der Oper nicht erklungenen Ton zwischen seinen Protagonisten. »Hund und Wolf kommen nicht lange miteinander aus«, heißt es in der Novelle. Carmen zerschlägt Scherben, tanzt und singt zu Kastagnettenklang, der sich mit dem fernen Spiel von zwei Trompeten (José ruft die Pflicht in die Kaserne zurück) mischt, als hätte diese Stelle ein Komponist des 20. Jahrhunderts geschrieben. Die Stimmen von Carmen und Don José werden erstmals zu einer Phrase verbunden, als sie ihn als Feigling verhöhnt, und er, zum ersten Mal erwachsen, beharrlich darauf dringt, einer Frau seine Liebe zu gestehen. Wird sie, wie leider oft, zur Wunschkonzertnummer herabgewürdigt, verfehlt Don Josés »Blumenarie« ihre Wirkung als aufrichtiges Geständnis. Carmen allerdings ist beeindruckt. Sie, nicht er, überschreitet ein Tabu. Für Augenblicke stellt sie die Hingabe an einen anderen Menschen über ihre Freiheit. Das kostet sie das Leben.

Wenn Schmuggler ein Lied wie aus einer Operette trällern, wenn sich Escamillo und Don José zu nicht enden wollenden gemeinsamen Tönen duellieren und wenn am Ende des dritten Aktes Don José mit lauten und leidenschaftlichen Tönen Carmen schwört, wiederzukommen, ist dies im guten, da dramatischen Sinn Opernpathos. Die Figuren können dem Teufelskreis von Liebe, Eifersucht und Rache nicht mehr entrinnen. Carmens Freundinnen Mercedes und Frasquita träumen im Karten-Terzett vom Reichtum. Sobald sich Carmen die Karten zurechtlegt, verharrt die Musik auf einem einzigen Ton. Das zu erwartende Todesmotiv erklingt, wird aber auf eine flüchtige Phrase in den Flöten beschränkt, wie das Aufflackern eines Blitzes. Bedrohlicher als der Tod ist für Carmen die Erkenntnis, ihm nicht ausweichen zu können. Ihr Monolog über das, was unweigerlich kommen muss, ist einfach, intensiv und glaubhaft. In der ganzen Oper bevorzugt Bizet für Carmen den liedhaften Stil. Dieser ver-

GEORGES BIZET
25.10.1838 – 3.6.1875

1848 Studium am Pariser Konservatorium
1850 Erste Kompositionen
1855 *Sinfonie in C-Dur*
1857 Offenbach-Preis
1858–1860 als Stipendiat in Rom
1862 Geburt eines unehelichen Sohnes
1863 Erster Preis beim »Rompreis«-Wettbewerb
1869 Heirat mit Geneviève Halévy
1875 Ritter der Ehrenlegion

■ Die Arena als Austragungsort des Kampfes der Geschlechter. Inszenierung von Jérôme Savary.

TODES- UND SCHICKSALSMOTIV

Immer wieder taucht im Verlauf der Oper ein eng mit der Schlussszene zusammenhängendes Thema auf: zum erstenmal, als Carmen Don José das erste Mal in die Augen blickt. Es ertönt erneut, nachdem Carmen Don José verhöhnt, da er lieber zum Dienst gehen als bei ihr bleiben will. In der Szene, in der sich Carmen die Karten legt, unterstreicht das Thema, dass es für sie keine Illusion über den bevorstehenden Tod gibt. In der letzten Szene stellt sich Carmen mit diesem Thema Don José in den Weg, das Opfer dem Täter. Die Musik erzählt in solchen Kristallisationsmomenten von der schicksalhaften Verkettung zweier Menschen.

leiht ihr eine besondere Glaubwürdigkeit, macht sie zu einer Identifikationsfigur und er spiegelt ihren zentralen Wesenszug wider, sich selbst treu zu bleiben, bis in den Tod. Der über Leben und Tod entscheidende Augenblick zwischen dem Stierkämpfer und seinem Opfer spielt sich im letzten Aufzug nicht nur in der zur Kulisse umfunktionierten Arena ab, sondern weit existenzieller im Dialog zwischen Carmen und Don José im Vordergrund. Die Musik zweier Welten – der frenetische Ton der aufgewiegelten Menge in der Arena, dazu als Kontrast das Thema der schicksalhaft Liebenden: Lebens- wie Todeslinien – wechseln sich von dem Augenblick an ständig ab, in dem Carmen ohne jede Illusion über das, was ihr bevorsteht, auf Don José zugeht. Die ersten Sätze lassen keinen Zweifel am Ritual, das sich vollziehen wird. Carmen zu Don José: »Du bist es!« Don José zu Carmen: »Ich bin es!« Alle Versuche Don Josés, Carmen mit betörendem Gesang zurückzugewinnen, scheitern kläglich. »Also wäre es vorbei?«, fragt Don José zu dumpfen Paukenschlägen im Orchester. Ein Leben ohne Carmen bedeutet die Leere, das Nichts, die Dunkelheit. Es bleibt nur noch der Mord im Affekt. Als höbe sich eine Welt aus den Angeln, erklingt das Lied des Toreros »Auf in den Kampf … « zum Bild einer »pietà«: Don José, über die Leiche Carmens gebeugt. Am Ende, nicht zuletzt darin liegt das Außerordentliche des Werkes, wird, wie es die Dichterin Marie-Luise Kaschnitz nennt, alles »Bürgerlich-Pathetische der Oper« zurückgedrängt, um einen Mythos zu verherrlichen: »das Urbild der schönen Verführerin«, des jungen Zigeunermädchens aus Sevilla, einem Vorort von Paris.

■ Das Urbild der Femme fatale. Marjana Lipovšek als Zigeunerin Carmen.

CARMEN

OPER IN VIER AKTEN
IN FRANZÖSISCHER SPRACHE

HANDLUNG

Erster Akt: Das Bauernmädchen Micaela ist auf der Suche nach dem aus ihrem Heimatdorf stammenden Sergeanten Don José. Begierig umzingeln junge Männer die endlich zur Mittagspause aus der Fabrik kommenden Mädchen, allen voran Carmen, die ausgerechnet Don José, dem einzigen Mann, der sich nicht für sie interessiert, eine Blume vor die Füße wirft. Micaela bringt Don José einen Brief seiner Mutter. Bei einem Streit in der Fabrik hat Carmen eine Kontrahentin mit Messerstichen im Gesicht verletzt. Sie wird festgenommen. Carmen verspricht Don José ein Rendezvous, wenn er sie freilässt. Don José geht darauf ein.

Zweiter Aufzug: Carmen erfährt, dass Don José, der wegen Fluchthilfe eingesperrt wurde, wieder frei ist. Sie weist die Liebesschwüre des Toreros Escamillo und des Leutnants Zuniga zurück und weigert sich, den Schmugglern, zu denen sie gehört, zu helfen. Der Grund dafür setzt alle in Erstaunen. Sie sei verliebt. Aus Dank für ihre Befreiung tanzt Carmen allein für Don José. Mitleidlos verhöhnt sie ihn, als er zurück in die Kaserne will. Zuniga stört das Paar und ohrfeigt Don José, der seinen Vorgesetzten zum Zweikampf auffordert. Carmen ruft die Schmuggler zusammen, die Zuniga die Waffe abnehmen. Don José bleibt keine Wahl. Er muss sich den Schmugglern anschließen.

Dritter Aufzug: Carmen ist der Eifersucht Don Josés überdrüssig. Die Zigeunerinnen befragen die Karten nach der Zukunft. Carmen ahnt, dass sie ihre Liebe mit dem Tod bezahlen muss. Don José bleibt als Wache bei der Schmugglerware zurück. Micaela hat sich von einem Führer ins unwegige Gebirge bringen lassen, um Don José zu finden. Inzwischen hat Don José auf einen Unbekannten geschossen, ihn aber nicht getroffen. Es ist Escamillo. Don José gibt sich vor ihm als Geliebter Carmens zu erkennen. Es kommt zum Zweikampf. Carmen kehrt mit den Schmugglern zurück und rettet Escamillo das Leben. Micaela wird entdeckt. Als sie Don José gesteht, seine Mutter liege im Sterben, bricht er auf, schwört aber Carmen, zurückzukommen.

Vierter Aufzug: Während alle zum Beginn des Stierkampfes eilen, tritt Carmen entschlossen Don José in den Weg. Er beschwört sie, mit ihm zu fliehen. Dazu ist Carmen nicht bereit. Entweder soll er sie gehen lassen oder töten. In dem Augenblick, da in der Arena der Kampf auf seinen Höhepunkt zuläuft, ersticht Don José Carmen und lässt sich willenlos festnehmen.

DATEN

Text: Henri Meilhac und Ludovic Halévy nach der gleichnamigen Novelle von Prosper Mérimée

Musik: Georges Bizet

Uraufführung: 3. 3. 1875, Opéra Comique Paris

Handlungszeit: Um 1830

Handlungsort: Sevilla

Spielzeit: etwa 2¾ Stunden

Personen: *Zuniga, Leutnant* (Bass), *Andres, Leutnant* (Tenor), *Moralès, Sergeant* (Bariton), *Don José, Sergeant* (Tenor), *Escamillo, Stierkämpfer* (Bass oder Bariton), *Dancairo, Schmuggler* (Tenor oder Bariton), *Remendado, Schmuggler* (Tenor), *Ein Zigeuner* (Bass), *Ein Soldat* (Sprechrolle), *Lillas Pastia, ein Schenkwirt* (Sprechrolle), *Ein Bergführer* (Sprechrolle), *Frasquita, Zigeunerin* (Sopran), *Mercedes, Zigeunerin* (Sopran), *Carmen, Zigeunerin* (Mezzosopran), *Micaela, ein Bauernmädchen* (Sopran), *Eine Orangenverkäuferin* (Alt), *Chor*

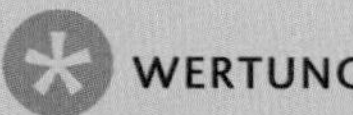

WERTUNG

Weltgeltung erlangte das Werk als große romantische Oper mit Rezitativen. Dabei ist es für die Opéra Comique komponiert, für eine nicht zwingend komische Theatergattung, in der Sprache, Gesang und Darstellung eine untrennbare Einheit bilden. Es ist eine Schauspiel-Oper, die den Mythos von der ewigen Verführerin mit der Wirklichkeitsnähe einer subtilen Charakterstudie verbindet.

Verständlichkeit:	✪✪✪✪✪
Eingängigkeit:	✪✪✪✪✪
Aktualität:	✪✪✪✪
Verführungskunst:	✪✪✪✪
Milieustudie:	✪✪✪✪✪

Lucia di Lammermoor

Die wahnsinnige Frau

Das Stück gilt als Primadonnenstück schlechthin. Spätestens Maria Callas hat es unsterblich gemacht. Doch ist dies nur die eine Seite einer Komposition, in der klare formale Gliederung die Voraussetzung für die glaubhafte Darstellung des Wahnsinns ist .

Ein Geschichtsstudium wäre nötig, um die Handlung um einen Machtkampf zwischen den Clans der Lammermoors und der Ravenwoods auch nur ansatzweise zu verstehen. Heinrich hasst Edgard, den seine Schwester Lucia liebt. Diesem nämlich gehört eigentlich Heinrichs Besitz, den dieser verlieren würde, heiratete seine Schwester nicht Arthur. Aber um ein Grundgerüst für die italienische Nummernoper zu liefern, können die Vorgänge gar nicht abstrus genug sein.

An *Lucia di Lammermoor* lässt sich exemplarisch verfolgen, wie eine perfekte Gesangsoper aufgebaut sein muss. Im ersten Bild ist von dem Gerücht die Rede, der Unbekannte, den Lucia liebt, sei Edgard. Der Name ist das auslösende Signal zur ersten Arie Heinrichs, seines Todfeindes. Herz, Wut, Grimm, Feuer und Schauder lauten jene Schlagwörter, durch die in der Musik wie auf ein Signal die großen Affekte ausgelöst werden. Instrumente geben einen prägnanten Rhythmus vor. Er markiert wie bei einem Herzschrittmacher den Pulsschlag des Sängers, der kurz danach mit der Melodie einsetzt, bevor an entscheidenden Stellen Instrumente die Stimme unisono unterstützen, das heißt mit derselben Melodie begleiten. Diese auf permanenter Steigerung beruhende Technik ist das Grundmodell der italienischen Gesangsoper. Wer das Schema einmal versteht, begreift jedes Stück, unabhängig von der Handlung.

■ Wieder einmal steht der Streit zwischen zwei Familien der Liebe im Wege. Sergej Khomov als Edgard und Alexandra von der Weth als Lucia. Inszenierung von Christof Loy, Deutsche Oper am Rhein, Düsseldorf, 1999.

Auf die erste langsame Arie, zumeist eine Kavatine, also ein lyrisches Gesangsstück, folgt ein Handlungsumschwung, durch den die Gefühle ein- und derselben Person radikal verändert werden. Liebe wird zu Hass oder umgekehrt. Es handelt sich dabei um eine erregte, im Kontrast zum ersten Sologesang gestaltete Arie, eine Kabaletta, an deren Ende eine furiose Schlusswendung steht, die Stretta. Im ersten Bild hält sich der männliche Held, Heinrich, im zweiten die Heldin Lucia getreu an dieses zweiteilige Arienschema, bevor im dritten Bild Lucia und Edgard, das Liebespaar, ein Duett singen. Donizettis Trick ist verblüffend einfach. In Solostrophen wird das Liebesthema zunächst allein von Lucia, danach von Edgard gestaltet. Erst wenn beide gemeinsam singen, treten die Instrumente bekräftigend hinzu. Vor dem Zuhörer läuft die Vereinigung von Mann und Frau, Tenor und Sopran, nach genauem Fahrplan ab. Der Hörer reagiert darauf wie mit einem Pawlow'schen Reflex. Das Thema des ersten Aktes übertitelt Donizetti mit »Die Trennung«, die Lucia und Edgard im Duett unendlich lang hinauszögern: »Alle Lust will Ewigkeit« (Rainer Maria Rilke).

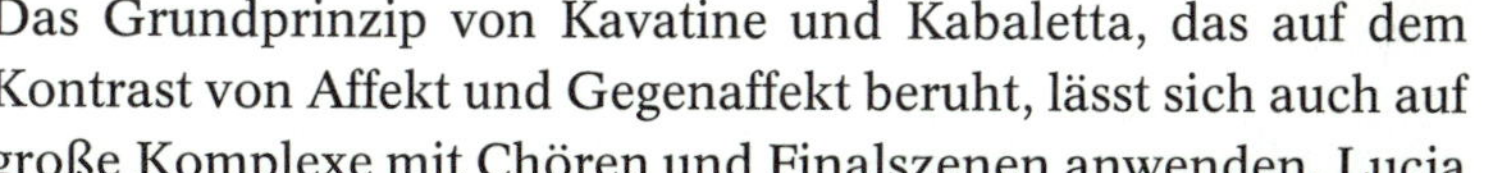

Das Grundprinzip von Kavatine und Kabaletta, das auf dem Kontrast von Affekt und Gegenaffekt beruht, lässt sich auch auf große Komplexe mit Chören und Finalszenen anwenden. Lucia wird im zweiten Akt gezwungen, Arthur zu heiraten. Edgard, ihr Geliebter, stört das Hochzeitsfest. Zu hören ist ein zentraler Affekt: alle gegen einen, das Thema des großen Finales. Lucia wird wahnsinnig. Dieser vehemente Bruch lässt eine bislang auf Machtintrigen und Liebesaffären beruhende Oper wie ein Kartenhaus in sich zusammenbrechen. Die Wahnsinnsarie der Lucia ist in den Mittelpunkt des dritten Aktes gestellt. Aus einer Musiktragödie wird eine Prima-

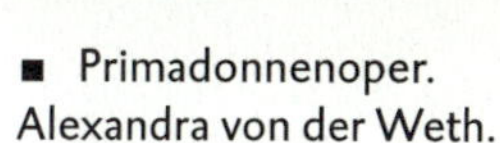

■ Primadonnenoper. Alexandra von der Weth.

SCHAUER-EFFEKT

Walter Scott, der gemeinhin als Autor romantischer Schauerdramen gilt, verhilft Richard Löwenherz und Ivanhoe zu neuem Leben und erzählt die Leidensgeschichte der Braut von Lammermoor. Die »gothic tradition« dient einer historischen Aufarbeitung. Scott benützt die Familienfehden im schottischen Freiheitskampf als Rahmenhandlung, um den Briten ihre Verantwortung an gemeinsamer Geschichte zu verdeutlichen. Der Komponist benützt dieselbe Rahmenhandlung als Grundlage außergewöhnlicher Situationen, großer Affekte und leidenschaftlicher Charaktere.

GAETANO DONIZETTI
29.11.1797 - 8.4.1848

1818 Erstes Bühnenwerk *Enrico*
1830 Durchbruch mit *Anna Bolena*
1832 *Der Liebestrank*
1834 Operndirektor und Lehrer für Kontrapunkt in Neapel
1838 Wechsel nach Paris
1843 *Don Pasquale*; Hofkapellmeister am Wiener Hof
1844 Beginn einer Gehirnerkrankung

■ Wer nicht lieben darf, wird wahnsinnig. In einer von Machtkämpfen bestimmten Welt bedeuten Liebe, Leid und Tod dasselbe.

donnenoper. Der Arie Lucias geht ein Chor der ausgelassenen Hochzeitsgäste voraus, den der Priester Raimund durch die Nachricht zerstört, Lucia habe ihren Mann Arthur ermordet und die Besinnung verloren. Donizetti gestaltet die Reaktion des Chores als frenetischen Freiheitsgesang. Im Text ist vom Schrecken die Rede. In der Musik hört man dagegen, dass Lucias Wahn zugleich die Parteinahme für eine Humanität jenseits von Macht und Krieg ist.

Gerade einmal dreißig Takte sind in der Arie Lucias einem pathetischen und lauten Wahnsinnsausbruch vorbehalten, wie man ihn in einer Oper erwartet. Lucia erinnert sich an einen Traum, in dem ihr eine von Blut besudelte Frau erschien. Donizetti verwirft die ursprüngliche Idee, den Orchesterklang durch eine Glasharfe zu verzerren. Einzig eine intime Flötenstimme begleitet zunächst Lucias Wahnvorstellungen. Ursprünglich ist in dieser Arie die Erinnerung an das Liebesthema aus dem ersten Aufzug allein den Instrumenten vorbehalten. Auf die Sängerin Teresa Brambilla-Ponchielli geht die um 1850 entstandene Tradition zurück, eine virtuose Einlage mit brillanten Spitzentönen hinzuzufügen, in der auch die Sängerin dieses Thema singt. Hier zeigt sich der schmale Grat zwischen suggestiver Darstellung und virtuoser Stilisierung: entweder Musikdrama oder Sängeroper. Während der gesamte erste Abschnitt der Wahnsinnsarie aus immer wieder unterbrochenen Themen und Melodien besteht, baut Donizetti den zweiten Teil, immerhin das Stadium fortschreitenden Wahnsinns, auf einer regelgerecht vertonten Kabaletta auf. Wahn im Leben ist perfekte Ordnung in der Oper! Zudem wagt er es, an die Wahnsinnsarie Lucias eine getreu dem Grundschema Kavatine – Kabaletta folgende Liebes- und Todesszene von Edgard zu fügen. Das Paradoxe ist in diesem Fall das einzig Schlüssige. Die Oper endet, wie sie begann: Arie nach Arie. Donizettis Leben zeigt im übrigen eine tragische Parallele zu dem seiner berühmten Opernfigur: Der Komponist von annähernd siebzig Opern fällt am Ende seiner Tage in geistige Umnachtung – die Wirklichkeit holt die Oper ein.

LUCIA DI LAMMERMOOR

DRAMMA TRAGICO IN ZWEI TEILEN, DREI AKTEN UND SIEBEN BILDERN IN ITALIENISCHER SPRACHE

HANDLUNG

Erster Teil, *»Die Trennung« – Erster Akt, Erstes Bild:* Der Hauptmann Normann und der Kaplan Raimund sagen ihrem Herrn Heinrich Lord Ashton, den einzig eine Heirat seiner Schwester Lucia mit Lord Arthur Bucklaw vor dem Bankrott retten kann, dass sich Edgard von Ravenswood, sein Todfeind, in der Nähe aufhalte. Ihm gehörte einst Heinrichs Besitz. Heinrichs Zorn ist nicht zu bändigen, da er erfährt, dass Lucia Edgard liebt.
Zweites Bild: Lucia und Edgard treffen sich zu einem letzten Rendezvous. Edgard will, bevor er nach Frankreich geht, Heinrich um die Beilegung der Familienfehde bitten. Lucia fürchtet um das Ende ihrer gemeinsamen Liebe. Sie erzählt von einer erdolchten Frau, die ihr im Traum erschienen sei. Zum Zeichen ewiger Treue tauschen Lucia und Edgard Ringe aus.

Zweiter Teil, *»Der Ehevertrag« – Zweiter Akt, Drittes Bild:* Ohne Rücksicht auf Lucia bereitet Heinrich alles für eine Hochzeit seiner Schwester mit Arthur vor. Durch fingierte Liebesbriefe, die Edgard angeblich einer anderen Frau geschrieben hat, macht er Lucia gefügig. Aber erst nach der Fürsprache Raimunds ist sie zur Unterschrift unter den Ehevertrag bereit.
Viertes Bild: Arthur und Heinrich besiegeln auf dem Hochzeitsfest den Erhalt der Macht. Erst nach langem Zögern erscheint Lucia und unterzeichnet anteilnahmslos den Ehevertrag. Edgard sprengt mitten in die Versammlung. Nur unter Berufung auf den Zwang zum Frieden kann Raimund die Streithähne Edgard und Heinrich voneinander trennen. Über die Heirat Lucias mit Arthur aufgeklärt, wirft Edgard seinen Ring vor Lucias Füße.

Dritter Akt, *Fünftes Bild:* Heinrich verhöhnt Edgard damit, sein Nebenbuhler Arthur liege bei Lucia im Brautbett. Beide vereinbaren für den nächsten Morgen ein Duell an den Gräbern ihrer Väter.
Sechstes Bild: Raimund berichtet der Hofgesellschaft, Lucia habe im Ehebett ihren Gatten Arthur ermordet. Sie erscheint blutüberströmt mit dem Dolch in der Hand. In ihrem Wahn meint sie mit Edgard Hochzeit zu feiern.
Siebentes Bild: Edgard wartet auf seinen Duellgegner Heinrich. Er erfährt von Vorübergehenden vom Wahnsinn Lucias. Eine Totenglocke verkündet ihr Ende. Edgard bringt sich um, um wenigstens im Tode mit ihr vereint zu sein.

DATEN

Text: Salvatore Cammarano nach dem Roman *The Bride of Lammermoor* von Sir Walter Scott (1819) in der italienischen Bearbeitung von Gaetano Barbieri (1826)

Musik: Gaetano Donizetti

Uraufführung: 26. 9. 1835, Teatro San Carlo Neapel

Handlungszeit: Um 1710

Handlungsort: Schottland

Spielzeit: etwa 2½ Stunden

Personen: *Lord Heinrich (Enrico) Ashton* (Bariton), *Lucia, seine Schwester* (Sopran), *Sir Edgard (Edgardo) von Ravenswood* (Tenor), *Lord Arthur (Arturo) Bucklaw* (Tenor), *Raimund (Raimondo) Bidebent, Lucias Erzieher und Vertrauter* (Bass), *Alice (Alica), Kammerfrau Lucias* (Mezzosopran), *Normann (Normanno), Hauptmann der Reisigen von Ravenswood* (Tenor), *Chor: Damen, Edelleute, Verbündete Ashtons, Bewohner von Lammermoor, Pagen, Reisige, Bedienstete bei Ashton*

WERTUNG

Wer eine Leidenschaft für große und schöne Stimmen hat, kommt bei Donizettis Opern stets auf seine Kosten. Bei seinen Werken spielt der Text nur eine periphere, die selbst zur Handlung und zur Sprache werdende Musik aber die alles überragende Rolle. *Lucia di Lammermoor* ist ein exemplarisches Beispiel für die Oper als einer eigenen Gesetzen und Stilen folgenden dramatischen Wirklichkeit.

Verständlichkeit:	✪✪
Eingängigkeit:	✪✪✪✪
Aktualität:	✪✪✪
Schauerdrama:	✪✪✪✪
Wahnsinnsstudie:	✪✪✪✪✪

La Traviata
Die dem Tod geweihte Frau

Verdis einzige Gegenwartsoper schafft eine neue Wirklichkeit für den Mythos von Eros und Tod. Die in den Tönen ihres Gesangs zur idealen Identifikationsfigur werdende Heldin lebt die Liebe als unheilbare Krankheit bis in den Tod.

■ Bis zu ihrem Ende klammert sich die todgeweihte Kurtisane an die Hoffnung auf die wahre Liebe. Violetta Valery wird ein Opfer bürgerlicher Ehrbegriffe. Georges Germont verlangt von ihr den Verzicht auf seinen Sohn.

Vereinigung der Stimmen. Schlüssiger als der erste Aufzug kann ein Opernakt nicht gebaut sein: Chor, Trinklied, Duett, Walzer, Arie. Er kreist um die Entdeckung der Liebe zwischen Violetta und Alfred und um einen mit Spitzentönen und Koloraturen gewagten Ausbruch aus einer mondänen Welt. Die Kurtisane Violetta inszeniert sich selbst als Hohepriesterin der Lust. Keiner besteht vor ihr die Prüfung, der sich nicht als lebenskundig erweist. Alfred stimmt daher das berühmte Trinklied an. Violetta singt seine Töne nach. Erst danach beglaubigt der Chor im Refrain die Aufnahme Alfreds in die Gesellschaft. Verdi zeigt eindrucksvoll, wie zwei Stimmen aufeinander abgestimmt werden und sich dadurch zwei Menschen einander annähern. Augenblicke später zieht sich die Masse zurück. Der Tanz wird dem Bühnenorchester überlassen und klingt wie Filmmusik. Im Vordergrund beginnt der Prüfung zweiter Teil. Wie aufrichtig ist die Liebe, die Alfred Violetta schwört? Die männliche Stimme suggeriert der weiblichen das Leitmotiv »Von jener Liebe, die der Pulsschlag des ganzen Universums ist …«. Wie eine Ertrinkende klammert sich Violetta bis in den Tod an diese Melodie. Ein Mensch steht auf des Messers Schneide. Ist die neue Liebe Verheißung oder Wahnsinn? Verdi selbst bezeichnet den ersten als den schlechtesten Akt, was wahrscheinlich weniger dessen Qualität als dessen pauschale Funktion meint. Zwei Stimmen werden zusammengeschmiedet.

Vereinnahmung und Verwandlung. Alfred und Violetta leben auf dem Land. Der Tenor singt lyrisch, wenn er sich seiner Liebe bewusst ist, und hektisch, wenn er glaubt, sie verloren zu haben. Am Ende der Szene lässt ihn sein Vater in den Schoß von Familie, Heimat und Glauben zurückkehren. Die Musik klingt vertraut, da unverbrüchlich an die Tradition gebunden. Unerwartetes ereignet sich dazwischen, im Duett von Violetta und Germont. Kein Komponist außer Verdi hätte es gewagt, diesen Dialog, in dem es um den von Germont erzwungenen Verzicht Violettas auf Alfred geht, zum Dreh- und Angelpunkt des Stückes zu machen. Aus einer Konversationsszene wird bei Verdi die Auseinandersetzung um das Wesen der Frau. Madonna oder Hure? An dieser Frage bricht auch die Form der Nummernoper entzwei. Schritt für Schritt nötigt Germont Violetta ihr eigenes Todesurteil ab. Als sie es nicht nur annimmt, sondern als ihr auferlegtes Martyrium begreift, brechen aus dem sich treu an Recht und Gesetz haltenden Vater Tränen des Mitleids hervor. An die Stelle der Verurteilung Violettas tritt die Aussöhnung des ohnmächtigen Bürgers mit sich selbst, Realität geworden durch den Verzicht einer Hure.

■ Die im Zeichen des unumgänglichen Todes stehende große Liebesgeschichte, Plakat zu Franco Zeffirellis Verfilmung. Italien 1982.

Verfemt und ausgestoßen. Wirken die Texte der Zigeunerinnen und Stierkämpfer auf dem Fest Floras folkloristisch, deckt die Musik das Vulgäre, ja Pornographische daran auf. Die Figuren agieren als Marionetten eines Spieles um Eifersucht und Rache. Ein gewaltiger Schlag des ganzen Orchesters unterstützt Violettas Ausbruch auf dem Wort »voce« (Stimme). Dass Alfred durch den Hass auf sie geblendet war, begreift Violetta, aber nicht, dass es nicht einmal ihre Stimme vermag, ihn umzustimmen. Aussöhnung ist unmöglich, da der Dialog beider von unaufhörlich vorwärts drängenden Rastern im Orchester bestimmt wird. Alfred macht Violetta vor aller Augen zur Hure. Doch

DIE UNWIRKLICHE REALITÄT

Alexandre Dumas macht aus einer persönlichen Affäre einen Fortsetzungsroman, vier Jahre später ein Bühnenstück, das Verdi als Vorlage zur einzigen Oper dient, die in seiner Gegenwart spielt. Doch das darin entwickelte »antike« Drama vom unweigerlichen Untergang der göttlichen Kurtisane geht den Zeitgenossen so nahe, dass sie vor der Uraufführung durchsetzen, die Zeit auf die Epoche von Ludwig XIV. zurückzudrehen. Verdis Zeitgenossen können die ihnen im Gewand der doch unwirklich scheinenden Oper vorgesetzte Wirklichkeit nicht ertragen.

GIUSEPPE VERDI
13.10.1813 – 21.1.1901

1837 Heirat mit Margherita Barezzi
1838–40 Tod seiner Kinder Virginia und Icilio und seiner Frau
1847 Beginn seiner Beziehung zu Giuseppina Strepponi
1853 Einzug auf dem Landgut Sta. Agata
1859 Heirat mit Giuseppina Strepponi
1860 Vereinigung Italiens
1864 Delegierter bei Parlamentssitzungen in Turin
1874 Ernennung zum Senator
1882 Stiftung eines Krankenhauses in Villanova bei Sta. Agata

dieses realistische Drama kehrt sich eindrucksvoll gegen seine Verursacher. Drohte zu Beginn der Szene die einzelne Stimme im Chorgesang unterzugehen, ist das Schlussensemble eine große Befreiungsarie Violettas. Eine einzige Stimme drängt die »parasitäre Psychologie einer protzigen Gesellschaft« (Norbert Abels) in den Hintergrund.

Tod und Verklärung. »Der dritte Akt ist der weitaus beste Teil der Oper«, urteilt Verdi. Er beginnt ihn mit der Fortsetzung der gläsernen Klänge aus dem Vorspiel, die Arrigo Boito die Verschmelzung des »letzten Atemzuges einer Sterbenden« mit der »Erinnerung an ihre Liebe« nennt. Sie »durchdringt idealisierend alle Poren selbst der Verwesung« (Eduard Hanslick). Violetta nimmt Abschied von ihrer Vergangenheit. Die Worte gelten dem Grab und dem Kreuz. Die Musik jedoch ist Sinfonie der »Traviata«, der Gefallenen, bis das Orchester die Stimme mit einem durchgängigen Klangteppich auffängt. Die Hysterie der Amüsiergesellschaft verflüchtigt sich als Bacchanal im Hintergrund. Im Gedanken an die Flucht gesteht Verdi Violetta und Alfred das zuvor stets beharrlich verweigerte Liebesduett zu. Das letzte Finale beginnt mit nervöser Fieberkurve im Orchester. Die Umstehenden bemerken den Tod beim Blick in Violettas Gesicht. Sie selbst hebt sich zu den Rhythmen eines unbarmherzigen Todesmarsches durch euphorische Töne ab, bis sie, unerreichbar für alle anderen, mit dem Aufschrei »gioia« (Freude) zurücksinkt. Nicht Verklärung, sondern Zuspitzung von Wirklichkeit scheint gemeint, wenn Verdi von der Darstellerin der Violetta kategorisch verlangt, im letzten Bild nicht zu husten. Die Realität im Todesraum der Oper kennt keinen Naturalismus. Die »Schwindsuchtoper« ist in Wahrheit ein unerbittlich bis in die Gegenwart dringender Mythos, weshalb Verdi sie folgerichtig ursprünglich auch *Amore e morte* (Liebe und Tod) nennen wollte.

■ Gesellschaft und Moral. Die Liebe zu einer Halbweltdame ist nicht standesgemäß. Placido Domingo als Alfred und Teresa Stratas als Violetta. Verfilmung von Franco Zeffirelli, 1982.

LA TRAVIATA

OPER IN DREI AKTEN UND VIER BILDERN
IN ITALIENISCHER SPRACHE

HANDLUNG

Erster Akt: Die an Tuberkulose leidende Violetta Valéry wird, zum Unmut ihres derzeitigen Liebhabers Baron Douphol, dem jungen Alfred Germont vorgestellt. Er preist im Trinklied die wahre Liebe, sie die Lust. Ein plötzlicher Schwächeanfall hindert Violetta daran, zusammen mit den Gästen in einen Nebenraum zum Tanz zu gehen. Violetta zögert, an die Liebe Alfreds zu glauben, schenkt ihm aber eine Kamelie. Er soll wiederkommen, wenn sie verblüht ist.

Zweiter Akt, *Erstes Bild:* Seit drei Monaten leben Violetta und Alfred für ihre Liebe in einem Landhaus bei Paris. Bestürzt fährt Alfred in die Stadt, um Geld zu beschaffen, da er von der Dienerin Annina zufällig erfahren hat, dass Violetta ihr Eigentum verkauft hat, um das Leben auf dem Land zu bezahlen. Violetta zerreißt übermütig einen Brief Floras, mit einer Einladung zu einem Fest. Da kommt Besuch. Germont, Alfreds Vater, fordert von Violetta, auf die Liebe zu seinem Sohn zu verzichten, um seiner Tochter eine standesgemäße Ehe zu ermöglichen. Violetta willigt nach langem Kampf mit sich ein. Um nicht Germont, dessen Ankunft ihr Alfred bei seiner Rückkehr ankündigt, ein zweites Mal begegnen zu müssen, flieht Violetta. Ihr Abschiedsbrief macht Alfred rasend. Anstatt der Bitte des Vaters zu folgen, nach Hause zurückzukehren, eilt er Violetta hinterher.

Zweiter Akt, *Zweites Bild:* Erstaunen und Schadenfreude ruft auf dem Fest im Hause Floras die Begegnung Alfreds mit Violetta hervor, die am Arm des Barons Douphol erscheint. Der Baron verliert im Kartenspiel eine große Summe an Alfred. Während die Gäste zu Tisch gehen, kann Violetta unter vier Augen mit Alfred sprechen. Da sie sich weigert, ihm zu gestehen, warum sie ihm nicht folgen kann, behandelt er Violetta vor den Augen der zusammengerufenen Gäste wie eine Hure. Die Umstehenden sind ebenso empört wie Alfreds Vater. Baron Douphol fordert Alfred zum Duell.

Dritter Akt: Doktor Grenvil verspricht Violetta baldige Genesung, gesteht aber heimlich Annina, dass ihre Herrin nur noch wenige Stunden zu leben hat. Als Albtraum nimmt Violetta den fernen Lärm des Karnevals wahr. In einem Brief hat ihr Germont berichtet, dass sein Sohn inzwischen die Wahrheit kenne, aber noch im Ausland sei, da er den Baron im Duell verwundet habe. Die Rückkehr Alfreds bringt für wenige Augenblicke trügerische Hoffnung. Sterbend schenkt Violetta ihm ein Medaillon mit einem Bild von ihr. Er soll es der Frau geben, die ihn eines Tages lieben wird.

DATEN

Text: Francesco Maria Piave nach dem Drama und Roman *Die Kameliendame* von Alexandre Dumas (Sohn)

Musik: Giuseppe Verdi

Uraufführung: 6. 3. 1853, Teatro La Fenice Venedig

Handlungszeit: Um 1700

Handlungsorte: Paris und Umgebung; Schauplätze: Salon im Hause Violettas, Landhaus in der Nähe von Paris, großer Saal im Palais von Flora, Schlafzimmer Violettas

Spielzeit: etwa 2 Stunden

Personen: *Violetta Valéry* (Sopran), *Flora Bervoix* (Mezzosopran), *Annina, Violettas Dienerin,* (Sopran), *Alfred Germont* (Tenor), *Georges Germont, sein Vater* (Bariton), *Gaston, Vicomte de Létorières* (Tenor), *Baron Douphol* (Bariton), *Marquis von Obigny* (Bass), *Doktor Grenvil* (Bass), *Joseph, Diener Violettas* (Tenor), *Ein Bedienter Floras* (Bass), *Ein Dienstmann* (Bass), *Chor: Damen und Herren, Freunde von Violetta und Flora, Stierkämpfer, Zigeuner, Diener Violettas und Floras, Maskierte, u. a.*

WERTUNG

La Traviata ist Verdis einzige Oper, deren Handlung in der damaligen Zeit angesiedelt ist. Aber während Verdi sonst historische Stoffe der Gegenwart annähert, verfährt er dieses Mal umgekehrt. Die Wirklichkeit bietet ihm einen idealen Rahmen, den zeitlosen Mythos von Eros und Tod und die Untrennbarkeit von Liebe und Krankheit exemplarisch darzustellen.

Verständlichkeit:	✪✪✪✪
Eingängigkeit:	✪✪✪✪✪
Aktualität:	✪✪✪✪
Vokalität:	✪✪✪✪✪

Boulevard Solitude
Die unmenschliche Frau

Seit seiner Uraufführung häufig als Intellektuellenstück missverstanden, ist dieses Werk ein Durchbruch zu einer Oper der Gegenwart, in der Klischees und überkommene Formen überwunden werden, ohne dass der Bezug zur Tradition verlorengeht.

»Die Geschichte von Manon Lescaut und ihrem Chevalier De Grieux rührt und bewegt, weil sie lange her und doch jederzeit möglich ist«, schreibt Heinrich Mann. Bei Grete Weil und Hans Werner Henze spielt sie in einer Metropole der Nachkriegszeit. Im ersten Bild erzählen sich Manon und Armand auf einem Großstadtbahnhof eine Geschichte, die ihnen selbst bevorsteht, als handle sie von völlig fremden Menschen. Ein armer Student verliebt sich auf den ersten Blick in ein einsames Mädchen. Die Lautsprecheransage, die Henze in seine Schlagwerkmusik einbaut, klingt wie ein vertrautes Instrument. Ein neues Zeitgefühl erfordert neue Klänge. Armand erzählt davon, dass das Mädchen »irgendwann in eine Limousine steigen wird und den Mann einfach stehen läßt«. Ein scharfer Rhythmus im Orchester macht aus der Anekdote augenblicklich grausame Wahrheit. Diese Liebesgeschichte wird in der Desillusion enden. Instrumente schweigen, wenn sich die Liebenden, die sich aus Zufall begegnet sind, beim Namen nennen. Für eine persönliche Geschichte ist kein Platz in einer Oper, in der Mann und Frau den Mythos von Liebe und Tod zu spielen haben.

■ Großstadtoper. Manon und Armand spielen eine alte Liebesgeschichte nach, die in der Desillusion endet. Inszenierung von Nicolas Brieger, Oper Frankfurt, 1999.

Voll zärtlicher Ironie spricht Henze im Rückblick von der Naivität und dem Mut, sich als 26-Jähriger mit *Boulevard Solitude* – halb Oper, halb Ballett – mitten in den »andauernd Musik produzierenden Betrieb« gewagt zu haben. Er will »mit unheiliger Musik den kulinarischen Opern-Geher schocken« und entwickelt dafür ein klares Konzept. Die nicht dogmatisch angewandte Zwölftonmethode, damals der vorherrschende neue Kompositionsstil, spiegelt eine Liebe in einer »freien unbürgerlichen Welt« wider, während sich »die alte, korrupte Welt« des Bruders Lescaut und der grotesken Verehrer Manons, Vater und Sohn Lilaque, »in der alten Tonalität zu präsentieren hat.« (Henze). Rückblickend gesteht Henze, in dieser Oper jene Musik entdeckt zu haben, »die aus Menschenstimmen und menschlichen Körpern kommt.«

■ Auf und ab und aneinander vorbei. Menschen verloren im Raum.

»Wir haben viel gelacht bei der Entstehung … Nichts wurde ernst genommen«, berichtet Henze, »außer vielleicht Armand und seine Verzweiflung.« Im Verlauf der Oper verwandelt sich eine Revue aus Jazzklängen, Schlagzeugmusik und Glockengeläut, in der es zuhauf skurrile Episoden gibt, beispielsweise über Sinn oder Unsinn der modernen Malerei, in die einfühlsame Charakterstudie des Außenseiters Armand. Im vierten Bild, in dem der Mythos von der großen Liebe in eine moderne Universitätsbibliothek verlagert wird, überschneiden sich ein fast tonlos gesprochener Chor auf Verse des Dichters Catull und die expressiven Ausbrüche und Klagen von Armand, der ohne Manon nicht leben kann. Sie erscheint ihm wie im Traum. Armand taucht mit ihr zwischen Tanzpaaren unter, moderne Version einer barocken Ballettoper. Es ist ein Beispiel, wie exemplarisch sich in dieser Oper unentwegt alter und neuer Stil kreuzen.

DAS ZAUBERWESEN

Die Liebesgeschichte des Aufklärers Abbé Prévost vom Malteserritter Des Grieux und der Kokotte Manon Lescaut ist der Stoff, aus dem man Opern macht. Bei Henze wird Manon aus der Ich-Perspektive des Mannes geschildert. Ihr Verfall ist das Spiegelbild seines Abstiegs, den sie mit dem Tod bezahlt. Nach ihrer Verklärung zur Märtyrerin in den Opern von Auber, Massenet und Puccini kehrt sie bei Grete Weil und Hans Werner Henze zu ihren Ursprüngen zurück: »Manon, das war für uns das elbische Wesen, das Begierden weckt, ohne selbst lieben zu können.« (Grete Weil)

HANS WERNER HENZE
geboren 1.7.1928

1946 Kompositionskurse bei Wolfgang Fortner
1948/49 Leiter der Bühnenmusik am Theater in Konstanz
1950–53 Künstlerischer Leiter des Balletts am Staatstheater Wiesbaden
1953 Abkehr von der Darmstädter Schule, Niederlassung in Italien, Freundschaft mit Ingeborg Bachmann
1967/68 Kuba-Aufenthalt
1976–1980 Gründung und Leitung des »Cantiere internationale d'arte«
1988 Gründung der Münchner Musiktheater-Biennale für junge Komponisten

Die Zerstörung der Idylle lässt nicht lange auf sich warten. Das fünfte Bild, die Schilderung Armands im Kokainrausch, ist ein Puzzle aus Arie, Chanson, Pantomime und Ensemble, ein Pandämonium der Oper, für die es, wie Henze sagt, in einer neuen Gegenwart erst wieder Form und Sinn zu entwickeln gilt. Armand sieht Manon als Traumgestalt in einer Pantomime. Ihr elegisches Thema eignen sich Lescaut und Lilaque als biedere Schlagermelodie an, um den süchtigen Armand endgültig abzuschieben. Eine Muse bringt Armand einen Liebesbrief, dessen Inhalt zunächst gesprochen wird, bevor ihn die Stimme Manons aus dem Orchestergraben wiederholt: vom Wort zum Ton. Henze erfindet die Aura der Oper aus dem Geist des Schauspiels noch einmal neu. Armand schlüpft auf der Suche nach der Stimme Manons in die Rolle von Orpheus.

Das Zwischenspiel vor dem letzten Bild, von Henze einmal als Höhepunkt der Oper bezeichnet, ist auf einem Modell von drei sich ständig wiederholenden Takten aufgebaut: 3/8, dann 4/8, zuletzt 5/8-Takt. Mit diesem eintönigen Prinzip, das Menschen und Gefühle in einen monotonen Kreislauf presst, läuft sich alles Geschehen zu Tode. Das letzte Bild beginnt mit einer expressiven Abschiedsarie Armands. Töne sind wie Nadelstiche eng aneinandergereiht: »Die ganze Welt ist nur aus Mauern zusammengefügt, zwischen denen die Menschen sich mit einsamen und irren Schreien suchen!« Im wilden Rhythmus folgt eine letzte aberwitzige Revue, in der Manon und Armand zu mehreren Tänzerinnen und Pierrots werden, dazu verdammt, aneinander vorbei zu eilen. Doch fügt Henze ans groteske Ende einer moderne Liebesgeschichte eine lyrische Episode von vier Takten, in der die Grundreihe aus zwölf Tönen zu einem Akkord verdichtet wird. Durch diesen Klang schimmert für Augenblicke die Grundharmonie C-Dur hindurch. Für Hans Werner Henze wird die Gratwanderung zwischen Bewahrung und Aufbruch zu einer lebenslangen Leidenschaft.

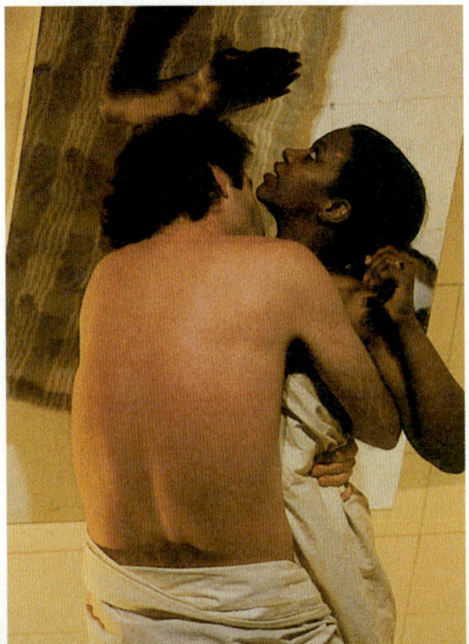

■ Die Umarmte als Objekt der Begierde. Janet Williams als Manon und Gran Wilson als Armand. Inszenierung von Nicolas Brieger, Oper Frankfurt, 1999.

BOULEVARD SOLITUDE

LYRISCHES DRAMA IN SIEBEN BILDERN UND VIERUNDZWANZIG NUMMERN IN DEUTSCHER SPRACHE

HANDLUNG

Erstes Bild: Der Student Armand trifft Manon, die in ein Pensionat nach Lausanne gebracht werden soll. Beide machen die Erzählung von der Liebe eines einsamen Mädchens und eines armen Studenten zu ihrer Geschichte und gehen nach Paris.

Zweites Bild: Da ihn sein Vater nicht mehr unterstützen will, eilt Armand zu seinem Freund Francis, um Geld zu leihen, damit sich Manon einen Hut kaufen kann, den sie sich sehnlich wünscht. Lescaut überredet seine Schwester Manon, die Mätresse des reichen, betagten Lilaque le père zu werden.

Drittes Bild: Lescaut zerreißt in der Wohnung des alten Lilaque in Manons Gegenwart einen Liebesbrief seiner Schwester an Armand. Um an Geld zu kommen, bricht er den Geldschrank des Alten auf. Der alte Lilaque bemerkt den Diebstahl und wirft Manon und Lescaut hinaus.

Viertes Bild: Francis erzählt Armand, dass Manon nicht mehr bei Lilaque lebt. Armand liest in den Liebesgedichten von Catull. Auf einmal steht sie vor ihm.

Fünftes Bild: Manon hat Armand wieder verlassen. Lescaut hat sie mit Lilaque le fils verkuppelt. Er gibt dem wegen seiner enttäuschten Liebe mittlerweise rauschgiftsüchtigen Armand Kokain. Im Delirium sieht sich Armand als Orpheus und hält Manon für Eurydike. Ein Mädchen überbringt ihm einen Brief, in dem Manon Armand in die leere Wohnung von Lilaque le fils bestellt, damit beide dort ihre letzte gemeinsame Nacht verbringen können.

Sechstes Bild: Lescaut drängt Armand zu gehen, da bald der junge Lilaque zurückkommen würde. Er schneidet ein modernes Bild aus dem Rahmen, um es zu Geld zu machen. Manon gelingt es, den vom Diener seines Sohnes alarmierten Lilaque le père bei seinem Erscheinen durch die Erinnerung an ihre alte Liebe zu becircen, kann aber nicht verhindern, dass er im Schlafzimmer das Versteck von Armand und Lescaut und den leeren Bilderrahmen entdeckt. Lescaut drückt Manon eine Pistole in die Hand. Sie erschießt den alten Lilaque. Sein Sohn findet die Leiche. Zuvor flieht Lescaut mit dem Bild.

Siebentes Bild: Armand wartet vor dem Gefängnis, um Manon ein letztes Mal zu sehen. Die aus dem Gefängnistor kommenden Polizisten, gefesselten Mädchen und johlenden Kinder erlebt Armand als bizarren Albtraum. Manon geht an ihm vorbei, ohne ihn anzusehen.

DATEN

Text: Grete Weil und Walter Jockisch nach der *Histoire du chevalier des Grieux et de Manon Lescaut* von Abbé Prévost (1731)

Musik: Hans Werner Henze

Uraufführung: 17. 2. 1952, Landestheater Hannover

Handlungszeit: 1950er Jahre

Handlungsort: Frankreich

Spielzeit: etwa 1¾ Stunden

Personen: *Manon Lescaut* (Hoher Sopran), *Armand des Grieux, ein Student* (Lyrischer Tenor), *Lescaut, Bruder von Manon* (Spiel-Bariton), *Francis, Freund von Armand* (Bariton), *Lilaque le père, ein reicher Kavalier* (Hoher Tenorbuffo), *Lilaque le fils, sein Sohn* (Bariton), *Diener bei Lilaque le fils* (Stumme Rolle), *Chor: Studenten, Kinder; Ballett: Eine Dirne, zwei Kokainisten, Zigarettenboy, Blumenmädchen, Zeitungsjungen, Bettler, Dirnen, Polizisten, Reisende, Studenten und Studentinnen*

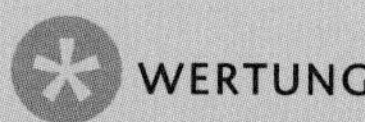

WERTUNG

Das Werk bietet vielerlei Aspekte zum Einstieg in die Oper des 20. Jahrhunderts: die zum modernen Mythos gewordene Liebesgeschichte von Armand und Manon, der Aufbruchsgeist der 50er Jahre, vor allem aber die gelungene Synthese von neuen Ausdrucksmitteln wie Zwölftonmusik, Jazz, Film usw. mit traditionellen Formen wie Arie, Ensemble und Orchesterzwischenspiel.

Verständlichkeit:	✪✪✪
Eingängigkeit:	✪✪✪
Aktualität:	✪✪✪✪
Oper und Ballett:	✪✪✪✪✪
Moderne Liebe:	✪✪✪✪

Aida
Die dem Feind verfallene Frau

Eine Liebestragödie, untrennbar verbunden mit einem Kriegsdrama. Eine Frau bezieht alle Gewalt auf sich und folgt einem Ideal, das sich allein im Tod erfüllen kann.

Illusionslos grenzt Verdi Mitte Dezember 1870 die wirkliche Welt und die Welt des Theaters voneinander ab: »Meine Oper für Kairo ist fertig, kann aber nicht gegeben werden, weil Kostüme und Bühnenbilder in Paris eingeschlossen sind. Es schadet nichts! Ein schweres Unglück aber ist dieser entsetzliche Krieg und das Übergewicht, das diese Preußen erlangt haben …« Verdi schafft in seiner *Aida* kein Ägypten aus dem Museum, sondern eines von visionärer Prophetie. Hellsichtig warnt er im Umfeld des Deutsch-Französischen Krieges von 1870/71 davor, dass in den Adern des germanischen »Siegervolkes immer noch das alte Gotenblut« fließe, das sie »maßlos stolz, hart, unduldsam, grenzenlos gierig« mache. Während im richtigen Leben siegestrunkene Menschen aus den Ballsälen und Opernhäusern des europäischen Imperialismus auf die Schlachtfelder ziehen, macht Verdi aus der Kriegsverherrlichung im Text des Triumphmarsches einen Antikriegsappell. Es hat seine eigene Ironie, dass dieses Orchesterstück zur berühmtesten Nummer der Oper geworden ist, sei es als Aushängeschild für pompöse *Aida*-Aufführungen von Verona bis Luxor oder als Hymne in Sportstadien. In der Oper selbst wird gerade im Triumphmarsch die trügerische Fassade eines grausamen Vernichtungskrieges hörbar. Wie Rä-

■ Der Oberpriester Ramphis stellt dem ägyptischen Feldherrn Radames in Aussicht, Heeresführer im Krieg gegen die Äthiopier zu werden. Matti Salminen und Vincenzo La Scola. Inszenierung von Johannes Schaaf, Opernhaus Zürich, 1997.

derwerke greifen in *Aida* der Krieg zweier Völker und die unlösbaren Konflikte liebender und hassender Menschen ineinander. Verdi hat diese Dualität zwischen privaten und öffentlichen Konflikten, die sein Lebenswerk allgemein bestimmt, in keiner anderen Oper so kompromisslos ausgedrückt wie in *Aida*. Danach dauert es zehn Jahre, bis er sich wieder an Umarbeitungen alter, gar an die Komposition neuer Opern macht.

■ Verdi verarbeitet in *Aida* das alte Thema vom Konflikt zwischen privatem und öffentlichem Interesse, zwischen Liebe und Staatsräson. Inszenierung von Hans Neuenfels, Frankfurter Oper, 1981.

Die Unvereinbarkeit von Macht und Liebe ist bereits im Orchestervorspiel zu hören. In den ersten sechzehn Takten erklingt jenes Thema, das die verzweifelten Versuche Aidas offenbart, sich zwischen der Liebe zu Radames und der Bindung zu ihrem Vater Amonasro zu entscheiden. Verdi charakterisiert mit dieser Musik, bei der sich jemand Schritt für Schritt vorwärts zu tasten scheint, die ungeheure Gefühlsintensität, die hinter dem Versuch Aidas steht, dem Labyrinth von Gewalt und Tod zu entkommen. Das zweite Thema des Vorspiels ist das unerbittliche, ebenfalls an eine Schrittfolge erinnernde Motiv von Ramphis und seinen Priestern, mit dem das Tribunal gegen Radames im vierten Akt beginnt. Aus dem Hintergrund bestimmt Ramphis die

REISE NACH ÄGYPTEN

Große Opern nach exotischen Stoffen für pompöse Zwecke will Verdi nicht schreiben. Mit der Eröffnung des Suez-Kanals will er nichts zu tun haben. Den Trick, ihm das Szenarium des Ägyptologen Auguste Mariette als Entwurf des Vizekönigs Ismail Pascha unterzujubeln, durchschaut er sofort. Und doch steigt er drauf ein: Verdi handelt ein exorbitantes Honorar aus. Die Prosa wird von dem Franzosen Mariette dramatisiert und von dem Italiener Ghislanzoni in Verse gebracht. Quellen von Herodot bis zu den Isis-Mysterien dienen als Rahmen für eine Untergangsprophetie, die zugleich Filmepos ist: Krieg und Liebe.

Politik und steuert den von Verdi als Marionette gezeigten König der Ägypter. Das Vorspiel lässt keinen Zweifel am Ausgang der Oper. Die Figuren sind Werkzeuge in einem tödlichen Spiel. Im Zentrum eines Fadenkreuzes, in dem das Opfer ausgemacht ist, steht die ohnmächtige Sklavin Aida. Ihre utopische Liebe zu einem Feind ist der in der Musik gesteigerte Dreh- und Angelpunkt des Stückes.

»Jeder Primaner könnte den Text zu *Aida* schreiben«, urteilt 1912 Oskar Bie in seinem Standardwerk *Die Oper*. In archetypischen Situationen und bildhaften Konfrontationen entwickelt Verdi die Liebesgeschichte und den Eifersuchtskonflikt zwischen Radames, Aida und Amneris, die als Held, Sklavin und Prinzessin zu Personifizierungen von Ruhm, Sehnsucht und Hass und damit zu übergroßen Identifikationsfiguren werden. Die Oper müsste eigentlich *Radames* heißen, da er der strahlende Held ist, der davon träumt, Sieg und Liebe miteinander zu vereinen. Seine große Arie »Celeste Aida« (Himmlische Aida), die als »Wunschkonzertnummer leicht zu sinnentleertem Schöngesang verkommt«, so der Essayist Uwe Schweikert, ist eine subtile Studie über die Illusion, sich über die Macht hinwegsetzen zu können, der man dient. Auf diese Weise erhält die Arie, die prächtige Selbstdarstellung des Helden, eine völlig neue Funktion. Sie wird zum Ausdruck einer Verblendung. Die Oper könnte auch den Titel *Amneris* tragen, denn der ägyptischen Prinzessin gehören zweifellos Macht und Einfluss. Es scheint nur eine Frage der Zeit zu sein, bis sie die Zuneigung von Radames erringt. In der letzten Szene der Oper, als sie zum Werkzeug der todesgierigen Priester geworden ist, begreift Amneris ihre totale Isolation. Aus einer eindimensionalen Rollenanlage im Textbuch macht Verdi etwas wesentlich Vielschichtigeres: Er zeigt die eindrucksvolle Verwandlung einer arroganten Königstochter zu einer Mitleid fühlenden Frau, die am Ende alles verliert: Macht, Einfluss und Liebe.

Der Trias Aida – Radames – Amneris, der Grundkonstellation des ersten Aktes, entspricht das Dreieck Amonasro – Aida – Ra-

■ Die ägyptische Königstochter Amneris will Radames. Marjana Lipovšek und Vincenzo La Scola. Inszenierung von Johannes Schaaf, Opernhaus Zürich, 1997.

■ Amneris entlockt der äthiopischen Sklavin Aida das Bekenntnis ihrer Liebe zu Radames. Marjana Lipovšek und Daniela Dessi.

dames im dritten Akt. Mit »Sternennacht und Mondschein am Nil« versetzt Verdi seine Figuren in ein Niemandsland von trügerischer Ruhe und Stille. Leidenschaftlich rebellieren Menschen – Sklavin, Held und Feldherr – ein letztes Mal gegen ihre Bestimmung zum Tod. Verdi nützt die Kunst des Belcanto zur schonungslosen Bestandsaufnahme. Am innigsten singen Menschen immer dann, wenn für sie alles verloren scheint. Man kann *Aida* als Mittelstück eines Operndreiteilers sehen, zu dem mit ihr *Don Carlos* und *Othello* zählen. Als Zyklus über den Widersinn von Liebe und Macht sind diese drei Werke ebenbürtig an die Seite von Wagners *Ring des Nibelungen* zu stellen.

»KEHRE HEIM ALS SIEGER«

Erster Akt, Erstes Bild: Huldigungsszene. Radames wird zum Heerführer bestimmt. Amneris, süchtig nach seiner Liebe, ruft ihm zu: »Ritorna vincitor« (Kehre heim als Sieger!). Augenblicke später stößt die Masse denselben Ruf aus. Schließlich, wie unter Hypnose, als letztes Glied der Kette, wiederholt auch Aida: »Ritorna vincitor«, obwohl dies für sie ja bedeutet, dass der Feind siegreich zurückkommen möge. Aida ist also bereit, bis zur Selbstzerstörung um die Liebe zu kämpfen.

Kriegsparabel und Eifersuchtsdrama enden im vierten Akt mit dem Todesurteil gegen Radames. Die Bühne wird zum Grab, zur ewigen Dunkelheit. In der Realität ist die Vorstellung unerträglich, bei lebendigem Leib eingemauert zu werden und elend zu ersticken. In der Oper aber führt dieser Vorgang zum Bewusstsein einer neuen Existenz. Die Magie von Pyramiden und Mumien, dieser im 19. Jahrhundert typische Kult von der Wiedererweckung großer Kulturen, wird in *Aida* zur Kulisse für die Vereinigung eines Helden mit der ihn liebenden Feindin. Der »Himmel öffnet sich« für Radames und Aida, wie es im Text heißt, weil sich die irdischen Mauern endgültig schließen.

Verdi verwandelt im Schlussduett zwischen Aida und Radames das Wort »morire« (sterben) in »vivere« (leben). Die

■ Radames weigert sich aus Liebe zu Aida, von Amneris vor dem Tod gerettet zu werden. Dennis O'Neill (Radames) und Waltraud Meier (Amneris). Inszenierung von David Pountney, Bayerische Staatsoper München, 1996.

> *»Wenn der Mensch, der Großes schaffen will, überhaupt die Vergangenheit braucht, so bemächtigt er sich ihrer vermittels der monumentalistischen Historie.«*
>
> FRIEDRICH NIETZSCHE

Szene, von Thomas Mann im *Zauberberg* die »tröstliche Kraft einer Beschönigung« genannt, besteht im formalen Grundgerüst aus einer Arie von Radames und einer Arie von Aida, die in ein Duett münden. Während er den immer schwächer werdenden Atem der Liebenden wie in Fieberkurven nachzeichnet, um dadurch die Szene real zu machen, verbindet Verdi die Stimmen zu einem Liebesgesang.

Das Unvorstellbare geschieht. Die Körper sterben, aber die Stimmen künden von Erlösung. Niemand wird bezweifeln, dass in der Oper die Suggestion der Musik wahrhaftiger ist als die äußere Handlung. Aida erkennt im Dunkel etwas, was sie bislang vergeblich gesucht hatte, ein zweites Ich, das die Qualen irdischer Existenz abstreift: »Vedi? Di morte angelo …« (»Siehst du, der Engel des Todes …«). »Überall«, so der Philosoph Ernst Bloch, »mag der Tod, mit nichts mehr darin oder dahinter, bedrücken, aber im Abstand der Bühne erhebt er.«

GIUSEPPE VERDI
13.10.1813 – 21.1.1901

- 1837 Heirat mit Margherita Barezzi
- 1838–40 Tod seiner Kinder Virginia und Icilio und seiner Frau
- 1847 Beginn seiner Beziehung zu Giuseppina Strepponi
- 1853 Einzug auf dem Landgut Sta. Agata
- 1859 Heirat mit Giuseppina Strepponi
- 1860 Vereinigung Italiens
- 1864 Delegierter bei Parlamentssitzungen in Turin
- 1874 Ernennung zum Senator
- 1882 Stiftung eines Krankenhauses in Villanova bei Sta. Agata

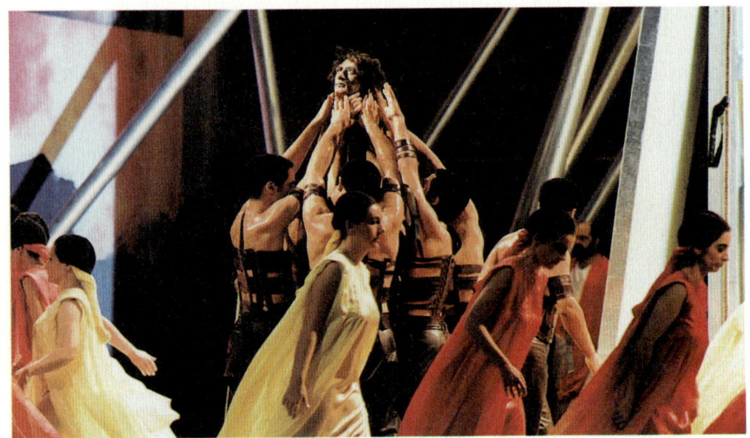

■ Großes Bühnenspektakel zur Aufdeckung existenzieller menschlicher Konflikte.

AIDA

OPER IN VIER AKTEN UND SIEBEN SZENEN IN ITALIENISCHER SPRACHE

HANDLUNG

Erster Akt, *Erste Szene:* Ramphis, der Oberpriester des Isis-Kultes, macht dem Feldherrn Radames Hoffnung, Anführer im bevorstehenden Krieg gegen die Äthiopier zu werden. Radames träumt davon, sich im Fall eines Sieges offen zur Liebe zu der Sklavin Aida bekennen zu können, von der niemand weiß, dass sie die Tochter des äthiopischen Königs Amonasro ist. Heimliche Blicke zwischen Aida und Radames erregen die Eifersucht der ägyptischen Königstochter Amneris, die den Feldherrn mit allen Mitteln für sich gewinnen will. Ein Bote berichtet, die Äthiopier seien im Anmarsch. Der König ernennt Radames zum neuen Heerführer. Aida begreift, dass einzig der Tod sie von dem Zwang erlösen kann, sich entweder für ihren Vater oder für ihren Geliebten entscheiden zu müssen.
Zweite Szene: Die Priester weihen die Waffen von Radames.

Zweiter Akt, *Erste Szene:* Bei der Vorbereitung zur Siegesfeier der Ägypter entlockt Amneris mit der Lüge, Radames sei tot, Aida das Bekenntnis ihrer Liebe.
Zweite Szene: Zum Dank für seinen Sieg stellt der König dem Feldherrn Radames einen Wunsch frei. Aida erkennt unter den Gefangenen ihren Vater Amonasro. Es gelingt diesem, seine Identität zu verbergen und den Ägyptern weiszumachen, die Äthiopier hätten ihren König verloren. Doch beharren die Priester auf dem Tod der Äthiopier. Radames bittet um Begnadigung für Amonasro, der darauf zusammen mit Aida als Geisel am ägyptischen Hof bleibt. Radames erhält die Hand von Amneris.

Dritter Akt: Amonasro plant einen Aufstand gegen die Ägypter. Naiv glaubt Radames, nach einem weiteren Sieg über die Äthiopier vom König die Erlaubnis zu erhalten, die Feindin zu heiraten. Aida drängt Radames stattdessen zur Flucht in ihre Heimat. Damit sie beide ungehindert passieren können, verrät Radames den Weg, an dem die Ägypter den Äthiopiern auflauern wollen. Amonasro triumphiert. Radames verhilft Aida und ihrem Vater zur Flucht und stellt sich freiwillig den Priestern.

Vierter Akt, *Erste Szene:* Radames droht die Todesstrafe. Amneris will ihn zur Zurücknahme des Geständnisses bewegen. Aber er stößt sie zurück, im Glauben, Aida sei bereits, ebenso wie Amonasro, tot. Er nimmt das Urteil der Priester an, lebendig eingemauert zu werden. Amneris verflucht Ramphis und die Priester.
Zweite Szene: Unbemerkt hat sich Aida ins Grab geschlichen, um mit Radames zu sterben.

DATEN

Text: Antonio Ghislanzoni nach einem Szenarium von Auguste Mariette Bey und einem Prosaentwurf von Camille du Locle

Musik: Giuseppe Verdi

Uraufführung: 24. 12. 1871, Dar Elopera Al Misria Kairo

Handlungszeit: Zeit der Pharaonen, betrachtet aus dem Blickwinkel der Gegenwart des Komponisten

Handlungsorte: Memphis und Theben; Schauplätze: Königspalast, Tempel in Memphis, im Haus von Amneris, eines der Stadttore von Theben, an den Ufern des Nils, Königspalast

Spielzeit: etwa 3 Stunden

Personen: *Der König* (Bass), *Amneris, seine Tochter* (Mezzosopran), *Aida, äthiopische Sklavin* (Sopran), *Radames, Feldherr* (Tenor), *Ramphis, Oberpriester* (Bass), *Amonasro, König von Äthiopien und Vater von Aida* (Bariton), *Ein Bote* (Tenor), *Eine Tempeltänzerin* (Sopran), *Chor: Priester, Priesterinnen, Minister, Hauptleute, Soldaten, Sklaven und gefangene Äthiopier, Volk; Ballett*

WERTUNG

Unter der Oberfläche eines pompösen Spektakels geht es Verdi um die »Ausgrabung« menschlicher Konflikte. Es handelt sich um zwei Opern in einer. Verdi bettet in ein Stück über den Kampf zwischen zwei Völkern – ein nicht zu überhörender Antikriegsappell – die Liebe der Sklavin Aida zu Radames, den Feldherrn der Feinde: die sich im Liebestod erfüllende Utopie von Frieden und Erlösung.

Verständlichkeit:	✪✪✪✪
Eingängigkeit:	✪✪✪✪✪
Aktualität:	✪✪✪
Historienkult:	✪✪✪✪✪
Todesnähe:	✪✪✪✪✪

Katja Kabanowa
Die Frau als Liebesgöttin

In einem russischen Provinznest spielt sich ein Drama von antiken Ausmaßen ab. Es handelt von der Erscheinung und der brutalen Vernichtung einer Heldin, die die Bedingungslosigkeit der Liebe in einer geist- und gefühllosen Welt verkörpert.

Das Stück basiert auf einem entscheidenden biographischen Erlebnis und einem zur Vollendung ausgereiften Stil seines Komponisten. Die bedingungslose Liebe Janáčeks zu der weit jüngeren Kaufmannsgattin Kamilla Stösslová, die Hintergrund dieser Oper ist, spiegelt sich in der außergewöhnlichen Aura und kompromisslosen Haltung Katja Kabanowas, deren gesamte Erscheinung allegorische und sakrale Züge trägt.

Das erste Bild beginnt mit der Bewunderung des Lehrers Kudrjasch für die ewig fließende Wolga. Leoš Janáček vertont nicht das Naturbild. Stattdessen erklingt im Orchester ein eintöniges Motiv, von dem sich die Gesangsstimme scharf abhebt. Ein Mensch prahlt mit seinen pathetischen Gefühlen, während im Orchester schonungslos die Eitelkeit offenbart wird, die ihn kennzeichnet. Diese Dialektik zwischen Stimmen und Instrumenten ist charakteristisch für Janáčeks Methode, die Dialog-

■ Gesellschaftlicher Totalitarismus. Die Trennung von Innen- und Außenraum ist aufgehoben. Inszenierung von Christoph Marthaler, Salzburger Festspiele, 1998.

führung in der Oper des 20. Jahrhunderts grundsätzlich zu erneuern. Stets hält der Komponist in einem kleinen Notizheft die charakteristischen Sprachgebärden von Menschen und Tieren, ja selbst von Naturbeobachtungen in musikalischen Chiffren fest. Auf diese Weise findet er jenseits der Auseinandersetzung um Tradition und Moderne zu einer unverwechselbaren archaischen Sprache, die seine Opern zu einzigartigen zeitgenössischen Dramen macht.

Bis Katja Kabanowa erscheint, existieren alle Menschen dieses Stückes lediglich als schattenhafte Erscheinungen. Sie kommt im ersten Bild zusammen mit ihrem Mann Tichon und ihrer Schwiegermutter Kabanicha aus der Kirche. Dreimal, zunächst dolcissimo (äußerst zärtlich) und pianissimo (sehr leise) notiert, erklingt dieselbe Melodie. Es ist die Musik einer Prozession, einer Schöpfungsgeschichte. Boris, ihr späterer Liebhaber, der Katjas Erscheinung wie ein Naturwunder begafft, läuft davon, als wäre er der Jüngling, der in einem antiken Drama ins Gesicht der Göttin Venus blickt. Noch bevor Katja ihren ersten Satz singt, der unmittelbar darauf – ein Grundprinzip der weiteren Handlung – herrisch von den schneidenden Tönen der Kabanicha niedergeschmettert wird, dämpft das Orchester die Melodie Katjas ab. Das Unbewusste ist Katjas wahrer Lebensraum und wird vom Vorspiel an als großer Hymnus auf ihr Wesen im Orchestersatz in sinfonischen Klangbildern offenbart. Ein zentrales Thema des ersten Aufzuges bezieht sich auf die Liebe Katjas zu ihrer Schwiegermutter und damit auf die Bindung, die sie selbst jenem Wesen gegenüber empfindet, das einzig ihre Vernichtung und Zerstörung im Sinn hat. Ein zweites Thema charakterisiert Katjas Sehnsucht nach Liebeserfüllung, die anfangs auf Tichon, ihren trunksüchtigen Mann, bezogen ist, den im Wesentlichen nur ein musikalisches

■ Verbotenes Verlangen. Katjas Sehnsucht nach Liebeserfüllung sprengt die Enge des Raumes. Dagmar Peckova als Barbara und Angela Denoke als Katja Kabanowa.

»Es war für mich nötig, eine große, grenzenlose Liebe bei der Komposition dieser Oper zu kennen.«

LEOŠ JANÁČEK ÜBER KAMILLA STÖSSLOVÁ

■ Katja zwischen Abwehr und Hingebung. Ein Entrinnen aus den Zwängen der Begierden gibt es nur im Wahnsinn oder im Tod.

Motiv auszeichnet, jenes seiner despotischen Mutter Kabanicha. Das zweite Bild des ersten Aktes wird von der Sehnsucht Katjas beherrscht, sich wie ein Vogel über die sie umgebende Enge hinwegsetzen zu können, eine zentrale Metapher in Janáčeks Werken (bis hin zum im Gefängnis lebenden flügellahmen und am Ende geheilt in die Freiheit fliegenden Adler in der Oper *Aus einem Totenhaus*). Der jungen Barbara, der Pflegetochter im Haus der Kabanows, gesteht Katja das Geheimnis ihrer Existenz in einer Arie, in deren erstem Abschnitt vom kindlich naiven Glauben an die Natur die Rede ist, während der zweite Teil vom Urtrauma der Entjungferung handelt. Instinktiv wehrt sich Katja gegen Barbaras Ansicht, man müsse für die Liebe lediglich die richtigen Vorkehrungen treffen. Aus dem Hintergrund ist in diesem Augenblick das bedrohliche Thema der Troika zu hören, des Dreigespanns, das Tichon in die ferne Stadt bringt und Katja damit ungeschützt ihren unbefriedigten Sehnsüchten überlässt, obwohl sie sich heftig dagegen wehrt, der Versuchung ausgesetzt zu sein. Schuldlos gerät sie in einen tödlichen Konflikt.

TODESSIGNAL

Erster Akt, Orchestereinleitung: Nach vier Takten erklingt im Vorspiel ein aus acht Schlägen bestehendes Thema der Pauken, häufig als »Schicksalsmotiv« bezeichnet. Ein zweites Mal ist es zu hören, wenn Katja ihren Mann Tichon vergeblich bittet, ihr vor seiner Abreise einen Treueschwur abzunehmen. Im zweiten, dem Liebesakt, bleibt das Thema ausgespart und erklingt erst wieder, wenn Dikoj gehässig der unruhigen Katja im letzten Akt nachsagt: »Die hat wohl besondere Sünden.« Das Thema klingt wie ein Menetekel. In dieser Funktion beschließt es auch die Oper. Ist mit diesem Thema tatsächlich ein Schicksal gemeint, so eines, das Täter und Opfer untrennbar aneinander bindet.

Die skurrilste der verschiedenen Liebesszenen im zweiten Akt zeigt den um eine nächtliche Unterredung mit Kabanicha winselnden Dikoj, eine groteske Episode, die beweist, was sich an Ersatzbefriedigungen hinter den verschlossenen Türen der ehrbaren Gesellschaft abspielt. Den volkstümlichen Liebesliedern von Barbara und ihrem Geliebten Kudrjasch ist die von Angst und Gewissensnot geprägte Beziehung zwischen Katja und Boris, dem von seinem Onkel Dikoj gedemütigten Außenseiter, theatralisch wirkungsvoll entgegengesetzt. Boris wagt es zunächst kaum, sich Katja zu nähern. Plötzlich, von einer Sekunde zur anderen, fällt er über sie her. Katja singt bang: »So bringst du selbst dich um, uns beide um!« Danach ist sie es, die ihn behutsam zur Liebe hinführt: »Es lenkt deine Macht meinen Willen.« Das musikalische Thema, das diese Vereinigung zweier Menschen zum Schöpfungsakt erhebt, wird von einzelnen Instrumentengruppen in sinfonischer Steigerung wiederholt. Janáček setzt es zweiundzwanzigmal (!) aneinander, ohne dass man sich beim Hören nur ein einziges Mal langweilt oder das Gefühl von Monotonie hat.

Zwei Wochen liegen zwischen dem zweiten und dem dritten Akt, zwischen dem Ehebruch und seiner Offenbarung, die nicht stattfände, widersetzte sich Katja nicht mit aller Kraft jeder Heimlichkeit, geplagt von unüberwindlicher Gewissensqual. In der Musik gehen das Gewitter, die Verfolgung und der Tod Katjas nahtlos ineinander über. Das Unwetter beginnt grotesk mit banaler Schauspielmusik. Menschen flüchten sich in eine verfallene Ruine, als sei diese eine frühere Kultstätte. Sie schwadronieren über Dämonen und Blitzableiter. Und das tatsächliche Gewitter entlädt sich dann in einem wild herausgeschrienen Schuldbekenntnis Katjas, dem ein brutales Tribunal der sie umge-

 LEOŠ JANÁČEK
3.7.1854 – 12.8.1928

1872–74 Lehramtskandidat in Brünn
1874 Studium an der Orgelschule in Prag
1879 Studium in Leipzig
1880 Studium in Wien
1881 Heirat mit Zdenka Schulz, Gründung einer Orgelschule in Brünn
1885 Beginn mit dem Sammeln von Volksliedern
1915 Erste Begegnung mit Kamilla Stösslová, der großen Liebe seines Lebens
1919–1925 Professor für Komposition in Brünn
ab 1925 Reisen ins Ausland, internationale Anerkennung

■ Ersatzbefriedigungen der ehrbaren Gesellschaft. Katja Kabanowa entblößt die Hilflosigkeit ihrer Mitmenschen.

ABSAGE AN DIE LITERATUROPER

In Alexander Ostrowskis sozialem Drama *Das Gewitter*, der literarischen Vorlage für die Oper, braut sich ein Unwetter über den egozentrischen Menschen des Wolgastädtchens Kalinow zusammen. Anhand einer Fallstudie der in den Tod getriebenen und schuld- wie schutzlos ihrer Gewissensangst preisgegebenen Katja Kabanowa entwickelt der Dichter eine unerbittliche Abrechnung mit den Stützen der sogenannten feinen Gesellschaft, der Kirche und dem Kaufmannsstand. Dies alles ist in Janáčeks Oper nur noch als Rudiment enthalten. Das Schauspiel stellt bewusst nur noch den Rahmen für ein anderes, völlig neues Stück dar.

benden Gesellschaft folgt. Das Todesurteil über Katja scheint gefällt. Tichons Aufschrei »Katherina« verrät die erste menschliche Regung, die dieser ohnmächtigen Kreatur entfährt. Menschen rufen auch zu Beginn des letzten Bildes nach Katja, als fürchteten sie instinktiv, mit dem Untergang dieses Menschen jeden Sinn für Freiheit und die Kraft des Eros verlieren zu müssen.

Wahnsinnig geworden, geht Katja an den Menschen vorbei. Ein letztes Mal begegnet sie Boris, begleitet von unsichtbaren Stimmen, deren an einen antiken Chor gemahnender Gesang verdeutlicht, dass sich Katja bereits im Totenreich zu befinden scheint. Mit einer an ein altes Volkslied erinnernden Melodie, unentwegt vom Rhythmus der Pauken begleitet, sucht Katja in einer rituellen Handlung den Tod. »Sie kreuzt die Arme und springt in den Strom«, heißt es in der Szenenanweisung. Dieses Naturbild vertont Janáček ebenso wenig wie jenes zu Beginn der Oper. Stattdessen geht der letzte Ton der Todesszene nahtlos in eine infernalische Schlussmusik über. Darin überlagern sich als Zerrbilder die hilflosen Rufe der Zurückgebliebenen, die Erinnerung an das grausam und eben nicht volkstümlich klingende Thema der Troika – der Katjas Untergang auslösende Abschied Tichons – und die brutale und herzlose Rechtfertigung Kabanichas vor der Leiche Katjas. Bevor der Vorhang fällt, erklingt eine bizarre eintönige Melodie hoher Streicher. Eine Gesellschaft ohne Katja, ohne Liebesgöttin, kennt nur noch einen Ort, um weiter zu existieren: das Irrenhaus.

■ Wie ein Vogel im Käfig. Wohin mit dem unbefriedigten Verlangen, jenseits fadenscheiniger Bürgerlichkeit?

KATJA KABANOWA

OPER IN DREI AKTEN UND SECHS BILDERN
IN TSCHECHISCHER SPRACHE

HANDLUNG

Erster Akt, *Erstes Bild:* Kudrjasch, der Lehrer, schildert der Magd Glascha die Wunder der Wolga. Beide werden durch den Streit zwischen dem groben Kaufmann Dikoj und seinem Neffen Boris unterbrochen. Katja Kabanowa kommt mit ihrem Mann Tichon und ihrer Schwiegermutter Kabanicha aus der Kirche. Boris gesteht Kudrjasch seine heimliche Liebe zu Katja. Unaufhörlich wirft Kabanicha ihrem Sohn Tichon vor, er würde sie seit seiner Heirat mit Katja nicht mehr so innig lieben wie zuvor. Hörig ordnet er sich ihrem Willen unter, noch heute zum Markt nach Kasan zu reisen. – *Zweites Bild:* Katja schwärmt Barbara, der im Hause der Kabanows lebenden Pflegetochter, von ihrer unbeschwerten Jugendzeit vor. Heftig, aber vergeblich wehrt sich Katja gegen den Willen Tichons, nach Kasan zu reisen. Sie bleibt allein mit ihren unbefriedigten Sehnsüchten zurück.

Zweiter Akt, *Erstes Bild:* Kabanicha hört nicht auf, Katja Vorhaltungen zu machen, die Abwesenheit ihres Mannes nicht genug zu betrauern. Allein mit Katja, steckt Barbara ihr den Schlüssel zu einer stets verschlossenen Gartenpforte am Wolgaufer zu, wo sie für denselben Abend Boris zu einem Treffen mit Katja bestellt hat. – *Zweites Bild:* Kudrjasch erwartet seine Geliebte Barbara, die ihn vom Ufer her zu sich ruft. Katja erscheint, zögert zunächst, um sich dann bedingungslos der Liebe zu Boris hinzugeben. Der Morgen dämmert. Schwer bedrückt kehrt Katja ins Haus zurück.

Dritter Akt, *Erstes Bild:* Zwei Wochen später. Kudrjasch und sein Freund Kuligin suchen in einem verfallenen Gemäuer Zuflucht vor einem herannahenden Gewitter. Barbara berichtet Boris, dass Katja nach der Rückkehr Tichons mehr und mehr dem Wahnsinn verfällt. Vor Dikoj, Kabanicha und Tichon gesteht die von Gewissensbissen zerrüttete Katja auf dem Höhepunkt des Gewitters, zehn Nächte gemeinsam mit Boris verbracht zu haben. Sie stürmt ins Dunkel hinaus. – *Zweites Bild:* Tichon und Glascha suchen das Ufer der Wolga nach Katja ab. Barbara und Kudrjasch beschließen, nach Moskau zu fliehen. Katja erscheint zu einer letzten Begegnung mit Boris. Er gesteht, Dikoj wolle ihn fortschicken. Vergeblich bittet Katja, mitgenommen zu werden. Boris geht weg. Katja stürzt sich in den Strom. Ihre Leiche wird aus dem Wasser gezogen. Tichon bricht zusammen. Kaltblütig dankt Kabanicha den zusammengelaufenen Menschen für ihre Anteilnahme.

DATEN

Text: Leoš Janáček nach dem Schauspiel *Das Gewitter* von Alexander Nikolajewitsch Ostrowski

Musik: Leoš Janáček

Uraufführung: 23. 10. 1921, Nationaltheater Brünn

Handlungszeit: Um 1860

Handlungsort: Kalinow, eine Kleinstadt an der Wolga

Spielzeit: etwa 1 3/4 Stunden

Personen: *Savjol Prokofjewitsch Dikoj, ein Kaufmann* (Bass), *Boris Grigorjewitsch, sein Neffe* (Tenor), *Marfa Ignatjewna Kabanicha, eine reiche Kaufmannswitwe* (Mezzosopran/Alt), *Tichon Iwanowitsch Kabanow, ihr Sohn* (Tenor), *Katherina (Katja), seine Frau* (Sopran), *Wanja Kudrjasch, Lehrer, Chemiker, Mechaniker* (Tenor), *Barbara, Pflegetochter im Hause Kabanow* (Mezzosopran), *Kuligin, Freund des Kudrjasch* (Bariton), *Glascha und Fekluscha, Dienstbotinnen* (Mezzosopran), *Ein Vorbeigehender* (Stumme Rolle), *Eine Frau aus dem Volk* (Alt), *Chor: Bürger beiderlei Geschlechts*

WERTUNG

Jenseits der Auseinandersetzung um traditionelle Oper und modernes Musikdrama schafft Janáček eine emotional mitreißende, Nerven und Sinne erregende Musiksprache, die zur völligen Identifikation mit seiner Hauptfigur führt. Wie im Zeitraffer erlebt der Zuhörer die Erscheinung und den Untergang einer tragischen Außenseitergestalt als Entstehung, Erfüllung und Vernichtung eines ganzen Lebens.

Verständlichkeit:	✪✪✪
Eingängigkeit:	✪✪✪✪
Aktualität:	✪✪✪
Naturnähe:	✪✪✪✪✪
Charakterstudie:	✪✪✪✪✪

Lady Macbeth von Mzensk
Die aus Liebe mordende Frau

Plädoyer für die Befreiung einer außergewöhnlichen Frau in einer auf Machtentfaltung und Triebunterdrückung ausgerichteten Gesellschaft

Diese Oper ist unumschränkte Parteinahme für eine sich aus Unterdrückung und Knechtschaft befreiende Frau im Übergang vom Zarismus zu einer modernen Gesellschaft. In der Erzählung Nikolai Leskows ist Katerina Ismailowa eine dämonische Figur. Schostakowitsch stellt eine »energische, talentierte, schöne Frau« auf die Bühne, »die in einem finsteren, grausamen Familienkreis des kaufmännisch-leibeigenschaftlichen Russland untergeht«.

Lyrische Musik prägt Katerinas Charakter von den ersten Tönen an. »Ich sterbe noch vor Langeweile«: Stumpfsinn und Leere bestimmen ihre sinnlose Existenz zwischen einem Mann, der ihre Sehnsucht nicht versteht, und einem Schwiegervater, der sie mit aggressiven Tönen verfolgt. Schostakowitsch setzt an die Stelle realistischer Handlungsabläufe erregte emotionale Zustände: Triebstrukturen. Dieses Verfahren ist eines der Grundprinzipien der Oper.

■ Um ihrer Ehe zu entfliehen, begibt sich Katerina in ein anderes Gewaltverhältnis. Kathryn Harries in der Titelrolle und Jan Blinkhof als Sergei. Inszenierung von Johannes Schaaf, Württembergisches Staatstheater Stuttgart, 1992.

■ Die zugleich sensible und starke Russin. Schostakowitsch ergreift Partei für die sich aus ihrer Knechtschaft befreiende Frau. Kasimir Malewitsch, *Frauenbildnis*, 1933.

Die Handlung folgt in Kreisläufen dem Weg Katerinas in den Untergang. Spiegelbildlich zur ersten Szene ist ihre Arie »Ich weiß, irgendwo im Wald liegt ein See« im letzten Bild gestaltet. Einen Höhepunkt bildet Katerinas Monolog »Alles paart sich. Der Hengst läuft der Stute nach« im dritten Bild. Schostakowitsch überlässt die melodische Gestaltung dieser Arie fast ausnahmslos der Stimme Katerinas, ein in Musik ausgedrückter Befreiungskampf. Unmittelbar danach gibt sie sich dem Arbeiter Sergei hin, der ihre Einsamkeit schamlos missbraucht. Das Duett mit Sergei mündet in ein Zwischenspiel, in dem Verlauf, Höhepunkt und Ende eines Geschlechtsakts illustriert werden. Das zentrale Leitmotiv der Oper bezieht sich mit wuchtigen Hammerschlägen auf Gewalt, wie sie Menschen in extremen Situationen wahrnehmen.

Der Schicksalsweg Katerinas bestimmt die Anordnung der neun Bilder. Die drei Bilder des ersten Aktes sind als ausgedehnter Prolog gestaltet. Katerina verabschiedet sich mit einem Schwur von ihrem Mann Sinowi. Der Streit mit ihrem Schwiegervater Boris endet in dumpfen Tönen, bei denen die Zeit stillzustehen scheint. Während Katerina das Gift für die Ratten mischt, steigt in ihr unbewusst der Gedanke auf, den verhassten Despoten auf eben diese Art loszuwerden. Im zweiten Bild begleitet das Orchester die Vergewaltigung der Köchin Axinja wie in einem Film. Schostakowitsch bringt seine Erfahrungen als Stummfilmpianist ebenso ein wie die Erkenntnisse aus der Zusammenarbeit mit dem Theaterreformer Wsewolod Meyerhold.

Die beiden Bilder des zweiten Aktes verknüpfen mechanisch das Schicksal von vier Menschen: Boris, Katerina, Sinowi und Sergei. »Ich will eine ganz normale russische Familie zeigen, die sich gegenseitig schlägt und vergiftet« (Schostakowitsch). Nach dem Mord an Boris erklingt als Überleitungsmusik eine Passacaglia, die das instrumentale Kernstück der Oper darstellt. Der

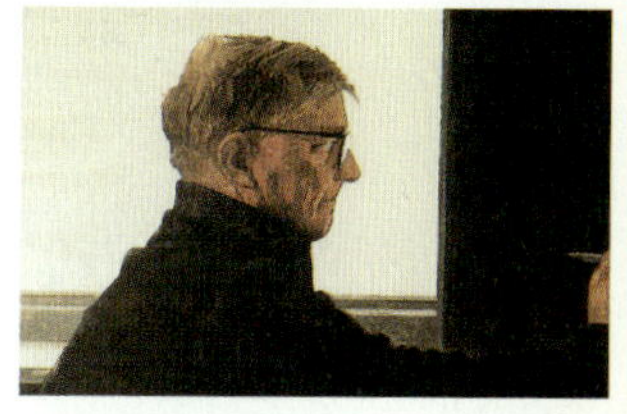

DMITRI SCHOSTAKOWITSCH
25.9.1906 – 9.8.1975

1919 Konservatorium in St. Petersburg
1928 *Die Nase*
1929 Musik zum Stummfilm *Das neue Babylon*
1936 In der *Prawda* Artikel »Chaos statt Musik«, der zur Verfolgung durch das Regime Stalins führt
1937–1941 Lehrer am Konservatorium in St. Petersburg
1940 Neue Instrumentation von Mussorgskys *Boris Godunow*
1958 Umsiedlung nach Moskau

ABHÄNGIGKEIT UND HÖRIGKEIT

Erster Akt, Drittes Bild: Katerina fühlt ihr stumpfsinniges Leben als endlose Qual an sich vorüberziehen. Schostakowitsch schildert dies 91 Takte lang ununterbrochen mit einem einzigen Thema aus schwankenden Tönen. Die gesamte Oper ist mit solchen teilweise monotonen, teilweise äußerst erregten Rastern unterfüttert. Sie bilden starre Fundamente, die entblößen, wie Menschen stets Triebstrukturen unterworfen sind. Die Offenbarung dieser auch durch Revolutionen nicht zu beseitigenden Abhängigkeit ist das verstörend Neue an der Musik von Schostakowitsch.

Zusammenhang von Gewalt und Eros wird sinfonisch eindrucksvoll untermauert. Die Gespenstererscheinungen des fünften Bildes werden psychoanalytisch modern als Neurosen und Albträume Katerinas geschildert. Die drei Genrebilder des dritten Aktes dokumentieren durch ironische Übertreibungen den zwiespältigen Zustand einer Gesellschaft zwischen reaktionärem Starrsinn und revolutionärem Aufbruch. Verkommene Typen wie der Schäbige, Prototyp des »maßlosen russischen Trinkers«, werden zu Hauptfiguren. Schostakowitsch ist stolz, mit *Lady Macbeth von Mzensk* eine »tragisch-satirische« Oper komponiert zu haben, bei der die Satire die Funktion hat, den Menschen die Masken vom Gesicht zu reißen. Das letzte Bild ist eine eindrucksvolle »Oper in der Oper«. Schostakowitsch vergegenwärtigt die für die russische Geschichte qualvolle »katorga«, den Weg der Gefangenen nach Sibirien, ans Ende der Welt, in ein Totenhaus. Am Anfang und Ende dieses Bildes erklingen auf Volksmelodien beruhende Choräle, die das Geschehen ins Allgemeingültige heben. In der Annahme ihres Untergangs findet Katerina endlich zu sich selbst. Zu Schostakowitschs Anweisung »Die Bühne ist leer« rufen am Ende monotone Paukenschläge ein letztes Mal in Erinnerung, dass diese tragisch-satirische Oper über jede ideologische Deutung hinaus ein einzigartiges Dokument über die Allgegenwart von Gewalt ist.

■ Robert Rauschenberg, *Mauer in Rom*, 1952.

LADY MACBETH VON MZENSK (LEDI MAKBET MZENSKOGO UJESDA)

OPER IN VIER AKTEN UND NEUN BILDERN
IN RUSSISCHER SPRACHE

HANDLUNG

Erster Akt, *Erstes Bild:* Katerina kann das Leben an der Seite ihres Mannes Sinowi nicht länger ertragen. Ihr Schwiegervater Boris gibt ihr die Schuld, dass ihre Ehe bisher kinderlos geblieben ist. Als Sinowi verreist, zwingt Boris seine Schwiegertochter, ihrem Mann ewige Treue zu schwören.

Zweites Bild: Arbeiter vergewaltigen, angetrieben durch den Handlungsgehilfen Sergei, die Köchin Axinja. Katerinas Erscheinen beendet das brutale Vorgehen. Sie lässt sich auf eine körperliche Auseinandersetzung mit Sergei ein, die Boris beobachtet und ihrem Mann Sinowi verraten will.

Drittes Bild: Vor ungestillter Sehnsucht kann Katerina nicht einschlafen. Unter dem Vorwand, ein Buch ausleihen zu wollen, klopft Sergei an ihre Tür. Sie gibt sich ihm hin.

Zweiter Akt, *Viertes Bild:* Boris, der selbst hinter Katerina her ist, entdeckt, wie Sergei aus ihrem Schlafzimmer steigt. Vor den Augen aller lässt er Sergei auspeitschen und im Weinkeller einsperren. Als er erschöpft etwas zu essen verlangt, bringt Katerina ihm ein vergiftetes Pilzgericht. Dem Sterbenden entwindet sie die Schlüssel zum Weinkeller und befreit Sergei.

Fünftes Bild: Sergei befürchtet, Katerina werde ihn verlassen, sobald Sinowi zurückkommt. Der Geist des toten Boris erscheint Katerina. Als Sinowi zurückkehrt und sie der Untreue bezichtigt, ermorden ihn Katerina und Sergei. Die Leiche verstecken sie im Weinkeller.

Dritter Akt, *Sechstes Bild:* Katerina wird am Tag ihrer Hochzeit von Gewissensbissen gequält. Während alle in der Kirche sind, findet der Schäbige bei der Suche nach Alkohol die Leiche Sinowis und rennt zur Polizei.

Siebentes Bild: Der Polizeichef, wütend, dass er nicht zur Hochzeit Katerinas eingeladen ist, traktiert seine Leute. Der Schäbige liefert den Polizisten den ersehnten Vorwand, sich endlich mit an der Hochzeitstafel gütlich zu tun.

Achtes Bild: Katerina überredet Sergei zur Flucht. Die Polizei vereitelt den Plan. Sergei versucht den Polizeichef zu bestechen, doch Katerina gesteht. Beide werden verhaftet.

Vierter Akt, *Neuntes Bild:* Katerina und Sergei sind mit einem Gefangenentransport auf dem Weg nach Sibirien. Durch Bestechung eines Wärters gelangt Katerina zu Sergei, der ihrer längst überdrüssig ist. Schamlos missbraucht er ihr Mitleid, um ein paar Strümpfe für seine neue Angebetete Sonjetka zu ergattern. Teilnahmslos erträgt Katerina den Spott der mitgefangenen Frauen. Die Gruppe formiert sich zum Weitermarsch. Katerina stürzt Sonjetka und sich in den Tod.

DATEN

Text: Alexander G. Preiss und Dmitri Schostakowitsch nach der gleichnamigen Erzählung von Nikolai S. Leskow

Musik: Dmitri Schostakowitsch

Uraufführung: 22. 1. 1934, Maly Theater Leningrad (St. Petersburg)

Handlungszeit: Zweite Hälfte des 19. Jahrhunderts

Handlungsort: Mzensk, eine kleine russische Kreisstadt

Spielzeit: etwa 3 Stunden

Personen: *Boris Timofejewitsch Ismailow, Kaufmann* (hoher Bass), *Sinowi Borissowitsch Ismailow, sein Sohn* (Tenor), *Katerina Lwowna Ismailowa, Frau des Sinowi* (Sopran), *Sergei, ein Handlungsgehilfe bei den Ismailows* (Tenor), *Axinja, Köchin* (Sopran), *Der Schäbige, ein verkommener Arbeiter* (Tenor), *Ein Pope* (Bass), *Lehrer, ein ortsansässiger Nihilist* (Tenor), *Betrunkener Gast* (Tenor), *Sergeant* (Bass), *Wächter* (Bass), *Sonjetka, Zwangsarbeiterin* (Sopran), *Ein alter Zwangsarbeiter* (Bass), *Zwangsarbeiterin* (Sopran), *Geist des Boris Timofejewitsch* (Chor-Bass) u. a., *Chor*

WERTUNG

Eine Musik zwischen Drama, Oper, Film und Jazz ermöglicht den Einstieg in die faszinierende Umbruchsperiode einer anderen Kultur. Revolutionäres Aufbegehren wird an einer archetypischen Frauengestalt deutlich.

Verständlichkeit:	✪✪✪✪
Eingängigkeit:	✪✪✪
Aktualität:	✪✪✪✪
Liebe und Mord:	✪✪✪✪✪
Frauenschicksal:	✪✪✪✪✪

Elektra
Die rächende Frau

Diese Oper ist eine packende Kriminalgeschichte. Wer vollbringt wann und wie den Rachemord? Aus einem Antikenthriller und Psychodrama wird die Studie einer Bewusstseinsspaltung: ein Mensch, zur Idee geboren, aber unfähig zur Tat.

■ Die heroische gegen die menschliche Stimme. Deborah Polaski als Elektra (vorne) und Karita Mattila als ihre Schwester Chrysothemis. Inszenierung von Lew Dodin, Salzburger Osterfestspiele, 1995.

Ist dieses Stück, Richard Strauss wird es immer wieder vorgeworfen, nicht doch zu laut und zu bombastisch, eine einzige »Antiken-Raserei«, wie ein Kritiker nach der Uraufführung argwöhnt? Dabei vermag doch gerade Musik Nähe und Einfühlung zu erzeugen, durch die eine ferne heroische Gestalt plötzlich zu einem vertrauten Menschen wird, der um die nächste Ecke wohnt. Aber doch nicht Elektra, die Rächerin, Megäre und Furie mit dem Beil in der Hand, an dem das Blut des ermordeten Vaters klebt? Gerade sie! Die Figur existiert einzig im Zusammenhang mit ihrer fixen Idee, den Mord an ihrem Vater Agamemnon durch eine Bluttat zu sühnen. »Wie wirken Menschen«, fragt sich Hugo von Hofmannsthal, die »schwach geworden sind und ihre Worte stark?« Sie reden »fortwährend wie in Rollen, in Scheingefühlen, scheinhaften Meinungen und scheinhaften Gesinnungen.« Wer wüsste nicht um die Gefahr, sich selbst verloren zu gehen, lebt man einzig für eine Idee, die zum Wahn werden kann?

Zentraler Ort der einaktigen Oper ist im Unterschied zum lichtdurchfluteten antiken Platz bei Sophokles ein Hinterhof in der Abenddämmerung, ein nächtlicher, düsterer und abgründiger Gedanken- und Empfindungsraum, der für Elektra Elfenbeinturm, Aktionszentrale und Grabmal in einem ist. Nach den Mordtaten des Orest wird Elektra zu tanzen versuchen und tot umfallen. Hofmannsthal und Strauss entwickeln ihr

■ Die schuldige Mutter. Klytämnestra wird von Albträumen heimgesucht. Sie möchte die Erinnerung an ihren Gattenmord loswerden. Brigitte Fassbaender als Klytämnestra. Inszenierung von Harry Kupfer, Salzburger Festspiele, 1989.

Drama konsequent vom Ende her. Der Komponist versucht, die Euphorie Elektras in die Form einer großen Abschlussarie zu zwängen. Sie zerfällt in Bruchstücke, da Elektra an dem Glück der anderen Figuren über die endlich geschehene Tat nicht teilhaben kann.

Ob die nach Mutterschaft und Ehe gierende Schwester Chrysothemis (die im Unterschied zu Elektra überleben will), ob die von Albträumen geplagte Mutter Klytämnestra (die ohne Erinnerung leben möchte), ob der die Morde schließlich vollziehende Bruder Orest (der leben wird, weil er etwas getan hat): Alle müssen zu Elektra kommen, werden magisch von ihr angezogen. »Wo bleibt Elektra?«, fragt die erste Magd im nüchternen Sprechgesang zu Beginn des Stückes. Die zweite Magd – die Szene wirkt wie aus einem Drama Shakespeares, wo die Hauptgestalt zuerst aus dem Blickwinkel von Randfiguren gesehen wird – antwortet mit einem Bezug auf die Zeit: »Ist doch ihre Stunde!« Vor die Phrase der ersten Magd setzt Strauss anstelle einer Ouvertüre ganze vier Takte, in denen das Motiv des erschlagenen Agamemnon erklingt, bei dem der Hörer auch im Folgenden stets wie im Affekt aufschreckt: das plastische Bild einer Bluttat.

> *»... und dennoch in der Verwandlung sich bewahren, ein Mensch bleiben, nicht zum gedächtnislosen Tier herabsinken. Es ist das Grundproblem der* Elektra.«
>
> HUGO VON HOFMANNSTHAL

■ Steht schon der Rächer Orest hinter ihr? Marjana Lipovšek als Klytämnestra. Inszenierung von Herbert Wernicke, Bayerische Staatsoper, München, 1997

Elektra ist in Gedanken und mit all ihren Sinnen bei ihrem Vater. Dessen Identität stülpt sie sich wie eine zweite Haut über. Künstlich erhält Elektra ein Phantom am Leben: den von ihrer eigenen Mutter ermordeten Agamemnon. Sie igelt sich in ihren Obsessionen ein.

Elektra ist eine zwischen Rache und Selbstmitleid hin und her geworfene Frau. Ihre von bestechender sinfonischer wie motivischer Kleinarbeit geprägte Auftrittsarie enthält nahezu alle wichtigen Themen der Oper. Elektras erregtes, zugleich seltsam apathisch wirkendes, da auf einem langen Ton endendes Hauptmotiv notiert Strauss erstmals bei ihrem Ausruf »Allein«. Es klingt wie eine Lebenslinie, die mit Ekstase beginnt und im Nichts endet. Unmittelbar danach ertönt im Kontrafagott, in dieser Oper das Instrument des Unbewussten, das Agamemnon-Thema, dieses Mal zur Bekräftigung von Elektras Erkenntnis »Weh, ganz allein«. Ein gerade heute aktuelles Thema dieser Oper ist die totale Isolation aller Figuren. Alle Versuche, die Vereinzelung aufzuheben, enden grotesk oder tragisch. Elektras Beschwörung an den toten Vater, er möge sich im »dunklen Mauerwinkel seinem Kind zeigen«, komponiert Strauss mit einer naiven Melodie, die viel zu schön klingt, um in einer Oper, die unentwegt von Albträumen und Selbstzerstörung handelt, wahr zu sein.

Mehrmals begegnen sich in dieser Oper Chrysothemis und Elektra. Herrisch weist Elektra den Überlebenswillen der Schwester zurück, umwirbt sie aber wenig später leidenschaftlich, um sie als Handlangerin für den Muttermord zu ge-

JUBELTÖNE, TODESSCHREIE UND ENDZEITMUSIK

Der Mord an Ägisth: Alles geht blitzschnell. Ägisth, der verhasste Gatte Klytämnestras, wird im Hintergrund ermordet. Elektra hört seine Todesschreie. Dann singt die herbeieilende Chrysothemis eine Freudenarie mit Chorstimmen, die den Namen des Orest wiederholen. »So hörst du denn nicht?«, ruft sie ihrer Schwester zu. Auf Elektras Antwort läuft das Geschehen zu. Es ist ein Satz, der unterstreicht, warum Hofmannsthals Schauspiel von vornherein Oper gewesen ist, nur dass sie noch vertont werden musste: »Ob ich nicht höre? Ob ich die Musik nicht höre? Sie kommt doch aus mir.«

winnen. Keine andere Stelle in der Oper klingt so traurig wie das nur von einer Oboe begleitete leise Bekenntnis von Chrysothemis »Immer sitzen wir auf der Stange wie angehängte Vögel«. Am Ende erleben die Schwestern die Erfüllung ihrer Wunschträume und sind einander doch so fremd wie nie zuvor. Noch Jahre nach der gemeinsamen Arbeit an Elektra bezeichnet Hugo von Hofmannsthal die in der Musik ausgedrückte Gegensätzlichkeit dieser beiden Charaktere als einen der gelungensten Einfälle: »... die Stimme der Elektra gegen die Stimme der Chrysothemis, die heroische Stimme gegen die menschliche.«

Das Bewusstsein von Klytämnestra und Elektra ist gleichermaßen von Albträumen zerrüttet. Die unverhoffte, die Fronten zwischen Täterin und Opfer kurzfristig aufhebende Annäherung von Mutter und Tochter ist der vielleicht merkwürdigste Augenblick in dieser Oper. Es fehlt in der Musik nicht viel, und

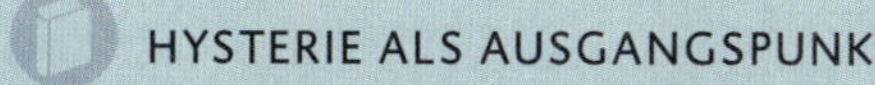

HYSTERIE ALS AUSGANGSPUNKT

Die Kultur der Griechen, so der Dichter Hermann Bahr, »war ringsum von Hysterie beschlichen«. Daher ist die Entfernung von der Antike zur Gegenwart nur ein Katzensprung. »Am 5. April starb der von ihr vergötterte Vater ... Es war das schwerste psychische Trauma, das sie treffen konnte.« Diese Aufzeichnung aus Sigmund Freuds und Josef Breuers *Studien über Hysterie, Der Fall Anna O.* (1895), genügt vollauf als Inhaltsangabe zu *Elektra*. Ein Mensch ist besessen vom Zwang zur Tat. Jetzt braucht es nur noch die Mittel des Theaters.

■ Elektra ist besessen vom Rachegedanken, doch Chrysothemis will nur überleben. Eva Marton als Elektra, Cheryl Studer als Chrysothemis. Inszenierung von Harry Kupfer, Salzburger Festspiele, 1989.

RICHARD STRAUSS
11.6.1864 – 8.9.1949

1884 Erstes öffentliches Auftreten als Dirigent
1885 Musikdirektor in Meiningen
1908 Generalmusikdirektor der Berliner Hofoper
1919 Direktor der Wiener Staatsoper
1933 Präsident der Reichsmusikkammer
1935 Rücktritt als Präsident der Reichsmusikkammer
1936 Olympische Hymne für die Olympischen Spiele in Berlin

Elektras Hass schlüge in Mitleid um. In der Charakterisierung Klytämnestras – eine komponierte Traumdeutung – berührt Strauss am deutlichsten die Atonalität, jene Musiksprache der Moderne, in der sich auch die unumgängliche Notwendigkeit zur Veränderung ausdrückt. Als einzige der ihm Vertrauten erkennt Elektra den heimgekehrten Orest nicht. Als er zu den Mordtaten eilt, die auf den Hörer so brutal und real wirken, weil sie sich zu effektvoller Musik im Kopf Elektras als surrealer Film abzuspielen scheinen, vergisst die Schwester, dem Bruder jenes Beil mitzugeben, mit dem der Vater erschlagen wurde. Je zwanghafter die Vorstellung des Mordes wird, desto unfähiger zeigt sich Elektra, bei der Tat mitzuwirken. Wie ein trennender Schatten steht der Zwang zum Mord zwischen Elektra und Orest. Strauss komponiert für die Wiedererkennung beider ein lyrisches Intermezzo, in dem stärker von unüberbrückbarer Distanz als von Geschwisterliebe die Rede ist.
Zu Elektras »namenlosem Tanz«, wie Hofmannsthal die Schlussszene bezeichnet, fügt der Dichter einen in seinem Schauspiel noch nicht enthaltenen Satz ins Libretto ein: »Liebe tötet, aber keiner fährt dahin und hat die Liebe nicht gekannt.« Bei Strauss geht das Ende dieser Phrase im frenetischen Jubelruf von Chrysothemis unter: »Elektra, ich muss bei meinem Bruder stehn.« Elektra sagt wie in Agonie zu sich: »Schweig und tanze.« Sie stürzt zusammen. Chrysothemis beschwört – es sind die letzten Worte der Oper – gegen das gewaltige Agamemnon-Motiv im Orchester den Namen Orests. Es ist ein in die Leere gehender Hilferuf. Auf die Fährten des Bruders haben sich bereits die Erinnyen geheftet, die Rachegöttinnen, die der Mythenforscher Robert von Ranke-Graves »personifizierte Gewissensbisse« nennt. Ob in der Antike oder in der Gegenwart: Der Kreislauf von Fluch, Mord und Rache geht unaufhörlich weiter.

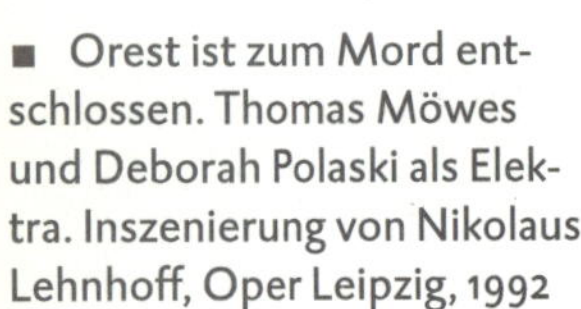

■ Orest ist zum Mord entschlossen. Thomas Möwes und Deborah Polaski als Elektra. Inszenierung von Nikolaus Lehnhoff, Oper Leipzig, 1992

ELEKTRA

TRAGÖDIE IN EINEM AUFZUG
IN DEUTSCHER SPRACHE

HANDLUNG

Vorgeschichte: Agamemnon, der König von Mykene, und seine Frau Klytämnestra haben vier Kinder: Iphigenie, Elektra, Chrysothemis und Orest. Um die Götter günstig zu stimmen, muss Agamemnon seine Tochter Iphigenie opfern. Klytämnestra verzeiht ihm diese Tat nie. Als Agamemnon siegreich mit Kassandra, der feindlichen Königstochter und Seherin, aus dem Trojanischen Krieg heimkehrt, wird er von Klytämnestra und deren Geliebtem Ägisth im Bad mit einem Beil erschlagen. Elektra bringt nach dem Tod ihres Vaters ihren Bruder Orest in Sicherheit, damit dieser später Rache an den Mördern nehmen kann. Zwanzig Jahre lang lebt sie bereits als Magd unter Mägden und wartet auf seine Rückkehr.

Bühnengeschehen: Von fünf Mägden empfindet nur eine einzige Mitleid und Verständnis für Elektra. Abfällig reagiert Elektra auf ihre Schwester Chrysothemis, die sich lieber mit den Mächtigen arrangieren würde, als auf ihren Traum zu verzichten, Geliebte und Mutter zu werden. Rätselhaft und hintersinnig antwortet Elektra auf die Fragen ihrer Mutter Klytämnestra, die Mittel erfleht, um ihre Albträume loszuwerden. Klytämnestras Angst schlägt in Euphorie um, sobald man ihr mitteilt, zwei Fremde brächten die Nachricht, Orest sei tot. Fieberhaft versucht nun Elektra, Chrysothemis zur Bluttat zu überreden, die jedoch zurückschreckt. Elektra verflucht ihre Schwester. Nun muss Elektra die Tat allein begehen. Vollkommen fixiert auf ihre Obsession, erkennt sie in einem der Fremden ihren Bruder Orest erst, als sich ihm ein alter Diener zu Füßen wirft. Im Freudentaumel über das Wiedersehen gerät der Mord beinahe ins Vergessen, bis der Pfleger des Orest die Geschwister zur Tat mahnt. Zu spät merkt Elektra, dass sie dem rasch davongeeilten Orest nicht das Beil mitgegeben hat, mit dem ihr Vater erschlagen worden ist. Gespannt wie ein im Käfig nervös hin und her hastendes Tier lauscht Elektra auf jeden Laut. Die Todesschreie Klytämnestras geben ihr Gewissheit. Mit tückischer Verstellung und Heuchelei treibt Elektra den heimkehrenden Ägisth in die Arme seiner Mörder. Chrysothemis ist außer sich vor Freude über die Rückkehr und Tat ihres Bruders. Endlich wird sie so leben können, wie sie es will. In Elektra dämmert die furchtbare Erkenntnis auf, dass mit der vollzogenen Tat ihr Leben völlig sinnlos geworden ist. Sie tanzt sich in Ekstase, bis sie tot zusammenbricht.

DATEN

Text: Hugo von Hofmannsthal nach dessen gleichnamigem Schauspiel (1903), basierend auf der Tragödie des Sophokles (um 413 v. Chr.)

Musik: Richard Strauss op. 58

Uraufführung: 25. 1. 1909, Königliches Opernhaus Dresden

Handlungszeit: Am Abend eines einzigen Tages

Handlungsort: Mykene – Hinterhof des königlichen Palastes

Spielzeit: etwa 1 3/4 Stunden

Personen: *Klytämnestra* (Mezzosopran), *Elektra, ihre ältere Tochter* (Sopran), *Chrysothemis, ihre jüngere Tochter* (Sopran), *Ägisth* (Tenor), *Orest* (Bariton), *Der Pfleger des Orest* (Bass), *Die Vertraute* (Sopran), *Die Schleppträgerin* (Sopran), *Ein junger Diener* (Tenor), *Ein alter Diener* (Bass), *Die Aufseherin* (Sopran), *Fünf Mägde* (Sopran/Sopran/ Mezzosopran/Mezzosopran/Alt), *Chor: Dienerinnen und Diener*

WERTUNG

Ein eng an die Beobachtungen der Psychoanalyse angelehntes Musikdrama, in dem moderne Ausdrucksmittel von expressiver Klangmalerei bis hin zur Atonalität enthalten sind.

Verständlichkeit: ✪✪✪
Eingängigkeit: ✪✪✪
Aktualität: ✪✪✪✪
Expressionismus: ✪✪✪✪
Schauereffekt: ✪✪✪✪✪

Tosca
Die Sängerin und Frau

Auf der Suche nach dem unvergleichlichen Zauber der menschlichen Stimme geraten Menschen in eine unerbittliche Todesmaschinerie. Die Rolle der geliebten Frau und die der gefeierten Sängerin lassen sich nicht voneinander trennen.

Der Oper eilt der Ruf voraus, ein blutrünstiges Schauerdrama zu sein. Die Handlung bezieht sich auf den Sieg Napoleonischer Truppen in der Schlacht von Marengo am 14. Juni 1800. In historischen Räumen – Kirche, Palast, Gefängnis –, die zugleich Sinnbilder von Macht und Machtmissbrauch sind, entwickelt sich ein Drama der zwielichtigen Wechselbeziehung von Kunst und Wirklichkeit. Die berühmte Sängerin Floria Tosca nimmt nicht wahr, wo das Spiel endet und die Realität beginnt.

■ Titelblatt eines zeitgenössischen Notendrucks.

Man sieht in diesem Geschichtsdrama stets das, was man hört. Der Komponist und Dirigent René Leibowitz rückt die Harmonik des Scarpia-Motivs, mit dem die Oper wie mit einem Kanonenschlag beginnt, in die Nähe der Neuen Musik von Arnold Schönberg. Man nimmt schroff nebeneinander gerückte Akkorde aus unterschiedlichen Tonarten wahr, die das Innere des bösesten Bösewichts der Operngeschichte wie auf einem Röntgenschirm abbilden. Das Geschehen wird unentwegt von gestörten Auftritten und Abgängen bestimmt, durch die Puccini eine Atmosphäre ständiger Überwachung erzeugt. Der aus der Engelsburg geflohene Republikaner Cesare Angelotti flüchtet sich in die Kirche. Puccini zeigt einen Menschen, der bereits Opfer von Scarpias Hass geworden ist und dadurch das Schicksal der anderen Figuren prophetisch vorwegnimmt. Ein Messner spioniert herum.

■ »Questo è il bacio di Tosca!« Statt des versprochenen Kusses von Tosca erhält Scarpia einen tödlichen Messerstich. Illustrierte Postkarte der Serie Altarocca, Terni.

Ohne Denunzianten kommt kein Terrorsystem aus. Die Gedanken des Malers Mario Cavaradossi, den Puccini lakonisch seinen »Herrn Tenor« nennt, sind auf das Bild fixiert, das er gerade malt. Seine Geliebte, die gefeierte Sängerin Floria Tosca, muss, da die Tür von innen verschlossen ist, mit Rufen von außen seine Aufmerksamkeit erringen, ein recht ungewöhnlicher Auftritt für eine Primadonna. Die Melodie, die bei ihrem Erscheinen in der Kirche ihre außergewöhnliche Aura charakterisiert, behält Puccini zunächst ausschließlich dem Orchester vor. Die Stelle erweckt den Eindruck, als wüsste Tosca nicht so recht, wie sie ihre Gefühle ausdrücken soll. Wann empfindet sie aufrichtig? Wann spielt sie, der gefeierte Star, lediglich eine Rolle? Puccini hat sein zentrales Thema gefunden. Am unüberbrückbaren Gegensatz von Kunst und Wirklichkeit werden die Liebenden zugrunde gehen.

Bewusst große Oper ist der erste Akt einzig in der Monumentalszene des Te Deum. Menschenmassen ziehen auf, um den Gewinn einer Schlacht zu feiern. Zugleich aber ist das Te Deum ein monströser Monolog des im Vordergrund singenden Scarpia, eine wie auf eine riesige Filmleinwand projizierte Innenansicht seiner faschistoiden, pseudo-religiös verbrämten Begierden. Puccini komponiert einen Hymnus auf die Vereinigung von Religion, Macht und Eros. Die unter die Haut gehende Aktualität einer zutiefst gestörten Persönlichkeit wie Scarpia – ein Mussolini, wäre sein Sarkasmus nicht noch perverser als bei jeder denkbaren historischen Gestalt – beruht auf der konsequenten Verweigerung der

RITUAL

Zweiter Aufzug, Schlussszene, Mord Toscas an Scarpia: Entscheidend ist die übermenschliche Anstrengung Toscas, nach dem Mord an Scarpia nicht die Nerven zu verlieren. Auf einem monotonen Ton lässt Puccini sie jenen Satz singen, den er unter keinen Umständen streichen wollte: »Und vor dem zitterte ganz Rom?« Keine andere Szene in der Geschichte der Oper ist so affirmativ mit einer bestimmten Interpretation verbunden, nämlich der von Maria Callas als Tosca. Sie unterstreicht in ritualisierten Gesten, dass dieses Stück eben kein Schauerdrama, sondern ein großes Trauerspiel ist.

GIACOMO PUCCINI
22.12.1858 - 29.11.1924

1880 Studium am Mailänder Konservatorium, Schüler u. a. von Ponchielli
1883 Durchschlagender Erfolg mit *Manon Lescaut* - lebenslange Rente des Verlages Ricordi
1884 Erste Begegnung mit Elvira Bonturi
1903 Heirat mit Elvira Bonturi
1906 Reise nach New York, Aufführungen an der Metropolitan Opera
1917 Weltpremiere von Puccinis einziger Operette *Die Schwalbe* in Monte Carlo
1922 Erste Anzeichen von Kehlkopfkrebs

Arie. Scarpias Domäne ist es, die Ausdrucksmittel der Oper zur Befriedigung seiner sadistischen Neigungen zu missbrauchen. Er hat es in der Hand, die Türen zur Folterkammer schließen und öffnen zu lassen. Da das Gehörte umso bildhafter wirkt, je weniger man es tatsächlich sieht, zeichnet sich die Folter Cavaradossis im Gesicht und der Stimme Toscas umso eindringlicher ab. Der verzweifelte Versuch Toscas, Scarpia durch ihre Lebensbeichte in der Arie »Vissi d'arte« (»Ich lebte für die Kunst«) umzustimmen, scheitert. Keine noch so schöne Musik hält realer Gewalt stand.

Tosca versucht im dritten Akt, ihre Lebenslüge, Wirklichkeit und Spiel voneinander zu trennen, unvermindert aufrechtzuerhalten. Cavaradossi fügt sich widerstandslos in den Tod, den Tosca durch ein Schauspiel zu überlisten glaubt. Sein Bekenntnis »Und ich sterbe verzweifelt«, bewusst pathetisch gesungen, gehört zu den bevorzugten Redewendungen des häufig depressiven Puccini. Gegen den heftigen Einspruch seines Verlegers Ricordi, der dritte Akt sei »in Idee und Ausführung gänzlich verfehlt«, besteht der Komponist auf einer radikalen Straffung des obligatorischen Liebesduettes: »Die fragmentarische Form ist beabsichtigt.« Das im zweiten Akt noch leise verklungene Motiv von Scarpias heuchlerischer Lüge, Cavaradossi möge nur zum Schein erschossen werden, verdichtet sich jetzt gewaltig. Die unabwendbare Realität des Todes lässt sich nicht länger leugnen. Auch die Autoren der Oper, die ihre Heldin zunächst im Wahnsinn enden lassen wollen, sehen das Unumgängliche ein. Alle Bedenken Puccinis, ein Sprung von der Plattform der Engelsburg in den Tiber sei wegen einer Landzunge unmöglich, wischt Sardou, der Dichter der Schauspielvorlage, im Gespräch mit ihm brüsk weg. Das Melodrama verläuft nach anderen Gesetzen als die Wirklichkeit. Daher ist es so wahr.

■ Tosca wehrt sich gegen Scarpias Verführungskünste. Robert Hale und Nelly Miricioiu. Inszenierung von Boleslaw Barlog, Deutsche Oper Berlin, 1987.

TOSCA

MELODRAMMA IN DREI AKTEN
IN ITALIENISCHER SPRACHE

HANDLUNG

Erster Akt: Der aus der Engelsburg geflohene Staatsgefangene Cesare Angelotti sucht Schutz in der Kirche Sant' Andrea della Valle, wo seine Schwester, die Marchesa Attavanti, Frauenkleider für eine Flucht hinterlegt hat. Ein Messner stellt fest, dass das Gemälde, an dem der Maler Mario Cavaradossi gerade arbeitet, auffällig jener schönen Frau gleicht, die in den letzten Tagen in der Kirche betete. Das Gespräch zwischen Cavaradossi und Angelotti wird von außen durch die Rufe der Primadonna Floria Tosca gestört, der Geliebten Cavaradossis. Ist sie eingetreten, hat Cavaradossi Mühe, ihre Eifersucht zu besänftigen. Mit der Aussicht, den Abend mit ihr in seiner Villa zu verbringen, gelingt es Cavaradossi, Tosca wegzuschicken. Er verrät Angelotti einen Brunnen im Garten seiner Villa, in dem sich der Entflohene bei Gefahr verstecken kann. Ein Kanonenschuss kündigt den Ausbruch eines Gefangenen aus der Engelsburg an. Cavaradossi eilt mit Angelotti zum Versteck. Die Ausgelassenheit des Messners und der Messdiener über die Nachricht, Napoleon sei besiegt worden, wird durch den Auftritt des Polizeichefs Scarpia erstickt. Schlüssig stellt Scarpia eine Verbindung zwischen den Aussagen des Messners und einem aufgefundenen Fächer der Attavanti her. Tosca kehrt in die Kirche zurück. Scarpia zeigt ihr den Fächer.

Zweiter Akt: Scarpia speist allein im Palazzo Farnese. Er bestellt mit einem Billett Tosca zu sich. Der Scherge Spoletta berichtet, dass man zwar Angelotti nicht gefunden, dafür aber Cavaradossi gefangen habe. Da Cavaradossi im Verhör schweigt, befiehlt Scarpia, ihn zur Folterung zu bringen. Auch Tosca leugnet vor Scarpia ihr Wissen. Erst als sie die Schreie des gefolterten Geliebten hört, verrät sie das Versteck. Der zurückgebrachte Cavaradossi verstößt sie und verhöhnt Scarpia als Henkersknecht. Dies bedeutet sein Todesurteil. Will Tosca ihn retten, muss sie sich Scarpia hingeben. Nachdem sie erfährt, Angelotti habe Selbstmord verübt, ist Tosca bereit, Scarpias Forderung unter der Bedingung zu erfüllen, dass Cavaradossi nur zum Schein erschossen wird. Als Scarpia sie zu umarmen versucht, ersticht ihn Tosca.

Dritter Akt: Cavaradossi wird zur Hinrichtung auf die Plattform der Engelsburg gebracht. Tosca kommt, um ihm den Plan zur Befreiung zuzuflüstern. Sie schärft ihm ein, wie er seinen Tod zu spielen hat. Als er sich nach der Erschießung nicht mehr rührt, begreift sie den Betrug Scarpias. Ihrer Verhaftung kommt Tosca durch den Sprung von der Engelsburg zuvor.

DATEN

Text: Giuseppe Giacosa und Luigi Illica nach dem Schauspiel *La Tosca* von Victorien Sardou

Musik: Giacomo Puccini

Uraufführung: 14. 1. 1900, Teatro Costanzi Rom

Handlungszeit: Ein oder zwei Tage nach der Schlacht von Marengo am 14. Juni 1800

Handlungsort: Rom; Schauplätze: Die Kirche Sant' Andrea della Valle, Palazzo Farnese, Plattform der Engelsburg

Spielzeit: etwa 2½ Stunden

Personen: *Floria Tosca, eine berühmte Sängerin* (Sopran), *Mario Cavaradossi, ein Maler* (Tenor), *Baron Scarpia, Chef der Polizei* (Bariton), *Cesare Angelotti* (Bass), *Spoletta, Polizeiagent* (Tenor), *Der Messner* (Bariton/ Bass), *Sciarrone, ein Gendarm* (Bass) *Ein Schließer* (Bass), *Ein Hirte* (Knabenstimme), *Ein Kardinal, der Staatsprokurator, der Gerichtsdiener Roberti, ein Schreiber, ein Offizier, ein Sergeant* (Stumme Rollen), *Chor: Soldaten, Sbirren, Damen, Herren, Bürger*

WERTUNG

Diese Oper ist ein exzellentes Beispiel für die Untrennbarkeit von Musik, Drama und Historie. In der Verweigerung großer geschlossener arioser Formen ist *Tosca* beinahe schon eine Anti-Oper mit Anklängen an die kolportagehafte Dramaturgie des Films.

Verständlichkeit:	✪✪✪✪
Eingängigkeit:	✪✪✪✪
Aktualität:	✪✪✪
Melodramatik:	✪✪✪✪
Historiendrama:	✪✪✪✪✪

Fidelio
Die den Mann befreiende Frau

Aus einem Revolutionsdrama wird eine politische Oper, die weit über bürgerliches Denken hinausragt. Vom Verhalten jedes Einzelnen kann das Schicksal der Menschheit abhängen. Zentrales Thema dieser Oper ist das Gefängnis.

Mit *Fidelio* werden bis heute gerne Opernhäuser eingeweiht und feierlich Jubiläen begangen. Darsteller einer »Proletkult«-Inszenierung in Leningrad reißen sich 1928 Masken und Kostüme vom Leib, als die Gefangenen im Namen des Königs befreit werden: »Das widerspricht unserem Klassenbewusstsein!« »Ein Gottesdienst zum Dank an den Schöpfer, der uns arme, kleine, gequälte Menschen mit dem Genie des Führers beschenkt hat«, preist der *Völkische Beobachter* im März 1938 eine Aufführung an der Wiener Staatsoper. »Es war ein Skandal …, dass sich Sänger fanden, ihn (Fidelio) zu singen, Musiker, ihn zu spielen, ein Publikum, ihm zu lauschen«, urteilt Thomas Mann im September 1945 über die Festoper zu Zeiten »deutscher Selbstbefreiung«. So merkwürdig es gerade bei einem »Klassiker« anmutet, jede Neuinszenierung des *Fidelio* ist zugleich eine Uraufführung, durch die diese Oper dem Publikum neu zugänglich gemacht werden muss. Das Werk wird Rettungs- und Befreiungsoper genannt, ein Weg vom Dunkel ans Licht. Diese Definitionen verschleiern eher die Problematik, historische, dramatische und ethische Aspekte zu einem Bühnengeschehen zu ver-

■ Hinab ins Innere des Selbst. Leonore verkleidet sich als Mann, um Florestan aus dem tiefsten Kerker zu befreien. Leonore, Marzelline und Rocco. Inszenierung von David Pountney, Bregenzer Festpiele, 1995.

■ Das Credo der Revolutionsoper: »Wer du auch seist, ich will dich retten, bei Gott, du sollst kein Opfer sein!« Jean-Baptiste Regnault: *Freiheit oder Tod*.

binden. Die Oper entsteht im Verlauf eines komplizierten Werkstattprozesses in mehreren Fassungen. Wie in seiner Instrumentalmusik, so habe er auch bei der Oper, schreibt Beethoven an Georg Friedrich Treitschke, »immer das Ganze vor Augen« – nur dass es bei diesem Stoff »immer auf eine gewisse Weise geteilt worden sei«. Bis heute hält das Fehlurteil an, das Werk sei ein uneinheitliches Stilgemisch aus Singspiel, Nummernoper, sinfonischem Drama und Oratorium. Der Theatermann Giorgio Strehler unterstreicht die Untrennbarkeit von Inhalt und Form und bezeichnet *Fidelio* als eine »Herausforderung an die klassische Ordnung«. Ernst Bloch nennt in seiner von dem Bekenntnis »Nirgends brennen wir genauer« ausgehenden Analyse das Stück die Neuschöpfung eines mythischen Dramas: »... und nun das ungeheure Grundspiel von Kampf, Not, Trompetensignal in die letzte Finsternis, Auferstehung.« Beethoven zitiert 1820 in seinem Konversationsheft einen Satz von Immanuel Kant: »Das Moralische Gesetz in uns, und der gestirnte Himmel über uns.« An keiner anderen Stelle wird die Ausnahmestellung des Werkes so deutlich wie im Bekenntnis der Titelfigur: »Wer du auch seist, ich will dich retten, bei Gott, du sollst kein Opfer sein!« Beethoven verwirklicht Kants

OPERNREVOLUTION

Nr. 9, Rezitativ und Arie der Leonore: Leonores Satz »Abscheulicher, wo eilst du hin?« hätte ein anderer Komponist sicherlich in gesprochener Sprache belassen. Beethovens Leonore muss ihn singen, da sich ihr der rasche Abgang des Tyrannen Don Pizarro als unauslöschliches Bild in Herz und Hirn gräbt. Beethoven fasst Leonores Eindruck in ein kurzes Motiv, das die Streicher vor dem ersten Gesangeinsatz im Kanon wiederholen. Der Schmerz wird hörbar. Es ist eine völlig neue, gestische Musik, durch die Wahrnehmung in einen körperlichen Reflex verwandelt wird. Tyrannei wird als Folterung eines einzelnen Menschen begreifbar.

■ Befreiung aus der Namenlosigkeit. Karen Robertson als Leonore. Inszenierung von Gottfried Pilz, Landestheater Linz, 1999.

Forderung, die Handlung des Einzelnen müsse dem für jeden spontan erkennbaren moralischen Gesetz entsprechen.

Den zentralen Handlungsfaden der Oper, Leonores Weg zu Florestan, schildert Beethoven in allen nur erdenklichen Formen vom Dialog über das Rezitativ und das Melodram bis zur höchst expressiven Arie. Unmittelbar vor dem ersten Wiedersehen zwischen Leonore und Florestan erstirbt der Gesang. Nicht einmal Musik ist mehr in der Lage, die ungeheure innere Anspannung der Figuren auszudrücken. Mit einer bis dahin in der Geschichte der Oper unvorstellbaren gegenseitigen Durchdringung von Sprache und Musik legt Beethoven Zeugnis von einem Riss ab, der mitten durch die Welt geht. Der Mensch ist des Menschen größter Feind. Ist die ungeheure Heldentat gelungen, singen Leonore und Fidelio allein für sich von »namenloser Freude«. Die Befreiung kommt so unerwartet, dass sie alles Sagbare übersteigt. Dieser innere Ausbruch unterscheidet sich krass von jenem Hymnus, den das Volk im letzten Bild daraus macht, angeführt von einem Minister, der wie alle Realpolitiker im passenden Augenblick erscheint. »Wer ein holdes Weib errungen, stimm' in unsern Jubel ein«, heißt es am Ende von Fidelio. Nie zuvor klang ein Opernschluss so frenetisch, so forciert. Die Stimmen Einzelner drohen im Chor unterzugehen.

Schmal ist der Grat, auf dem sich in dieser Oper die Figuren zwischen Identität und Namenlosigkeit bewegen, ganz gleichgültig, ob als Täter oder Opfer. Wie die auf einen banalen, eben dadurch so gefährlichen Marsch folgende Arie Pizarros »Ha, welch' ein Augenblick« versinnbildlicht auch Leonores große Szene »Abscheulicher, wo eilst du hin?« den Übergang vom Gedanken zur Tat. Nur geht es nicht um Gewalt, sondern um Zuver-

»Frei sein können Menschen nur im Bezug aufeinander, also nur im Bereich des Politischen und des Handelns; nur dort erfahren sie, was an Freiheit positiv ist und dass sie mehr ist als ein Nicht-gezwungen-Werden.«

HANNAH ARENDT

sicht und Euphorie. Die Gefühle Einzelner überträgt Beethoven, darin liegt ein neuartiges Konzept für die »politische Oper«, auf die Affekte der Masse. Der lauten Befreiung des letzten Finales steht dabei die lähmende Stille des ersten Finales entgegen. Über einem lange gehaltenen Ton drängen ausgemergelte Gestalten wie Schemen ans Tageslicht. Zu sehen sind sie einzig durch Töne: »O, welche Lust, in freier Luft, den Atem leicht zu haben.« Der Gefangenenchor klingt nicht wie ein Fanal zum Aufbruch, sondern wie eine vage Hoffnung, die von einer Sekunde zur nächsten verlöschen könnte. Wird Fremdheit für kurze Augenblicke aufgehoben, geschieht dies bereits ziemlich zu Anfang der Oper. Beethoven lässt Rocco, Marzelline, Leonore und Jacquino – vier Menschen, deren Gedanken um völlig unterschiedliche Gefühle kreisen – in einem Kanon innerer Stimmen zu einem unverwechselbaren Ich finden. »Mir ist so wunderbar, es engt das Herz mir ein«. Nie wieder erreichen Figuren eine so große individuelle Betroffenheit, freilich in unaussprechlicher Beklemmung, wie unter einer Glasglocke gesungen. *Fidelio* ist auch eine Oper über die Unvereinbarkeit von privaten Stimmen und öffentlicher Meinung. Florestans Aufschrei »Gott! Welch Dunkel hier!« eröffnet den zweiten Aufzug. »Nichts in der Oper ist das, was es zu sein

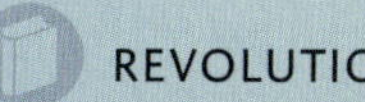

REVOLUTIONSOPER

Ein historisches Ereignis wird theatralisiert. Der Librettist Jean Nicolas Bouilly feiert 1790 als Royalist noch Ludwig XVI., bevor er 1793 als Republikaner Ankläger in Tours wird. Einen Prozess gegen seinen Jugendfreund Graf René de Semblancay verschleppt er. Der Kerkermeister Pujol schmuggelt die Frau des Grafen, als Bäuerin verkleidet, ins Gefängnis. Die Geschichte schlachtet Bouilly gleich doppelt aus, für *Der Wasserträger* (Musik von Cherubini) und *Leonore oder die eheliche Liebe* (Musik von Gaveaux).

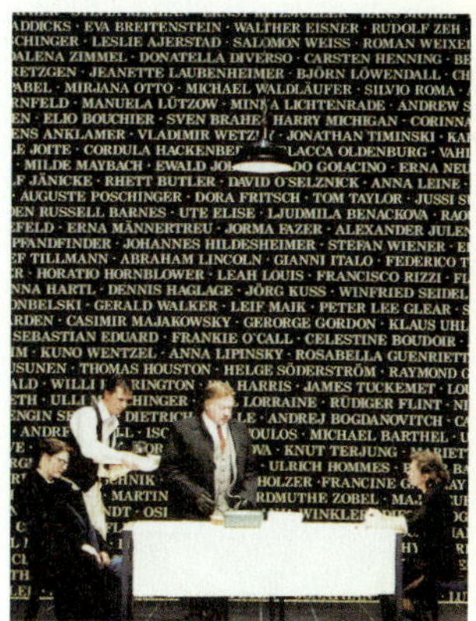

■ Hinter der Masse von Namen wird der Einzelne namenlos, verliert seine Identität. Der Kerkermeister Rocco spricht zu den Gefangenen. Franz Kalchmair als Rocco. Szene aus der Linzer Inszenierung.

LUDWIG VAN BEETHOVEN
17.12.1770 – 26.3.1827

1792 Übersiedlung nach Wien, Studium u. a. bei Joseph Haydn
1798 Beginn des Gehörleidens
1800/01 Ballettmusik *Die Geschöpfe des Prometheus, Erste Sinfonie*
1810 Bühnenmusik zu *Egmont*
1811 Bühnenmusik zu *Ruinen von Athen* von Kotzebue
1813 *Wellingtons Sieg*
1819 Völlige Taubheit, Beginn der *Missa solemnis*

scheint«, schreibt der Dichter Hans Magnus Enzensberger 1974 in einer Neufassung der Dialoge und spricht von einer »täuschenden Dunkelheit«. Beethoven begreift Florestan als einen Menschen ohne festgefügtes Ich. Im ersten Abschnitt seiner Arie ist er eine tonlose Stimme im »Wüsten Land«. Im zweiten Abschnitt ist von des »Lebens Frühlingstagen« die Rede – Utopie der Freiheit, nicht von dieser Welt. Im letzten Abschnitt erscheint ihm Leonore als »tröstender Engel«. Der Monolog ist ein am Rande des Wahnsinns angesiedeltes Duett mit sich selbst. Geistige Leere kann einen Menschen totaler vernichten als jede physische Auszehrung.

Menschen drohen sich in diesem Stück immer wieder abhanden zu kommen. Marzelline wächst über sich hinaus, da sie aus Liebe zu Fidelio ebenso schuldig wird wie Leonore durch vorgetäuschte Gefühle für sie. Am Ende hat Marzelline alles verloren. Gerade das Drama der Kleinbürger nimmt Beethoven in diesem Stück sehr ernst. Es gibt keine Freiheit ohne Verzicht.

Um Identität ringt der im biederen Singspielton das Gold preisende Kerkermeister Rocco. Aus der Perspektive des 20. Jahrhunderts ist er ein gespenstischer »Bruder Eichmann«. Beethoven beleuchtet ausführlich die Tragik gerade dieses Mitläufers, der jedem Regime jederzeit als willfähriges Ausführungsorgan dienen könnte. Fraglich bleibt, wo diese Oper zwischen Konzentrationslager und Isolationshaft heute auf der Bühne angesiedelt werden muss, ohne nur vordergründig aktualisiert zu wirken. Ludwig van Beethoven jedenfalls geht einen entscheidenden Schritt über jede konkrete Historie hinaus. Die Welt ist ein leerer Raum ohne Orientierung, es sei denn, Menschen fänden sie in ihrem Inneren.

■ Rettung in letzter Sekunde. Leonore stellt sich zwischen Don Pizarro und Florestan. Johan Botha, Karen Hüffstodt und Monte Pedersen. Inszenierung von Herbert Wernicke. Salzburger Festspiele, 1998.

FIDELIO

OPER IN ZWEI AUFZÜGEN
IN DEUTSCHER SPRACHE

HANDLUNG

Erster Aufzug: Marzelline, die Tochter des Kerkermeisters Rocco, verweigert dem Pförtner Jacquino ihre Zuneigung, da sie Fidelio liebt, ohne zu wissen, dass es sich um die als Mann verkleidete Leonore handelt, die ihren Gatten Florestan retten will. Leonore benützt Roccos Einwilligung in eine Heirat mit Marzelline als Vorwand, ihn endlich in den tiefsten Kerker begleiten zu dürfen, wo sie Florestan vermutet. In einem von Rocco ausgehändigten Brief wird Don Pizarro, der Gouverneur des Staatsgefängnisses, vor einem baldigen Besuch des Ministers gewarnt, der Hinweise erhalten haben soll, es gäbe Opfer willkürlicher Gewalt. Alles muss jetzt rasch gehen. Da sich Rocco weigert, Florestan zu ermorden, will Pizarro die Tat selbst ausführen. Sobald sich der Minister nähert, soll ein Trompetensignal ertönen. Rocco, alarmiert durch Don Pizarros Brutalität, gibt Fidelios Wunsch nach, die Gefangenen ans Tageslicht zu lassen. Fidelio soll Rocco in das tiefste Gewölbe folgen, wo beide das Grab für jenen Gefangenen ausheben sollen, der schon seit Wochen stets immer weniger zu essen bekommt. Pizarro erscheint und macht Rocco zornig Vorwürfe wegen seines eigenmächtigen Handelns. Rocco redet sich auf das Sonnenlicht und auf den Namenstag des Königs heraus. Pizarro schärft Rocco ein, nie wieder so eigensinnig zu handeln. Er befiehlt ihm, die Gefangenen zurückbringen zu lassen, um dann unverzüglich alles für den geplanten Mord vorzubereiten.

Zweiter Aufzug: In einer Vision glaubt Florestan, Leonore als rettenden Engel vor sich zu sehen. Rocco und Fidelio beginnen, das Grab auszuheben. Obwohl Leonore zunächst nicht wahrnimmt, wer der Gefangene ist, fasst sie den Entschluss, ihn zu retten, gleichgültig wer er sei. Sie erkennt Florestan jedoch an seiner Stimme. Rocco und sie reichen ihm Wein und Brot. Als Don Pizarro zur Bluttat schreitet, wirft Leonore sich dazwischen. Als Pizarro auch sie töten will, richtet Leonore die Pistole gegen ihn. In diesem Augenblick ertönt das befreiende Trompetensignal. Don Pizarro stürzt davon, Rocco ihm nach. Leonore und Florestan sind allein. Das Volk stürmt das Gefängnis. Der Minister, ein Freund Florestans, wird von Rocco über die Zusammenhänge aufgeklärt. Er schenkt allen Gefangenen die Freiheit.

DATEN

Text: Josef Sonnleithner, Stephan von Breuning und Georg Friedrich Treitschke frei nach Jean Nicolas Bouilly

Musik: Ludwig van Beethoven, op. 72

Uraufführung: Erste Fassung 20. 11. 1805, Theater an der Wien; zweite Fassung 29. 3. 1806, Theater an der Wien; endgültige Fassung 23. 5. 1814, Kärntnertortheater Wien

Handlungszeit: Während der Wirren der Französischen Revolution

Handlungsort: Ein spanisches Staatsgefängnis, einige Meilen entfernt von Sevilla

Spielzeit: etwa 2½ Stunden

Personen: *Don Fernando, Minister* (Bassbariton), *Don Pizarro, Gouverneur eines Staatsgefängnisses* (Bariton), *Florestan, ein Gefangener* (Tenor), *Leonore, seine Gemahlin, unter dem Namen »Fidelio«* (Sopran), *Rocco, Kerkermeister (Bass), Marzelline, seine Tochter* (Sopran), *Jacquino, Pförtner (Tenor), Erster Gefangener* (Tenor), *Zweiter Gefangener* (Bass), *Chor*

WERTUNG

Fidelio ist eine mitleidlose Studie über die Entfremdung und Selbstentfremdung, die dem Menschen unter Gewalt und Terror drohen. Die Ursachen dafür sind nicht allein in der Gesellschaft, sondern in jedem Menschen selbst zu suchen. Das ist die ungeheure Herausforderung, die diese Oper an jeden ihrer Zuhörer stellt.

Verständlichkeit:	✪✪✪✪
Eingängigkeit:	✪✪✪✪
Aktualität:	✪✪✪✪
Heldenoper:	✪✪✪✪✪
Revolutionsdrama:	✪✪✪✪

West Side Story

Das junge Paar

Diese aktuelle Version von *Romeo und Julia* ist ein Handlungsballett mit Musik, eine Oper mit modernen Klängen und Rhythmen und weit mehr: das Ende der Tradition der »musical comedy« und der Beginn der Geschichte des Musicals.

■ Liebe in Zeiten der Gewalt. Nicht Familienfehden wie in *Romeo und Julia*, sondern die Feindschaft zwischen zwei Banden zerstört das Liebesglück von Maria (Natalie Wood) und Tony (Richard Beymer).

Leonard Bernstein, Komponist, Dirigent und Pianist, arbeitet seit Ende der 40er Jahre intensiv an der Idee zu einer Neufassung von *Romeo und Julia* mit zeitgenössischer Musik. Ausgangspunkt ist der Gedanke, die bei Shakespeare dargestellte Feindschaft zweier Familienclans als Konflikt zwischen Juden und Christen zu schildern. Daher ist als Handlungsort anfangs die Lower East Side von New York geplant, ein Viertel, in dem diese unterschiedlichen Religionsgemeinschaften zusammenleben. Im Verlauf der Auseinandersetzung mit dem Stoff tritt für Bernstein an die Stelle des religiösen ein soziales Problem. Und mit ihm verändert sich der Ort des Geschehens. Aus der East Side New Yorks wird die Upper West Side. Zwei Jugendbanden, die Jets (Düsenjäger) und die Sharks (Haie), geraten miteinander in Konflikt. Im Song »Gee, Officer Krupke« wird eine verwahrloste westliche Gesellschaft angeklagt, die ihre Kinder in zerrüttenen Verhältnissen aufwachsen lässt. Und es geht um junge Asylanten, damals aus Puerto Rico (heute wäre es Kuba), die von illusionären Vorstellungen nach Amerika, ins Land der Träume, gelockt worden sind. Bernstein fängt diesen Konflikt ohne Abstriche am Unterhaltungscharakter im Song »America« ein, in dem zwei Kulturen und ihre Musiksprachen aufeinander prallen. Seitdem ist das Wort »Amerika« untrennbar mit drei absteigenden

Noten verbunden, denen sechs kurze Noten vorangehen, in denen davon gesungen wird, wie »schön« es doch angeblich in diesem Land sei.

■ Bandenkampf mit tödlichem Ausgang. Szene aus dem Film *West Side Story* von Robert Wise und Jerome Robbins, USA 1960.

Vor allem ein Einwand scheint zunächst gegen das zusammen mit dem Autor Arthur Laurents und dem Choreographen Jerome Robbins geplante Stück Bernsteins zu sprechen. Niemand außer diesen drei Idealisten kann sich ein Broadway-Musical mit einem tragischen Ende vorstellen. Bis zur Uraufführung, danach allerdings, wie Bernstein ironisch resümiert, tatsächlich nie wieder, sei es ihm stets vorgeworfen worden, die widersinnige Abgrenzung zwischen »Oper und Broadway, zwischen Realismus und Dichtung, zwischen klassischem Ballett und improvisiertem Tanz, zwischen abstrakter und repräsentativer Kunst« aufbrechen zu wollen. Ein Leben lang ärgert sich Bernstein über die kleinkarierte Unterscheidung in E- und U-Musik, in angeblich ernste, klassische und davon streng geschiedene unterhaltsame Musik. Er plädiert dagegen für eine »exakte Musik«. Darunter versteht er, »daß ein Komponist Musik Ton für Ton aufgeschrieben hat, damit jeder Instrumentalist und jeder Sänger sie so spielt oder singt, wie er sie komponiert hat.« Dies klingt selbstverständlich und ist doch in der Praxis oft schwer zu realisieren, da es intime Kenntnis und absolute Identifikation mit einer Partitur voraussetzt. Die den Hörer bis heute faszinierende Ursprünglichkeit und Improvisationskraft der *West Side Story* beruht auf »exakter« Struktur und Organisation.

Im Prolog, einem der zahlreichen instrumentalen, zumeist aus Gegenwartstänzen bestehenden Zwischenspiele, ist selbst das Fingerschnippen der Bandenmitglieder genau notiert. Es charakterisiert den Versuch junger Menschen, mit ihren Minderwertigkeitsgefühlen fertig zu werden. Das zentrale musikalische Thema des Prologes besteht aus fünf Tönen im stets gleichen Rhythmus, eine explosive Mischung aus

DIE UNVERGÄNGLICHE GESCHICHTE

»Denn in diesen heißen Tagen ist das tolle Blut aufrührerisch.« Dieser Satz aus der einleitenden Passage von William Shakespeares Liebestragödie *Romeo und Julia* charakterisiert eine unvergleichliche Atmosphäre. Den Autoren des Musicals wird rasch klar, dass man das Milieu neu erfinden muss, um das Atmosphärische und die unverwechselbaren Charaktere zu erhalten. Zu *Romeo und Julia* gehört unverzichtbar ein Balkon. Daraus wird bei Bernstein die in einen Hinterhof führende Feuerleiter, das unverkennbare Markenzeichen der modernen Version eines unsterblichen Klassikers.

LEONARD BERNSTEIN
25. 8. 1918 –
14. 10. 1990

1934 Erstes öffentliches Auftreten als Pianist
1938 Erstes Konzert als Komponist
1951 Heirat mit Felicia Montealegre Cohn
1956 Chefdirigent des New York Philharmonic Orchestra
1964 Debüt an der Metropolitan Opera New York
1971 Fernsehaufzeichnungen, vor allem von Sinfonien Gustav Mahlers
1982 Künstlerischer Direktor des Los Angeles Philharmonic Institute
1986 »Leonard Bernstein«-Festival« in London

moderner Musik und Jazz. Die charakteristischen Intervalle dieses Themas, die Räume zwischen den Tönen, sind die aufsteigende Septe und die absteigende Quarte. Es ist eine Chiffre für Gewalt, die sich dem Hörer unweigerlich auch als Ausdruck der Ausweglosigkeit einprägt.

Als Kontrapunkt zur Welt der Jugendbanden fasst Bernstein die Sphäre der beiden jungen Liebenden Tony und Maria in suggestive Melodien, die zuweilen so emphatisch klingen wie in großen Opernszenen. Bestimmte Intervalle, also charakteristische Räume zwischen den Tönen, versinnbildlichen je nach dramatischer Situation Gewalt oder Hoffnung. Auf diese Weise entsteht im Stil der von Bernstein geforderten »exakten Musik« jene unvergessliche Liebesmelodie, ohne die keine Version von *Romeo und Julia* vorstellbar wäre, einem Paar, das man sich einzig jung und wenige Stunden vor einer tödlichen Katastrophe vorstellen kann: »Tonight, tonight«. Bernstein benennt in einem weiteren Song den Ort, an dem der Hass verlöscht und die Liebe triumphiert: »Somewhere«, irgendwo. Diese Melodie beginnt mit einer jetzt ruhig aufsteigenden Septe. Ein musikalisches Zeichen, das zuvor Gewalt assoziierte, wird zum Ausdruck für Liebe und Hoffnung auf eine bessere Zukunft. Die *West Side Story* ist ein realistisches Musical mit tragischem Ausgang und einer in der Musik festgehaltenen Vision. Nicht Vincenzo Bellini oder Charles Gounod, die Opern über Romeo und Julia verfasst haben, sondern der Zeit seines Lebens leidenschaftlich gegen jede musikalische und gesellschaftliche Bevormundung kämpfende Leonard Bernstein macht aus dieser größten Liebestragödie der Weltliteratur den musikdramatischen Klassiker.

■ Heute ist nicht mehr vom strikten Einwand die Rede, der vor der Uraufführung erhoben wurde: nämlich, dass es ein Musical mit einem tragischen Ausgang nicht geben könne.

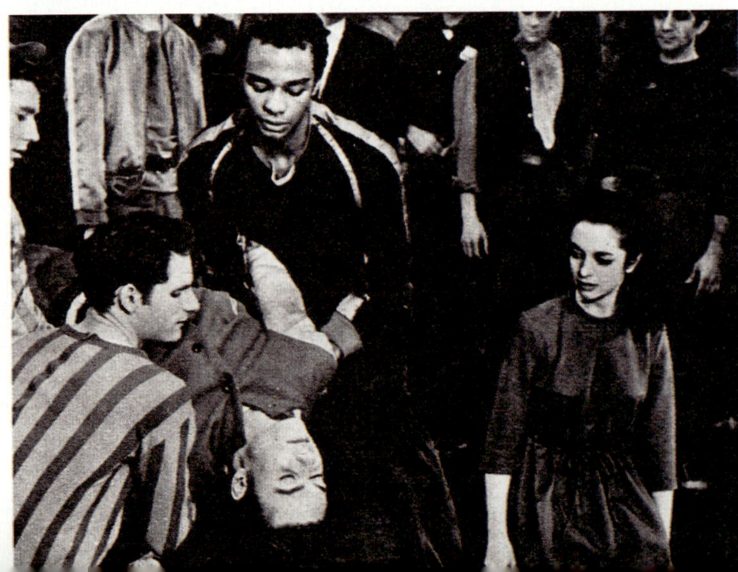

WEST SIDE STORY (THE WEST SIDE STORY)

MUSICAL IN ZWEI AKTEN
IN ENGLISCHER SPRACHE

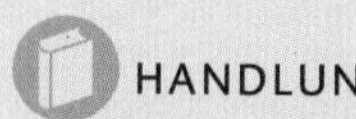

HANDLUNG

Erster Akt: Zwei Jugendbanden streiten um die Vormacht. Sowohl die unter der Führung von Riff stehenden amerikanischen Jets (Düsenjäger) als auch die aus Puerto Rico stammenden und von Bernardo befehligten Sharks (Haie) beanspruchen die Vorherrschaft über ein bestimmtes Viertel in der New Yorker West Side. Riff, Action, Baby John, Snowboy und weitere Mitglieder der Jets geraten in eine Auseinandersetzung über die Rolle von Tony, der sich schon seit längerer Zeit distanziert zur Gang verhält. Bernardo erscheint mit seiner Freundin Anita, seiner Schwester Maria, deren Verlobten Chino und seiner Gang auf einem Tanzfest. Riff fordert Bernardo im Tanzsaal, auf neutralem Boden, zur seiner Ansicht nach längst überfälligen Entscheidung zwischen den Gangs auf. Sie soll in einem Zweikampf fallen. Tony und Maria verlieben sich auf den ersten Blick ineinander. Die Mädchen aus Puerto Rico träumen davon, in Amerika endlich anerkannt zu werden und jenes Zuhause zu finden, das sie sich von diesem Land erträumt haben. Die Gangs bereiten sich auf die große Auseinandersetzung vor. Riff schärft seinen Bandenmitgliedern ein, unter allen Umständen Kühle und Beherrschung zu bewahren. Doc, der Besitzer eines Drugstores, will im Gegensatz zu Tony nicht daran glauben, dass es tatsächlich bei dem verabredeten Zweikampf bleibt. Maria und Tony können sich mit Anitas Hilfe noch einmal heimlich treffen, um von einer Heirat zu träumen. Auf Bitten Marias versucht Tony, den Kampf zu verhindern, aber Bernardos Hass und die auf beiden Seiten angestauten Aggressionen sind zu groß. Bernardo ersticht Riff im zur Schlägerei gewordenen Kampf und wird daraufhin von dem aufgebrachten Tony im Affekt getötet.

Zweiter Akt: Der Traum von Tony und Maria, sich aus den Zwängen der Wirklichkeit befreien zu können, um irgendwo ein neues Leben zu beginnen, schlägt in den Albtraum um, dem Zwang der Verhältnisse und den Folgen des Kampfes nicht entfliehen zu können. Vor dem Polizeioffizier Krupke machen sich die Bandenmitglieder der Jets über ihre triste Jugend lustig. Obwohl er ihren Bruder getötet hat, will Maria nicht von ihrer Liebe zu Tony lassen. In Docs Drugstore bedrohen die Jets Anita, die Tony und Maria helfen will. Damit man ihr nichts antut, erfindet Anita die Lüge, Maria sei von Chino, ihrem Verlobten, getötet worden. Tony sucht fieberhaft nach Chino und stellt sich ihm zum Kampf. Tödlich getroffen bricht er in den Armen Marias zusammen. Auf spanisch, in ihrer Muttersprache, sagt Maria ein letztes Mal, wie sehr sie Tony bewundert und liebt. Stumm stehen die Jugendlichen beider Gangs vor seiner Leiche.

DATEN

Text: Arthur Laurents nach der Tragödie *Romeo und Julia* von William Shakespeare (1595); Gesangstexte: Stephen Sondheim

Musik: Leonard Bernstein

Uraufführung: 26. 9. 1957, Winter Garden, New York

Handlungszeit: In den 1950er Jahren

Handlungsort: Die Upper West Side von New York;

Spielzeit: etwa 2½ Stunden

Personen: *Die Jets: Riff, der Anführer; Tony, sein Freund; Action; A-Rab; Baby John; Snowboy; Big Deal; Diesel; Gee-Tar; Mouthpiece; Tiger und andere Jets; Die Mädchen der Jets: Grazielle; Velma; Minnie; Clarice; Paulina und andere; Die Sharks: Bernardo, der Anführer; Chino, sein Freund; Pepe; Indio; Luis; Anxious; Nibbles; Juano; Toro; Moose und andere; Die Mädchen der Sharks: Maria, Bernardos Schwester; Anita, Bernardos Freundin; Rosalia; Consuelo; Teresita; Francisca; Estella; Marguerita und andere; Die Erwachsenen: Doc, Drugstorebesitzer; Schrank und Krupke, u. a.*

WERTUNG

Im Zeitalter der zumeist kommerziellen Musicals, die nach stereotypen Erfolgskriterien erarbeitet werden und deren Inszenierung häufig rigoros vorgeschrieben ist, gilt es, die *West Side Story* als die Geburtsstunde dieser Kunst und als idealen Einstieg in die Ausdrucksmöglichkeiten von Sprache, Musik und Tanz immer wieder neu zu entdecken.

Verständlichkeit:	✪✪✪✪
Eingängigkeit:	✪✪✪✪✪
Aktualität:	✪✪✪✪
Musical:	✪✪✪✪✪
Liebesgeschichte:	✪✪✪✪✪

Orpheus und Eurydike
Das mythische Paar

Auf dem Weg durch die Hölle und den Himmel des Theaters befreien sich zwei Menschen von jeder Bevormundung. Sie entdecken die Unwägbarkeit der Gefühle und ihre Verantwortung füreinander.

Christoph Willibald Gluck, bereits an die fünfzig Jahre alt, begegnet in Wien dem Intendanten Giacomo Durazzo, der über ein Opernhaus verfügt, dem Dichter Rainiero de Calzabigi, der einen Text über Orpheus in der Tasche hat, und dem Choreographen Gasparo Angiolini. *Orpheus und Eurydike* hat gleich vier Geburtshelfer. Und mit einem Schlag ist die Oper reformiert? Nein, umgekehrt wird ein Schuh daraus. Es bedarf jahrzehntelanger Erfahrungen und ungeheurer detaillierter Kenntnisse des Apparates und seiner Strukturen, um die veralteten und verkommenen Inhalte und Formen von innen heraus zu verändern. Der eigentliche Drahtseilakt besteht darin, dem Adel, der den größten Teil des Publikums ausmacht, unmissverständlich zu verdeutlichen, dass die Oper nicht den Mitgliedern der Hofgesellschaft vorbehalten bleiben darf. Das ist politischer

■ Volksfest in der Unterwelt. Gluck bietet die »theatralische Aktion« gegen die steife Barockoper des Adels auf. Inszenierung von Achim Freyer, Deutsche Oper Berlin, 1982.

■ Mit der Erlaubnis Amors: Der Gesang des Gefühls gegen den Starrsinn der Furien.

Zündstoff, noch dazu bei einer Kunstform, die von den Eliten getragen wird und luxuriös präsentiert werden muss, damit die Kasse stimmt. Gluck serviert seinem Publikum mit seiner Version des Mythenklassikers ein Menü in zwei Gängen, das es in sich hat. Die alte barocke Oper – jene, die sich durch endlose Arien, graziöse, aber leblose Wiederholungen und Verzierungen überlebt hat – und ein völlig neues musikalisches Drama, in dem die Akteure natürlich singen, da sie sich einer zeitgenössischen musikalischen Sprache bedienen, spielen sich gleichzeitig vor den Augen und Ohren des Publikums ab. Nicht umsonst nennt Gluck seine neue Form von Oper eine »Theatralische Aktion«. Man erlebt Orpheus und Eurydike in diesem Stück stets zweifach: als mythisches Paar auf der einen und als modernes auf der anderen Seite. Die Reform, dies ist entscheidend, entwickelt sich nicht mit, sondern unmittelbar in dem Stück.

Der Vorhang öffnet sich. Eurydike ist tot, was zeigefingerhaft auch meint, die barocke Oper hat sich überlebt. Der Chor trauert. Orpheus, der Künstler seiner Zeit, muss sich durch laute Rufe nach Eurydike zwischen die Phrasen des Chors zu drängen suchen. Gluck herrscht bei den Endproben zur Uraufführung der französischen Fassung – die Reform nimmt inzwischen europäischen Maßstab an – den Startenor Le Gros an: »Sie schreien immer, wenn Sie singen sollen, und handelt es sich ein einziges Mal darum, zu schreien, dann bringen Sie es nicht zustande. Denken Sie in diesem Augenblick weder an die Musik noch an den Chor, der singt, sondern schreien Sie ganz einfach so schmerz-

DAS NEUE STÜCK

Wien 1762. Seit mehr als hundertfünfzig Jahren kennt jedes Kind diese Ursprungsgeschichte der Oper. Die Frau stirbt. Der Mann trauert. Er gewinnt sie durch seinen Gesang zurück. Da Götter Fürsten gleichen, stellen sie eine Bedingung. Er darf sie auf dem Rückweg nicht ansehen. Es gilt, diese Handlung jeweils den vorherrschenden Theaterstilen und dem Zeitgeist anzupassen. Für Gluck bedeutet seine Version des Themas auch die Hinwendung zu einem Theater, das sich völlig neuen Publikumsschichten öffnet. Obwohl immer noch längere Zeit an das Hoftheater gebunden, bekommt der Übergang vom Barock zur Klassik einen neuen Namen: die bürgerliche Oper.

■ Die Geliebte ist so nah und doch so unerreichbar. Florence Quivar als Orpheus und Helen Donath als Eurydike. Inszenierung von Achim Freyer, Deutsche Oper Berlin, 1982.

voll, als ob man ihnen ein Bein absäge …« Die Anekdote zeigt, dass die Reform primär darin besteht, die Ausdrucksmittel der Oper und ihre Darstellung ernst zu nehmen und beides von Manierismus und Stilisierung zu befreien.

In seiner Erinnerungsarie an die glückliche Vergangenheit mit Eurydike im ersten Aufzug hat sich Orpheus in schönen Tönen an die Norm zu halten. Im Rezitativ zwischen den Strophen jedoch drückt er aus, was er tatsächlich empfindet. Aus Wut über die Arroganz der Götter – und die alte Oper und den Adel – lässt er seinen Gefühlen freien Lauf. Dies scheint die Verantwortlichen hinter den Kulissen gehörig aufzuschrecken. Augenblicklich erscheint Gott Amor und verkündet im Sprechgesang, den jeder versteht, dass Eurydike zu Orpheus zurückkehren darf. »Wirklich?«, fragt der Betroffene sachlich. Fehlt da nicht noch etwas? Ach ja, das Blickverbot. Amor fasst die Bedingungen knapp zusammen: »Blicke vermeiden, Worte bezwingen!« Rotzfrech, burschikos und anzüglich räsoniert Amor in einem Lied (keiner Arie) über die Liebe. Orpheus hält Amors Selbstporträt schlichtweg für »einen Traum«, derart verblüfft ist er über den neuen Ton in einer vermeintlich barocken Geschichte.

Immer wenn nicht eindeutig ist, wo man sich befindet – im Barock, in der Moderne, in der Wirklichkeit oder im Mythos – hebt

Gluck jenen Ort hervor, an dem sein Stück vornehmlich spielt: das Theater. Es wird buchstäblich zur Hölle, wenn ein Chor der Furien bis zum Überdruss immer wieder dieselben Melodien singt. Als Orpheus in einer Ballettmusik – zur Arie lässt man ihn nicht kommen – die Herrschaften des Schattenreiches mit der Anrede »Furien! Larven!« immer und immer wieder um Nachsicht bittet, hallt ihm penetrant ein unerbittliches »Nein!« entgegen. Der Held versucht, die Schattengeister umzustimmen, um zu Eurydike vorgelassen zu werden. Zugleich buhlt ein Sänger um sein Publikum. Auch dies ist eine Konsequenz der Opernreform. Mit den Stücken wird sich die Rezeption ändern. Warum sich schließlich der Höllenschlund in ein elysisches Gefilde verwandelt, bleibt ein Geheimnis, es sei denn, man nimmt an, irgendjemand gibt, wie sollte es im Theater anders sein, hinter der Bühne das Zeichen zum Umbau. Man befindet sich im Himmel. Doch anstelle von Engelschören und großer Orchestermusik erklingt der idyllische »Tanz der seligen Geister«. Gluck überträgt den Idealismus von Rousseau – »Zurück zur Natur« – auf den Klang einer neuen Innerlichkeit. Tatsächlich befindet sich ein Paar wie Orpheus und Eurydike auf dem Weg vom Mythos in die Realität, von der Fürstentafel des Barock zur bürgerlichen Hochzeit.

Zwei Akte lang bewegen sich Orpheus und Eurydike zwischen den Kulissen einer teils barocken, teils zeitgenössischen Oper hin und her. Im dritten Akt hebt Gluck diese Ambivalenz auf. Es gibt keinen Zweifel, wann und wo sich die Handlung als exemplarisches Lehrstück abspielt: hier und heute. Zwei Menschen, die gezwungen sind, miteinander zu leben, ohne sich in die Augen sehen zu dürfen, reden unumwunden über ihren

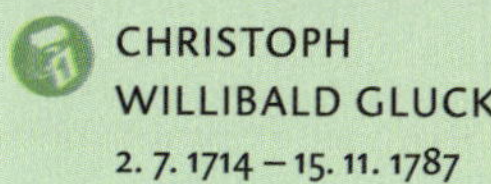

CHRISTOPH WILLIBALD GLUCK
2. 7. 1714 – 15. 11. 1787

1731 Trennung vom Elternhaus, Wandermusikant
1741–1745 Opernkomponist in Italien, Reisen nach England
1746 Konzerte, u. a. als Solist auf der Glasharfe
1752 Endgültige Niederlassung in Wien
1754 Ernennung zum Hofkomponisten für Theater- und Akademieaufführungen
1758 Beginn mit der Komposition von »komischen Opern«
1764 Erstmals in Paris
1772 Eroberung von Paris
1774 Ernennung zum Kammerkomponisten durch Kaiserin Maria Theresia

■ Mithilfe Amors bringt Orpheus den gewohnten Gang im Schattenreich durcheinander. Da können die Schattengeister noch so laut »Nein!« rufen.

DIE NEUE MUSIK

Dritter Akt, Arie des Orpheus »Che farò senza Euridice« (Wohin, ohne Eurydike?): Gluck reagiert unbändig wütend, als man ihm vorwirft, diese Arie, ein Kernpunkt des Stückes, sei zu banal. Für ihn ist dieser Monolog das Gegenmodell zur unmittelbar vorangegangen barocken Arie der Eurydike. Der neue Ton von Orpheus ist liedhaft, einfühlsam, ehrlich. Vor die letzte der drei Strophen fügt Gluck ein kurzes Adagio mit völlig neuen Harmonien ein. Der Text liest sich wie eine prophetische Warnung: »Hoffnung finde ich weder auf der Erde noch im Himmel.« Die Musik fügt hinzu: nur im Menschen selbst.

Konflikt. »Bist du es? Wieso lebe ich?« – »Ich sag's dir später, komm' jetzt!« – »Nimmst du mich nicht mehr in den Arm? Sprichst du nicht mehr mit mir?« In solchen Sätzen entwickelt Gluck atemberaubend dicht und schlicht im dramatischen Rezitativ die Rhetorik einer aufrichtigen Liebe. Er erfindet eine völlig neue Opernform: das bürgerliche Trauerspiel in Musik. Dem Publikum der Zeit muss der Atem stocken, so rigoros werden im dritten Akt von *Orpheus und Eurydike* die Musik und das Theater des Barock ausgemerzt.

Zum zweiten Mal tritt Amor schlagartig auf den Plan, als würden ihn die unsichtbaren Spielleiter hinter der Bühne – die Götter? der Hof? – ins Geschehen schicken. Er muss, soll der völlig neue Ton die Zuhörer nicht noch mehr irritieren, schleunigst das gute Ende verkündigen. Amor, Chor und Ballett können gar nicht aufhören, ein Loblied auf das neue Paar anzustimmen. Man unterschätze nicht die politische Brisanz dieses Kunstvorgangs. Die Mächtigen setzen auf Vereinnahmung. Aber der neue subjektive Ton natürlich singender Menschen, der einmal angeschlagen wurde, vor allem im dritten Akt dieser Reformoper, ist nicht wieder rückgängig zu machen. Ein anderer Komponist wird ihn wenig später aufgreifen und mit ihm die Oper zum bis dahin einmaligen Höhepunkt ihrer Ausdrucksmöglichkeiten führen: Wolfgang Amadeus Mozart. Auch er wird ein Stück über Orpheus und Eurydike schreiben, nur mit einem anderen Titel: *Die Zauberflöte*.

■ Bürgerliches Trauerspiel mit Happy End. Die aufrichtige Liebe verlangt den aufrichtigen Blick.

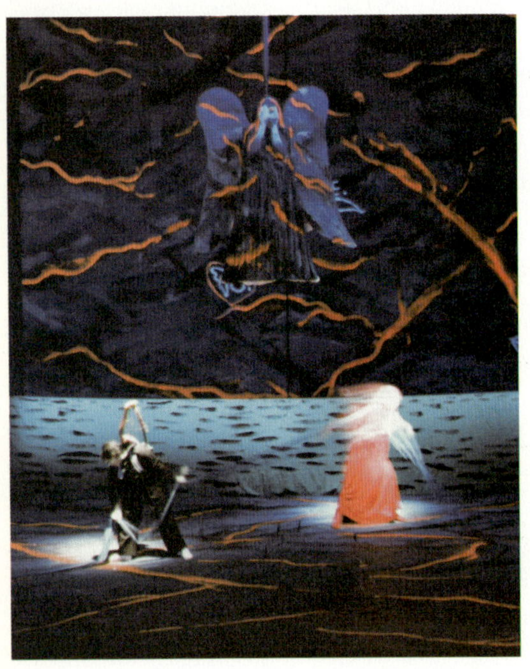

ORPHEUS UND EURYDIKE (ORFEO ED EURIDICE/ORPHÉE ET EURIDICE)

AZIONE TEATRALE PER MUSICA IN DREI AKTEN (WIENER FASSUNG)
TRAGÉDIE OPÉRA IN DREI AKTEN (PARISER FASSUNG)
IN ITALIENISCHER/FRANZÖSISCHER SPRACHE

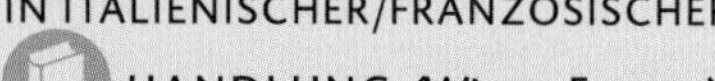

HANDLUNG (Wiener Fassung)

Erster Akt, *Erste Szene:* Ein Chor in Gestalt von Schäfern und Nymphen beklagt den Tod von Eurydike. Erst nach einiger Zeit gelingt es Orpheus, sich mit seinem Wunsch, Eurydike der Unterwelt zu entreißen, bei den Göttern Gehör zu verschaffen.
Zweite Szene: Schlagartig erscheint Gott Amor und verkündet Orpheus, Zeus erlaube ihm, in die Welt der Schatten hinabzusteigen, um durch seinen Gesang den Starrsinn der Furien und Larven zu brechen und Eurydike zurückzugewinnen. Zwei Bedingungen sind daran geknüpft: Er darf auf dem Rückweg Eurydike nicht ansehen und muss dieses Gebot beharrlich verschweigen. Unter Blitz und Donner tritt Orpheus den Weg ins Schattenreich an.

Zweiter Akt, *Erste Szene:* Obwohl die Geister des Schattenreiches die Bitten von Orpheus, ihn zu Eurydike gehen zu lassen, unaufhörlich mit unerbittlichen »Nein« beantworten, müssen sie sich schließlich besiegt zurückziehen.
Zweite Szene: Nach einem festen Ritual aus Gesängen und Tänzen führt ein Chor in Gestalt von Heroen und Heroinen Eurydike zu Orpheus. Ohne sie anzusehen, fasst Orpheus sie in höchster Eile bei der Hand und führt sie augenblicklich fort.

Dritter Akt, *Erste Szene:* Eurydike begreift nicht, warum Orpheus sie nicht ansieht und keine Gründe für sein merkwürdiges Verhalten nennt. Lieber will sie sterben, als von Orpheus unverstanden zu leben. Orpheus blickt sich um. Sie stirbt. Allein gelassen von Menschen und Göttern will auch er sich töten.
Zweite Szene: Amor mischt sich erneut ein. Orpheus hat zu seinem Ruhm soviel gelitten, dass Eurydike ein zweites Mal zum Leben erweckt wird.
Dritte Szene: Amor, Orpheus, Eurydike und der Chor in Gestalt von Hirten und Hirtinnen feiern die Macht der Liebe in einer der Schönheit geweihten Welt.

DATEN

Text: In italienischer Sprache von Rainiero Simone Francesca Marie de Calzabigi; in französischer Sprache von Pierre Louis Moline nach Calzabigi

Musik: Christoph Willibald Gluck

Uraufführung: 5. 10. 1762, Burgtheater Wien (Wiener Fassung), 2. 8. 1774, Académie Royale de Musique Paris (Pariser Fassung)

Handlungszeit: Sagenhafte Antike, Darstellung eines Mythos zur Zeit der Aufklärung

Handlungsorte: (nach Angaben der Wiener Fassung) Lieblicher, aber einsamer Lorbeer- und Zypressenhain, schauerliche Höhlengegend jenseits des Flusses Cocythus, finstere Grotte, ein gewundenes Labyrinth bildend, prächtiger Tempel, dem Amor geweiht

Spielzeit: etwa 2 Stunden (Wiener Fassung), etwa 2½ Stunden (Pariser Fassung)

Personen: *Orpheus* (Wiener Fassung: Alt, Pariser Fassung: Tenor), *Eurydike* (Sopran), *Amor* (Sopran), *Chor: Schäfer und Nymphen, Furien und Larven der Unterwelt, Heroen und Heroinen des Elysiums, Gefolgsleute des Orpheus*

WERTUNG

Mit der Oper alten Stils geht auch das Menschenbild des Absolutismus zu Ende. Gluck schreibt liedhafte und klare Formen anstelle von artifiziellen Arien und Ensembles. Mythische Gestalten beginnen miteinander zu reden wie ganz normale Menschen.

Verständlichkeit:	✪✪✪✪
Eingängigkeit:	✪✪✪
Aktualität:	✪✪✪
Reformoper:	✪✪✪✪✪
Ehegeschichte:	✪✪✪✪

Tristan und Isolde

Das selige Paar

Sie sind *das* Paar der Operngeschichte. Wagner schlägt eine Brücke vom 12. Jahrhundert in die Gegenwart. Es geht ihm um eine »Handlung«, die Mythos und Musik miteinander verbindet. Liebe bedeutet für ihn die Suche des Menschen nach sich selbst und zugleich die Auflösung im anderen Ich: ein Weg unermesslicher Qual.

■ Inbegriff des Liebespaares. Illustration von Franz Stassen, Berlin 1900.

Die Akte spielen auf einem Schiff, in einem Garten und im Burggarten (auf dem Meer, in einem Labyrinth, auf der Toteninsel). Im ersten Akt ist es Tag, im zweiten Nacht, im dritten wieder Tag. Den Inhalt fasst Wagner in einen einzigen Satz: »Der treue Vasall hatte für seinen König diejenige gefreit, die selbst zu lieben er sich nicht gestehen wollte, Isolden, die ihm als Braut seines Herrn folgte, weil sie dem Freier selbst machtlos folgen musste.«

Der erste Aufzug oder »Wagner und die Entdeckung des Mythos«: Die Reise von Tristan und Isolde geht von Irland, dem Reich der Mütter, nach Cornwall, ins Land der Helden. Erste Szene: Es ertönt ein Seemannslied wie aus alten Kindheitstagen und plötzlich bricht diese Musik ab. Isolde, »die wilde, minnige Maid«, sitzt leibhaftig vor einem, »jäh auffahrend«, wie es die Regieanweisung fordert. Ihr erster Satz lautet: »Wer wagt mich zu höhnen?« Der Affekt ist als zerrissene Phrase der Geigen und Bratschen zu hören, als »Zorn-Motiv«. Der Versuch, Wagners Musik eindeutig benannte Motive unterzuschieben, führt nicht weit. Man hält sich besser an den Vorschlag des Komponisten, von »Gefühlswegweisern« oder »Gefühlserfahrungen« zu sprechen. Zweite Szene: Brangäne soll Tristan zu

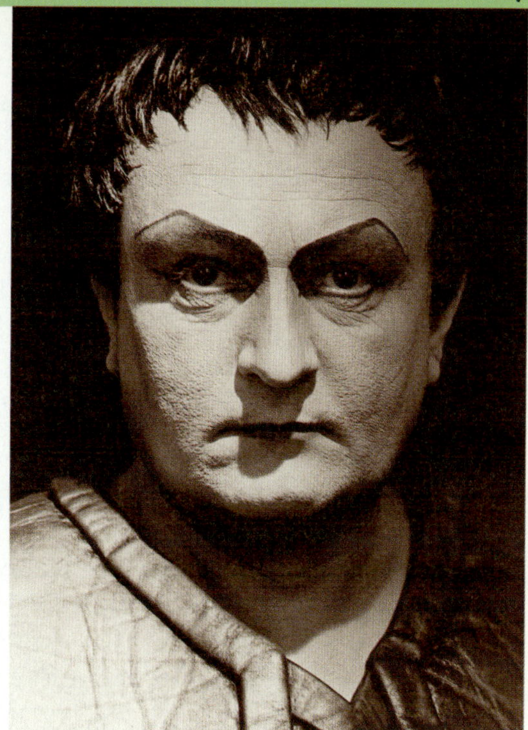

■ Von der Liebestragik gezeichnete Gesichter. Birgit Nilsson als Isolde und Wolfgang Windgassen als Tristan, Bayreuth, 1963.

Isolde holen. Kurwenal antwortet ihr mit einem höhnischen Lied. Als Sieger wird Tristan die Braut, die sein König erwählt hat, zu ihm nach Cornwall bringen; deshalb wird sie zu ihm kommen müssen. Tristan wacht wie aus einem langen Traum auf: »Was ist? Isolde?« Die Oboen spielen eine lang gezogene Linie intensiver Töne. Der Höreindruck geht über die Definition vom »Sehnsuchtsmotiv« hinaus. Die Frau dringt tiefer in Unbewusstes vor als der Mann: »Todgeweihtes Haupt! Todgeweihtes Herz!« Wer dies Motiv hört, weiß nicht mehr, was gemeint ist: Dur oder Moll, Leben, Liebe oder Tod. Dritte Szene: Tristan erschlug einst Morold, den Verlobten Isoldes. Isolde singt im Balladenton von Tantris, so nannte Tristan sich, der sich von ihr heilen ließ und in dem sie Morolds Mörder erkannte. Sie konnte den rächenden Schwerthieb nicht vollenden, weil sie Tristan in die Augen sah, Drama der Blicke, das zum Verhängnis wird. Vierte Szene: Isolde

LIEBESTRANK, SELIGKEIT, HÖLLE

Erster Akt, Fünfte Szene, »Liebestrank«: Zunächst reißt Tristan den Trank an sich. Isolde trinkt hastig nach. Danach Ausbruch von Liebe und Sehnsucht. Musik aus dem Vorspiel wird zitiert, »eine sich über jede Beschränkung hinwegsetzende bedingungslose Liebe« (Robert A. Johnson). Der Visionär Wagner ist zudem unerbittlicher Realist. Nicht zu überhören sind heftig tremolierende Töne, aussetzende Herzfrequenzen, Erstickungsanfälle, Atemnot, Erbrechen – Seligkeit am Rande des körperlichen Zusammenbruchs. Der Liebestrank führt nicht nur ins Nirwana, sondern auch in die Hölle der Begierden.

RICHARD WAGNER
22.5.1813 – 13.2.1883

1834 Musikdirektor in Bad Lauchstädt
1836 Heirat mit Minna Planer
1837 Musikdirektor in Königsberg und am Deutschen Theater in Riga
1843 Zweiter Kapellmeister am Dresdner Hoftheater
1849 Maiaufstand in Dresden, Flucht in die Schweiz
1857 Enger Kontakt zu Mathilde Wesendonck
1864 Ludwig II. von Bayern ordnet den Bau eines Wagner-Theaters an
1870 Heirat mit Cosima von Bülow
1876 Erste Bayreuther Festspiele
1877 Gründung einer Stilbildungsschule in Bayreuth

erpresst Kurwenal. Soll sie vor König Marke erscheinen, muss Tristan erst Sühne trinken. In Isoldes Sinn meint es, die Demütigung, die sie als heilende Frau durch den kriegerischen Mann erfuhr, aufzuheben. Das kann nur gemeinsamen Tod bedeuten. Das Ritual wird vorbereitet, Todesmotiv über Todesmotiv. Fünfte Szene: Noch gibt es kein »und«, sondern nur Tristan »oder« Isolde. Tristan gibt Isolde ein zweites Mal das Schwert. Wieder kann sie nicht zuschlagen. An die Stelle des Todestrankes tritt der Liebestrank. Die Ankunft in König Markes Reich ist absurdes Theater. »Welcher König?«, fragt Tristan, wenn von Marke die Rede ist. Mit einem einzigen Satz bricht die Realität zusammen. Tristan und Isolde verkörpern die leidenschaftliche Suche nach dem andersgeschlechtlichen Anteil in der eigenen Psyche. Dies ist der tiefere Grund, warum der im Kampf verwundete Tristan nur von Isolde geheilt werden kann, die in der Welt zunächst seine Widersacherin ist, unbewusst jedoch sein zweites, sein weibliches Ich darstellt.

Der zweite Aufzug oder »Wagner und die Oper als Sinfonie«. Erste Szene: Die Jagdhörner der Hofgesellschaft entfernen sich. Isolde gestaltet ein Hör-Drama. Sie ringt der zurückweichenden Wirklichkeit den Auftritt Tristans ab. Das einst Tristan geltende »Zorn-Motiv« schleudert sie gegen Brangäne. Von deren Schuld am vertauschten Trank will sie nichts wissen. Nur sie allein will verantwortlich sein, dass aus Todesangst Liebe wurde. Zweite Szene: Isolde »springt ihm entgegen«. Tristan »stürzt herein«. Beider Weg in die Nacht erfordert Erklärung, Aussprache, Arbeit am Zusammenschmieden des Wortes »und«. Dem Tag ord-

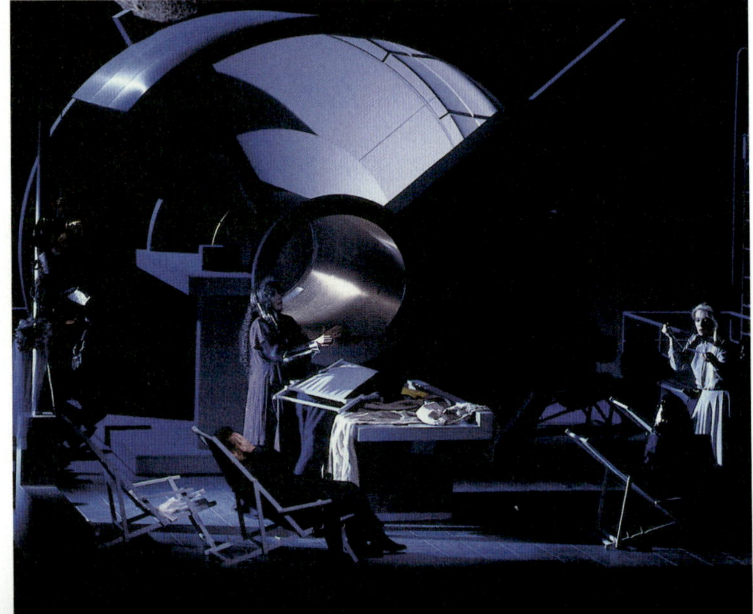

■ »Die ganze Welt nichts wie ungestilltes Sehnen« – und menschliche Existenz nichts als die Suche nach Erlösung. Inszenierung von Ruth Berghaus, Hamburgische Staatsoper, 1988.

net Wagner ein unaufhörlich erklingendes Motiv zu, das 470 Takte bestimmt, bis Tristan und Isolde es ausmerzen. Gebannt verfolgt man, wie viel Gegensätzliches dabei zu überbrücken ist. Das Duett »O sink hernieder, Nacht der Liebe« ist zunächst weder auf einem Motiv noch einem Thema aufgebaut, sondern auf einem unsicheren Rhythmus, »schwebender Tonalität«, Stille im Innern des Orkans. Wenn Tristan und Isolde von Ahnen, Wähnen, Wonne, Atem, Wahn etc. singen, werden die damit verbundenen Gefühle vor allem im Orchester ausgebreitet. Er wollte sich »sinfonisch einmal ganz gehen lassen«, gesteht Wagner seiner Cosima. Dritte Szene: Der Schrei Brangänes, ankündigende Stimme vom Auftritt Markes und seines Hofstaates, ertönt zusammen mit dem Wort »Lust« aus den Mündern von Tristan und Isolde. Die Handlung zerfällt in Bruchstücke, die Musik in Zitate. Der Text in Markes Monolog handelt von Verrat, die Musik aber von der Trauer über den Verlust des Freundes. Absurd wie das erste ist auch das zweite, im Zeitraffer abgespulte Aktende: Verrat, Rache, Wunde, Vorhang.

■ Ludwig Schnorr von Carolsfeld und seine Frau Malvina in den Titelrollen bei der Uraufführung 1865 am Königlichen Hof- und Nationaltheater München.

Der dritte Aufzug oder »Wagner und die Aufhebung eines Irrtums«. Der letzte Akt ist, wie der Komponist es sieht, »ein wahres Wechselfieber«, »tiefstes, unerhörtestes Leiden«, »eine furchtbare Geschichte«. Wie gut, dass Wagner im Mai 1859 aus Venedig an die Züricher Kaufmannsgattin Mathilde Wesendonck, in der er Isolde sieht, schreibt, ein »schwieriger Übergang« sei endlich gelungen, da sie ihm den »richtigen Zwieback« geschickt habe. Wagner nimmt nicht die Affäre mit Mathilde, deren Mann Otto die Rolle des betrogenen Marke übernehmen muss, zum Anlass des Operngeschehens, sondern benötigt umgekehrt ein Erlebnis in der Realität, mit dem sich die Handlung der Oper nachvollziehen lässt.

Er schafft sich Schutzschilde. Erste Szene: Die Klage des Hirten mahnt Tristan, wie einst das Seemannslied Isolde, an Kindheit und Urtraum. Tristan sind Zeit und Raum abhanden gekommen. »Wo war ich? Wo bin ich?« Alles scheint ausgelöscht. Wie zuvor Isolde ihn, so

> *»Es ist dasselbe im Venusberg wie im* Tristan, *dort verliert es sich in Anmut, hier in den Tod überall der Schrei, die Klage.«*
>
> RICHARD WAGNER

MYTHOS, EPOS, WIRKLICHKEIT

»Mein Leiden ist das, was ich will, und mein Schmerz ist mein Heil.« Chrétien de Troyes stellt um 1200 das Ich in den Mittelpunkt der Wahrnehmung. »Der Liebende, die Liebende – der Mann die Frau, die Frau der Mann – Tristan Isolde, Isolde Tristan«: Von untrennbarer Bindung als revolutionärem Gesellschaftsprinzip erzählt Gottfried von Straßburg zwischen 1200 und 1210. Es ist die Geburt des zentralen abendländischen Mythos. Um ihn zu begreifen, muss man nicht die Quellen kennen. Man findet ihn »in der Mehrzahl heutiger Filme und Romane«, überall dort, »wo man von der Leidenschaft wie von einem Ideal träumt.« (Denis de Rougemont)

zwingt jetzt Tristan sie auf die Bühne. Aus dem Klagelied des Hirten wird die fröhliche Weise von Isoldes Ankunft. Zweite Szene: Als Isolde erscheint, durchdringt das Todesmotiv den Ruf Tristans »Zu ihr! Zu ihr!«. Er stirbt, Sekunden bevor ihm Isolde gesteht: »Ich bin's.« Das Ideal dieser Liebe lässt keine Individuation zu. Dritte Szene: Wagner zeigt den Fatalismus der wahnsinnig Gewordenen, die in den Raum des Todes dringen. »Abwesende sind anwesend, Anwesende abwesend« (Sigrit Neef). Marke zieht das Fazit: »Tot denn alles! Alles tot!« In Brangänes vergeblichen Trost klingt das Thema von Brünnhildes Abschied aus dem *Ring des Nibelungen* hinein: »Mild und leise, wie er lächelt.«

Ist »Isoldes Liebestod«, mit dem die Handlung endet, nicht eher ein Konzertstück? Wagner sieht ein, dass keine Schlussszene, sondern einzig das gesamte Stück seine zentrale Aussage untermauern kann, die er unter anderem der Philosophie Schopenhauers entlehnt. Der Tod ist nichts anderes als die »Aufhebung eines Irrtums«. Zum Verständnis der inneren Handlung trägt Thomas Manns Urteil bei, das Werk handle von der »erotischen Konzeption der Welt«, in der das »Geschlecht der Brennpunkt des Willens ist«. Geradezu klassisch verdeutlicht diese Oper, dass die abendländische Kultur die einzige ist, in der die individuelle Liebe zur Entwicklung einer auf freier Partnerwahl begründeten Gesellschaftsordnung geführt hat, die bis heute Bestand hat. Dies ist ein ebenso faszinierendes wie fragwürdiges Erbe.

■ Schon Walther von der Vogelweide wusste: »Die Liebe ist nicht mann noch weib / hat keine seele, keinen leib …« Rosarium philosophorum, *Hie felt der Tauw von Himmel herab*, 1550.

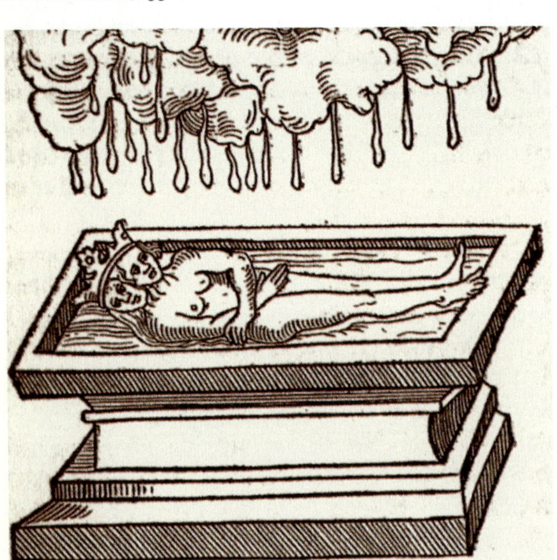

TRISTAN UND ISOLDE

HANDLUNG IN DREI AUFZÜGEN IN DEUTSCHER SPRACHE

HANDLUNG

Vorgeschichte: Tristan, der Neffe des Königs Marke von Cornwall, erschlägt den irischen Ritter Morold, den Verlobten der Königstochter Isolde. Selbst verwundet, fährt er in einem Nachen unter dem Namen Tantris zu Isolde, um sich von ihr, die uralter Mittel kundig ist, heilen zu lassen. Isolde, die entdeckt, dass der Splitter, den sie in Morolds Schädel gefunden hat, zum Schwert Tristans passt, vermag es nicht, den Mörder ihres Verlobten zu töten. Tristan kehrt später nach Irland zurück, dieses Mal als Brautwerber für König Marke, um Isolde nach Cornwall zu bringen.

Erster Aufzug: Isolde sieht kurz vor der Ankunft in Cornwall nur noch eine Möglichkeit, sich für die erlittene Schmach durch Tristan zu rächen, der sie als Braut wie eine Beute Marke, seinem König, zuführt. Sie will zusammen mit Tristan sterben. Ein Todestrank, vor Tristan als Sühnetrank ausgegeben, soll dies bewerkstelligen. Isolde ist nur bereit, vor König Marke zu treten, wenn Tristan zu ihr kommt, um Sühne zu trinken. Tristan antwortet mit Kälte und Stolz auf Isoldes Vorwürfe. Er gibt ihr sein Schwert. Isolde soll ihn erschlagen, wenn sie es vermag. Aber sie besteht auf dem Trank, ahnungslos, dass Brangäne, ihre Vertraute, inzwischen die Tränke vertauscht hat. Anstelle des Todes erfahren Tristan und Isolde die Liebe. Bei der Ankunft in Cornwall haben sie für die Wirklichkeit kein Bewusstsein mehr.

Zweiter Aufzug: Isolde wartet begierig darauf, dass König Marke und seine Jagdgesellschaft endlich die Burg verlassen. Brangänes Warnungen, vor Melot, angeblich ein Freund Tristans, vor allem aber ein Parteigänger Markes, auf der Hut zu sein, schlägt sie übermütig in den Wind. Sie löscht die Fackel aus, das mit Tristan verabredete Zeichen. Im Hymnus an die Nacht überhören Tristan und Isolde die warnenden Rufe Brangänes. Kurwenal vermag es nicht zu verhindern, dass Marke und Melot das Paar aufspüren. Tristan fordert Melot zum Kampf heraus, aber nur, um sich besinnungslos in dessen Schwert zu stürzen.

Dritter Aufzug: Von Kurwenal nach Kareol, in die Burg seiner Väter gebracht, will Tristan sterben. Kindheitserinnerungen wecken seine unstillbare Sehnsucht nach Isolde. Lebensmut erwacht erst wieder in ihm, als Kurwenal berichtet, er habe nach Irland geschickt, damit jene Wundärztin käme, die ihn einst heilte. Das euphorische Lied eines Hirten kündigt die Rückkehr Isoldes an. Tristan stirbt. Mit einem zweiten Schiff sind Marke, Brangäne und Melot angekommen. Kurwenal und Melot töten sich im Zweikampf. Marke, dem Brangäne den Tausch der Tränke gestanden hat, kann nichts mehr ausrichten. Isolde stirbt an gebrochenem Herzen.

DATEN

Text: Richard Wagner nach dem Epos von Gottfried von Straßburg und weiteren mittelalterlichen Quellen

Musik: Richard Wagner

Uraufführung: 10. 6. 1865, Königliches Hof- und Nationaltheater München

Handlungszeit: Zeitlos im Mythos angesiedelt

Handlungsorte: Zeltartiges Gemach auf dem Vorderdeck eines Seeschiffes, Garten mit hohen Bäumen vor dem Gemach Isoldes, Burggarten

Spielzeit: etwa 4 Stunden

Personen: *Tristan* (Tenor), *König Marke* (Bass), *Isolde* (Sopran), *Kurwenal* (Bariton), *Melot* (Tenor), *Brangäne* (Sopran/ Mezzosopran), *Ein Hirte* (Tenor), *Ein Steuermann* (Bariton), *Stimme eines jungen Seemannes* (Tenor), *Chor: Schiffsvolk, Ritter und Knappen, Frauen aus Isoldes Gefolge*

WERTUNG

Das Werk über den Ausbruch, den Höhepunkt und das Ende eines Liebesmythos ist als Abkehr von allen Opernkonventionen der Beginn eines völlig neuen Denkens in Musik. Die Tonalität und damit eine an starre Regeln gebundene politische Ordnung beginnen sich aufzulösen, um dem Ideal der freien und ungebundenen Liebe zu weichen, die durch diese Oper Kultstatus erhält.

Verständlichkeit:	✲✲✲
Eingängigkeit:	✲✲✲
Aktualität:	✲✲✲
Mythos:	✲✲✲✲✲
Eros und Tod:	✲✲✲✲✲

Pelleas und Melisande

Das verlorene Paar

Alles Gesagte bedeutet nichts. Was man sieht, ist trügerisch und doppeldeutig. Einzig wer dem Wesen von Menschen und Dingen nachzulauschen versteht und selbst die Stille als Schrei der wehrlosen Kreatur hört, folgt unwiderruflich den Geheimnissen des Daseins.

Claude Debussy, für den Musik »eine geheimnisvolle Mathematik« ist, deren »Elemente am Unendlichen teilhaben«, bezieht den Hörer stets in den Blick seiner Figuren ein, die immer wieder gedankenverloren an einem Brunnen sitzen, am Rand ihrer Existenz, und von dort in eine geheimnisvolle Tiefe blicken. »Die Personen des Pelléas-Dramas versuchen ganz natürlich zu singen und nicht in einem willkürlichen Tonfall, der aus veralteten Traditionen besteht« (Claude Debussy). »Fassen Sie mich nicht an!« sagt Melisande am Anfang der Oper zu Golo, der sie im Wald findet. So erregt und spontan, wie Debussy diesen Satz komponiert, würde ihn auch heute eine Frau sagen, die sich von einem Mann bedroht fühlt. Unheimlich und doch seltsam vertraut, wie aus grauer Vorzeit, klingt das Thema der Hörner, bei dem Golo eine Krone zurückholen will, der Melisande in den Brunnen gefallen ist. Die Geschichte, die sie erlebt hat, kann sie nicht erzählen, sie ist ein Urtrauma. Alltag und Unbewusstes vermischen sich in dieser Oper unaufhörlich.

■ Der Blick in die Tiefen des Selbst. Pelleas und Melisande am Brunnen der Blinden, dessen Wasser sehend macht. Hier offenbart sich ihnen ihre Seelenverwandtschaft. François le Roux und Frederika von Stade. Inszenierung von Antoine Vitez, Wien, 1988.

Das moderne Märchen von der Kindfrau und an eine Wassernymphe erinnernde Melisande, einer Schwester der zauberkundigen Isolde, ist zugleich das Drama der in gläserne Paläste gesperrten, gefühllos behandelten Frau des ausgehenden 19. Jahrhunderts, über die selbstherrliche Männer als Beute und Besitz verfügen. Und um die Jagd als Urmythos geht es in Debussys Oper. Zu Beginn wird ein Eber verfolgt, am Ende Pelleas von seinem Bruder ermordet. Golo, der Mann in der »midlife crisis«, der bereits ein Leben und eine Liebe hinter sich hat, weiß in der ersten Szene selbst nicht, wie er in den Wald, das Dickicht der Gefühle, gekommen ist. Sein erstes musikalisches Thema ist auch sein einziges, eine tragische Melodie ohne jede Entwicklung. Melisandes Musik dagegen ist im ganzen Stück stetiger Verwandlung unterworfen. Als sie zu Beginn der dritten Szene des ersten Aktes zu den Menschen auf Schloss Allemonde kommt, die auf der verzweifelten Suche nach einem letzten Rest an Gefühlen sind, schildert Debussy an ihr, was ein menschliches Lebewesen auszeichnet: Seufzen, Klagen, Stöhnen, Weinen, Zittern. Eine mit dem Wesen Melisandes verbundene elegische Melodie erklingt stets, wenn andere von ihr sprechen. Wie Alban Bergs Lulu ist auch Melisande ein Zwitterwesen, zugleich ein todtrauriger Mensch und ein unsterbliches Objekt der Begierde. Unaufhörlich bedrängt Golo zu Beginn der Oper die an einer Quelle, am Lebensursprung, aufgespürte Melisande mit Fragen: »Wer bist du? Woher kommst du? Was tat man Euch?« Er bleibt ihr stets fremd, bis seine Unbeholfenheit ihr gegenüber in Aggression umschlägt. Er zerrt sie in der zweiten Szene des vierten Aktes vor Arkel, den Patriarchen, der wie der blinde Seher der Antike das Innere, also die Seelen sieht, und zwar an den herabfallenden Haaren, dem Sinnbild ihrer Geschlechtlichkeit. Golo vergewaltigt sie, um das zu erfahren, was er für die Wahrheit hält. Und er winselt am Ende der Oper wie ein kleines Kind vor der sterbenden Melisande, es sei alles nicht seine Schuld. Golo ist kein Bösewicht, sondern

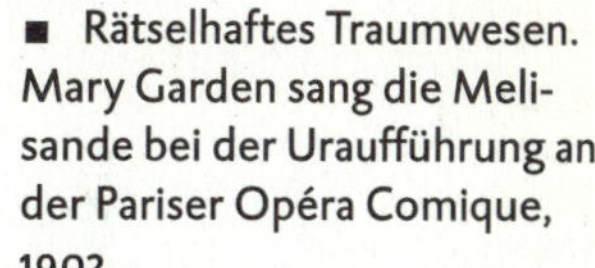

■ Rätselhaftes Traumwesen. Mary Garden sang die Melisande bei der Uraufführung an der Pariser Opéra Comique, 1902.

SEELENDRAMA

»Alles, was man sagen kann, ist an sich nichts.« Was nach einer Kapitulation des Dichters Maurice Maeterlinck klingt, ist in Wahrheit die Eroberung eines neuen dramatischen Stils, in dessen Mittelpunkt, wie es bald heißen wird, die »moderne Seele« steht. »Sie kann von einem Hauch berührt werden und von einem Sturm nichts wissen. Man muß herausfinden, was sie berührt; da ist alles, denn da sind wir«, sagt Maeterlinck. – »Man muss herausfinden ...«: Debussy dringt auf diesem Weg in noch weit atemberaubendere Seelenzustände vor als Maeterlinck, der übrigens beim Hören der Oper Debussys eingeschlafen sein soll.

> *»Debussys Position an der Schwelle der Neuen Musik gleicht einem Pfeil, der einsam in die Höhe schießt.«*
>
> Pierre Boulez

ein in seinen Gefühlen gefangener Jedermann. Das macht ihn zu einer tragischen und modernen Figur. Wer die Dinge einzig mit dem Verstand, der Moral oder dem Recht des Stärkeren beurteilt, für den bleibt die Tür zum Mysterium des Lebens verschlossen, so deuten es Maeterlinck und Debussy.

Der erste Akt handelt von Melisandes Ankunft bei den Menschen. Der zweite Akt vergegenwärtigt eine uralte Legende von Liebe und Verrat. Beim Liebesspiel mit Pelleas – kindlichem Eros – fällt Melisande der Ring Golos in den Brunnen, der, als würde alles von Ferne gesteuert, in derselben Minute vom Pferd stürzt. Debussy stellt später den tödlichen Zusammenhang her. Das Ringmotiv wird zum Mordmotiv. Am Ende des zweiten und im dritten Akt steigen Menschen in tiefe Höhlen und sumpfige Verließe hinab. Diese sind Sinnbilder für Vulva und Grab, und doch auch nicht, da Theaterräume gemeint sind, in denen die Figuren in der Realität des Traumes ihre Sprache für Ursprüngliches zurückgewinnen. Melisande und Pelleas, das verlorene Paar, erblicken in der Grotte, in die Golo sie auf die Suche nach dem verlorenen Ring wie zum Vollzug eines Liebesaktes schickt, drei ausgemergelte schlafende Gestalten. Tod und Eros verschmelzen zu einem Bild. Da Hunger, Verzweiflung und Verwesung in der Oper an den Rand gedrängt werden, sind sie allgegenwärtig.

In der menschlich erschütterndsten Szene der Oper zwingt Golo Yniold, seinen Sohn aus erster Ehe, den er auf die Schulter hebt und so gewaltsam ins Erwachsenensein

■ Die langen Haare Melisandes sind Sinnbild ihrer Geschlechtlichkeit. Beim Liebesspiel lässt sie sie über Pelleas fallen, und Golo wird Melisande an den Haaren schleifen, als er sie des Ehebruchs bezichtigt. Frederika von Stade in der Titelrolle.

■ König Arkel zwischen seinen so ungleichen und zerstrittenen Enkeln Pelleas und Golo. Harald Stamm als König und Bernd Weikl als Golo. Inszenierung von Gilbert Deflo, Hamburgische Staatsoper, 1977.

stößt, das traute Beisammensein von Pelleas und Melisande heimlich durch ein Fenster zu beobachten. Den leeren Blick beider ins Feuer, den Zwang des Triebes, wird das Kind nie vergessen. Debussy verwandelt die Stille des Schreckens in eine Anklage der geschändeten Natur. Yniold verliert in der dritten Szene des vierten Aktes seinen Ball zwischen den Felsspalten und zugleich die Unschuld der Kinderzeit. Er hört in der Ferne eine Hirtenweise. Plötzlich ist alles still. Die Schafe sind nicht zu hören. Bislang wusste Yniold nicht, wo sie hingeführt werden, nämlich zur Schlachtbank. Erstmals begreift er die Allgegenwart des Todes.

Ringe fallen in den Brunnen, Haare wehen von Türmen herab, Tauben fliegen verstört davon. Das Sonnenlicht ist kaum je zu sehen. Die ursprünglichste Regung empfindsamer Menschen ist nicht das Sprechen, auch nicht das Singen, sondern das Weinen. Erscheinen Melisande, Pelleas oder Yniold zum ersten Mal, haben sie Tränen in den Augen. Wer durch innere Stimmen gewarnt oder von Freunden gerufen aus dieser Welt fliehen will wie Pelleas, kommt

LIEBESAFFÄRE

Dritter Akt, Erste Szene: Gegner Debussys verspotten bei der Uraufführung die später berühmteste Szene, in der Melisande ihr langes Haar kämmt: »Sie dreht das Spinnrad und zugleich dreht sie an einer perfekten Liebesaffäre mit Pelleas«: Am Beginn der Szene singt Melisande a cappella, das heißt ohne Begleitung des Orchesters, vom Wind, der mit ihrem Haar spielt. Pelleas ruft: »Hollah, Hollah, Ho!« Melisande ruft zurück: »Wer ist da?« Pelleas antwortet: »Ich, ich und ich!« Es folgt ein großer Hymnus von Pelleas auf Melisande. Ihr Haar ist das Sinnbild dafür, wie ein Mann die Liebe, die Geschlechtlichkeit und sein eigenes Ich entdeckt. Die Gegner Debussys haben nicht richtig zugehört. Wenn jemand »an einer perfekten Liebesaffäre dreht«, so ist es Pelleas.

CLAUDE DEBUSSY
22.8.1862 – 25.3.1918

1873 Eintritt ins Pariser Konservatorium
1880 Klavierlehrer in der Familie von Nadeshda von Meck
1884 Rom-Preis, Übersiedlung nach Rom
1887 Rückkehr nach Paris, Pilgerfahrt nach Bayreuth
1893 Kompositionen für die Société Nationale
1899 Heirat mit Rosalie Texier
1901 Beginn musikschriftstellerischer Tätigkeit unter dem Pseudonym Monsieur Croche
1905 Heirat mit Emma Bardac
1915 Beginn eines Krebsleidens

nicht von der Stelle. Sein musikalisches Thema klingt stets unnahbar, da es vom Intervall der Quarte bestimmt wird, die genau in der Mitte einer Tonleiter liegt. Ein Mensch wird zum Traumwandler, geht stets zwischen den Dingen hindurch. Je intensiver er davon singt, fort zu müssen, desto stärker nähert sich Pelleas dem Tod. Das Schloss Allemonde ist ein Ort, der ebenso gut das Jenseits sein oder auch »überall auf der Welt« heißen könnte. Das Leben, das man dort führt, ist ein fortwährendes lautloses Sterben. Und doch bekennt Melisande kurz vor ihrem Ableben, unter den Menschen glückliche Momente gekannt zu haben. Die nur für wenige Augenblicke offenkundig werdende Liebe von Melisande zu Pelleas beruht auf einem im Unbewussten unentwegt verlautbarten Wissen. Beide sind Wesenheiten eines einzigen Ich. Obwohl gerade Golo schuldig an Melisande wird, da er diejenige quält, deren Geheimnis er nicht begreift, macht sie ihm am Ende ihres Lebens keine Vorhaltungen. Was sollte man denn auch einem Menschen vorwerfen, der es nicht vermag, in das dichte Beziehungsgeflecht einer inneren Welt vorzudringen?

Claude Debussy bemüht sich während der Arbeit, so schreibt er, »Pelleas und Melisande zu sein und die Musik hinter allen Schleiern aufzuspüren«. Er ruft in seinem Märchen vom verlorenen Paar einen Ton wach, der längst vergessen schien. »Debussy existierte bereits vor Debussy. Das war eine Architektur, die sich im Wasser spiegelt; das waren Wellen, die sich bilden und wieder zusammenstürzen«, sagt der Dichter Jean Cocteau. Und Debussy schöpft Klänge, die weit in die Zukunft weisen.

■ Wie im Traum. Ausschnitt eines Bühnenbildentwurfs zu *Pelleas und Melisande* von Ottomar Starke, München 1909.

PELLEAS UND MELISANDE (PELLÉAS ET MÉLISANDE)

LYRISCHES DRAMA IN FÜNF AKTEN UND FÜNFZEHN SZENEN
IN FRANZÖSISCHER SPRACHE

HANDLUNG

Erster Akt, *Erste Szene:* Golo, der Enkel des Königs Arkel von Allemonde, stößt auf der Jagd im tiefen Wald auf die verstörte Melisande. Er nimmt sie mit sich. – *Zweite Szene:* Sechs Monate später liest Genoveva, die Mutter von Golo und Pelleas, Arkel einen Brief vor, in dem Golo seine Heirat mit Melisande mitteilt. Pelleas soll ein Lichtzeichen vom Turm geben, um den Heimkehrern das Einverständnis des Königs zu dieser Eheschließung anzuzeigen. – *Dritte Szene:* Melisande sieht mit Genoveva und Pelleas wehmütig dem Schiff hinterher, das sie nach Allemonde gebracht hat.

Zweiter Akt, *Erste Szene:* Zur Mittagszeit führt Pelleas Melisande zu einem Brunnen, der einst Blinde sehend machte. Übermütig spielt Melisande mit dem Ring Golos. Er fällt in den Brunnen. – *Zweite Szene:* Golo ist zur selben Stunde, da der Ring in den Brunnen fiel, vom Pferd gestürzt. Melisande pflegt ihn. Golo nimmt ihre Hand und entdeckt den Verlust des Ringes. Sie will ihn in der Grotte am Meer verloren haben. Golo zwingt sie, mit Pelleas dorthin zu gehen, um den Ring zu suchen. – *Dritte Szene:* Panisch fliehen Pelleas und Melisande aus der Grotte, in der sie drei schlafende ausgehungerte Greise erblickten.

Dritter Akt, *Erste Szene:* Am Fenster des Schlossturmes kämmt Melisande ihr Haar. Pelleas will Abschied von ihr nehmen. Ihr langes Haar fällt auf ihn. – *Zweite Szene:* In den unterirdischen Gewölben des Schlosses gerät Golo in Versuchung, Pelleas in den Abgrund zu stossen. – *Dritte Szene:* Erleichtert kehrt Pelleas ans Tageslicht zurück. Golo fordert ihn auf, Melisande in Ruhe zu lassen, da sie ein Kind erwarte. – *Vierte Szene:* Golo horcht Yniold, seinen Sohn aus erster Ehe, über die Beziehung von Melisande und Pelleas aus.

Vierter Akt, *Erste Szene:* Heimlich verabreden sich Pelleas und Melisande zu einem letzten Treffen am Brunnen. – *Zweite Szene:* Tiefes Verständnis verbindet Melisande mit Arkel, vor dessen Augen Golo seine Frau des Ehebruchs bezichtigt und an den Haaren schleift, bis der König seinen Enkel zur Vernunft ruft. – *Dritte Szene:* Yniold versucht vergeblich einen Stein wegzurücken, um seinen Ball zu finden, der in eine Felsspalte gefallen ist. Eine Schafherde zieht in der Ferne vorbei. – *Vierte Szene:* Bei ihrem letzten Treffen am Brunnen gestehen sich Melisande und Pelleas ihre Liebe. Golo tötet Pelleas und verletzt Melisande.

Fünfter Akt: Vergeblich versucht Golo der sterbenden Melisande, die ein Mädchen geboren hat, das Geheimnis ihrer Liebe zu Pelleas zu entreißen. Melisande stirbt. Ihr Kind soll, so will es König Arkel, leben und ihren Platz einnehmen.

DATEN

Text: Maurice Maeterlinck nach seinem gleichnamigen Schauspiel

Musik: Claude Debussy

Uraufführung: 30. 4. 1902, Opéra Comique Paris

Handlungszeit: Zeitlos im Mythos angesiedelt

Handlungsorte: Schloss Allemonde und Umgebung; Schauplätze: ein Wald, ein Saal im Schloss, vor dem Schloss, ein Brunnen im Park, vor einer Grotte, einer der Türme des Schlosses, in den Gewölben unter dem Schloss, Terrasse am Ausgang der Gewölbe

Spielzeit: etwa 2 3/4 Stunden

Personen: *Arkel, König von Allemonde* (Bass), *Pelleas, sein Enkel* (Tenor oder Bariton), *Golo, sein Enkel* (Bariton), *der kleine Yniold, Golos Sohn aus erster Ehe* (Sopranstimme, mit einem Knaben zu besetzen), *Ein Arzt* (Bass), *Stimme des Hirten* (Bass), *Melisande* (Sopran), *Genoveva, Mutter von Pelleas und Golo* (Mezzosopran), *Chor: Matrosen* (hinter der Szene), *Stumme Rollen: Drei Greise, Dienerinnen*

WERTUNG

In einer Gegenwart, in der alle Geheimnisse entschlüsselt scheinen, stellt dieses rätselhafte Werk eine der größten Herausforderungen der Kunstform Oper dar. Bewusste und unbewusste Vorgänge spielen sich auf einer Wirklichkeitsebene ab. Mit der Musik Debussys steigt der Hörer in den Brunnenschacht seines eigenen Ich.

Verständlichkeit:	✪✪✪
Eingängigkeit:	✪✪✪
Aktualität:	✪✪✪
Impressionismus:	✪✪✪✪✪
Psychologie:	✪✪✪✪✪

Hänsel und Gretel
Das Kinder-Paar

»Ein Stück Kinderleben«, in dem es nicht um eine märchenhafte Verklärung von Hunger und Albtraum geht, sondern um eine lebensgefährliche Bewährungsprobe, durch die zwei Kinder selbstständig werden.

■ Initiationserlebnis. Hänsel und Gretel bestehen die Bewährungsprobe im finsteren Wald und werden dadurch erwachsen. Borjana Mateewa als Hänsel und Margot Stejskal als Gretel. Deutsche Staatsoper, Berlin, 1976.

Seit der 1893 von Richard Strauss geleiteten Uraufführung gilt es das Vorurteil auszuräumen, es handle sich lediglich um ein Kinder- und Märchenstück für die Weihnachtszeit, das häufig lieblos und hausbacken auf die Bühne gebracht wird. Werk und Wiedergabe sind bis heute Missverständnissen ausgesetzt. In einer früheren Ausgabe von *Riemanns Musiklexikon* heißt es lakonisch, die Oper sei lediglich »um ein paar Volkslieder herum componiert«. Gustav Mahler jedoch nennt sie ein »Meisterwerk«. In seinem Buch *Humperdinck – Tonsetzer der Gegenwart* weist 1905 Georg Münzer dem Stück eine zentrale Stellung zu: »Nach den Göttern Walhalls, nach den bluttriefenden italienischen Radauopern – die beiden Märchenrangen Hänsel und Gretel nebst der Knusperhexe! Das war ein Kontrast, wie ihn selbst die Bühne wohl noch nicht sah.« Humperdinck geht es um eine möglichst dichte Annäherung an die Erlebniswelt der Kinder. Die Ouvertüre mit allen wesentlichen Themen der Oper versieht der Komponist mit dem Hinweis »Ein Stück Kinderleben«. Dies charakterisiert die Selbstständigkeit, die sich die Kinder zwischen Ausgestoßensein und Hungerwahnsinnstraum auf den drei zentralen Stationen Elternhaus, Wald und Hexenhaus erringen. Das Werk Humperdincks ist zugleich realistisch, ja naturalistisch und symbolisch. Die Vielfalt der musikalischen Ausdrucksformen prägt die Vielschichtigkeit der Charaktere. Die Hexe ist kein keifendes altes Weib im Pfefferkuchenhaus, sondern eine attraktive »Rosina Leckermaul«, die Humperdinck eine »schwierige, aber dankbare Partie« nennt. Sie zeigt viele unterschiedliche Facetten, bis die Kinder endlich ihr wahres Wesen entdecken. Die bis heute häufig eingesetzte Variante, die Hexe von einem Mann singen zu lassen, widerspricht übrigens Humperdincks Absichten. Der Vater der Kinder, der Besenbinder Peter, ist kein jovialer Trunkenbold, wie häufig auf der Bühne falsch dargestellt. Kommt er mit einem übermütigen Lied nach Hause, hat er endlich einmal Grund, den mühsamen Alltag zu vergessen. Die Rolle der Mutter ist ein eindrucksvolles Psychogramm. Nervös durch den Übermut der Kinder und überfordert in ihrer ausweglosen Situation, sinkt sie verzweifelt in sich zusammen: »Müde bin ich, müde zum Sterben.« In ihrem Arioso zitiert der Komponist ein Motiv aus Wagners *Parsifal*. Die Not in der Märchenwelt nimmt er ebenso ernst wie die mythische Suche nach dem Heiligen Gral.

Am Ende des ersten Bildes dringt als mythische Urerfahrung die Musik der Hexen als großes Tongemälde in die geschlossene Welt der kleinen Leute. Ein Albtraum wird Wirklichkeit. Die Flucht in den Wald ist eine Befreiung. Zur Schilderung kindlichen Selbstbewusstseins greift Humperdinck auf die geschlossene Liedform zurück. Mit »Ein Männlein steht im Walde« verwandelt Gretel den geheimnisvollen Wald, in dem ständig die Töne des Hexenrittes nachhallen, in eine vertraute Umgebung. Im Mittelpunkt der Traumerlebnisse steht der Abendsegen, ein schlichtes Duett von zwei sich durchdringenden Stimmen, eine aus echter Verzweiflung geborene Anrufung und Beschwörung. Die Vorstellungskraft der Kinder hat nichts mit dem häufig auf der Bühne zu sehenden pseudo-religiösen Kitsch zu tun. Hum-

ENGELBERT HUMPERDINCK
1. 9. 1854 – 27. 9. 1921

- 1880 Erste Begegnung mit Richard Wagner
- 1881 Mitarbeit an der Uraufführung von *Parsifal*
- 1887 Professur am Kölner Konservatorium
- 1888 Lektor beim Musikverlag Schott
- 1890 Lehrer am Hoch'schen Konservatorium in Frankfurt
- 1892 Heirat mit Hedwig Taxer
- 1900–1920 Leiter einer Meisterklasse an der Berliner Akademie
- ab 1905 Bühnenmusiken für Inszenierungen von Max Reinhardt

■ Angst und Entsetzen bei der Konfrontation mit dem Unbekannten stehen am Beginn eines jeden Entwicklungsprozesses. Margaret Neville als Gretel, Sheila Rex als Hexe und Patricia Kern als Hänsel. Inszenierung von Glen Byam Shaw, London, 1964.

REALISTISCHES MÄRCHEN

Engelbert Humperdinck, der die Oper, an deren Entstehung zahlreiche Verwandte mitgewirkt haben, scherzhaft ein »Familienübel« nennt, orientiert sich bei der Gestaltung weniger an der Märchenvorlage der Brüder Grimm als vielmehr an der 1845 veröffentlichten Fassung des Hofbibliothekars Ludwig Bechstein. Dessen psychologische Charaktere entstammen der sozialen Wirklichkeit des 19. Jahrhunderts und sind verwandt mit dem Naturalismus in Werken von Charles Dickens oder Gerhart Hauptmann.

perdinck selbst warnt vor falscher Interpretation: »Die Traumpantomime bitte nicht zu prunkvoll, sondern mehr traumhaft-poetisch ausstatten.«

Wie eine Tag- und Nachtgleiche fügt sich zu Beginn des dritten Bildes die Erscheinung des Taumännchens an jene des Sandmännchens. In langen lyrischen Passagen zögert Humperdinck bewusst die Erscheinung des verführerischen Hexenhauses hinaus, um das neu gewonnene Selbstbewusstsein der Kinder zu schildern, das sie befähigt, die Bewährungsprobe mit der Hexe anzunehmen und schließlich zu bestehen. Dies ist selbst dann der Fall, wenn die Erlebnisse infernalisch werden und die Kinder, was in der Musik äußerst drastisch und ohne jede Beschönigung vermittelt wird, einem lebensgefährlichen Kannibalismus ausgeliefert sind. Ihr Aufbegehren führt schließlich zur Befreiung einer ganzen Kinderwelt. Kinder üben Solidarität mit Kindern.

Mit dem Schluss der Oper hat Humperdinck reichlich Probleme, da die Rückkehr des polternden Vaters nicht so recht zur Euphorie der Kinder passen will, die zunächst stumm zuhören, wenn die Schlussmoral verkündet wird: »Wenn die Not aufs höchste steigt, Gott der Herr die Hand uns reicht.« Cosima Wagner wünscht sich 1894 für ihre Inszenierung in Dessau ein Ende, bei »dem das Pathos des Gebets und das Scherzhafte« nicht zu dicht aufeinander folgen. Humperdinck verknüpft das unbeschwerte Thema »Brüderchen, komm tanz mit mir« mit einer Variation des berühmten *Dessauer Marsches*. Dabei sollen sich »einige Knaben mit Kinderinstrumenten ausrüsten und ein kleines Musikcorps formieren«. Es gibt einen Schluss für *Hänsel und Gretel*, bei dem mit einem Ausrufezeichen die Selbstständigkeit der Kinder auf ihrem Weg von den Eltern zur Hexe hervorgehoben wird. »Ein Stück Kinderleben«, von dem gerade Erwachsene lernen können – und nicht nur zur Weihnachtszeit.

■ »Es war einmal …« Bereits mit der Uraufführung am 23. Dezember 1893 wurde die Tradition begründet, *Hänsel und Gretel* als Weihnachtsmärchen für Kinder zu geben.

HÄNSEL UND GRETEL

MÄRCHENOPER IN DREI BILDERN UND ZEHN SZENEN IN DEUTSCHER SPRACHE

HANDLUNG

Erstes Bild: Hänsel und Gretel müssen schwer arbeiten, denn der Hunger ist groß. Die Kinder entfliehen der Realität durch Tanz und Spiel. In ihrer Verzweiflung sieht die Mutter keinen Ausweg. Sie nimmt den geringsten Vorfall zum Anlass, die Kinder aus dem Haus zu jagen. Für kurze Augenblicke vertreiben Freude und Übermut des Vaters die Alltagssorgen. Doch wo sind die Kinder? Bei der Erwähnung, sie seien womöglich am Ilsenstein, befällt den Vater die Angst, sie könnten der dort hausenden Hexe in die Falle gehen. Panisch rennen die Eltern den Kindern hinterher.

Zweites Bild: Für Hänsel und Gretel wird der Wald zum vertrauten Ort. Doch mit Einbruch der Nacht überfällt sie Angst und Einsamkeit. In der Erscheinung des Sandmanns und im Traum des Abendsegens finden die Kinder Schutz.

Drittes Bild: Als würde ein Traum Wirklichkeit, finden sich Hänsel und Gretel nach der Begegnung mit dem Taumännchen in einer verzauberten Zuckerwelt wieder. Die Begegnung mit der Hexe schlägt in eine tödliche Gefahr um. Die Kinder befreien sich aus eigener Kraft.

In der vierten Szene singt der Vater: »Juch-Ei«, da sind sie ja«, beim überstürzten Wiedersehen mit Hänsel und Gretel. »Fast gesprochen«, notiert Humperdinck. Augenblicke zuvor waren die Kinder völlig aufgehoben in der lyrischen Musik, mit der Humperdinck die Erlösung der Lebkuchenkinder schildert. Hört man den tonlosen Übergang zur letzten Szene, wird deutlich, wie schwer des den Kindern fallen wird, aus ihrer Traumwelt von Sandmännchen, Engeln und Hexe in den von Armut geprägten Alltag zurückzukehren.

DATEN

Text: Adelheid Wette nach der Erzählung aus den *Grimm'schen Kinder- und Hausmärchen.*

Musik: Engelbert Humperdinck

Uraufführung: 23. 12. 1893, Großherzogliches Hoftheater Weimar

Handlungszeit: Wie im gleichnamigen Märchen

Handlungsorte: Daheim, kleine, dürftige Stube, im Walde, das Knusperhäuschen

Spielzeit: etwa 2 Stunden

Personen: *Peter, Besenbinder* (Bariton oder Bass), *Gertrud, sein Weib* (Mezzosopran oder Sopran), *Hänsel, deren Sohn* (Spielalt, Mezzosopran), *Gretel, deren Tochter* (Sopran), *Die Knusperhexe* (Mezzosopran), *Sandmännchen* (Sopran), *Taumännchen* (Sopran), *Chor: Kinder, die vierzehn Engel (Pantomime – Ballett)*

WERTUNG

Man sollte *Hänsel und Gretel* gerade nicht als lästiges Pflichtprogramm in der Vorweihnachtszeit verbuchen, sondern als dramatisches und sinfonisches Meisterwerk über einen ungewöhnlichen Reifungsprozess.

Verständlichkeit:	✪✪✪✪✪
Eingängigkeit:	✪✪✪✪✪
Aktualität:	✪✪✪✪
Märchenoper:	✪✪✪✪✪
Hungertrauma:	✪✪✪✪✪

Der Barbier von Sevilla

Die geübten Spieler

Im Rahmen eines Intrigenstücks erproben geübte Spieler die Möglichkeiten des musikalischen Theaters.

Die Figuren dieses Stückes kämen, so steht es in beinahe jedem Opernführer, aus der »Commedia dell' arte«. Irrtum! Rossinis »Komödie der Komödien« ist Oper von der Stange, Konfektionsware, Fließbandarbeit. Aber mit welcher Präzision verfasst! Will man erfahren, woraus Oper im Detail besteht, wie sie funktioniert und was sie so unvergleichlich macht, gibt es kein besseres Lehrstück. Alter Mann begehrt junge Frau und deren Geld. Junger Mann schnappt sie ihm weg. In diesen Rahmen presst Rossini in beliebiger Reihenfolge Liebeslied, Serenade, Verleumdungsarie, Soldatenchöre, Gesangslektionen, Gewitter- und Entführungsszenen. Dabei kommt keine durchgehende Handlung heraus, sondern ein »Opernführer«.

Skurriler könnte es nicht beginnen. Fiorello, Almavivas Diener, der sich in die ersten Szenen der Oper einmischt, um später nie wieder aufzutauchen, fordert alle auf: »Piano, pianissimo, senza parlar« (»Leise, ganz leise, ohne zu sprechen«). Man muss tun, was in der Oper widersinnig ist: schweigen. Solisten und Chor singen bei der Kavatine des Grafen unter dem Fenster Rosinas wahllos durcheinander. Die Instrumente tönen wie ein großer

■ »Freddo ed immobile«. Im Finale des ersten Aufzuges erreicht die Verwirrung der Personen und die Komik auf der Opernbühne ihren Höhepunkt. Inszenierung von Nicolas Brieger, Wiener Festwochen, 1992.

Leierkasten. Die heimliche Geliebte erscheint nur kurz. Die Serenade des Grafen bleibt in der Handlung ohne Folgen, wie so vieles, was danach kommt. Dafür gibt es völlig unerwartet ein ganz anderes Problem: Man wird die zur Begleitung des Grafen engagierten Chorsänger einfach nicht mehr los. Man spielt kein Stück, sondern Oper.

Figaros berühmte Kavatine »Largo al factotum della città!« (»Macht Platz dem Faktotum der Stadt«), die dramatisch völlig sinnlos, aber musikalisch wirkungsvoll auf »La ran la lera, la ran la la« beginnt, ist die Bankrotterklärung einer Figur, die heillos überfordert mit den Aufgaben ist, die sie sich stellt. Wenn Figaro schier unendlich wiederholt, wer er sei: »Figaro, Figaro, Figaro …«, verweigert das Orchester der Stimme die Begleitung. In der Oper ist dies das Schlimmste, was passieren kann: ein Ich ohne Musik. Im folgenden Duett von Figaro und Graf reden zwei Menschen ständig aneinander vorbei. Rossini erzählt stattdessen die Geschichte einer Erpressung, was erklärt, warum sich die Stimmen zeitweise hysterisch überschlagen. Der eine braucht, was der andere hat. Der Graf benötigt Ideen, Figaro Geld. Rosina unterliegt in ihrer Auftrittsarie einem Selbstbetrug: Ich bin Sängerin! Im ersten Teil der Arie hetzt sie keinem Mann, sondern einer imaginären Stimme hinterher, was einzig in der Oper Sinn macht. Im zweiten Teil entpuppt sie sich als frühreifes Girlie, das nur eins im Sinn hat: Wie angle ich mir den nächstbesten Mann? Figaro vergisst im Duett mit ihr einfach einen eigenen Ton und folgt hypnotisiert ihren Melodien. So ist es kein Wunder, dass Rosina ihn als Mann und Partner nicht wahrnimmt. Die schönste, zwischen den Zeilen verborgene Liebesgeschichte dieser Oper wird vom Komponisten einfach links liegen gelassen. Auch Basilio und Bartolo ergeht es nicht besser, wenn sie mit immensem Aufwand, aber ohne jede Konsequenz in großen Arien versuchen, von einem Rollentyp – der heuchlerische Intrigant oder der geizige,

■ Der Komödiant, der leicht aus der Rolle fällt. Der berühmte Sänger Luigi Lablanche als Figaro, Wien, 1820.

»Versuchen Sie nicht, andere Dinge als komische Opern zu schreiben; in anderen Kunstgattungen Erfolge haben zu wollen hieße, ihrem Schicksal Gewalt antun.«

LUDWIG VAN BEETHOVEN

GIOACCHINO ROSSINI
29.2.1792 – 13.11.1868

1806 Eintritt ins Liceum von Bologna, Studium bei Padre Mattei
1809 Komposition seiner ersten Oper
1830 Bewusstes Ende seiner Laufbahn als Opernkomponist
1832 Heirat mit der Sängerin Isabella Colbran
1836–48 Leitung des Liceums in Bologna
1832 *Stabat Mater*

geile Alte – zu einem unverwechselbaren Charakter zu werden. Vergeblich, sagt Rossini. Sie sind und bleiben Stimmfächer. Nicht enden wollende Hammerschläge im Orchester unterstreichen, dass alle Figuren glauben, sich im Finale des ersten Aufzuges »in einer fürchterlichen Schmiede« zu befinden, wo »der unerträgliche Krach dröhnender Ambosse« ständig zunimmt – Oper als Fabrik. Dabei rechtfertigt in diesem Finale, das zu den strukturell raffiniertesten der Gattung gehört, die Situation mitnichten den dafür getriebenen Aufwand. Verkleidet als Offizier verlangt der sich betrunken stellende Graf Almaviva – Lüge und Maskerade, wo man nur hinsieht – Einquartierung im Hause Bartolos. Der legt seinerseits ein Papier vor, das ihn von der Quartierpflicht befreit. Rossini ist das alles ein einziges musikalisches Motiv wert, das sich die Figuren so lange um die Ohren singen, bis es keiner mehr hören kann. Figaro verschafft sich mit neuen Harmonien so willkürlich Eingang ins Finalensemble, dass jeder merkt: Er hat eigentlich als Allerletzter hier etwas zu suchen. Die dümmste Anweisung der gesamten Szene sorgt für deren nachhaltigsten Wandel. Almaviva händigt dem Hauptmann ein Schreiben aus, in dem sein wahrer Name steht. Die Musik verlangsamt sich schlagartig. Alle Personen stehen »kalt und starr wie eine Säule« und singen wie Marionetten im Kanon. Nur in Figaros Stimme kehrt Rossini die Melodie um. Das zeigt, wie brutal sich der Barbier über die Unbeweglichkeit der anderen lustig macht, wo er doch selbst rettungslos verloren an den Fäden der »Maschine Oper« hängt. Rossinis Fazit ist gnadenlos. Von nun an gibt es nur noch Lärm und Chaos, auf der Bühne wie in der Wirklichkeit.

Der zweite Aufzug ist das getreue Abbild der stereotypen Vorgänge aus dem ersten. Einzig die Handlung läuft noch chaotischer ab. Im ersten kurzen Duett zwischen Bartolo und dem jetzt als Musiklehrer auftauchenden Almaviva spielen nicht mehr Aktionen oder Personen die Hauptrolle, sondern eine Tür und ein Handschlag. Die folgende Lektion in Sachen Stimme, die Opernparodie schlechthin, dient Almaviva eigentlich als Vorwand, sich Rosina heimlich zu nähern. Doch bei Rossini verstricken sich die Akteure so haarsträubend in die Tücken des Gesangs, dass am Ende malträtierte Stimmbänder für das Publikum zu Folterinstrumenten werden. Rossinis erbarmungslose Diagnose lautet: Singen kann tödlich sein. Während es danach im Text Sterbinis um den unverhofften Auftritt des vermeintlich kranken Basilio geht, haben die Figuren im Quintett nichts Besseres zu tun, als sich bis zur Besinnungslosigkeit einen guten Abend zu wünschen.

■ Der Barbier, der mit seinen marionettenhaften Mitmenschen so manchen Schabernack treibt.

Nach dem künstlich erzeugten Theater-Gewitter ist Flucht vor Bartolo angesagt. Aber die Figuren kommen nicht vom Fleck. Langatmig singen sie davon, sich leise aus dem Staub machen zu müssen. Hysterie und Entschlusslosigkeit ergänzen sich absurderweise ideal. Nichts, so Rossini, kann unter Umständen schlimmer sein, als unentwegt zu singen statt zu handeln. Endlich löst sich der Konflikt auf. Almaviva bekommt seine Rosina. Bartolo ist der Genarrte. Figaro ist der, der er immer schon war. Und der Zuhörer dürfte alles gar nicht richtig bemerkt haben. Am Ende

BLITZLICHT UND DONNERBLECH

Zweiter Aufzug, Nr. 15, Temporale (Gewittermusik): Keine komische Oper ohne Gewittermusik. Rossini stiehlt sie sich ungeniert aus eigenen Werken zusammen, fügt aber eine Regentropfen-Episode ein, die klingt, als würde ein Ballett aufmarschieren. Dieses Gewitter wird ausschließlich von Theaterleuten gemacht: mit Blitzlicht und Donnerblech, wie vom Tonband, Erfindung einer eigenen Art von Filmmusik. Auf der Bühne haben alle Schirme, und die Zuschauer frösteln. Dabei regnet es gar nicht. So perfekt und perfide kann die Illusion der »Maschine Oper« sein.

DER BETRUG EINES ERFINDERS

Beaumarchais schreibt eine Charakter- und Situationskomödie. Paisiello, *der* Komponist seiner Zeit, hält sich beim Vertonen strikt an die Vorlage. Rossini heuchelt dem »unsterblichen« Paisiello Rücksichtnahme vor. Um vordergründig der Konkurrenz zu entgehen, erfindet Rossini zunächst einen neuen Titel: *Almaviva oder Die nutzlose Vorsicht*. Und diese Nutzlosigkeit bildet als Spiel im Spiel ständig eine Folie, an der sich ablesen lässt, wie zweitrangig es ist, worum es geht. Entscheidend ist die Verwandlung der Akteure von Schauspielern in Sänger. Das Revolutionäre: Rossini ahmt die Vorlage nicht nach, sondern erfindet sie neu.

■ Szenen aus einer modernen Gesellschaftskomödie. Inszenierung von Willy Decker, Oper der Stadt Bonn, 1995.

singt nur noch einer, und in der Oper lässt sich denken wer: der Heldentenor, und zwar eine Arie, acht Minuten lang, ohne Unterlass. Rosina hat, was sie wollte, einen Mann, und kommt daher auch nicht zu Wort. So aber darf das Stück nicht enden. Gewaltsam fügt Rossini ein künstliches Finale an, in dem Figaro, Rosina und Almaviva dasselbe singen. Ihre Melodien sind austauschbar. Sie haben ihre Rollen abgelegt, um dem Publikum zu verkünden, was es ohnehin nicht hören will: »Liebe und ewige Treue sollen euch leiten!« Die Zauberlehrlinge werden die Geister, die sie riefen, nicht mehr los. Die Oper schlägt ihre Akteure am Ende tot. Ist die ganze Welt ein einziges Tollhaus, vielmehr Opernhaus? Welche Horrorvorstellung! Kein Wunder, dass Rossini auf dem Höhepunkt seiner Karriere von heute auf morgen beschließt, mit dem Opernschreiben aufzuhören.

DER BARBIER VON SEVILLA (IL BARBIERE DI SIVIGLIA)

MELODRAMMA BUFFO IN ZWEI AKTEN
IN ITALIENISCHER SPRACHE

HANDLUNG

Erster Aufzug: Nur mit Mühe wird Graf Almaviva jene Musikanten los, die er für ein Ständchen unter dem Fenster der von ihm angebeteten Rosina angeheuert hat. Von Figaro, dessen Qualitäten als Kuppler und Intrigant er kennt, erfährt Almaviva, dass Rosina das Mündel Doktor Bartolos ist, der sie noch an diesem Tag heiraten will. Vor Rosina, die von ihrem Balkon einen Brief zum Zeichen ihres Interesses fallen lässt, gibt sich Almaviva als Lindoro aus. Figaro schlägt ihm vor, sich als quartiersuchender Offizier Zugang zu Bartolos Haus zu verschaffen. Letzterer erfährt von Rosinas Musiklehrer Basilio, dass sich Almaviva, in dem er einen gefährlichen Rivalen wittert, in der Stadt aufhalten soll, und erhält den Rat, ihn durch Verleumdung unschädlich zu machen. Figaro muss feststellen, dass Rosina den Brief (ein zweiter von unzählig folgenden), den er von ihr als Zeichen ihrer Zuneigung gegenüber Almaviva erbittet, längst verfasst hat. Er wird ihn dem Grafen übergeben. Polternd dringt daraufhin Almaviva ein. Der Einquartierungsschein, den er vorweist, nützt nichts, da Bartolo ein anderes Papier hervorkramt, das ihn von dieser Pflicht befreit. Seiner Verhaftung entgeht Almaviva nur durch ein Dokument, das dem Hauptmann seine wahre Identität verrät.

Zweiter Aufzug: Almaviva wechselt die Verkleidung und gibt sich vor Bartolo als Don Alonso aus, der an Stelle des erkrankten Basilio den Musikunterricht Rosinas übernehmen soll. Figaro unterbricht die Musikstunde, da er sofort Bartolo rasieren müsse. Unter dem Vorwand, Tücher zu holen, bringt Figaro in einem Nebenraum den für eine geplante Flucht unentbehrlichen Hausschlüssel Bartolos an sich. Der unverhofft auftauchende Basilio ist erst zum Rückzug bereit, als ihm Almaviva heimlich Geld zusteckt. Figaro lenkt Bartolo durch die Rasur ab. So können Rosina und Almaviva für Mitternacht die Flucht verabreden. Bartolo schöpft dennoch Verdacht und beauftragt Basilio, eilig den Notar zu holen. Da Rosina glaubt, Lindoro sei ihr untreu, verspricht sie Bartolo die Ehe. Nach einem Gewitter dringen Almaviva und Figaro über den Balkon ins Haus ein. Rosina klagt den Grafen des Verrats an. Lindoro gesteht ein, Almaviva zu sein. Basilio wird bestochen, um neben dem Notar den Trauzeugen für Rosina und Almaviva abzugeben. Bartolo kommt zu spät, wird aber durch den Verzicht Almavivas auf Rosinas Mitgift entschädigt.

DATEN

Dichtung: Cesare Sterbini nach der Komödie *Le barbier de Séville ou La précaution inutile* von Pierre-Augustin Caron de Beaumarchais

Musik: Gioacchino Rossini

Uraufführung: 20. 2. 1816, Teatro Argentina Rom

Handlungszeit: Mitte des 17. Jahrhunderts

Handlungsort: Sevilla; Schauplätze: Straße mit dem Haus von Doktor Bartolo, Balkon, Zimmer im Haus von Doktor Bartolo

Spielzeit: etwa 2½ Stunden

Personen: *Graf Almaviva* (Tenor), *Bartolo, Doktor der Medizin* (Bass), *Rosina, Mündel des Bartolo* (Mezzosopran), *Figaro, Barbier* (Bariton), *Basilio, Musiklehrer* (Bass), *Fiorello, Diener Almavivas* (Bariton), *Ambrogio, Diener Bartolos* (Bass), *Berta, Haushälterin Bartolos* (Sopran), *Ein Offizier* (Bass), *Ein Notar* (Stumme Rolle), *Chor: Soldaten und Musikanten*

WERTUNG

Besser geht es nicht, will man erfahren, wie Oper funktioniert. Das Hören ließe sich ergänzen durch die Lektüre diverser Gesellschaftssatiren von Feydeau, Labiche oder Dario Fo. Rossini findet eine einfache Formel: Komödie gleich Chaos.

Verständlichkeit:	✪✪✪
Eingängigkeit:	✪✪✪✪✪
Aktualität:	✪✪✪
Stegreifkomödie:	✪✪✪✪✪
Absurditäten:	✪✪✪✪✪

Cosi fan tutte
Die wettenden Spieler

Mozarts Aufklärungsexperiment: Die erotische Oper schlechthin. Ein Spiel am Rande der Desillusion: Junge Menschen verlieren ein für alle Mal den Glauben an die Leichtigkeit des Seins.

Menschen erproben die Liebe. Das Stück könnte heute und überall spielen. Die Oper handelt von einer Wette, die Liebesexperiment und Lebensprüfung ist. Die Komödie streift die Grenze zur Tragödie. Jeder wird in den Strudel der Ereignisse einbezogen, Täter wie Opfer, Schuldige wie Unschuldige. Die sechs Figuren – zwei Paare: Dorabella und Ferrando, Fiordiligi und Guglielmo, sowie zwei Drahtzieher des Spieles: Don Alfonso und Despina – werden wie auf einem Schachbrett aufgestellt, um im Verlauf eines Tages zu erfahren, dass weder Tugend noch Treue vor Ernüchterung schützen. Die schonungslose Aufklärung dieser Oper hat bis heute nichts an Aktualität verloren. *Cosi fan tutte* ist ein erotischer Psychokrimi. Handlungsort ist Neapel, am Fuß des Vesuvs. Was dies bedeutet, erfährt Dorabella, als sie der Verführung Guglielmos erliegt: »Mir ist, als hätte ich einen Vesuv im Herzen.«

Am Beginn der Oper befindet man sich mitten in einem hitzigen Diskurs zwischen den Offizieren Ferrando und Guglielmo und ihrem alten Lehrer, dem Philosophen Don Alfonso. In typischer Männermanier ist von der Untreue der Frauen viel, von

■ Experiment mit bekanntem Ausgang: Alle Frauen sind untreu. Sophie Koch als Dorabella und Michaela Kaune als Fiordiligi. Inszenierung von Johannes Schaaf, Aalto-Theater Essen, 1999.

■ Blind und unbeständig ist der Eros. Die Grenzen zwischen aufrichtigen und vorgetäuschten Gefühlen verschwinden. Michaela Kaune als Fiordiligi.

ihrer eigenen überhaupt nicht die Rede. Don Alfonso versucht noch in letzter Minute, den Gang der Dinge aufzuhalten. »O pazzo desire« (»törichtes Verlangen«) nennt er die Verbohrtheit, mit der die beiden jungen Hitzköpfe Ferrando und Guglielmo auf der Behauptung der Treue bestehen, der er selbst die weibliche Unbeständigkeit entgegensetzt. Dabei ist die plumpe Weisheit »Cosi fan tutte« (So machen es alle Frauen!) als unabänderliche Formel bereits in der Ouvertüre zu hören. Sie erklingt auch am Ende der Oper, von Mozart vor das letzte Finale und nicht in dieses gesetzt. Dass alles anscheinend so kommt, wie es kommen muss, sagt wenig über die zwiespältigen Gefühle von Menschen aus. Am Ende stehen sie sämtlich vor einem Scherbenhaufen. Um überhaupt weiter leben zu können, reden sich alle einen guten Ausgang ein.

Der Wahnwitz der Männer spiegelt sich in der unbefriedigten Sehnsucht der Frauen. Am frühen Morgen – der Zeit der Unschuld – betrachten Fiordiligi und Dorabella selbstverliebt die Porträts ihrer Verlobten. In ihrem Duett glaubt man den Pfeil des Liebesgottes förmlich durch die Luft schwirren zu hören. Zum Schein werden die jungen Offiziere in den Krieg geschickt. Bis es soweit ist, nehmen die Abschiedsszenen kein Ende. Alle Lust will Ewigkeit. Ein Terzett von Fiordiligi, Dorabella und Don Alfonso scheint sich außerhalb von Zeit und Raum abzu-

»Denken Sie sich ein A, das mit einem B innig verbunden ist, durch viele Mittel und durch manche Gewalt nicht von ihm zu trennen; denken Sie sich ein C, das sich ebenso zu einem D verhält; bringen Sie nun die beiden Paare in Berührung: A wird sich zu D, C zu B werfen, ohne daß man sagen kann, wer das andere zuerst verlassen, wer sich mit dem andern zuerst wieder verbunden habe.«

JOHANN WOLFGANG VON GOETHE,
Wahlverwandtschaften

spielen. Die Musik stockt bei dem Schlüsselwort »desir« (»Verlangen«). Hoffnung und Angst halten sich die Waage. Sogar Don Alfonso wird in diese Sphäre einbezogen, was er sich Augenblicke später nicht verzeiht, wenn er dem Publikum zynisch mitteilt, ein teuflischer Komödiant zu sein. Es ist auffällig, wie beharrlich Mozart dem Drahtzieher des Spieles jenes Stilmittel beharrlich verweigert, das ihn in der Gattung Oper zur beherrschenden Figur machen würde: eine große Arie. Die alten Verlobten erscheinen als neue Liebhaber. Die Frauen glauben, was sie glauben wollen. In der Verkleidungskomödie agieren die Betroffenen wie die Akteure einer Posse. Zu aufgesetzt wirkt der theatralische Widerstand der Frauen, die, davon singt Fiordiligi in ihrer großen Arie, treu »wie ein Fels« sein wollen. Ironisch schildert Mozart im Kommentar des Orchesters, wie zwangsläufig diese Felsen bald einstürzen werden. Nach und nach verschwinden die Grenzen zwischen vorgetäuschten und aufrichtigen Gefühlen. Mit der Kammerzofe Despina wird Don Alfonso eine weibliche Spielleiterin an die Seite gestellt, die aus eigener Erfahrung ein Lied zu singen weiß, wie es um die Machenschaften der Männer bestellt ist. Nur dass die alten auch die neuen Liebhaber sind, weiß sie nicht. Sonst würde sie sich niemals auf das grausame Spiel einlassen. Das Finale des ersten Aufzuges kreist um einen Gifttod, den die beiden Offiziere unter Mithilfe Despinas vortäuschen. Die Absichten

■ Mithilfe eines Magnetsteins erweckt die als Arzt verkleidete Despina die scheintoten Ferrando und Guglielmo wieder zum Leben. Inszenierung von Roberto De Simone. Wiener Festwochen, 1997.

COSI FAN TUTTE – »SO MACHE ES ICH!«

Erster Akt, Finale: »Das ist zuviel verlangt von einer treuen und anständigen Braut!« Fiordiligi und Dorabella entrüsten sich über die Forderung der vermeintlich dem Gifttod erlegenen Männer, die Wiedererweckung mit einem Kuss zu belohnen. Mozart versteckt in der aufgeregten Melodie der Frauen das schnelle Thema aus der Ouvertüre. Die Komödie ist die Grundlage zur Liebesprobe. Das einleitende langsame Thema der Ouvertüre könnte übrigens jeder Kompositionsschüler verfassen, so banal klingt es – Mozarts eigene Anmerkung zum Thema »So machen es alle«. In der Oper selbst sind andere Töne zu hören, frei nach Mozart: »So mache es nur ich!«

sind verlogen, aber das Spiel bietet einen idealen Anlass, einander näher zu kommen. Die Todesdrohung von Menschen nimmt Mozart stets ernst. Er macht keinen Unterschied zwischen Wahrheit und Lüge. Für Mozart zählt nur die Intensität der Gefühle.

Wie der erste beginnt auch der zweite Aufzug aus Lust und Laune. Unter Anleitung der sich in Liebesfragen gerne zur »Königin« aufspielenden Despina probieren Dorabella und Fiordiligi aus, wie es wäre, wenn ... »Nichts ist gefährlicher als sich verliebt zu stellen. Man wird's sogleich darauf«, schreibt Jean Paul. Der entscheidende Schritt zur Eroberung erfolgt durch die Verführungskraft der Stimmen. Wie könnte es in einer Oper auch anders sein? Mozart bettet die innere Handlung seines Experiments zwischen zwei Duette, die durch Arien voneinander getrennt sind. In Wahrheit sind diese Arien Ensembles zwischen singenden und schweigenden Stimmen, die offenbaren, wie gespalten das Bewusstsein der Liebenden ist. Sie sind in den Worten noch beim alten Partner, aber in der Musik längst darauf aus, neues Terrain zu erobern. Ein Paar – Dorabella und Guglielmo – findet sich auf einen Blick, da es den Gleichklang der Herzen vernimmt. Das andere Paar – Fiordiligi und Ferrando – kommt erst nach vielen Missverständnissen zueinander. Der Partnertausch im Spiel stellt die richtigen Bindungen in der Oper her. Vom Stimmfach gehört Fiordiligi zu Ferrando, Dorabella zu Guglielmo. Der Zuhörer empfindet intuitiv die neuen Bindungen als längst überfällige Vereinigung.

Aufwändig wird das Finale des zweiten Aufzuges, die Hochzeit, in Szene gesetzt. Im Zentrum steht ein Kanon sich ineinander verhakender Stimmen, an der nur eine nicht teilnimmt. Guglielmo, der zunächst glaubte, die Frau des Freundes erobert zu haben, während seine eigene treu geblieben sei, hat das Spiel auf

WOLFGANG AMADEUS MOZART
27.1.1756 – 5.12.1791

- 1777/78 Reise nach Paris, auf der die Mutter stirbt
- 1779 Aloisia Weber lehnt Mozarts Heiratsantrag ab
- 1781 Bruch mit dem Fürsterzbischof von Salzburg, Übersiedlung nach Wien, Große Oper *Idomeneo*
- 1782 Heirat mit Constanze Weber
- 1784 Mozart beginnt die Eintragung seiner Stücke in ein Werkverzeichnis
- 1785 Aufnahme in die Freimaurerloge »Zur Wohltätigkeit«
- 1787 Reise nach Prag, Ernennung zum k. u. k. Kammermusicus
- 1791 Opera seria *La clemenza di Tito*, *Requiem* (unvollendet)

■ Ferrando und Fiordiligi. Inszenierung von Klaus Zehelein, Württembergisches Staatstheater, Stuttgart, 1999.

OPER ZWISCHEN ROMAN UND DRAMA

Die Oper beruht nicht auf konkreten Vorlagen, sondern ist als faszinierende Enzyklopädie über das erotische Wissen jener Zeit frei erfunden. Bereits kurze Zeit nach der Uraufführung wird der als frivol geltende Stoff in unzähligen Parodien verunglimpft. Zu deutlich erkennen Mozarts Zeitgenossen in diesem Spiegelbild die eigene Unbeständigkeit. Komödien von Marivaux oder der Briefroman *Gefährliche Liebschaften* von de Laclos sind Vorstufen zu Mozarts Oper. Später führen Partnertausch und Liebesexperiment zu Depression, so etwa in Büchners *Leonce und Lena* oder in Stücken von Hofmannsthal und Schnitzler. Die perfekte Balance zwischen Schuld und Unschuld ist einzig in Mozarts Oper gewahrt.

ganzer Linie verloren. Seine zwischen den Zähnen hervorgepresste Absicht, die Frauen vergiften zu wollen, verleiht dem Spiel Wirklichkeitsnähe. Die zurückkehrenden Offiziere drohen, alles kurz und klein zu schlagen. Die Frauen geraten in Panik. Don Alfonso, um Schadensbegrenzung bemüht, kann nicht überspielen, dass in Zukunft nichts mehr so sein wird wie zuvor. Am Ende bleiben alle Gefühle in ungeklärter Balance: Schein oder Sein? Was wird geschehen? Unumstößlich ist die in Musik gebannte Gewissheit, dass die »legge di natura« (Naturgesetze), von denen Despina im ersten Aufzug spricht, auf jener »necessità del core« (Notwendigkeit des Herzens) beruhen, die Don Alfonso anführt, wenn er zuletzt Ferrando und Guglielmo den Rat gibt, mit den Frauen das Einzige zu tun, was als Konsequenz bleibt: nämlich sie zu heiraten.

Was der Text Da Pontes verheimlicht, entschüsselt Mozarts Musik. Es sind die Frauen, die durch ihren Mut, auf der Unbeständigkeit der Gefühle zu bestehen, aus der zynischen Komödie der Männer ein lohnendes Experiment machen. Dass es in dieser Oper aus dem Rokoko, dem erotischen Zeitalter, um ein existenzielles Spiel geht, bewies unter anderem der australische Filmregisseur Mark Joffe, der 1991 in seinem Film *Cosi* dem Versuch, psychisch kranken Menschen durch Theater ein neues Selbstwertgefühl zu vermitteln, Mozarts *Cosi fan tutte* als Spielvorlage nutzte. Die Bedeutung dieser Oper lässt sich überspitzt mit einem Zitat aus Thomas Bernhards Schauspiel *Elisabeth II.* belegen: *Cosi fan tutte* sei die »einzige Oper, die überhaupt etwas wert sei«. Die Oper der Opern.

■ Doppelhochzeit nach einem erotischen Liebesabenteuer. Als Beweis der weiblichen Untreue hält Don Alfonso triumphierend den Ehevertrag in der Hand; Despina fungiert als Notar.

COSI FAN TUTTE (OSSIA LA SCUOLA DEGLI AMANTI)

DRAMMA GIOCOSO (OPERA BUFFA) IN ZWEI AKTEN
IN ITALIENISCHER SPRACHE

HANDLUNG

Erster Aufzug: Don Alfonso schlägt den Offizieren Ferrando und Guglielmo eine Wette vor. Innerhalb der nächsten vierundzwanzig Stunden will er beweisen, dass ihre Bräute Fiordiligi und Dorabella wie alle Frauen untreu seien. Don Alfonso bringt den Frauen die Nachricht, dass die Männer in den Krieg gerufen worden seien. Nach langem Abschied trennen sich die Paare. Despina, die Zofe der Mädchen, rät ihren Herrinnen, sich mit anderen Männern zu amüsieren. Doch Fiordiligi und Dorabella glauben felsenfest an die Treue. Despina, von Don Alfonso mit Geld zur Mithilfe überredet, erkennt nicht, dass es sich bei den beiden exotischen Liebhabern, die sie bei ihren Herrinnen einführt, um Ferrando und Guglielmo handelt. Voreilig glauben die Männer, die Wette bereits gewonnen zu haben. Mit Unterstützung Don Alfonsos inszenieren sie eine übertriebene Selbstmordszene. Despina, verkleidet als Arzt, erweckt die Scheintoten zum Leben. Die Frauen weisen das Begehren um einen Kuss entrüstet zurück, doch ist bereits zu spüren, wie rasch sich Zorn in Liebe verwandeln wird.

Zweiter Aufzug: Aus Spaß beginnen Fiordiligi und Dorabella sich auf die Annäherungen der Fremden einzulassen. Dorabella wählt Guglielmo, den Brünetten, Fiordiligi wählt Ferrando, den Blonden. Despina führt die neuen Paare zusammen. Dorabella gibt der Verführung Guglielmos nach. Fiordiligi bleibt zunächst gegenüber den Nachstellungen Ferrandos stark. Guglielmo kann nur schlecht verbergen, wie stolz er auf die Eroberung Dorabellas ist, während seine Verlobte an ihrer Treue festhält. Als letztes Mittel glaubt Fiordiligi, sich durch Flucht zu ihrem Verlobten auf das Schlachtfeld retten zu müssen. Doch Guglielmo wird Zeuge, dass auch sie nachgibt. Don Alfonso gewinnt die Wette und rät den Männern zu einer Doppelhochzeit. Guglielmo würde die Frauen jedoch am liebsten vergiften. Als Notar verkleidet kümmert sich Despina um die Formalitäten. Ein Militärmarsch kündigt die Rückkehr der Verlobten an, die sich unbemerkt ihrer Verkleidung entledigt haben, den Notar entdecken und voller Entrüstung die Eheverträge finden. Don Alfonso versucht, die alten Bindungen wieder herzustellen. Die Utopie freier Liebe ist gescheitert. Das Leben geht weiter.

DATEN

Text: Lorenzo Da Ponte

Untertitel: *Die Schule der Liebenden*

Musik: Wolfgang Amadeus Mozart KV 588

Uraufführung: 26. 1. 1790, Burgtheater Wien

Handlungszeit: In Da Pontes und Mozarts Gegenwart

Handlungsort: Neapel, am Fuß des Vesuv

Spielzeit: 2½ Stunden

Personen: *Fiordiligi und Dorabella, Schwestern aus Ferrara, wohnhaft in Neapel* (Sopran/Dorabella zumeist lyrischer Mezzosopran), *Guglielmo und Ferrando, Liebhaber der Frauen* (Bass/Tenor), *Despina, Kammermädchen* (Sopran), *Don Alfonso, alter Philosoph* (Bass), *Chor: Soldaten, Diener und Schiffsleute*

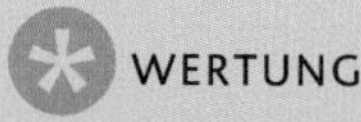

WERTUNG

Idealer Aufklärungsunterricht in Sachen Oper und Erotik. Da Pontes Text ist viel besser als sein Ruf! Das vermeintlich ferne Rokoko rückt einem so nah, dass man erstaunt die Prüderie der Gegenwart konstatiert.

Verständlichkeit:	✪✪✪✪
Eingängigkeit:	✪✪✪✪
Aktualität:	✪✪✪✪✪
Erotische Komödie:	✪✪✪✪✪

Die verkaufte Braut

Die traurigen Spieler

Unter der Oberfläche heiteren Dorflebens liegen Stumpfsinn und Aggressivität verborgen, aber auch der Traum, Menschen könnten frei nach ihren Gefühlen entscheiden, was Heimat und Geborgenheit bedeuten.

Das Stück gilt als Inbegriff von Kirchweihstimmung und Lebensbejahung, von böhmischen Liedern, Polkas und Knödeln. Im Vorwort eines Partiturdrucks aus dem Jahr 1980 heißt es, das Stück stamme »aus einer Zeit, da man noch lachen konnte«. Smetana komponiert jedoch ein Lachen, das einem im Hals steckenbleibt, da die sprichwörtlichen böhmischen Dörfer hinter dunklen Wäldern liegen, wo Heimat und Bodenständigkeit etwas Bedrohliches und Dumpfes haben. Im Mittelteil des Eingangschores singen Frauen und Männer von der Sorge des Alltags und dem Katzenjammer nach dem Saus und Braus des Festes. Im ersten Satz ihrer ersten Arie schärft Marie ihrem Geliebten Hans ein, er müsse es immer ehrlich mit ihr meinen. Er ist ein von der Erfahrung des Ausgestoßenseins geprägter Einzelgänger, ein Alter Ego von Smetana, der voller Resignation urteilt: »Es ist ein altbekanntes Leid, daß das Vaterland seine Kinder nicht anerkennen will und daß ein Künstler gezwungen ist, sich im Ausland einen Namen zu machen und sein Brot zu verdienen.«

■ Hinter der Fassade böhmischer Polkafröhlichkeit verbirgt sich Stumpfsinn und Aggressivität.

Smetana verbindet in den Ensembles häufig ariose mit trockenen, das heißt rezitativisch gestalteten Stimmen. Auf diese Weise schafft er nicht nur eine ungeheuer modern klingende Einheit von Schauspiel und Oper, sondern konfrontiert zugleich

■ Doppelbödiges Spiel um das Liebesglück. Inszenierung von Erich Bormann, Bühnen der Stadt Köln, 1961.

Wirklichkeit und Wunschdenken miteinander. Enge und Starrsinn lassen den Wunsch nach Freiheit und Verständnis wachsen. Das Liebesmotiv von Hans und Marie, eine zumeist von Klarinetten gespielte Melodie, durchzieht als vage Hoffnung das ganze Stück. Es ist ein betörender Naturklang jenseits von Sentimentalität oder Kitsch. Diese Melodie hört sich im dritten Akt in der Verzweiflungsarie der verratenen und verkauften Marie – eine Arie, die eher zu einer antiken Heldin als zu einem Dorfmädchen passt – wie zerbrechendes Glas an. Im scharfen Kontrast zu dieser Musik der Liebenden werden die rüden Machenschaften des Heiratsvermittlers Kezal und das Spießertum der beiden Elternpaare in schulmäßig gebauten Ensembles als reaktionär gebrandmarkt.

Der zweite Akt beginnt mit auftrumpfendem Chorgesang. Smetana deckt auf, wie lautstark es unter der Oberfläche des vermeintlich gesunden Volksempfindens rumort. Ohne sich Wenzel als die ihm versprochene Braut erkennen zu geben, versucht Marie, ihm die Liebe auszureden. Und doch lässt Smetana beide ein Liebesduett singen. Die Innigkeit der Musik drückt die Ahnung beider aus, hilflose Opfer in einem abgekarteten Spiel zu sein: die Braut als Ware, der Außenseiter als Spottgeburt. Der stotternde Wenzel, dessen Sprachfehler Smetana nie denunziert, folgt blind Maries Vorstellung von Liebe. Der Komponist verwandelt einen unbeholfenen Schwächling in einen aufrichtigen Menschen, der am Ende als einziger die dörfliche Enge hinter sich lassen wird.

Der listige Verkauf der Braut schlägt in ein nicht wieder gut zu machendes Trauma um. Smetana presst die vergeblichen Versuche von Hans, Marie die Wahrheit zu gestehen, in das Korsett einer banalen Singspielmelodie, aus der sich die Liebenden nicht befreien

OPER AUF DEM DORF

Eine Gelegenheitsarbeit soll es werden. Für einen Opernwettbewerb wird ein Einakter notdürftig zusammengeflickt. Es stellt sich heraus, dass der Heiratsschacher in die Dorfschenke verlegt werden muss, wozu man zwei Akte braucht. Man benötigt zusätzlich eine Gegenwelt: Komödianten, Zirkus, Tanzbär usw. Jetzt sind es schon drei Akte. Da dem Librettisten kein gescheiter Titel einfällt, steuert ihn kurzerhand der Komponist bei. Irgendwo in einem böhmischen Dorf wird die Oper aus der Unverwechselbarkeit der menschlichen Rede noch einmal neu erfunden.

BEDŘICH (FRIEDRICH) SMETANA
2.3.1824 – 12.5.1884

1842 Erstes öffentliches Auftreten als Pianist in Prag
1844 Hauslehrer beim Grafen Thun
1848 Nationalgardist während der Prager Revolution, Eröffnung einer eigenen Klavierschule
1849 Heirat mit Katerina Kolářová
1856–1861 Dirigent der Philharmonischen Gesellschaft in Göteborg
1860 Heirat mit Bettina Ferdinandi
ab 1866 Direktor des Interimstheaters in Prag
1875 *Aus Böhmens Hain und Flur*, darin *Die Moldau*

können. Dies ist alles andere als ein gutes Omen für eine gemeinsame Zukunft. In einem kaum von Instrumenten begleiteten Sextett wird Marie beschworen, wie vereinbart den Sohn des Großbauern zu heiraten. In keiner anderen Nummer offenbart Smetana weitab von böhmischen Dörfern, Brauchtum und Polkaklang so unumwunden die unstillbare wie vergebliche Sehnsucht einsamer Menschen nach Vertrautheit und Aufgehobensein. Am Ende gibt es trotz der anscheinend glücklichen Lösung kein Aufatmen und keine Befreiung unter den Liebenden. Die Eltern, die in Hans ihren totgeglaubten Sohn erkennen, zeigen weder Freude noch Reue. Wenzel, der Bruder von Hans, wird verstoßen, da er sich als Tanzbär zum Spott der Gesellschaft macht, obwohl er auf diese skurrile Weise der Einzige ist, der Mut zur Verwandlung zeigt.

Zumeist entsteht eine Ouvertüre zuletzt, wenn Komponisten Themen und Motive eines Werkes genau im Kopf haben, um daraus ihr »Einleitungsprogramm« zu zimmern. Smetana schreibt seine Orchestereinleitung aber lange vor den einzelnen Nummern des Werkes. Dies deutet darauf hin, dass ihm die leicht und rasch ins Aggressive umschlagende Fröhlichkeit dieses Stückes wichtiger gewesen ist als das reale Geschehen. Es wird überliefert, Smetana habe die Ouvertüre in sieben Minuten dirigiert, gut eine Minute kürzer als heute üblich, derart überschäumend stellt er sich die Ausgelassenheit vor, mit der die Dorfleute der Bürde des Alltags entfliehen wollen. Bereits in der Ouvertüre wird jene grausame Erkenntnis vorweggenommen, die Max Brod in die Worte fasst: »Und dabei ist doch alles gut ausgegangen. Ich meine: auf der Bühne. Natürlich nur auf der Bühne. Nicht im Leben.« Die Spieler in dieser böhmischen Tragikomödie sind traurige Narren, die unentwegt der Illusion vom richtigen Gefühl im falschen Leben hinterherlaufen. Auf zur nächsten Polka!

■ Koalition zwischen Betrüger und Betrogenem. Richard Tauber als Hans und Josef Schwarz als Kezal in einer Wiener Aufführung.

DIE VERKAUFTE BRAUT (PRODANÁ NEVESTA)

KOMISCHES SINGSPIEL IN DREI AKTEN UND EINUNDZWANZIG SZENEN IN TSCHECHISCHER SPRACHE

HANDLUNG

Erster Akt: Marie, die Tochter des Bauern Kruschina, soll Wenzel, den Sohn des Großgrundbesitzers Micha, heiraten. Die Väter haben sich darauf längst vertraglich geeinigt. Aber Marie liebt Hans, ohne zu ahnen, dass er jener zweite Sohn Michas ist, von dem alle glauben, er sei in der Fremde, wenn nicht sogar tot. Marie schärft Hans ein, sie niemals zu belügen. Der profitsüchtige Heiratsvermittler Kezal versucht mit Kruschina und dessen Frau Ludmilla rasch über die Heirat Maries einig zu werden. Misstrauisch geworden, da Kezal den Wenzel, die angeblich gute Partie, nicht mitgebracht hat, zwingen die Eltern ihre Tochter, die offen bekennt, einen anderen zu lieben, nicht zur Heirat.

Zweiter Akt: Marie schüchtert Wenzel, der nicht weiß, wen er vor sich hat, mit bösartigen Verleumdungen über die ihm bestimmte Braut ein. Er schwört aus Liebe zu ihr, auf die Tochter Kruschinas zu verzichten. Unter der Bedingung, dass Marie einzig einen Sohn Michas heiraten darf, verkauft Hans seine Braut dem Heiratsvermittler Kezal für 300 Gulden. Sein listiger Plan löst Verzweiflung bei Marie aus. Von den Männern und Frauen des Dorfes wird er für seinen Verrat geächtet.

Dritter Akt: Esmeralda, die Seiltänzerin einer ins Dorf gekommenen Komödiantentruppe, überredet Wenzel, am Abend für den betrunkenen Darsteller des Tanzbären einzuspringen, um die Vorstellung zu retten. Vor seinen entrüsteten Eltern weigert sich Wenzel, Marie aus Angst vor den ihm angedrohten Qualen zu heiraten. Marie kann den ungeheuren Vertrauensbruch von Hans nicht fassen. Aber selbst vor ihren Augen beteuert er nochmals, dass sie einzig einen Sohn Michas heiraten darf. Derart bloßgestellt, erklärt sie sich bereit, Wenzel zum Mann zu nehmen. Micha und seine Frau erkennen darauf in Hans ihren abtrünnigen Sohn. Kezal, der alles meisterhaft eingefädelt glaubte, ist blamiert. Der Ärger Michas nimmt noch zu, als Wenzel zum Gespött aller im Kostüm des Tanzbären erscheint. Hans und Marie werden heiraten. Das Dorf hat etwas zu feiern.

»Wenn ich geahnt hätte, was Smetana aus dieser meiner ›Operette‹ machen wird, hätte ich mir mehr Mühe gegeben und ihm ein besseres und inhaltvolleres Libretto geschrieben.«

KAREL SABINA

DATEN

Text: Karel Sabina

Musik: Bedřich (Friedrich) Smetana

Uraufführung: 30. 5. 1866, Interimstheater Prag (zweiaktige Fassung); 1. 6. 1869, Uraufführung der dritten Fassung (dreiaktige Fassung); 25. 9. 1870, Interimstheater Prag (endgültige Fassung)

Handlungszeit: Vom Mittag bis zum Abend eines Tages

Handlungsort: Böhmisches Bauerndorf; Schauplätze: Platz vor dem Wirtshaus, Wirtsstube

Spielzeit: etwa 2½ Stunden

Personen: *Kruschina, ein Bauer* (Bariton), *Ludmilla, seine Frau* (Sopran), *Marie, beider Tochter* (Sopran), *Micha, Grundbesitzer* (Bass), *Agnes, seine Frau* (Mezzosopran), *Wenzel, beider Sohn* (Tenor), *Hans, Sohn Michas aus erster Ehe* (Tenor), *Kezal, ein Heiratsvermittler* (Bass), *Springer, Direktor der Komödianten* (Tenor), *Esmeralda, Seiltänzerin* (Sopran), *Muff, ein als Indianer verkleideter Komödiant* (Bass), *Chor; Ballett*

WERTUNG

In Shakespeares *Wintermärchen* liegt Böhmen am Meer, da Gefühle bekanntlich Berge versetzen. Für Smetanas Oper liefert umgekehrt das Schauspiel einen passenden Untertitel: ein Wintermärchen. *Die verkaufte Braut* ist Milieustudie, Gesellschaftsstück, Traumspiel vom unbedingten Vertrauen auf die Liebe und Ballade vom alles andere als einfachen Leben.

Verständlichkeit:	✪✪✪✪
Eingängigkeit:	✪✪✪
Aktualität:	✪✪✪
Volkstümlichkeit:	✪✪✪✪
Milieustudie:	✪✪✪✪

Der Bajazzo
Die tragischen Spieler

Vortäuschung einer Wirklichkeit, die Komödianten in das tödliche Triebwerk zwischen Spiel und Wahrheit treibt. Real ist nur eines: die Leidenschaftlichkeit der Oper.

Der im Deutschen gebräuchliche Titel *Der Bajazzo* bezieht sich auf die Tragik eines Helden, der italienische Titel dagegen auf die Komödianten generell: *I Pagliacci*. Mit Bezug auf die Spieler wird eine für die Gattung Oper klassische Frage gestellt: Was verkörpern Sänger auf einer Bühne? Man spricht bei diesem Stück gerne vom Höhepunkt des »Verismo«, einer damals modernen neuen Richtung, deren Name sich nicht etwa von »Wahrheit« ableitet, sondern von der Redewendung »ein Stück Leben«. Nur, was bedeutet »Leben« in der Oper? Vor allem geht es zunächst darum, die Theatermaschinerie mit neuen Stoffen und Sensationen zu füttern. Leoncavallo überlässt dem buckligen Tonio den Prolog, die Eröffnung des Spiels: die Figur als Theater, das Theater als Figur. Das Bekenntnis, Theater müsse voller »Wahrheit« sein, verfasst »von einem Künstler, der Mensch ist und für Menschen schreibt«, klingt in der Musik seltsam zurückgenommen. Eine leidenschaftliche Melodie ertönt erst, wenn im Text von den »Tränen des Komponisten« die Rede ist. Das Publikum soll unter »armseligen Narrengewändern die Seele« erkennen. Die Themen von »Tränen« und »Seele« werden im Orchesterintermezzo – in der Mitte des Stücks zwischen

■ »Du trägst das Clownsgewand, die weiße Maske.« Der Bajazzo spielt seine Rolle in einer Komödie, die schließlich zur schrecklichen Realität wird. José Carreras als Canio, Wiener Staatsoper, 1985.

Ehetragödie und Komödie auf dem Dorfplatz – mit Canios Melodie »Lache, Bajazzo« verbunden, dem unverwüstlichen Schlager der Oper. Dabei ist nicht das Lachen das musikalische Leitmotiv des Monologes, sondern der Zwang zur Verwandlung: »Du trägst das Clownsgewand, die weiße Maske.« Die Hintergründe für das Drama – Canios Beziehung zu Nedda, Neddas Liebe zu Silvio – sind Leoncavallo wenige Zeilen wert. Neddas erster Satz ist ihre Reaktion auf Canios düstere Warnung, sie möge nie untreu sein: »Ich bin völlig verwirrt.« Im ersten Akt gibt es einen einzigen aufrichtigen Satz Canios über Nedda, verstohlen zur Seite gesungen: »Ich liebe meine Frau.« Der betrogene Narr, die unglückliche Frau, der verschmähte Liebhaber, der schwärmerische Geliebte: Alle singen mit äußerster Leidenschaft und haben doch keine Sprache, der Katastrophe zu entkommen, der sie unaufhaltsam entgegentreiben.

■ *Der Bajazzo*, Bühnenbildentwurf von Helene Gliewe, Städtische Bühnen Mönchengladbach/Rheydt, 1937/38. Die kleine Stegreifbühne vor den Toren der Stadt wirkt wie eine Hinrichtungsstätte. Die an ein antikes Theater erinnernden Ruinen scheinen eher eine Tragödie als eine Komödie anzukündigen.

Die Trommel, die zu Beginn des ersten Aktes das Theaterereignis und zu Beginn des zweiten die Aufführung ankündigt, weist auf einen rituellen Ursprung hin. Frenetisch verlangt die Menge nach Brot und Spielen. Aggressiv klingt im zweiten Aufzug der Schrei nach »silenzio«. Das Publikum berauscht sich am tödlichen Spiel. Der berühmte Glockenchor hat wenig Religiöses, um so mehr Folkloristisches, ja Alltägliches an sich, klingt eher spanisch als italienisch. Die mit einem Lied Neddas – Colombine als Taube, die entfliehen will – beginnende Schilderung des Komödiantenlebens im ersten Akt gipfelt in zwei Duetten. Sie stehen sich wie Lebensentwürfe gegenüber. Neddas grenzenloser Hass auf den gewalttätigen Tonio geht von einem Ton zum anderen

WETTBEWERBSBEITRAG

Verlagsleute inszenieren einen Wettbewerb für Operneinakter. Leoncavallo beteiligt sich daran mit *I Pagliacci* und verfasst das Libretto. Da seine Oper zweiaktig ist, wird sie zum Wettbewerb nicht zugelassen. (Gewinner des Wettbewerbs ist im übrigen Pietro Mascagnis *Cavalleria rusticana*, mit der zumeist der *Bajazzo* aufgeführt wird.) Victor Maurel, ein damals berühmter Sänger, macht sich für das Stück stark. Ein junger Dirigent, Arturo Toscanini, schafft damit den Durchbruch. Das Konzept, auf literarischen Realismus zu setzen, wird ein Welterfolg.

■ Der Blick in den Spiegel. Was bedeutet das »Ich« in der Oper? Die Erfüllung einer Rolle oder die Darstellung eines Lebensentwurfs?

in ihre Liebe zu Silvio über. Obwohl diese Szenen Wirklichkeit abbilden sollen, entsprechen gerade sie ideal der Dramaturgie der Oper: Fluch und ewige Liebe. Brechen Affekte unmittelbar aus, bei der Flucht Silvios vor Canio oder am Ende beim Mord an Nedda, schlägt die Musik schlagartig in erregte »Rasterbewegungen« um. Die Brutalität entzieht sich dem melodramatischen Ton. Unleugbar wirklich ist der letzte Satz der Oper, den Leoncavallo in purer gesprochener Sprache belässt: »Die Komödie ist zu Ende!«

Der zweite Aufzug, das Spiel vor den Dorfbewohnern, steckt voller Anspielungen auf die traditionelle Komödie, auf Verse von Dante oder Petrarca, vor allem aber auf bewährte Musikstile. Leoncavallo verfährt nach einem einprägsamen Muster. Die Figuren wirken mechanisch, zugleich geborgen, solange sie sich innerhalb bewährter Konventionen wie Menuett, Ständchen oder Gitarrenklang bewegen. Einzig Canio schert aus diesem Bezugssystem – Kunst als Rettung vor der Wirklichkeit – aus, provoziert durch Nedda. Ihr Ruf, den sie Peppe, dem Darsteller des Harlekin, in die Nacht nachsendet, ist das lyrische Thema aus ihrem Liebesduett mit Silvio. Nedda zerstört das Spiel durch Wirklichkeit. Canio folgt besinnungslos diesem Ton wie einer Blutspur. Die Spannung wird, hört man genau hin, nicht durch Canios Wahnsinn erzeugt, sondern durch seine verzweifelten Versuche, in die Musik der Komödie zurückzukehren. Canio beeindruckt nicht als Mensch, sondern als Sänger. Das ist seine eigentliche Tragik. Oper, nichts als Oper. Nedda und Silvio singen im ersten Akt wie Othello und Desdemona, Tonio spielt Rigoletto, und das Werk endet mit einem effektvollen Fallen des Vorhangs wie in Verdis *Troubadour*. Kein Wunder, dass Leoncavallo nur mit dieser Oper wirklich Erfolg hat, in der er nichts erfindet, sondern alles rücksichtslos zitiert und kopiert. Er leistet einen verblüffenden Offenbarungseid.

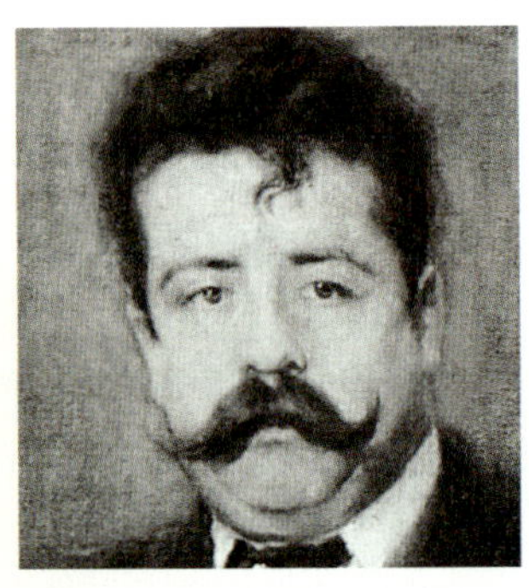

RUGGIERO LEONCAVALLO
23. 4. 1857 – 9. 8. 1919

1888 Kaffeehauspianist
1889 Auftrag für das Libretto zu Puccinis *Manon Lescaut*
Zehnjährige Arbeit an *Der Roland von Berlin* im Auftrag von Kaiser Wilhelm II.
1897 *La Bohème*, in Konkurrenz zu Puccini; *Zazà*, Oper aus dem Künstlermilieu
1916 *Goffredo Mameli*, patriotische Oper
1920 Nach seinem Tod Premiere des Einakters *König Ödipus*

DER BAJAZZO (I PAGLIACCI)

DRAMA IN ZWEI AKTEN UND EINEM PROLOG IN ITALIENISCHER SPRACHE

HANDLUNG

Prolog: Der bucklige Komödiant Tonio tritt vor den Vorhang und erklärt den Sinn des bevorstehenden Spiels, das nach dem Grundsatz abläuft: Der Künstler ist ein Mensch und soll für Menschen schreiben, mit echten Tränen und echtem Schmerz.

Erster Aufzug: Canio, der Prinzipal einer unter frenetischem Jubel ins Dorf einziehenden Komödiantentruppe, kündigt die Abendvorstellung an. Tonio hilft Canios Frau Nedda, in der Komödie Darstellerin der Colombine, aus dem Wagen. Aus Eifersucht ohrfeigt ihn Canio. Eingeladen von den Männern des Dorfes gehen Canio und Peppe, der Harlekin der Truppe, zum Wein. Die Dorfbewohner eilen zur Kirche. Der zurückgebliebene Tonio versucht Nedda zur Liebe zu zwingen. Sie schlägt ihm mit der Peitsche ins Gesicht. Tonio schwört Rache. Heimlich beobachtet er Nedda und ihren Geliebten Silvio. Er geht, um Canio zu holen. Nedda gibt Silvios Drängen nach, noch heute nacht, nach der Aufführung, mit ihm zu fliehen. Canio spürt das Paar auf. Silvio kann unerkannt entkommen. Nedda weigert sich, den Namen ihres Geliebten zu nennen. Canio lässt erst von ihr ab, als Peppe und Tonio darauf drängen, alles für die Aufführung vorzubereiten. Canio schlüpft in die Rolle des Bajazzos. *Intermezzo.*

Zweiter Aufzug: Die Menge fordert die Komödianten auf, endlich zu beginnen. Nedda warnt Silvio, der sich unter das Publikum gemischt hat, vor der Rache Canios. Das Spiel beginnt. Colombine (Nedda) nützt die Abwesenheit Bajazzos (Canios) zu einem Stelldichein mit Harlekin (Peppe). Auch das Werben des blöden Taddeo (Tonio) kann sie davon nicht abhalten. Beim gemeinsamen Mahl gibt Harlekin Colombine einen Schlaftrunk für Bajazzo. Bajazzo kommt zurück. Harlekin flieht. Nedda verrät sich. In der Rolle Colombines ruft sie Harlekin jene Worte hinterher, die Canio bereits hörte, als er sie mit ihrem Geliebten aufstöberte. Nedda soll endlich seinen Namen preisgeben. Obwohl sie spürt, dass aus dem Spiel tödlicher Ernst geworden ist, weigert sie sich beharrlich. Canio sticht sie nieder. Sterbend ruft sie den Namen Silvios, der ihr zu Hilfe eilt. Canio tötet auch ihn. Die Komödie ist zu Ende.

DATEN

Text: Ruggiero Leoncavallo u. a. nach Motiven aus *Un drama nuevo* von Manuel Tamayo y Baus und *La femme de Tabarin* von Catulle Mendès

Musik: Ruggiero Leoncavallo

Uraufführung: 21. 5. 1892, Teatro dal Verme Mailand

Handlungszeit: 15. August, Maria Himmelfahrt, 1865

Handlungsort: Bei Montalto in Kalabrien

Spielzeit: 1¼ Stunden

Personen: *Canio, Prinzipal einer Theatertruppe, in der Komödie Bajazzo* (Tenor), *Nedda, Komödiantin und Frau Canios, in der Komödie Colombine,* (Sopran), *Tonio, »der Blöde«, buckliger Komödiant, in der Komödie Taddeo* (Bariton), *Peppe, Komödiant, in der Komödie Harlekin* (Tenor), *Silvio, ein Bauer* (Bariton), *Zwei Bauern* (Bass/Tenor), *Chor: Buben, Bäuerinnen und Bauern*

WERTUNG

Ideal geeignet, um zu erfahren, dass einzig die »Wirklichkeit« der Oper einen Realitätsbezug herstellt, nicht umgekehrt. Wirklichkeit lässt sich nicht eins zu eins auf der Bühne abbilden. Ein Geheimtipp für eine Variante einmal ohne *Cavalleria rusticana* ist die thematisch verwandte Oper *Der Protagonist* von Kurt Weill.

Verständlichkeit:	✪✪✪✪
Eingängigkeit:	✪✪✪
Aktualität:	✪✪✪
Melodramatik:	✪✪✪✪✪
Komödiantenleben:	✪✪✪✪

La Bohème
Die spielenden Spieler

Hinter dem trügerischen Schein vom ungestümen Leben der Bohemiens verbergen sich Lebensangst und Verzweiflung. Ein unscheinbares Mädchen triumphiert als Liebende in dem Moment, als sie stirbt. Ihr Name wird unsterblich: Mimi.

Zwei Darstellungsweisen kosten Giacomo Puccinis *La Bohème* auf der Bühne den Tod: Sentimentalität und Veralberung. Vor einem auf schönen Gesang, Unterhaltung und Genuss eingestellten Publikum spielen ausgelassene Komödianten das Drama von der Künstlerarmut. Dabei ist diese Partitur voller Brüche und schroffer Übergänge. Wie Phantasmagorien steigen Figuren, die bis zur Selbstzerstörung um einen Funken der Erlösung ringen, aus einer desillusionierten Welt auf, in der Eros und Tod nicht zu trennen sind. Das Drama ihres unaufhaltsamen Abstiegs in vier Akten beginnt mit einem brutalen Motiv des Orchesters. Es ist das scharf akzentuierte Thema der Bohème. Als aufschreckendes Signal durchzieht es die gesamte Oper.

■ Plakat zu Puccinis Oper *La Bohème*.

Marcello arbeitet am Gemälde *Der Zug durch das rote Meer*. Er singt ins Leere, ohne Begleitung eines Instruments. Augenblicke später negiert der Dichter Rodolfo die Wirklichkeit im poetischen Bild des »aus tausend Pariser Schornsteinen in graue Himmelsweiten aufsteigenden Rauchs«. Sofort fällt das Orchester in seinen Gesang ein, der, wie die meisten Themen der Oper, mit einem breiten Auftakt beginnt, als müssten sich Menschen stets einen Ruck geben, um mit übersteigerten Gefühlen die Realität zu überwinden. Entweder verwendet Puccini einen flüchtigen Sprechgesang im Telegrammstil, oder er lässt die Figuren von einer Sekunde zur nächsten in expressives Singen ausbrechen. Dazwischen gibt es keine andere Identität. Eine Klarinette begleitet Mimis erstes Erscheinen. Als einziger Figur wird ihr ein unverwechselbares Ich zugestanden, obwohl beim ersten Erklingen ihres Leitmotivs das Licht erlischt und Mimi, die eigentlich Lucia heißt, sich selbst unentwegt die Frage stellt, warum man sie so nennt.

Der sich zur bravourösen Arie steigernde Entwurf eines Dichterlebens gipfelt in Rodolfos Bekenntnis von »zwei schönen Augen, geraubt aus dem Geldschrank meiner Poesie«. Gesteht Rodolfo, in Mimi die Erfüllung seines Lebens gefunden zu haben, schwächt Puccini seine Emphase sofort ab. Das Ideal steht über dem Menschen. Einerseits führt Puccini Alltagstrivialität in die Welt der Oper ein. Andererseits verklärt er Figuren zu weltfremden Träumern. Dieser Widerspruch ist die beste Erklärung für das Vegetieren der Menschen im leeren Raum zwischen Eros und Tod. Mimis Lebensbeichte kreist um ihre Liebe zu den zerbrechlichen Dingen, die sie als Näherin verfertigt. Das Orchester liefert das Strickmuster, die Stimme die Melodie. Mimi setzt ihre Arbeit mit dem Aufgang der Frühlingssonne gleich. Die Identität von Stimme und Instrumenten spiegelt bereits die Stärke wider, mit der sie am Ende den Tod als Teil ihres Wesens annimmt. Rodolfos und Mimis Stimmen lassen sich einzig in seinem Thema vereinigen, selbst dann nur für sehr wenige Augenblicke. Rodolfo und Mimi fol-

GIACOMO PUCCINI
22.12.1858 – 29.11.1924

1880 Studium am Mailänder Konservatorium, Schüler u. a. von Ponchielli
1883 Durchschlagender Erfolg mit *Manon Lescaut* – lebenslange Rente des Verlages Ricordi
1884 Erste Begegnung mit Elvira Bonturi
1903 Heirat mit Elvira Bonturi
1906 Reise nach New York, Aufführungen an der Metropolitan Opera
1917 Weltpremiere von Puccinis einziger Operette *Die Schwalbe* in Monte Carlo
1922 Erste Anzeichen von Kehlkopfkrebs

■ Mimi und die Bohemiens. Inszenierung von Peter Konwitschny, Oper Leipzig, 1991.

> *»Ich war zeitlebens ein Jäger auf Wasserhühner, gute Textbücher und Frauen.«*
>
> Giacomo Puccini

gen ein ganzes Stück dieser Musik wie einer trügerischen Verheißung, die von Zitat zu Zitat immer fremder, ferner und filigraner wirkt.

Das Tongemälde des zweiten Aktes, des Weihnachtsabends im Café Momus, scheint Milieu und Dekor in Vollendung zu sein. Aber Puccini nutzt eine grelle Kolportage zu grausamer Bestandsaufnahme. Er zeigt übermütige Menschen am Rande des Identitätsverlustes. Raffiniert verschachtelt der Komponist zwei Liebesgeschichten ineinander. Die poetische Einführung Mimis in den Kreis der Bohemiens bildet den Kontrapunkt zur an erotischen Untertönen reichen Rückeroberung Musettas durch Marcello. Gerne als »parfümierte Lustigkeit« (so der Opernkritiker Oskar Bie) missverstanden, ist der Walzer Musettas, dessen Thema Puccini bei der Entenjagd eingefallen ist und der schließlich zum Massenaffekt anwächst, ein entlarvendes Spiegelbild: Tanz auf dem Vulkan. Im großen Ensemble gibt es Takte, die wie moderne Musik klingen, so enervierend reiben sich die Stimmen aneinander. Jeder fällt in seine eigene Begierde zurück. Nur Mimi erkennt, wie aufrichtig Musetta liebt, eine ungewöhnliche, zwischen den Zeilen aufgedeckte Solidarität zweier Frauen, die nicht dem Bild entsprechen, das man sich von ihnen macht – Identität von »femme fatale« und »femme fragile«.

■ Die Künstler kommen mit der grausamen Wirklichkeit nicht zurecht.

Über den dritten und vierten Akt geraten Puccini und seine Librettisten so sehr in Streit, dass mehrmals ein Abbruch der Arbeit droht. Eine Versöhnung Mimis mit Rodolfo scheint Illica und Giacosa ohne die in der Vorlage geschilderte Trennung unvorstellbar. Sie beharren in einem Brief an Puccini auf der von Murger geforderten »Freizügigkeit in Liebesdingen«. Puccini setzt auf Straffung. Der dritte Akt beginnt mit leeren und fahlen Klängen über einem unendlich langen Orgelpunkt. Eine Welt wird zur Eiswüste. Aus einem Cabaret – sogar das Anstoßen der Gläser ist komponiert – hört man von ferne Musettas Walzer. Stimmen und Klänge im Zwielicht von drinnen und draußen spielen in diesem Stück neben dem Wechsel der Jahreszeiten eine entscheidende Rolle: eine Existenz wie unter einer Glasglocke. Keine Trennung würde die vom Albdruck des Todes belastete Liebe zwischen Mimi und Rodolfo so nachhaltig unterstreichen wie der verzweifelte Versuch, aus zwei emphatischen Takten – Vorwegnahme von filmischer Musik – ein nicht enden wollendes Duett zu erzeugen. Am Ende des dritten Aktes heben zwei gleichzeitig ablaufende Situationen das Geschehen ins Surreale. Musetta und Marcello führen einen Beziehungskrieg wie in einer Schauspielszene. Mimi und Rodolfo scheinen zum Abgesang ihrer ausweglosen Liebe verdammt.

■ Keith Olsen als Rodolfo und Kathleen Cassello als Mimi.

Im Trugschluss, die Allgegenwart des Todes zu überspielen, beginnt der letzte Akt wie der erste, nur mit dunkleren Farben im Orchester. Puccini beharrt darauf, ein vorgesehenes Trinklied zu streichen. In Musik setzen ließe sich alles, »sogar eine Schneiderrechnung«, meint er ironisch. Um den Vorwurf seiner Librettisten, die Vorlage endgültig zum »Rührstück zwischen einem Dichter-Journalisten und einer Nähmamsell« verkommen zu lassen, kümmert sich Puccini nicht. Zu stolz ist er auf seinen Einfall, Mimis letzten Wunsch nach einem Muff, der sie wärmt, zu erfüllen. Überhaupt nehmen in dieser Oper Kleidungsstücke die Rolle von Fetischen ein. Ein gewaltiger Schlag im ganzen Orchester lässt den Auftritt Mimis zum unleugbaren Einbruch der Wirklichkeit in die Scheinwelt der Komödianten werden. Die Handlung zwischen Schlafen, Wachen und Sterben und das hilflose Kommen und Gehen der Betroffenen dokumentieren völlige Orientierungslosigkeit. Der Philosoph Collin will

KAMPFANSAGE AN DIE SENTIMENTALITÄT

Rodolfo beginnt die Phrase »Wie eiskalt ist dies Händchen«, das berühmteste Thema der Oper, auf einem einzigen Ton. Nur eine einzige Silbe hat ein prägnantes Intervall, einen auffälligen Sprung von einem Ton zu einem anderen. Die sofort ins Ohr gehende Melodie bleibt völlig den ersten Geigen überlassen. Immer vorausgesetzt, ein Dirigent setzt es sich zum Ziel, diese Diskontinuität bewusst auszuspielen, und hält zudem den Sänger an, so zu singen, wie es in der Partitur steht, nämlich pianissimo (sehr leise): Dann ist es völlig unmöglich, das Kristallisationsmoment der Oper als Kitsch misszuverstehen.

KAMPFANSAGE AN DAS ELEND

Aus einem Feuilleton-Roman wird über den Umweg einer Dramatisierung eine Erfolgsoper. Mühsam ist das Ringen der Autoren: Sozialkritik kontra Romantik. Puccini setzt sich mit der »Reinigung« der Hauptgestalt durch. Die Ironie will es, dass die zu Reichtum gekommenen Schöpfer des Werkes, die Millionäre Murger und Puccini, ihre Anfänge in einer mittellosen Künstlerclique und die damit verbundene Angst vor dem Abstieg nie vergessen können.

seinen alten schäbigen Mantel versetzen. Im Nachspiel seines trostlosen Requiems – in der Stimme eher Sprechgesang, im Orchester stärker Arie – erklingen erstmals jene Takte, mit denen die Oper enden wird. Das eine Stück des vierten Bildes handelt von der Unumgänglichkeit des Todes. Im anderen fügt die sterbende Mimi, hört man auf die Beharrlichkeit eines um sein Vermächtnis ringenden Menschen, die Monologe aus dem ersten Akt zu neuer Wirklichkeit zusammen. Der Augenblick ihres Todes bleibt dem Orchester überlassen. Mimi stirbt lautlos. Um sie herum geht ein tragikomisches Stück unbeirrt weiter. Als Rodolfo endlich das Unbegreifliche erahnt, ruft er laut zweimal Mimis Namen. Es sind die letzten Worte der Oper. Sie gehören von jetzt an untrennbar zu jener »Nähmamsell«, der die Komödianten ihre Erlösung verdanken. Claude Debussy urteilt über das Werk: »Wenn man sich nicht fest in der Gewalt hat, dann wird man allein vom Feuer dieser Musik fortgerissen.«

■ Hat man sich das Café Momus im Pariser Künstlerviertel Quartier Latin so ähnlich vorzustellen wie Vincent van Goghs Stammcafé in Arles? Ähnlich wie bei Puccinis Oper hat auch die Rezeption von van Goghs berühmtem Gemälde *Terrasse des Cafés an der Place du Forum in Arles am Abend* aus dem Jahre 1888 zu einer sozialromantischen Verklärung der Künstlerexistenz geführt.

LA BOHÈME

OPER IN VIER BILDERN IN ITALIENISCHER SPRACHE

HANDLUNG

Erstes Bild: Um den Kamin in der kalten Mansarde über den Dächern von Paris zu heizen, verbrennt der Dichter Rodolfo unter den Anfeuerungen des Malers Marcello sein Drama. Zusammen mit dem Philosophen Collin bejubeln sie die Rückkehr des Musikers Schaunard, dem es gelungen ist, Essen und Wein einzuheimsen. Ihr ausgelassenes Mahl wird durch den Hauswirt Benoit gestört, der die Miete eintreiben will. Er lässt sich zu anzüglichen Bemerkungen hinreißen, die den Bohemiens den Vorwand liefern, ihn als Lüstling davonzujagen. Während die anderen übermütig ins Quartier Latin ziehen, bleibt Rodolfo zurück, um noch einen Artikel zu beenden. Die ihm bis dahin noch unbekannte Nachbarin Mimi bittet um Feuer für ihre Kerze. Ein Hustenanfall zwingt sie zum Verweilen. Beim Verlassen des Zimmers vergisst Mimi den Schlüssel. Der Wind löscht beider Licht aus. Beim Suchen nach dem Schlüssel berühren sich ihre Hände. Beide erzählen sich ihr Leben. Mimi wünscht sich, von Rodolfo ins Quartier Latin mitgenommen zu werden.

Zweites Bild: Im hektischen Treiben am Weihnachtsabend versetzen die Bohemiens im Quartier Latin den Rest von Schaunards plötzlichem Reichtum. Rodolfo kauft Mimi eine rosafarbene Haube und führt sie im Kreis seiner Freunde ein. Raffiniert inszeniert Musetta vor aller Augen ihre Rückkehr zu Marcello und gibt dem Staatsrat Alcindor den Laufpass. Dem bleibt nur übrig, die Rechnung für alle zu bezahlen. Einzig Mimi bemerkt, wie aufrichtig Musetta Marcello liebt.

Drittes Bild: Mimi ersucht zwei Monate später Marcello um Hilfe, der mit Musetta sein Dasein in einem heruntergekommenen Wirtshaus am Rand der Stadt fristet. Während sie glaubt, Rodolfo habe sie aus persönlichen Gründen verlassen, hört sie heimlich mit an, wie er Marcello gesteht, er könne nicht länger verantworten, dass sich Mimis Krankheit in der erbärmlichen Wohnung immer mehr verschlimmere. Durch ihr Husten verrät sich Mimi. Rodolfo und sie wollen bis zum nächsten Frühjahr zusammenbleiben. Marcello und Musetta, aus Eifersucht heftig zerstritten, werden sich trennen.

Viertes Bild: Das trostlose, nur kurzfristig durch Übermut erträgliche Leben der Bohemiens ändert sich schlagartig, als Musetta die todkranke Mimi, die inzwischen wieder getrennt von Rodolfo lebt, zu ihnen bringt. Musetta versetzt ihren Schmuck, Collin seinen Mantel, um Mimi den ersehnten Muff zu besorgen. Gezeichnet vom Tod, erlebt Mimi ihre Liebe mit Rodolfo noch einmal. Ohne dass Rodolfo es sofort bemerkt, stirbt sie.

DATEN

Text: Giuseppe Giacosa und Luigi Illica nach *Scènes de l a vie de Bohème* von Henri Murger

Musik: Giacomo Puccini

Uraufführung: 1. 2. 1896, Teatro Regio, Turin

Handlungszeit: Um 1830

Handlungsort: Paris; Schauplätze: In einer Mansarde, hoch über den Dächern von Paris; im Quartier Latin, an einer Seite das Café Momus; jenseits der Zollbarriere d'Enfer

Spielzeit: etwa 2¼ Stunden

Personen: *Mimi* (Sopran), *Musetta* (Sopran), *Rodolfo, Dichter* (Tenor), *Marcello, Maler* (Bariton), *Schaunard, Musiker* (Bariton), *Collin, Philosoph* (Bass), *Parpignol, ein fliegender Händler* (Tenor), *Benoit, Hauswirt* (Bass), *Alcindoro, Staatsrat* (Bass), *Sergeant der Zollwache* (Bass), Chor: *Studenten, Näherinnen, Bürger, Ladeninhaber und -inhaberinnen, fliegende Händler, Soldaten, Kaffeehauskellner, Knaben, Mädchen*

WERTUNG

Will man die faszinierende Aura der Oper zwischen dem romantischen Melodrama des 19. Jahrhunderts und dem Film als »Kraftwerk der Gefühle« (Alexander Kluge) des 20. Jahrhunderts erfahren, muss man *La Bohème* erleben, vorausgesetzt, man hört und sieht eine Interpretation, in der das Werk nicht an den schönen Schein oder die Routine des Apparats verraten wird.

Verständlichkeit:	✪✪✪✪
Eingängigkeit:	✪✪✪✪
Aktualität:	✪✪✪
Künstlerdrama:	✪✪✪✪✪
Eros und Tod:	✪✪✪✪

Die Meistersinger von Nürnberg
Die wahnsinnigen Spieler

Nimmt man die Butzenscheibenromantik so mancher kunstgewerblichen Inszenierung und nicht die Musik Wagners ernst, wird das Stück, wie einige der Prüfungen, um die es geht, »verfehlt«. Hans Sachs singt vom Motto dieser Oper: »Es klang so alt und war doch so neu.«

Häufig spricht man über die Aufführungsgeschichte und die Wirkung von Opern mehr als über sie selbst. *Die Meistersinger von Nürnberg* sind ein Paradebeispiel dafür. Die repräsentative deutsche Festoper – ein Etikett, das einem auf den ersten Blick das Werk verleiden kann – gilt vielen als zu lang und zu langweilig, weil in ihr ausgiebig über »heil'ge deutsche Kunst« diskutiert wird, es aber wenig zu lachen gibt. Vor allem dann, wenn man unter Humor nicht Ironie, Sarkasmus oder gar Verunglimpfung versteht, wie sie dem aus Liebe irre werdenden Stadtschreiber Sixtus Beckmesser widerfährt. »Ist er nur toll? Sein Lied ist ganz von Unsinn voll!«: So urteilen biedere Meister stets, wenn sie das Neue nicht begreifen, in diesem Fall aus Unfähigkeit, im letztlich nur noch aus Versatzstücken bestehenden Gesang Beckmessers eine Vorwegnahme des Dadaismus zu sehen.

▪ Eva Pogner als Objekt der Begierde. Hans Sotin als Hans Sachs, Kurt Moll als Veit Pogner, Beatrice Niehoff als Eva, René Kollo als Stolzing, Inszenierung von Herbert Wernicke, Hamburgische Staatsoper, 1984.

Bis heute ist von »Beckmesserei« die Rede, wenn man Pedanterie meint. Nicht im Text, in dem er den ihm ablehnend gegenüberstehenden Musikkritiker Eduard Hanslick zum Beckmesser macht und die ihm verhasste Kunstkritik an den Pranger stellt, wohl aber in der Musik charakterisiert Wagner die Figur als tragisch scheiternden Intellektuellen. Generell handelt dieses Stück, das sich um den nicht nur heiteren Johannistag und auch um so manche Fragwürdigkeit des Meistersangs dreht, von Außenseitern – von Walther von Stolzing, einem verarmten Ritter, der ins reiche Nürnberg wie in eine Falle gerät (er soll zunächst das singen, was man von ihm erwartet), von Eva, einem zum Siegespreis und damit zur Beute gemachten Mädchen, und von Hans Sachs, einem das Stück als Mentor und Kommentator überragenden Handwerker und Poeten, der viel über Kunst redet, aber über dessen Kunst im Stück selbst nur gesagt wird: »Gassenhauer dichtet er meist.« Kaum hat die Handlung mit einem protestantischen Choral und bewusst nicht mit einer Weise im Stil des historischen Hans Sachs begonnen, wird alle Ordnung und Sittsamkeit über den Haufen geworfen. Stolzing will von der Bürgertochter Eva Pogner wissen, ob sie bereits Braut sei. Ja und nein, lautet die Antwort. Noch wäre sie frei, aber morgen werde der Bräutigam beim »Werbgesang vorm Wettgericht« bestimmt. Wen wird Eva wählen? »Euch oder keinen!«, sagt sie Stolzing geradewegs ins Gesicht. Witzig ist nicht das Stück, sondern gewitzt sind seine Helden. Über das Thema Liebe ist damit eigentlich alles gesagt, genauso wie wenig später über das Thema Kunst. Dazu muss man statt aller Regeln, Riten, Zeremonien, Zunftbräuche und Merkervorschriften (was richtig, was falsch gesungen ist und wie in der Schulstunde mit Kreide angemerkt wird) eigentlich nur wissen, was Stolzing dem übereifrigen Lehrbuben David im ersten Aufzug bekennt, als der begehrt, gleich Meistersinger zu werden: »Muß ich singen, kann's nur gelingen, find' ich zum Vers auch den eig'nen Ton.« Um den »eig'nen Ton«, damit um eine unverwechselbare Sprache und Persönlichkeit geht es in diesem Stück. Aber zumeist droht der »eig'ne Ton« unter dem Druck zur Anpassung an die geltenden Konventionen verloren zu gehen. Ein altes, historisches Stück? Nein, ein modernes und aktuelles über Anpassung und Ausgrenzung.

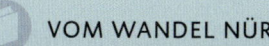

■ Das Quintett des dritten Aktes als Seelenlabyrinth. Marjana Lipovšek als Magdalene, Hans Sotin als Hans Sachs, Beatrice Niehoff als Eva, René Kollo als Stolzing, Heinz Kruse als David.

VOM WANDEL NÜRNBERGS

Ein Ort im Titel: Gemeint ist die Rückbesinnung auf das spätmittelalterliche Nürnberg der Pegnitzschäfer, der Miterfinder der deutschen Kunst- und Hochsprache. Gesehen ist das Ganze aus dem Blickwinkel von Spätromantikern, die ein Sinnbild für künstlerische wie nationale Einheit suchen. Und aus dem Kopf will uns der Name heute nicht als Ort der Reichsparteitage. Es ist Wagner nicht anzulasten, dass und wie Faschisten sein Werk ausbeuteten. Dies ändert aber nichts daran, dass eine fragwürdige nationale Ideologie ein nicht auszuklammernder Bestandteil dieses Stückes ist.

RICHARD WAGNER
22.5.1813 – 13.2.1883

1834 Musikdirektor in Bad Lauchstädt
1836 Heirat mit Minna Planer
1837 Musikdirektor in Königsberg und am Deutschen Theater in Riga
1843 Zweiter Kapellmeister am Dresdner Hoftheater
1849 Maiaufstand in Dresden, Flucht in die Schweiz
1857 Enger Kontakt zu Mathilde Wesendonck
1864 Ludwig II. von Bayern ordnet den Bau eines Wagner-Theaters an
1870 Heirat mit Cosima von Bülow
1876 Erste Bayreuther Festspiele
1877 Gründung einer Stilbildungsschule in Bayreuth

Der eher an William Shakespeares Narrenwelt und nicht an die Fastnachtsspiele des Hans Sachs erinnernde »Sommernachtstraum« der außer Rand und Band geratenden Nürnberger Bürger macht bis heute den besten, da bacchantischen und theatralischen Teil dieser Oper aus. Vom Vorspiel an ist der einen, der feierlichen, auf Dauer schwer erträglichen Tonart C-Dur die andere, die nächtlich schwirrende und flirrende Tonart E-Dur untrennbar an die Seite gestellt. Zudem erklingt zum Liebesverzicht von Hans Sachs auf Eva ein Zitat aus *Tristan und Isolde.* Auch diese doppelbödige Komödie handelt wieder vor allem von Liebesqual.

Im Mittelpunkt steht nicht wie in Verdis *Falstaff* die Einsicht, alles sei Spaß auf Erden, sondern das düstere Fazit: »Wahn! Wahn! Überall Wahn!« Ausgesprochen wird es von Hans Sachs in der engen Schusterstube, die an das Denkergehäuse des heiligen Hieronymus auf einem Holzschnitt von Albrecht Dürer erinnert, die Keimzelle einer perfekten Kunstschöpfung, des Künstlers Refugium und Arbeitsraum, in dem sich manches ausbrüten lässt, auch die Idee, »dass Volk und Kunst gleich blüh' und wachs«. Dies wird nicht im Schlussmonolog von Hans Sachs geäußert, in dem »deutscher Meister Ehr« fragwürdig an das Feindbild vom »welschen Tand« gebunden ist, sondern bereits im ersten Aufzug, da noch vieles demokratisch gemeint scheint, was sich zuletzt als doktrinär oder nationalistisch herausstellt. Die Prügelfuge am Ende des 2. Aktes ist das prophetische Sinnbild einer Massenhysterie, wie sie besonders, da mag man noch so viel an innerer Beschaulichkeit und Festgepränge ins Feld führen, deutschen Hirnen und Fäusten zu entspringen vermag. Man muss Wagner jedenfalls zugute halten, dass er dieser Erkenntnis nicht ausweicht. Seine Oper trägt in der Musik einen Untertitel, der sie als Herausforderung auf dem Theater unverzichtbar macht: »Die wahnsinnigen Komödianten von Nürnberg«.

■ Ehre, wem Ehre gebührt. Stolzing wird zum Meistersinger ernannt. Lotte Lehmann als Eva und Fritz Wolf als Stolzing. Aufführung an der Berliner Staatsoper, 1932.

DIE MEISTERSINGER VON NÜRNBERG

OPER IN DREI AUFZÜGEN
IN DEUTSCHER SPRACHE

HANDLUNG

Erster Aufzug, *Erste Szene:* Der verarmte Ritter Walther von Stolzing, gerade erst nach Nürnberg gekommen, stellt dem Bürgermädchen Eva Pogner, in das er sich auf den ersten Blick verliebt hat, die Frage, ob sie bereits Braut sei. Er erfährt, dass sie demjenigen als Preis versprochen ist, der am nächsten Tag das Meistersingen gewinnt. – *Zweite Szene:* David, der Lehrbursche von Hans Sachs, unterweist Stolzing in der Kunst des Meistergesanges. – *Dritte Szene:* Die Meistersinger versammeln sich nach altem Ritus. Zu ihnen zählen Hans Sachs und der Stadtschreiber Sixtus Beckmesser, der aussichtsreichste Kandidat um die Gunst Evas. Stolzing stellt sich einem Probesingen, bei dem Beckmesser zum Merker, das heißt zum Schiedsrichter bestimmt wird. Stolzing fällt bei der Probe durch.

Zweiter Aufzug, *Erste Szene:* Die Lehrbuben sind begierig auf den Anbruch der Johannisnacht. David erzählt seiner Geliebten Magdalene, der Amme Evas, vom Fiasko Stolzings. – *Zweite Szene:* Eva erfährt durch Magdalene vom Scheitern Stolzings. – *Dritte Szene:* Sachs geht das Probelied Stolzings nicht aus dem Sinn. – *Vierte Szene:* Um unter keinen Umständen Beckmessers Frau werden zu müssen, macht Eva vor Hans Sachs Anspielungen, auch ein Witwer wie er könne um sie werben. Mit Magdalene bespricht sie einen Kleidertausch, um Beckmesser zu entgehen, der ein Ständchen vor ihrem Fenster darbringen will. – *Fünfte Szene:* Im letzten Augenblick verhindert Sachs die Entführung Evas durch Stolzing. – *Sechste Szene:* Beckmesser beginnt, von Eva und Stolzing belauscht, sein Ständchen, absichtlich gestört von Hans Sachs. Der Streit weckt die Nachbarn. *Siebente Szene:* David, der sieht, dass Magdalene am Fenster sitzt, verprügelt Beckmesser. Erst die Rufe des Nachtwächters bringen alle zur Ruhe. Sachs zieht Stolzing zu sich ins Haus.

Dritter Aufzug, *Erste Szene:* Sachs sieht in allem, was geschieht, des Menschen Wahn. – *Zweite Szene:* Sachs notiert einen Traum, den ihm Stolzing erzählt: das künftige Preislied. – *Dritte Szene:* Der von Prügeln gezeichnete Beckmesser findet in der Schusterstube die Verse Stolzings und hält sie für ein Gedicht von Sachs. Großzügig schenkt der hinzukommende Poet das Lied dem überraschten Beckmesser. – *Vierte Szene:* Sachs gibt Eva in die Hand Stolzings und vereint auch Magdalene mit David. – *Fünfte Szene:* Die Zünfte versammeln sich zum Preisgesang. Beckmesser wird für sein merkwürdiges Lied mitleidlos verspottet. Gedemütigt macht er sich aus dem Staub. Sachs fordert daraufhin Stolzing zum Preislied auf, dem der Jubel des Volkes, der erste Preis und die Hand Evas zufallen.

DATEN

Text und Musik: Richard Wagner

Uraufführung: 21. 6. 1868, Königliches Hof- und Nationaltheater München

Handlungszeit: Um die Mitte des 16. Jahrhunderts

Handlungsort: Nürnberg

Spielzeit: etwa 4½ Stunden

Personen: *Hans Sachs, Schuster* (Bass/Bariton), *Veit Pogner, Goldschmied* (Bass), *Kunz Vogelsang, Kürschner* (Tenor), *Konrad Nachtigal, Spengler* (Bass), *Sixtus Beckmesser, Stadtschreiber* (Bass), *Fritz Kothner, Bäcker* (Bass), *Balthasar Zorn, Zinngießer* (Tenor), *Ulrich Eisslinger, Würzkrämer* (Tenor), *Augustin Moser, Schneider* (Tenor), *Hermann Ortel, Seifensieder* (Bass), *Hans Schwarz, Strumpfwirker* (Bass), *Hans Foltz, Kupferschmied* (Bass), *Walther von Stolzing, ein junger Ritter aus Franken* (Tenor), *David, Sachsens Lehrbube* (Tenor), *Eva, Pogners Tochter* (Sopran), *Magdalene, Evas Amme* (Sopran), *Ein Nachtwächter* (Bass), *Chor: Bürger und Frauen aller Zünfte, Gesellen, Lehrbuben, Mädchen, Volk*

WERTUNG

Das Werk, zunächst von Wagner im »leichteren Genre« geplant, wächst sich zu einem Sitten- und Spiegelbild einer geschlossenen Gesellschaft aus, die im Spießbürgertum ersticken würde, erhielte sie nicht neue Impulse von außen. Dieses Stück ermöglicht einen kritischen Zugang zum widersprüchlichen deutschen Wesen und ist spannender, theatralischer und moderner als sein Ruf von der repräsentativen Nationaloper.

Verständlichkeit:	✪✪✪
Eingängigkeit:	✪✪✪
Aktualität:	✪✪✪
Kunstentwurf:	✪✪✪✪✪
Bürgerwahn:	✪✪✪✪✪

Die Fledermaus
Die gelangweilten Spieler

Wer in diesem Walzer- und Melodienreigen einzig ein Ausstattungsstück mit unsterblichen Klängen vermutet, irrt gewaltig. Das Werk spiegelt die unbändige Sucht wider, Normalität und Alltag durch Rausch und Orgie zu überwinden.

Operette bedeutet eigentlich »kleine Oper«. Und das Stück spielt in einer kleinen Welt, an einem »Badeort in der Nähe einer großen Stadt«. Da es ihm aber um die Kunst der Verstellung und Verwandlung geht, verpackt Johann Strauß die Eitelkeiten von Kleinbürgern in ariose Selbstbekenntnisse und große Ensembles wie aus einer klassisch aufgebauten Oper. Seit Jahren ist das Stück, dessen Ouvertüre bewusst opernhaft klingt, wegen seiner stimmlichen Anforderungen vor allem an einem Ort beheimatet: im Opernhaus. Auffallend an dieser Komödie ist die unbewusste Trauer, die alle Versuche der Figuren begleitet, ihrem tristen Alltag zu entfliehen. Charakteristisch dafür ist das Walzerlied »Glücklich ist, wer vergißt, was doch nicht zu ändern ist«. Strauß betont nicht das Wort »glücklich«, über das er rasch hinweggeht, sondern das Wort »ist«. Jeder fadenscheinige Traum führt zu dem bürgerlichen Albtraum, eben nur der zu sein, der man eben ist.

■ »Glücklich ist, wer vergisst, was doch nicht zu ändern ist.« Wenn die Spießer ihre pervertierten Lüste ausleben … Inszenierung von Frank Castorf, Hamburger Schauspielhaus, 1999.

Der Schauplatz des ersten Aktes ist ein Zimmer im Hause Eisensteins, der Hauptfigur, eines Rentiers, Müßiggängers und Cholerikers, der seine Eroberungen mechanisch wie mit einer Repetieruhr zu machen pflegt. Der zweite Akt, Mittelachse des Stückes, spielt in der Villa Orlofsky, einer »Oase in der Wüste«, wie es im Text heißt. Der drit-

■ »Ha, welch ein Fest!« Rausch und Schwindel sollen das eigene Ich vergessen machen. Die Flucht aus der Langeweile in die Orgie aber gelingt nur mühsam. Inszenierung von Roland Petit, Bregenzer Festspiele, 1985.

te Akt führt ins Gefängnis, in der Szenenanweisung beschönigend die »Kanzlei des Gefängnisdirektors Frank« genannt, der bereits im Finale des ersten Aufzuges sein Heim als ein »schönes, großes Vogelhaus« bezeichnet hat. Am Ende des Stückes landen alle Figuren in der Gefangenschaft, wenn auch nur in der ihrer Begierden.

»Ein Souper uns heute winkt«, singen die Ballgäste auf dem Fest des Fürsten Orlofsky. Diese Melodie erklingt im Orchester bereits im Auftrittslied Adeles zu Beginn des ersten Aufzuges. Die Kammerzofe wird im weiteren Verlauf zur Hauptfigur, singt die höchsten Töne und virtuosesten Verzierungen. Sie ist die perfekte Verkörperung der Sucht und Lust des Theaterspielens. Alfred, der ins Stück hineinplatzende Tenor, schlüpft, um seiner Jugendliebe Rosalinde nahe zu sein, in jene Rolle des biederen Bürgers, die alle anderen abstreifen. Er ist, provozierend gesagt, nichts anderes als eine brillante, Rosalinde animierende Stimme (»Trink mit mir, sing mit mir, sing, sing, sing!«), eine grandiose Persiflage auf die Konventionen der Oper. Nicht eindeutig identifizierbar scheint Prinz Orlofsky: Ist er nun Mann oder Frau, Millionär oder Hochstapler, Transvestit oder Vampir? Vor allem jedenfalls ist er ein unendlich trauriges Kind, das jede Erfahrung, jede Neugierde, jedes Geheimnis bereits hinter sich hat. Orlofskys Auftrittslied geht stimmlich bis an die Grenzen des jeweils für eine Aufführung gewählten Fachs, sei es Knabensopran, Altstimme, Mezzosopran oder Countertenor.

Das Seitenthema seines Liedes klingt unheimlich, da Instrumente und Gesangsstimme mit derselben suggestiven Melodie davor warnen, dass jeder unmissverständlich aus dem Fest-

AUSBRUCH AUS DEM ALLTAG

Le Réveillon, der Titel der Vorlage, kommt von der Bezeichnung eines Militärsignals, réveille, ein Weckruf. Raus aus dem Alltag! Ein Jahr nach dem Deutsch-Französischen Krieg ist die gesprochene Komödie in Paris ein Sensationserfolg. Schonungslos wird darin aufgedeckt, was die Menschen tatsächlich bewegt – Lust, Rausch, Orgie. Die Uraufführung der Operette dagegen verebbt zunächst in den Nachwirkungen eines Börsenskandals; Wien in Katerstimmung. Erst in Berlin und New York setzt sich das Werk durch. Die ganze Welt erscheint als Amüsiergesellschaft, die ihre Belanglosigkeit als Tanz auf dem Vulkan überspielt.

JOHANN STRAUß
25.10.1825 – 3.6.1899

1841 Studium am Polytechnischen Institut
1844 Gründung eines eigenen Orchesters
1852 Mitwirkung bei den Hofballmusiken
1861 Erstes gemeinsames Auftreten der Strauß-Brüder
1862 Heirat mit Jetty Treffz
1863 k. u. k. Hofball-Musikdirektor
1872 Dirigate in Boston und New York
1878 Heirat mit Lily Dittrich
1886 Übertritt zum evangelischen Glauben
1887 Heirat mit Adele Deutsch

saal hinausgeworfen wird, der sich nicht amüsiert. Das Werk hat ein zentrales Thema: Lust um jeden Preis. Und die einzige Figur in diesem Stück, die etwas Redliches zu tun vorgibt, als – freilich stets erfolgloser Advokat –, trägt einen verräterischen Namen: Dr. Blind.

Dass sich das Geschehen um die Nachwirkungen eines Jahre zurückliegenden Provinzskandals dreht, bei dem Doktor Falke im Kostüm der Fledermaus zum Gespött der Bürger wurde, erfährt man nur am Rande. Doktor Falke betreibt seine Rache mit großem Aufwand, ohne dass sie je im Mittelpunkt der Handlung stünde. Bereits in der Ouvertüre wird deutlich, warum Menschen darauf versessen sind, sich in flatterhafte Wesen wie Fledermäuse, Schmetterlinge oder Täubchen zu verwandeln. Für wenige Stunden vermittelt ihnen die Maskerade das trügerische Gefühl, eine Persönlichkeit zu sein. Es ertönt ein Motiv, mit dem Rosalinde Bestürzung über den anstehenden Gefängnisaufenthalt ihres Mannes heuchelt. In Wirklichkeit nützt gerade sie die Gelegenheit zur Verwandlung. Sie erscheint auf Orlofskys Fest als ungarische Fürstin, und ihr Csárdás ist als große Opernarie der zentrale Mittelpunkt des zweiten Aktes. Zudem erklingt in der Ouvertüre jenes Thema, mit dem Eisenstein sich im dritten Akt gegenüber Rosalinde und Alfred zu erkennen gibt: »Ja, ich bin's«. Aber wer nur, der Spießbürger, der Provinz-Don-Juan oder der betrogene Betrüger?

Im Zentrum der Ouvertüre steht der große Walzer des zweiten Aktes: »Ha, welch ein Fest!«. Komponiert ist nicht, was der Text nahelegt, sondern der Bewegungsimpuls, ein Perpetuum Mobile der Lust und des doppeldeutig gemeinten Schwindels. Jeder hintergeht jeden, und jeder verliert im Rausch der Sinne den Verstand. Es gehört zu den am meisten berührenden Geheimnissen dieses Stückes, dass die ständig vor der Langeweile in die Orgie fliehenden Spieler jeden Betrachter unmissverständlich mit der existenziellen Gefahr konfrontieren, eine Rolle anstelle eines Ich zu sein.

■ Wenn man nur fliegen könnte wie Fledermäuse, Schmetterlinge oder Täubchen … Der Traum von einem anderen Leben.

DIE FLEDERMAUS

OPERETTE IN DREI AKTEN
IN DEUTSCHER SPRACHE

HANDLUNG

Vorgeschichte: Gabriel von Eisenstein, Rentier und Müßiggänger, machte vor drei Jahren seinen Freund, den Notar Dr. Falke, auf einem Kostümfest, zu dem dieser als Fledermaus erschienen war, betrunken und ließ ihn dann in einem Park liegen. Seither sinnt Dr. Falke auf Rache.

Erster Akt: Adele, Kammerzofe im Haus von Eisenstein und dessen Frau Rosalinde, erhält einen Brief mit der Aufforderung, am Abend in der Garderobe ihrer Herrin auf einem Kostümfest in der Villa Orlofsky zu erscheinen. Rosalinde geht auf Adeles Bitten, frei zu bekommen, erst ein, nachdem sie dem unvermutet aufgetauchten Sänger Alfred, ihrem früheren Geliebten, ein Stelldichein versprochen hat. Dies ist nur möglich, da Eisenstein gerade an diesem Abend eine Gefängnisstrafe antreten muss. Dr. Falke gibt vor, Eisenstein ins Gefängnis zu bringen, schleppt ihn jedoch auf den Ball des Fürsten Orlofsky. Ohne viel Aufhebens schlüpft kurz darauf Alfred in die Rolle des Hausherrn. Sein Zusammensein mit Rosalinde wird jäh durch den Auftritt des Gefängnisdirektors Frank unterbrochen, der Eisenstein persönlich arretieren will. Um Rosalinde nicht zu kompromittieren, muss Alfred als Eisenstein ins Gefängnis.

Zweiter Akt: Eisenstein wird auf dem Fest des Fürsten Orlofsky als Marquis Renard präsentiert und befreundet sich ausgerechnet mit dem Gefängnisdirektor Frank, der als Chevalier Chagrin vorgestellt wird. Alle verspotten Eisenstein für seinen Verdacht, Adele sei sein Stubenmädchen. Zu allem Übel macht er sich mit seiner sonst unfehlbaren Eroberungswaffe, einer Repetieruhr, an eine als ungarische Gräfin erschienene Dame heran. Er ahnt nicht, dass es sich um seine eigene Frau handelt. Rosalinde bringt die Uhr an sich. Das Fest gipfelt in einer allgemeinen Verbrüderung.

Dritter Akt: Der Gefängniswärter Frosch hat zu tun, die Gesangskünste des eingesperrten Alfred zu unterbinden. Sichtlich verkatert erscheint Direktor Frank in seinem Gefängnis. Eisenstein will seine Strafe antreten, erkennt in Frank den Duzfreund der letzten Nacht und gerät außer sich, als er erfährt, dass bereits ein Eisenstein einsitzt. Eisenstein gibt sich als betrogener Ehemann zu erkennen, steht aber als Blamierter da, als ihm Rosalinde die Repetieruhr präsentiert. Wie auf Kommando taucht unter Dr. Falkes Führung die gesamte Ballgesellschaft auf und feiert die Rache der Fledermaus.

DATEN

Text: Richard Genée nach der Komödie *Le réveillon* von Henri Meilhac und Ludovic Halévy (1872) in der deutschen Bearbeitung von Karl Haffner

Musik: Johann Strauß

Uraufführung: 5. 4. 1874, Theater an der Wien in Wien

Handlungszeit: Letztes Drittel des 19. Jahrhunderts

Handlungsort: In einem Badeort in der Nähe einer großen Stadt

Spielzeit: etwa 3 Stunden

Personen: *Gabriel von Eisenstein, Rentier* (Tenor), *Rosalinde, seine Frau* (Sopran), *Frank, Gefängnisdirektor* (Bariton), *Prinz Orlofsky* (Knabensopran, Mezzosopran, Alt oder Countertenor), *Alfred, sein Gesangslehrer* (Tenor), *Dr. Falke, Notar* (Tenor), *Dr. Blind, Advokat* (Bass), *Adele, Rosalindes Kammerjungfer* (Sopran), *Ida, Adeles Schwester* (Sopran), *Frosch, Gefängniswärter* (Sprechrolle), *Iwan, Kammerdiener des Prinzen Orlofsky* (Sprechrolle), *Vier weitere Diener* (Tenor und Bass), *Chor: Ballgäste, Masken, Bediente; Tänzerinnen und Tänzer*

WERTUNG

Das Werk ist der Höhepunkt der sogenannten »Goldenen Wiener Operette«. Die »kleine Oper« dient zur schonungslosen Entlarvung einer Lust-Gesellschaft. Der Walzerkönig Johann Strauß treibt bei diesem Tanz auf dem Vulkan seine Figuren von einem Walzer zum nächsten, von der Polka zur Mazurka oder Quadrille.

Verständlichkeit:	✪✪✪✪
Eingängigkeit:	✪✪✪✪✪
Aktualität:	✪✪✪✪
Gesellschaftsstudie:	✪✪✪✪
Unterhaltung:	✪✪✪✪✪

Die Dreigroschenoper
Die bürgerlichen Spieler

Das jeden Gattungsbegriff sprengende Stück ist der exemplarische Entwurf eines unmittelbar verständlichen, gesellschaftliche Hintergründe schonungslos aufdeckenden Werkes, in dem auf die Spitze getriebene Unterhaltung der Aufklärung und Sozialkritik dient.

Das Fazit dieses größten Theatererfolges der 1920er Jahre gilt heute erst recht. Wenn Räuber perfekte Bürger sind, müssen Bürger perfekte Räuber sein. Elisabeth Hauptmann macht Bertolt Brecht auf die englische *Beggar's Opera* (Bettleroper) von 1728 aufmerksam, eine Persiflage auf den hohen Stil der großen Opern Händels, geschrieben von John Gay, übrigens einem Freund der Adligen, der damit alles andere bezweckte, nur keine direkten politischen Anspielungen. Und Kurt Weill sucht nach einem Stil, der Menschen in die Oper lockt, die unter normalen Umständen dort nie hingehen würden. Und Ernst Josef Aufricht, ein junger Schauspieler, der das Theater am Schiffbauerdamm

■ »Und der Haifisch, der hat Zähne …« Nicht gerade friedlich gebärdet sich Mackie Messer hinter Gittern. Jörg Gudzuhn als Macheath. Inszenierung von Alexander Lang, Deutsches Theater Berlin, 1995.

■ Mackie Messer, gebunden an Polly. Friedrich Karl Praetorius als Macheath und Katherina Lange als Polly. Inszenierung von Hans Hollmann, Schauspiel Frankfurt, 1994.

erworben hat, benötigt unbedingt eine erfolgreiche Eröffnungspremiere. Auf die spätere Unterstellung, das Werk sei doch eher eine Operette geworden, nimmt Brecht dieses Genre in Schutz und antwortet sarkastisch, es sei ein »Versuch, der völligen Verblödung der Oper entgegenzuwirken«.

Noch kurz vor der Uraufführung wird als Vorspiel die bis heute berühmteste Nummer, die Moritat von Macheath alias Mackie Messer, eingeschoben, auf Wunsch des Darstellers Harald Paulsen, der ein Bravourstück möchte und auf einer blauen Schleife besteht, die ihm das Aussehen eines Operettenhelden verleiht. »Und der Haifisch …«: Den suggestiven und gebrochenen Klang weiß ein sogenannter Neutöner wie Weill weitaus besser zu erfinden als der Operettenkomponist Theo Mackeben, den Ernst Josef Aufricht vor der Uraufführung sicherheitshalber bittet, für alle Fälle einen Aufguss der *Beggar's Opera* griffbereit zu halten. Im schillernden Bilderbogen von der Bettlerhochzeit (1. Akt), der Verfolgung

STOFFVIELFALT

»Erst kommt das Fressen, dann kommt die Moral« wird zum geflügelten Wort. Lion Feuchtwanger hat die Idee, das Stück *Die Dreigroschenoper* zu nennen: Oper für jedermann. Brecht entwirft unter dem Titel *Die Beule* ein Exposé zu einem Film, nach gerichtlichen Auseinandersetzungen mit der Filmfirma eine Verteidigungsschrift, schließlich den über tausend Seiten langen Dreigroschenroman, die politische Rechtfertigung des Stücks mit einem am Ende tatsächlich vollstreckten Todesurteil. Die Faszination des Stoffes zieht immer neue Worte nach sich.

> *»Was wir machen wollten, war die Urform der Oper. Sie enthält die Elemente der Oper und die Elemente des Dramas.«*
>
> Kurt Weill

■ Jörg Gudzuhn als Macheath und Johanna Schall als Polly. Inszenierung von Alexander Lang, Deutsches Theater Berlin, 1995.

(2. Akt), der geplanten Hinrichtung und dem guten Ende von Macheath (3. Akt) wechseln rührende Liebeslieder, die das »Unechte und Falsche am Versuch romantischer Inseln« (Brecht) offenbaren, mit karikierenden Songs. Dazu zählt die Ballade »Soldaten wohnen auf den Kanonen« von Macheath und seinem Kriegskameraden Brown, jetzt oberster Polizeichef von London. Brecht sieht ihn als moderne Erscheinung, der »in sich zwei Persönlichkeiten [birgt]: als Privatmann ist er ganz anders als als Beamter«. Polly Peachum, die »Sumpfblüte unter dem Mond von Soho« (Ernst Josef Aufricht), macht ihren Eltern im »Barbara-Song« klar, warum es für sie Macheath sein muss, »der kein Geld hatte, der nicht nett war und dessen Kragen auch am Sonntag nicht rein war«. Die ersten beiden Strophen werden nur vom Klavier begleitet, Stimme und Instrument im völligen Einklang. Jede Strophe hat drei Abschnitte: ein balladenhafter Anfang: »Einst glaubte ich, da ich noch unschuldig war …« – ein gesteigerter Mittelteil: »Da behält man seinen Kopf oben …« – ein triumphierender Refrain, gipfelnd in der dritten, von Instrumenten begleiteten Strophe: »Ja, da muß man sich doch einfach hinlegen.« Aussagekräftiger kann eine musikalische Nummer, die ausschließlich der Textverständlichkeit dient und doch alles sagt, was Charakter und Atmosphäre angeht, nicht gestaltet sein.

Opernhaft sind vor allem die Finalszenen. In der ersten lassen sich Polly, Peachum und Frau Peachum »über die Unsicherheit menschlicher Verhältnisse aus«. Peachums verlogenes Plädoyer für das Recht des Menschen auf Glück, Lust und Brot wird nur vom Harmonium begleitet, bis sich die Stimmen in wahnwitzige Sprechmelodien hineinsteigern, durchaus angelehnt an die Neue Musik jener Zeit: »Da hat er eben leider recht, die Welt ist arm, der Mensch ist schlecht!« Der zweite Akt gipfelt im Finale in der Frage »Denn wovon lebt der Mensch?« Macheath und Spelunken-Jenny, die heimliche weibliche Hauptfigur, treten vor den Vorhang. Nach guter Opernmanier fehlt

■ Mackie im Schoße gewinnbringender Frauen. Hans Brenner als Macheath. Inszenierung von Christoph Brück, Münchner Volkstheater, 1990.

OPERNBÜRGER UND BÜRGEROPER

Dritter Akt, Nummer 21, drittes Dreigroschenfinale: Ein Chor mit »Horch! Horch!«-Rufen, entlehnt aus Webers *Oberon*, eröffnet das letzte Finale: Erscheinung des reitenden Boten, der Bettlervariante des barocken »Deus ex Machina«, des »Gottes aus der Maschine«, des unerwarteten Helfers aus einer Notlage. Brown, der Polizeichef, singt ein dramatisches Rezitativ, und Macheath, der vor dem Tod Bewahrte, bricht wie ein Heldentenor in den Ruf aus: »Gerettet!« Brechts Kommentar: »Selbstverständlich ist das dritte Finale mit vollkommenem Ernst und absoluter Würde zu spielen!« Technische Probleme bei der Uraufführung machen es notwendig, dass das Pferd des Boten unter einer Decke verborgen von Beginn an auf der Bühne steht: unverzichtbares Opernrequisit.

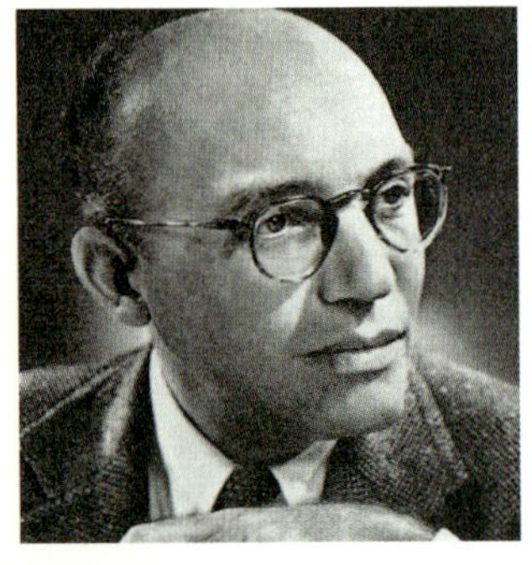

nicht einmal der den Refrain anstimmende Chor, wenn zu aggressiven Jazzklängen und breiten Fermaten (Haltezeichen zur Verlängerung von Noten) so authentisch wie bei Mozart davon gesungen wird, dass »der Mensch stündlich den Menschen peinigt, auszieht, anfällt, abwürgt und frißt«. Frenetisch bejubelt das Publikum zu solchen Melodien die eigene Deformation. Wenn dem Stück, damals wie heute, etwas den Garaus zu machen droht, dann sein vorprogrammierter Erfolg. Doch garantiert gerade die Eingängigkeit unverminderte Aktualität, solange man sich an Brechts Devise hält: »Amüsement und Schärfe statt nur gemütliche Lächerlichkeit.«

KURT WEILL
2.3.1900 – 3.4.1950

1918/19 Korrepetitor in Weimar
1919/20 Theaterkomponist in Lüdenscheid
ab 1921 Schüler von Ferruccio Busoni
ab 1925 Zusammenarbeit mit Bertolt Brecht
1926 Heirat mit Lotte Lenya
1930 *Aufstieg und Fall der Stadt Mahagonny*
1933 Flucht aus Deutschland
1943 Amerikanische Staatsbürgerschaft

■ Bis heute ein Publikumsrenner: Frenetisch bejubelt das Publikum die eigene Deformation. Friedrich Karl Praetorius als Mackie Messer und Carola Regnier als Spelunken-Jenny. Inszenierung von Hans Hollmann, Schauspiel, Frankfurt, 1994.

DIE DREIGROSCHENOPER

EIN STÜCK MIT MUSIK IN EINEM VORSPIEL, DREI AKTEN UND NEUN BILDERN IN DEUTSCHER SPRACHE

HANDLUNG

Vorspiel: Ein Bänkelsänger trägt auf dem Jahrmarkt von Soho, die Moritat von dem berühmten Banditenführer Mackie Messer vor.

Erster Akt, *Erstes Bild:* Der junge Filch wird vom Bettlerkönig Peachum eingekleidet, da für die bevorstehenden Krönungsfeierlichkeiten viele Menschen gebraucht werden, die Mitleid erregen. Weil ihre Tochter Polly nicht nach Hause gekommen ist, stimmen Peachum und seine Frau Celia ein Klagelied über Mädchen an, die nur ihren Spaß wollen.
Zweites Bild: Die Mitglieder der Bande von Macheath, genannt Mackie Messer, schleppen gestohlene Möbel herbei, Inventar für die Eheschließung ihres Chefs mit Polly Peachum, zu der auch Brown, der oberste Polizeichef Londons erscheint.
Drittes Bild: Polly gesteht ihren Eltern die Heirat mit Macheath. Ihr Vater, erbitterter Konkurrent ihres Mannes, ist entsetzt. Er will seinen Schwiegersohn anzeigen. Frau Peachum beschließt, die Huren von Turnbridge zu bestechen, damit diese Macheath, der dort jeden Donnerstag abkassiert, ausliefern.

Zweiter Akt, *Viertes Bild:* Als Macheath durch Polly von den Bluthunden hört, die man ihm hinterherhetzt, ist er zur Flucht bereit und überträgt ihr seine Geschäfte. Frau Peachum verspricht Spelunken-Jenny eine Belohnung, wenn sie Macheath verrät.

Fünftes Bild: Macheath wird verhaftet. Frau Peachum ruft zum Fenster herein, dass die Huren ihren Judaslohn erhalten werden.

Sechstes Bild: Zum Bedauern von Brown wird sein Freund Macheath ins Gefängnis gebracht. Um dessen Gunst wetteifern Polly und Lucy, Browns Tochter und Macheaths ehemalige Geliebte, die vorgibt, ein Kind von ihm zu erwarten. Durch die Hilfe Lucys entkommt Macheath. Peachum erpresst Brown.

Dritter Akt, *Siebentes Bild:* Peachum bereitet den Aufstand der Bettler vor und macht Brown deutlich, wer von ihnen beiden die größere Macht besitzt. Dieser muss einwilligen, Macheath hängen zu lassen.

Achtes Bild: Polly und Lucy, die gesteht, die Schwangerschaft nur vorgetäuscht zu haben, kommen sich näher. Schadenfroh bringt Frau Peachum ihrer Tochter das Witwenkleid.

Neuntes Bild: In seiner Zelle kann Macheath die Summe von 1 000 Pfund, die er benötigt, um seine Wächter zu bestechen, nicht aufbringen. Als Macheath zum Galgen geführt wird, erscheint jedoch ein reitender Bote und verkündet, die Königin habe Macheath anlässlich ihrer Krönung begnadigt und in den Adelsstand erhoben. Peachum kann nur noch darauf hinweisen, wie selten solche Boten erscheinen.

DATEN

Text: Bertolt Brecht nach dem Libretto von John Gay zu *The Beggar's Opera* von John Christopher Pepusch (1728)

Musik: Kurt Weill

Uraufführung: 31. 8. 1928, Theater am Schiffbauerdamm, Berlin

Handlungszeit: Um 1880

Handlungsort: London

Spielzeit: etwa 2 3/4 Stunden

Personen: Zum Großteil Sprechrollen mit Gesang: *Macheath, genannt Mackie Messer; Jonathan Jeremiah Peachum, Besitzer der Firma »Bettlers Freund«; Celia Peachum, seine Frau; Polly Peachum, seine Tochter; Brown, oberster Polizeichef von London; Lucy, seine Tochter; Die Spelunken-Jenny; Smith, ein Konstabler; Pastor Kiball; Filch, ein Bettler bei Peachum; Ein Moritatensänger; Die Platte (Bande von Macheath); Bettler, Huren, Konstabler*

WERTUNG

Dieses Stück ist längst nicht aus der Mode, auch wenn es den Anschein hat, seine sozialkritischen Themen und der moritatenhafte Stil seien an die Ästhetik der 20er Jahre gebunden. *Die Dreigroschenoper* ist ein exemplarisches Beispiel für die Durchschlagskraft eines musikalischen Theaters, in dem Unterhaltung und Gesellschaftskritik keine Gegensätze sind.

Verständlichkeit:	✪✪✪✪
Eingängigkeit:	✪✪✪✪
Aktualität:	✪✪✪✪✪
Oper für alle:	✪✪✪✪✪
Satire:	✪✪✪✪✪

Die Entführung aus dem Serail

Von der Nähe und der Ferne

Das Serail ist ein Ort der Prüfung und Bewährung, an dem Menschen fern ihrer gewohnten Umgebung dem Terror der Liebe ausgesetzt sind. Der Ort lässt sich auch anders nennen: »überall und jederzeit«.

■ Der Aufseher in den Diensten des Selim Bassa. Fernando Corena als Osmin. Inszenierung von Giorgio Strehler, Salzburger Festspiele, 1965.

Mozart berichtet seinem Vater voller Stolz über »die lärmende Türckische Musik«, mit der er das Publikum in Wien, vor dessen Toren hundert Jahre zuvor die Osmanen standen, beeindrucken will. Wer sich dem beliebten Genre der Türkenoper verschreibt, muss in der Lage sein, das Bedürfnis nach exotischen Klängen zu befriedigen. Er muss, wie es der Theatermann Ivan Nagel charakterisiert, den Zuhörer in einen »Triangel-Orient« entführen. Dies gelingt in diesem damals auch »operette« genannten Werk derart bildhaft, dass man glaubt, die Janitscharen wie in einem Film leibhaftig vor sich zu sehen, *Lawrence von Arabien* auf der Opernbühne. Mozart konfrontiert seine Zuschauer zugleich so drastisch mit der Fragwürdigkeit menschlicher Treue, dass man glaubt, das Serail liege nur einige Schritte vom Wiener Burgtheater entfernt, wo dieses Stück uraufgeführt wird.

Auf dem Theaterzettel der ersten Aufführungen ist von der »Verführung im Serail« die Rede. Konstanze wird von Selim Bassa, dem Herrscher des Serails, bedrängt: »Heute musst du mich lieben oder …« Ein Exot in der Oper ist Selim nicht, weil er ein arabisches Kostüm trägt, sondern weil er keinen einzigen Ton singt und ausschließlich spricht. Auf diese Weise hat er zwar keine eigene Musik, löst aber unentwegt die Musik anderer aus. Das Werk wird für Mozart – im Briefwechsel an den Vater legt er ausführlich Zeugnis davon ab – zur Bestandsaufnahme der Gattung. Was vermag die Sprache, was der Gesang? Während sich Belmonte im Verlauf seiner Arien immer stärker von seiner Ichbezogenheit löst, um in diesem Experiment der Gefühle zu vorurteilsfreier Liebe fähig zu werden, konfrontiert Mozart die weibliche Zentralgestalt Konstanze im Serail mit einer Liebe an der Grenze des Todes. Ihre Ausweglosigkeit gipfelt in der Arie »Martern aller Arten«. Im Text ist mit Marter die Drohgebärde Selim Bassas gemeint, in der Musik Konstanzes Seelenqual, die sich zudem in einem Quartett von Flöte, Oboe, Violine und Cello widerspiegelt, das Mozart als zweite Ebene der dramatischen Handlung in die Arie einbettet: Ja, die Instrumente singen mit!

Zwei Akte, der erste und der dritte, sind mit ihrer Handlung vor dem Serail angesiedelt. Der zweite Aufzug spielt im Serail, im Brennpunkt einer Prüfung auf Liebe, Treue und Tod. An dessen Ende droht die Komödie zur Tragödie zu werden, da die Männer den Frauen Untreue vorwerfen. Junge Menschen werden mit Gefühlen und Problemen konfrontiert, die ihnen in

■ »Heute musst du mich lieben, oder …« Die Drohgebärde Selim Bassas löst bei Konstanze Seelenqualen aus. Anneliese Rothenberger als Konstanze und Michael Heltau als Selim Bassa.

> *»Opern wie* Figaro *und* Don Juan *war die Welt berechtigt, mehrere von ihm zu erwarten; eine* Entführung *konnte er beim besten Willen nicht wieder schreiben.«*
>
> CARL MARIA VON WEBER

■ Freiheit für die Andersdenkenden. Ulrich Wildgruber als Herrscher des Serails. Inszenierung von Johannes Schaaf, Salzburger Festspiele, 1989.

dieser Schärfe und Unbedingtheit bislang unbekannt sind. Am frühen Morgen kommt Belmonte im Serail an. Noch in derselben Nacht wird die Entführung vereitelt. Zuletzt werden Galgen aufgestellt. Zimperlich geht's im Orient nicht zu, und spannend wie ein Krimi ist die Handlung auch gebaut. Die Europäer haben die ihnen gewährte Freiheit schändlich missbraucht. Jetzt erweist es sich als Glück, dass Selim nicht singt. Einsichtig, als wäre er Lessings Nathan der Weise, schenkt er den Andersdenkenden die Freiheit. *Die Entführung aus dem Serail* ist ein philosophisches Stück über Menschenwürde und Feindesliebe. Man kann Selims Schlussmoral getrost als Lebensweisheit mit nach Hause nehmen: »Wen man durch Wohltun nicht für sich gewinnen kann, den muß man sich vom Halse schaffen.«

KOMÖDIE AM RAND DER KATASTROPHE

Zweiter Akt, Finale: Endlich sehen sich die Europäer im Serail wieder. Die Seelenqualen scheinen ein Ende zu nehmen. Doch gerade auf dem Wort »End'« lässt Mozart den euphorischen Ton stehen. Er wechselt von Dur nach Moll. Belmonte zweifelt an Konstanzes Treue. Ein einziger Ton macht deutlich, was in seinem Herzen und seinem Hirn vorgeht. Das Misstrauen frisst sich wie Gift durch die Musik. Nur Mozart versteht es, dem heiteren Genre solche ernsten Töne abzulauschen. Aus dem Singspiel im Serail wird ein Lehrstück über Affekte, die eine Liebe bedrohen und zerstören können.

Die Emotionen der hohen Figuren Konstanze, Belmonte und Selim Bassa spiegeln sich in den Empfindungen der niederen Figuren, der Zofe Blonde, des Dieners Pedrillo, des Haremswächters Osmin. Sein Zorn überschreitet »alle Ordnung, Maas und Ziel«, ohne dass, wie Mozart dem Vater mitteilt, die Musik, mit der dies geschildert wird, außer Kontrolle geraten darf. *Die Entführung aus dem Serail* ist eine unmittelbar auf die Bühne gestellte Harmonielehre. Mozart, der sich gesellschaftlichen Außenseitern stets mit besonderer Hingabe verschreibt, komponiert eine sozialkritische Komödie. Diener schalten und walten meistens einen Tick schneller als die edlen Herrschaften. Klüger, das heißt lebensgewandter, sind sie ohnehin. Dies alles ist unmittelbar dem Alltag vor dem Theater abgelauscht. Das wahre Liebesduett ist nicht zufällig Osmin und Blonde vorbehalten. Im Wutausbruch von zwei Menschen zeigt sich am besten, wie sehr sie sich lieben. Osmin ist schnell mit dem Rat bei der Hand, jedem Europäer den Kopf abzuschlagen, womit er freilich beweist, dass wenigstens einer im Serail stets wachsam

WOLFGANG AMADEUS MOZART
27.1.1756 – 5.12.1791

1777/78 Reise nach Paris, auf der die Mutter stirbt
1779 Aloisia Weber lehnt Mozarts Heiratsantrag ab
1781 Bruch mit dem Fürsterzbischof von Salzburg, Übersiedlung nach Wien, Große Oper *Idomeneo*
1782 Heirat mit Constanze Weber
1784 Mozart beginnt die Eintragung seiner Stücke in ein Werkverzeichnis
1785 Aufnahme in die Freimaurerloge »Zur Wohltätigkeit«
1787 Reise nach Prag, Ernennung zum k. u. k. Kammermusicus
1791 Opera seria *La clemenza di Tito*, *Requiem* (unvollendet)

■ Reich die Hand dem Feinde! Inszenierung von François Abou Salem, Salzburger Festspiele, 1997.

■ Fest der Kulturen. Inszenierung von François Abou Salem, Salzburger Festspiele, 1997.

bleibt. Seine größte Schwäche muss man ihm ohnehin verzeihen, so aufrichtig, wie ihn Mozart aus dem Affekt singen lässt: die Liebe zu Blonde, für die er hart bestraft wird. Im Schlussensemble stellt Blonde Osmin vor allen anderen als gemeines »Tier« bloß. Wer würde in einem heiteren Singspiel erwarten, in eine Rassismusdebatte verwickelt zu werden? Man könnte die Fabel gut und gerne in einen Reiseprospekt schreiben. Wie verhält sich der gesittete Mitteleuropäer, sobald er mit einer fremden Kultur konfrontiert wird?

FREIHEITSENTWÜRFE

Treueproben sind schon Thema in Boccaccios *Decamerone*. Mozart und sein Librettist, Stephanie der Jüngere, verknüpfen diese Tradition mit dem »Sturm und Drang« und den Aufklärungsgedanken Lessings. Dabei verfahren sie so raffiniert wie Montesquieu in seinen *Lettres persanes*. Eine andere Kultur dient als Spiegel um die eigene Gesellschaft zu kritisieren. Das Serail wird zum Ort einer Befreiung, wie sie europäische Reisende im 19. Jahrhundert erfahren.

DIE ENTFÜHRUNG AUS DEM SERAIL

DEUTSCHES SINGSPIEL IN DREI AUFZÜGEN

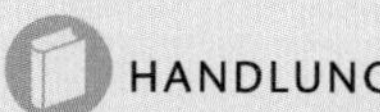

HANDLUNG

Erster Aufzug, vor dem Serail: Belmonte, ein junger spanischer Adliger, will im Palast des Selim Bassa seine Verlobte Konstanze wiederfinden, die zusammen mit ihrer Zofe Blonde und Belmontes Diener Pedrillo von Piraten geraubt wurde. Belmontes Versuch, ins Serail einzudringen, scheitert zunächst am heftigen Widerstand Osmins, des Aufsehers in den Diensten des Bassa. Belmonte erfährt beim Wiedersehen mit Pedrillo, dass Selim Bassa um die Liebe Konstanzes wirbt. Mit einer List gelingt es dem Diener, seinen Herrn in Verkleidung eines europäischen Baumeisters ins Serail zu schmuggeln.

Zweiter Aufzug, im Serail: Wie sein Herr zu Konstanze hat auch Osmin Zuneigung zu Blonde gefasst. Aber im Gegensatz zu ihrer Herrin, die zwischen ihren Gefühlen hin und her gerissen ist, nutzt Blonde die Verliebtheit Osmins, um sich in der Fremde zu behaupten. Selim Bassa besteht bei Konstanze auf einer letzten Frist: »Morgen mußt du mich lieben!« Unter dem Zwang der Entscheidung droht Konstanze zu zerbrechen. Pedrillo verführt Osmin unter Vorspiegelung falscher Tatsachen zum Trinken. Ihres lästigen Bewachers ledig, treffen sich die vier Europäer, um ihre Flucht vorzubereiten. An der Frage der Männer nach der Treue der Frauen droht das Unternehmen im letzten Augenblick zu scheitern.

Dritter Aufzug, vor dem Serail: Belmonte und Pedrillo geben das verabredete Zeichen zur Entführung. Konstanze und Belmonte sind bereits unterwegs zum bereitgestellten Schiff, als Osmin aus seiner Betäubung erwacht und den Plan vereitelt. Die vier Gefangenen werden zur Hinrichtung vorbereitet. Selim Bassa erkennt in Belmonte den Sohn seines ärgsten Feindes. Aber er verhält sich nicht so, wie jeder Europäer das von ihm erwarten würde. Unerwartet gewährt er Belmonte, Konstanze, Pedrillo und Blonde die Freiheit.

DATEN

Text: Christoph Friedrich Bretzner; bearbeitet von Johann Gottlieb Stephanie dem Jüngeren

Musik: Wolfgang Amadeus Mozart KV 384

Uraufführung: 16. 7. 1782 Burgtheater Wien

Handlungszeit: Märchenhafte Handlung zur Zeit der Aufklärung, im 18. Jahrhundert

Handlungsorte: Landgut des Selim Bassa, vor und im Serail

Spielzeit: etwa 2½ Stunden

Personen: *Selim Bassa* (Sprechrolle), *Konstanze, Geliebte des Belmonte* (Sopran), *Blonde, Zofe der Konstanze* (Sopran), *Belmonte* (Tenor), *Pedrillo, Bediensteter des Belmonte und Aufseher über die Gärten des Bassa* (Tenor), *Osmin, Aufseher über das Landhaus des Bassa* (Bass), *Klaas, ein Schiffer* (Sprechrolle), *Ein Stummer der Wache, Chor: Frauen des Bassa, Sklaven, Janitscharen, Wachen*

WERTUNG

Ideal geeignet, um eine Brücke zwischen Schauspiel und Oper, zwischen Wort und Ton zu schlagen. Eine Reise in exotische Fernen zu wagen. Sich auszudenken, wie man sich in der Fremde verhalten würde. Merkwürdige Dinge an sich kennen zu lernen, die man zu Hause zumeist verschleiert.

Verständlichkeit:	✪✪✪✪
Eingängigkeit:	✪✪✪✪✪
Aktualität:	✪✪✪✪
Lehrstück:	✪✪✪✪✪

Hoffmanns Erzählungen
Von der Zerstörung des Ich

Ein Dichter – die Personifizierung des Künstlers schlechthin – geht am Zwiespalt von Ideal und Wirklichkeit elend zugrunde. Das Stück handelt von drei Sinnbildern der Oper: der Stimme, den Augen und der Seele.

Die faszinierend zwiespältigen Erzählungen des Romantikers E. T. A. Hoffmann dienen hier als Vorlage für Opernepisoden. Im trügerischen Glauben, einem dämonischen Spektakel um die wirren Phantasien eines versponnenen Künstlers beizuwohnen, wird der Betrachter mehr und mehr mit der Verstörung und Zerrüttung eines widersprüchlichen Menschen konfrontiert, einer Gestalt wie aus einer Erzählung Franz Kafkas. Das Werk könnte den Untertitel *Endstation Sehnsucht* tragen oder auch *Tödliche Phantasien aus der Dachstube des armen Poeten.* Eines der zentralen Themen dieser Oper ist zugleich ihr heimliches Motto, nämlich der Verlust des Spiegelbildes und damit der menschlichen Identität.

Um dem Hörer das im Verlauf der Entstehungs- und Aufführungsgeschichte zahllosen Verstümmelungen und Entstellungen ausgesetzte Werk als »leichte Muse« zu servieren, wird paradoxerweise zumeist die Rolle der Muse gestrichen, die im ersten Akt als kokette Chansonsängerin aus einem Weinfass

■ Was ist das Werk der Phantasie, was Wirklichkeit? Der romantische Dichter, der angetreten war, die Poesie in die Welt zu bringen, geht an seinen Gesichten zugrunde. Inszenierung von Günter Krämer, Bühnen der Stadt Köln, 1998.

klettert. Von Offenbach selbst stammt die Idee, die Muse jene Gestalt des Studenten Niklas annehmen zu lassen, der in diesem Stationendrama jegliche Annäherung Hoffmanns an die Wirklichkeit unterbindet. Jedes Erlebnis muss künstlerisch verwertbar sein, sonst taugt es nicht zur existenziellen Erfahrung. Erst die Kunst »macht« den Eros, nicht umgekehrt. Während seiner auf offener Bühne stattfindenden Rückverwandlung in die Muse kommentiert Niklas gegen Ende der Oper mitleidlos den Zustand seines Objektes: »Armer Hoffmann, zu Tode betrunken. Aber geheilt?«

VOM TÖDLICHEN ZAUBER DER STIMME

Olympia, die Puppe, singt in *Der Sandmann* »eine Bravourarie mit heller, beinahe schneidender Glasglockenstimme«. Antonias Stimme in *Rat Krespel* gleicht »dem Hauch der Äolsharfe, oft dem Schmettern der Nachtigall«. Und wenn die Kurtisane Giulietta in *Die Abenteuer der Silvesternacht* singt, ist es, »als gingen aus tiefster Brust Himmelstöne hervor.« Nicht das dämonische Element macht die Erzählungen des wirklichen E. T. A. Hoffmann so operntauglich, sondern dessen große Leidenschaft für die menschliche Stimme als eines zweiten Ich.

Bereits der Titel der Oper scheint Betrug. Die Erzählungen Hoffmanns beginnen mit dem grotesken und brutalen Allerweltslied vom hässlichen Zwerg Kleinzack, das jeder x-beliebige Held singen könnte. Ein weiterer Untertitel lautete: *Eines Namenlosen Erzählungen*. Beschreibt Hoffmann im ersten Akt die Gesichtszüge Kleinzacks, kommt es in der Musik allerdings zu einer erstaunlichen Verwandlung. Die Harmonien wechseln von Moll nach Dur, Hoffmann, so sagt es die Szenenanweisung, »verliert sich allmählich in einen Traum«, und die Fratze Kleinzacks wird zum Gesicht der angebeteten Geliebten, das Lied zur großen Opernarie. Auffällig an dieser Transformation ist, dass Hoffmann als Medium erscheint, als pures Mittel zum Zweck einer gigantischen Blendung und Selbsttäuschung.

Die das Werk im ersten und fünften Akt umrahmenden Szenen von den Exzessen der Studenten in einer deutschen Weinstube – Lebensmittelpunkt spießbürgerlicher Fanatiker, die nur so zum Spaß den Wirt Luther am liebsten totschlagen würden – wird häufig zu Unrecht zur belanglosen Rahmengeschichte

■ Projektionsautomat des romantischen Geistes. Hoffmann verliebt sich in die Puppe Olympia. Die Projektion wächst zu olympischer Größe heran. Inszenierung von Jérôme Savary, Bregenzer Festspiele, 1987.

■ Nachtseiten der Romantik. Hoffmann flüchtet sich in die Illusion von Ersatzbefriedigungen. Inszenierung von Günter Krämer, Bühnen der Stadt Köln, 1998.

degradiert. Stattdessen werden die Episoden der drei mittleren Akte, die, wie Hoffmann sagt, von »drei Frauen in einem Weibe« handeln, zur zentralen Opernhandlung erhoben – Hoffmanns erotische Hörigkeit gegenüber der Puppe Olympia, der Sängerin Antonia und der Hure Giulietta. Alle drei Frauen erscheinen als Opfer einer erbarmungslosen Lustmaschinerie: die automatisierte, die dressierte und die käufliche Frau. Zugleich sind alle drei Gestalten Lockvögel für Hoffmann, der in seinem Liebeswahn trügerischen Idealbildern verfällt. Die Konstellation »drei in einer« lässt, je nach Intention der Inszenatoren, sowohl die Besetzung aller Frauenpartien mit einer Sängerin als auch je eine Sängerin für jede Rolle zu.

Viel entscheidender ist das Verhältnis von realer und imaginärer Handlung. Bei Offenbach legitimiert der Künstler seine Profession nicht durch Phantasiegestalten, sondern wird durch die Produkte seiner Einbildung vernichtet. Das reale Objekt seiner Begierde, die

VOM TRÜGERISCHEN ZAUBER DER MELODIE

Vierter Akt, Nr. 17, Barcarole: Sphärenklänge, ein wiegender Rhythmus, betörende Stimmen, Chor im Hintergrund: Die Barcarole gehört zu den größten Hits der Opernkunst und ist doch nur eine Sinnestäuschung. Es singt ein Paar, das nicht zusammengehört – Niklas, Begleiter Hoffmanns, in Wahrheit die ihren Dichter nicht loslassende Muse, und Giulietta, die Kurtisane. Es geht nicht um aufrichtige Empfindungen, sondern um die Vorspiegelung eines Gefühls. Die Melodie vermag »echt im Falschen zu strahlen« (Theodor W. Adorno). Am Ende des Aktes wird deutlich, wozu sie eigentlich dient, nämlich zur Untermalung eines Mordes – die Barcarole als Todeskantate.

im Hintergrundgeschehen in Mozarts *Don Giovanni* als Donna Anna glänzende Sängerin Stella, singt, abgesehen von wenigen Tönen im Schlussensemble, an keiner Stelle. Sie wirkt wie ein Phantom. Das einzige notengetreue Zitat aus Mozarts Oper bezieht sich auf deren Beginn und den murrend auf der Straße ausharrenden Leporello, den Diener Don Giovannis.
Dem Geheimrat Lindorf, der mit Hoffmann um Stellas Liebe ringt, wird das einzige Leitmotiv der Oper zugewiesen, da er auch in den jeweiligen Erzählungen als zentraler Gegenspieler erscheint, in Spiegelbildern, die entgegen häufiger Darstellung auf der Bühne gerade keine schematisierten Bösewichte sind: Coppelius, Mirakel und Dapertutto. Dabei klingt das Leitmotiv nicht dämonisch, sondern erinnert an eine altertümliche, barocke Melodie. Die Kontrahenten Hoffmanns wachsen sich einzig in seiner Vorstellung zu Teufelsfratzen aus. In Wirklichkeit sind sie ältere, honorige, mit Bravourarien ausgestattete Bürger, die in ihrer abgesicherten, nicht zufällig naturwissenschaftlich, das heißt in diesem Fall phantasielos, ausgerichteten Existenz das radikale Gegenbild zum labilen, durch Alkohol und Hirngespinste gefährdeten Künstler darstellen. Ihre Banalität, so Offenbach, ist das zutiefst Teuflische an ihnen.

■ Tanze, Olympia, tanze! Der Physiker Spalanzani und der Optiker Coppelius setzen ihr Werk in Gang. Inszenierung von Jérôme Savary, Bregenzer Festspiele, 1987.

Olympia, den Automaten, zu hören bedeutet für Hoffmann, sie zu lieben, verführt durch die Augengläser des Coppelius. Zu bizarren Walzerklängen singt die Puppe sich zu Tode. An solchen virtuosen, aber sterilen Tönen delektiert man sich um 1880 – eine bissige Satire Offenbachs auf die Amüsiergesellschaft seiner Zeit. Liebe als utopisches Gefühl scheint für kurze Augenblicke im Duett zwischen Hoffmann und Antonia im dritten Akt möglich, in dem alle Figuren, bis hin zum schwerhörigen Diener Franz, dem leidenschaftlichen Zauber der Stimme verfallen. Diese dient dabei als Sinnbild zur Dar-

»Offenbach folgte in diesem Werk den Prinzipien eines Musiktheaters der phantastischen Form und des realistischen Inhalts.«

EGON VOSS

JACQUES OFFENBACH
20. 6. 1819 – 5. 10. 1880

1833 Übersiedlung nach Paris
1834 Cellist im Orchester der Opéra Comique
1848 Kurze Übersiedlung nach Köln
1849 Rückkehr nach Paris
1850 Kapellmeister an der Comédie Française
1854 Plan zur Auswanderung nach Amerika
1855 Gründung der »Bouffes-Parisiens«
1861 Band der Ehrenlegion
1874 Geschäftlicher Ruin
1876 Gastspielreise in die USA

stellung einer idealisierten Jungfräulichkeit. Jede Anstrengung der reinen, unschuldigen Stimme und jede körperliche Liebe führt unweigerlich zum Tod. Das Gegenbild dazu wird in der letzten der drei erotischen Episoden, im vierten Akt, entwickelt: Liebe als käufliche Ware, beliebig und austauschbar geworden. Die Handlung des Stückes zerfällt in Fragmente, die Musik in brillante Versatzstücke, bis heute das Hauptproblem beim Versuch einer möglichst nah am Original orientierten Rekonstruktion dieser Oper. Die sogenannte Spiegelarie Dapertuttos im vierten Akt, die zu den berühmtesten Nummern zählt und auf einem für einen anderen Zweck entstandenen Musikstück Offenbachs beruht, wird erst zwanzig Jahre nach der Uraufführung in das Werk eingefügt. Sie widerspricht mit ihrem stimmlich extravaganten, aber oberflächlich dämonischen Stil sicherlich Offenbachs Intention, durch bewusste Banalität die wahren Absichten einer Figur aufzudecken.

Das Torsohafte des Stücks und der Warencharakter der Musik spiegeln die zunehmend surrealer werdende Handlung ideal wider. Das Ende der Oper ist offen. Erlösung oder Untergang? Die Hoffmann umgebenden Figuren werden zu unsichtbaren Stimmen, die dem zuletzt wie ein Autist reagierenden Künstler soufflieren, in Zukunft werde die »Musik sein gesegnetes Leiden lindern«. Bis heute gilt es, *Hoffmanns Erzählungen* überhaupt erst als grelle Kolportage und Revue über die Entmündigung und über die Zerstörung des modernen Menschen zu entdecken, um zugleich wahrzunehmen, dass Jacques Offenbach neben Giuseppe Verdi und Richard Wagner der dritte große unerbittliche Menschenanalytiker im musikalischen Theater des 19. Jahrhunderts ist.

■ Erlösung oder Untergang? Ist der Dichter Dirigent seiner Visionen, oder dirigieren diese ihn? Josef Protschka als Hoffmann und Jolanta Radek als Antonia.

HOFFMANNS ERZÄHLUNGEN (LES CONTES D'HOFFMANN)

PHANTASTISCHE OPER IN FÜNF AKTEN
IN FRANZÖSISCHER SPRACHE

HANDLUNG

Erster Akt: Die Muse entsteigt einem Weinfass und nimmt die Gestalt des Studenten Niklas an. Ratsherr Lindorf gelangt an einen Liebesbrief, den die zur selben Zeit im benachbarten Theater als Donna Anna in Mozarts *Don Giovanni* auftretende Stella an ihren einstigen Geliebten Hoffmann geschrieben hat. Darin sendet sie ihm den Schlüssel zu ihrer Theatergarderobe. Lindorf nimmt ihn an sich. Während im Theater die Pause beginnt, stürmen die Studenten den Weinkeller. Wenig später gesellt sich Hoffmann zu ihnen. Er beschuldigt Lindorf, der Verursacher seines Unglücks zu sein. In jeder seiner Affären sei stets ein Biedermann wie er erschienen. Gäbe es eine ideale Frau, so Hoffmann, dann einzig in drei Gestalten. Er beginnt seine Erzählungen.

Zweiter Akt: Hoffmann liebt Olympia, einen Automaten, den der Physiker Spalanzani gebaut hat und dessen Augen von Coppelius stammen, der Hoffmann eine Wunderbrille aufdrängt, die aus Olympia die ideale Geliebte macht. Auf einem Fest tanzt Olympia mit Hoffmann. Er stürzt und verliert die Brille. Aus Rache, von Spalanzani hintergangen worden zu sein, zerstört Coppelius den Automaten.

Dritter Akt: Hoffmann liebt Antonia, die Tochter des Instrumentenbauers Crespel, der ihr strikt jeden Gesang verboten hat, damit sie nicht den frühen Tod ihrer Mutter erleidet, einer berühmten Sängerin. Hoffmann belauscht, wie Doktor Mirakel Crespel eine Medizin verkaufen will, damit Antonia am Leben bleibt. Crespel wirft Mirakel aus dem Haus. Aus Rache an Crespel gaukelt Mirakel Antonia eine Sängerkarriere vor und beschwört die Stimme ihrer Mutter herauf. Antonia fällt in den Gesang ein. Crespel, Hoffmann und Niklas kommen zu spät. Antonia stirbt.

Vierter Akt: Hoffmann liebt Giulietta, eine Kurtisane, die dem Kapitän Dapertutto die Schatten und Spiegelbilder ihrer Geliebten verschafft. Ihr Favorit Schlemihl hat bereits seinen Schatten verloren. Mit Juwelen macht Dapertutto Giulietta gefügig, Hoffmann die Tragödie der unglücklichen Hure vorzuspielen. Hoffmann fällt darauf herein. Er überlässt ihr sein Spiegelbild und tötet aus Eifersucht Schlemihl. Im Besitz des Schlüssels zu Giuliettas Schlafzimmer sieht Hoffmann, wie sich Giulietta mit Dapertutto lachend aus dem Staub macht.

Fünfter Akt: Die Aufführung im Theater ist vorüber. Stella erscheint. Da Hoffmann sie abweist, verlässt sie am Arm Lindorfs die Szene. Die Muse hat ihr Ziel erreicht. Hoffmann verfällt endgültig dem Delirium.

DATEN

Text: Jules Barbier nach dem gleichnamigen Schauspiel von Jules Barbier und Michel Carré (1851)

Musik: Jacques Offenbach

Uraufführung: 10. 2. 1881, Opéra Comique Paris

Handlungszeit: Anfang des 19. Jahrhunderts

Handlungsorte: Inneres einer deutschen Weinstube, Physikalisches Kabinett, Zimmer in Crespels Haus, Palast in Venedig mit Front zum Canal Grande

Spielzeit: etwa 3 Stunden

Personen: *Hoffmann* (Tenor), *Die Muse/Niklas* (Mezzosopran), *Lindorf/Coppelius/Mirakel/Dapertutto* (Bass), *Andres/Cochenilla /Franz/Pitichinaccio* (Tenor), *Olympia/Antonia/Giulietta/Stella* (Sopran), *Die Stimme von Antonias Mutter (Alt)*, *Nathanael/Spalanzani* (Tenor), *Hermann/Schlemihl* (Bariton), *Luther/Crespel* (Bass), *Chor und Ballett: Unsichtbare Geister, Kellner, Studenten und Freunde Hoffmanns, Gäste Spalanzanis, Mädchen und Gäste bei Giulietta*

WERTUNG

Das Stück ist keine in sich geschlossene Oper. Als Werkstattexperiment stellt es bis heute eine unverminderte Herausforderung an die Interpreten dar. Für jede Inszenierung gilt es, den Aufbau neu festzulegen. Offenbach geht es in erster Linie um die Darstellung einer Existenz im Delirium, eingefangen in bruchstückhaften Visionen und Wahnbildern.

Verständlichkeit:	✪✪✪✪
Eingängigkeit:	✪✪✪✪✪
Aktualität:	✪✪✪✪
Phantasmagorie:	✪✪✪✪✪
Traumspiel:	✪✪✪✪✪

Intolleranza
Von der Freiheit

Die auf das Jahr 1960 bezogene »szenische Handlung« ist aktuelle Herausforderung: Kampf gegen Intoleranz. Nonos Musik sprengt alle Vorurteile, Oper sei nicht politisch. Theater wird zum Kollektivereignis.

Aus der Operngeschichte des 20. Jahrhunderts ragt das Werk eines Mannes hervor, für den Realität und Kunst keine Widersprüche darstellen. Er selbst sieht sich am liebsten als Wanderer, und atemberaubende Wanderungen durch Zeit und Raum sind auch seine »theatralischen Aktionen«, mit denen er kundtut, sich von einem herkömmlichen Opernbegriff abzusondern.
Vom Verhältnis von Wort und Ton: Bei geschlossenem Vorhang sind zunächst Chorstimmen aus vier Lautsprechergruppen zu hören. Der Text Ripellinos ist ein Appell an das menschliche Bewusstsein: »Lebendig ist, wer wach bleibt … und nicht aufhört zu lieben.« Durch seine von der Rhetorik der Renaissance bis zum Sprechgesang Schönbergs reichende Leidenschaft für die Deutung des Verhältnisses von Text und Musik deckt Nono die unmittelbare Aura des Wortes auf. Er entwickelt einen Chorstil, in dem Wörter in Silben, oft nur Laute geteilt werden, die durch den musikalischen Satz »wandern«. Vordergründig wird Sinn zerstört, um einen ursprünglichen wiederherzustellen. Die Vielseitigkeit der neuen Formen spiegelt »die Mannigfaltigkeit menschlicher Regungen« wider. Man glaubt in den Chören zuweilen strenge Gregorianik zu hören, »ein Schweben von Laut zu Laut«, wie Nono es anstrebt; danach den expressiven Schmerzensschrei gedemütigter Bergarbeiter, die Hysterie von Demonstranten, später die wie aus der Unterwelt aufsteigende Klage der im KZ Gefolterten, zuvor politische Parolen: »zusammenfassende Darstellung des historischen Freiheitskampfes in unserem Jahrhundert« (Nono).
Der Ton dringt unmittelbar in den Körper ein: »Und ihr? Seid ihr taub?« Nono nennt den Chor ein »Mas-

▪ Auschwitz – wie aus der Unterwelt steigt die Klage der im KZ Gefolterten auf. Nachgestelltes Bild aus einem sowjetischen Film.

senindividuum«. Aus den Stimmen des Befreiungsduettes zwischen dem Algerier und dem Flüchtling geht am Ende des ersten Teiles eine gewaltige Revolte der Masse hervor. »Wie einer zweiten Sintflut Verheerung waschen wir wieder die Städte der Welt« – Zeilen aus Majakowskis Gedicht *Unser Marsch*, das bis ans Ende des zweiten Teiles als Leitmotiv dient. Einzig die Folterer haben keine eigene Sprache, denn sie sprechen monoton den Satz: »Jetzt sind wir an der Macht!« Sprache steht in diesem Fall im Zusammenhang mit den expressiven Ausdrucksmitteln der Oper für eine Verkümmerung. Zugleich kann aber das gesprochene Wort, in einen anderen Zusammenhang gestellt, höchste Gewissensinstanz bedeuten. Dem Aufschrei der Gefolterten geht Sartres nüchterne Sprechstimme voran. »In keiner Epoche war der Wille, frei zu sein, bewusster und stärker.« Bei jeder Inszenierung gilt es neu zu entscheiden, wie mit der ersten Szene des zweiten Teiles zu verfahren ist, mit »einigen Absurditäten des heutigen Lebens«, von Ripellino als Sprach- und Zeitungsmüll auf Tonband gestaltet. Diese Szene bezieht sich ausschließlich auf Tagespolitik: damals 1960, heute wäre es das Jahr 2000.

■ Theater als Kollektivereignis. Nono will in *Intolleranza* eine »zusammenfassende Darstellung des historischen Freiheitskampfes in unserem Jahrhundert« geben. Inszenierung von Günter Krämer, Hamburgische Staatsoper, 1988.

Vom Klang im Raum: Dem Eingangschor folgt eine frenetische Klangzusammenballung. Alle Instrumente scheinen in Bewegung. »In *Intolleranza* ist das Orchester wie ein ständig laufendes Tonband« (Nono). Der Komponist vervollkommnet die Idee des »Klangbandes«. Es geht ihm darum, die rein auf Materialverwertung hinauslaufende Entwicklung der sogenannten Reihentechnik wieder in den Dienst des Dramas zu stellen. Er will aus einem Klangraum einen »szenischen Raum« machen. In der Partitur, auch im Höreindruck hat dieser die Form einer sich ausweitenden Schere. »Es ist der

LEIDENSCHAFT DER MENSCHLICHEN STIMME

Zweiter Teil, Zweite Szene: Die Gefährtin des Flüchtlings erscheint als Kämpferin gegen private Intrigen, Mahnerin an die Opfer von Hiroshima und Stimme der Natur. Ihr erster Ruf »Nie! Nie! Nie!« erinnert an die gesteigerte Exaltation der Königin der Nacht aus Mozarts *Zauberflöte*: beste Operntradition, die nie manieriert wirkt. Carla Henius, Darstellerin der Gefährtin, empfindet bei den Proben zur Uraufführung, dass sich die Figur »so schön wie Verdi« singen lässt: »Alles ist da drin. Eine ungeheure Skala von schmelzend weich bis schneidend hart, lostoben, rasen, umsinken, verfolgen.«

LUIGI NONO
29.1.1924 – 8.5.1990

1941 Eintritt ins Konservatorium, Studien bei Malipiero
1942 Auf Wunsch des Vaters Jurastudium
1952 Mitglied der Kommunistischen Partei Italiens
1955 Heirat mit Nuria Schönberg
1967 Erste Reisen nach Lateinamerika
1976–79 Enge Verbindung zu Massimo Cacciari
1979 Beginn der Zusammenarbeit mit dem Experimentalstudio der Heinrich-Strobel-Stiftung in Freiburg
1984 Hörtragödie *Prometeo*

■ Szene aus einer Inszenierung von Christof Nel, Württembergisches Staatstheater Stuttgart, 1992.

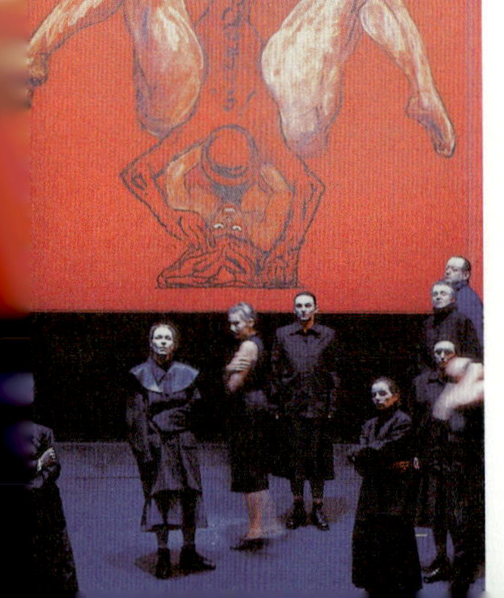

Versuch, den nervösen Pulsschlag der uns umkreisenden Tonspur der Gegenwart aufzuzeichnen.« (Josef Svoboda, Bühnenbildner der Uraufführung)

»Die Stimme ist für mich das beste Instrument.« Chorgesang und Orchesterstück des ersten Bildes münden in den wie auf Stufenleitern ansteigenden Ausbruch des Flüchtlings. »Seit Jahren verzehrt mich die Sehnsucht, in meine Heimat zurückzukehren.« Die Musik dieses Satzes wird bei der Entscheidung, nicht bei den Bergarbeitern zu bleiben, und am Ende des ersten Teiles als unstillbares »Verlangen nach Heimat« zitiert. Ein Flüchtling durchwandert Zeit und Raum. Eine zunächst zu ihm gehörende Frau taucht im Verhör als brutale Wächterin auf. Später gesellt sich eine Gefährtin zum Flüchtling. Zu Unrecht wird der Dreiecksgeschichte vorgeworfen, Rest herkömmlicher Operndramaturgie zu sein. Stattdessen erzeugt Nono aus bestimmten Intervallen, das heißt aus regelmäßig wiederkehrenden Tonabständen, Archetypen der Gegenwart. Das Intervall der Terz, als Spannungskraft wesentlich für Harmonie oder Disharmonie, gehört zur Gefährtin, deren Begegnung mit dem Flüchtling die zentrale Szene des zweiten Teiles darstellt, eine Liebe, die nicht auf Privates beschränkt bleibt. Quarte und Tritonus charakterisieren den Flüchtling als einen Prometheus des 20. Jahrhunderts. Es sind jene Intervalle, die in der Mitte einer Tonleiter liegen. Man könnte den anscheinend komplizierten musikalischen Sachverhalt auf eine einfache Formel bringen. Die Musik zeigt einen Menschen, der sich seiner Mitte bewusst ist, damit aber auch der Gefahr seiner Zerrissenheit. Genau solch eine Figur ist der Flüchtling. Der Komponist nennt das Werk »Azione scenica« (»Szenische Handlung«) und unterstreicht damit auch die untrennbare Einheit von Akustik und Optik. *Intolleranza* gehört nicht in den Elfenbeinturm der Neuen Musik, sondern zur Lebenswirklichkeit jeder Gegenwart. Die von Nono selbst gestellte Frage, ob *Intolleranza* »Symbol? Tagesereignis? Phantasie?« sei, ist mit dem Bekenntnis des zeitgenössischen Komponisten Hans Lachenmann zur »Expressivität Nonos« zu beantworten: »Appell, Protest, Vision.« *Intolleranza* spielt 1960, um allgegenwärtig zu sein. Nonos »Musik ist nicht eitles Spiel, sie ist eine Stimme, die spricht, sucht, urteilt, zusammen mit den Stimmen des Menschen klagt« (Martine Cardieu).

INTOLLERANZA (INTOLLERANZA 1960)

AZIONE SCENICA (SZENISCHE HANDLUNG) IN ZWEI TEILEN UND ELF SZENEN IN ITALIENISCHER SPRACHE

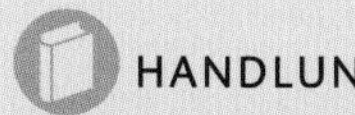

HANDLUNG

Erster Teil: Der Vorhang ist noch geschlossen. Alles ist dunkel. Es sind Projektionen mit Schriften zu sehen. – *Erste Szene:* Der Flüchtling entscheidet sich, in seine Heimat aufzubrechen. – *Zweite Szene:* Die Frau kann den Flüchtling nicht zurückhalten. Er tritt seine Reise an. – *Dritte Szene:* Der Flüchtling erlebt als Passant eine große Demonstration. Die Demonstranten rufen: »Nie wieder! No pasaran! Morte al fascismo! Libertà ai popoli! Down with discrimination! La sale guerre!« – *Vierte Szene:* Verhaftete werden verhört. Der Flüchtling gerät in die Fänge der Gendarmen. Die Frau erscheint als Wächterin und fordert elektrische Schläge für den Flüchtling. Die Stimme von Henri Alleg und die Schreie der Gefolterten sind zu hören. – *Fünfte Szene:* Die Folterung. – *Sechste Szene:* Der Gefolterte wird von Gendarmen hereingeschleift. Der Flüchtling, ein ihm im Konzentrationslager begegnender Algerier und der Chor der Gefangenen sprechen von Freiheit. – *Siebente Szene:* Nach der Flucht geht der Weg des Flüchtlings weiter.

Zweiter Teil, *Erste Szene:* Einige Absurditäten des heutigen Lebens werden aneinandergereiht. – *Zweite Szene:* Der Flüchtling begegnet der Gefährtin. – *Dritte Szene:* Der Flüchtling und die Gefährtin schicken die Frau fort. Wie in einem Albtraum erlebt der Flüchtling Szenen der Intoleranz. Flüchtlinge und Gefährten rufen zum Aufstand auf. – *Vierte Szene:* Die Sintflut hört nicht auf. Der Fluss bricht über die Dämme und überschwemmt alles. – Der Vorhang geht langsam zu. Die Projektion bleibt auf dem Vorhang bis zum Ende. Danach wird es dunkel im Saal. Ende.

»Die Intoleranz in der heutigen Welt. Man sieht einen Gastarbeiter, der aus Heimweh in seine Heimat zurückkehren will und der alle widrigen Qualen der Zeit erleben muss. Die Konzentrationslager, die Folter, die Absurdität der Verwaltung, die Indifferenz, die langwierige Ermordung der Denkenden. Davon spreche ich laut und deutlich.«

LUIGI NONO

DATEN

Texte: nach einer Idee von Angelo Maria Ripellino. Deutsche Übertragung von Alfred Andersch, Zitate u. a. Alleg, Brecht, Césaire, Eluard, Fučik, Majakowski, Sartre, Ripellino

Musik: Luigi Nono – Verwendung von Teilen aus *Il canto sospeso* und *Incontri per 24 strumenti*

Uraufführung: 13. 4. 1961, Teatro La Fenice Venedig

Handlungszeit: 1960, mit Bezug auf historische Ereignisse, u. a. das Bergarbeiterunglück in Marcinelle (Belgien) 1956 und die Überschwemmungskatastrophe am Po 1951.

Handlungsorte: In einem Bergarbeiterdorf, in einer Stadt, auf einem Polizeibüro, in einem Konzentrationslager, in der Nähe eines Dorfes am Ufer eines großen Flusses bei Hochwasser

Spielzeit: etwa 1½ Stunden

Personen: *Ein Flüchtling* (Tenor), *Seine Gefährtin* (Sopran), *Eine Frau* (Alt), *Ein Algerier* (Bariton), *Ein Gefolterter* (Bass), *Vier Gendarmen* (Schauspieler), *Chor: Bergarbeiter, Demonstranten, Gefolterte, Gefangene, Flüchtlinge, Algerier, Bauern*

WERTUNG

Man nimmt niemandem die Schwellenangst vor neuer Musik durch Untertreibung und Verharmlosung. Aber man weckt Neugier und schafft Interesse für mehrmaliges Hören mit dem Hinweis, dass moderne Oper zum politischen Leben der Gegenwart gehört. *Intolleranza* baut Vorurteile gegen die zeitgenössische Oper ab.

Verständlichkeit:	✪✪✪
Eingängigkeit:	✪✪✪
Aktualität:	✪✪✪✪✪
Politische Oper:	✪✪✪✪✪
Anklage:	✪✪✪✪✪

Der Rosenkavalier

Von der Seligkeit

Es ist eine Maskerade und eine erotische Komödie über die Tragödie von der Leichtigkeit des Seins. Zeit und Stil des Rokoko dienen als Fassade für ein Stück, das von Eroberung, Verzicht und Vergänglichkeit handelt.

■ Legendäre Besetzung: Elisabeth Schwarzkopf als Feldmarschallin Fürstin Werdenberg. Inszenierung von Rudolf Hartmann, Wiener Staatsoper, 1960.

Das Werk steht und fällt mit seinen Figuren. Sie sind, wie es der Dichter Hugo von Hofmannsthal ausdrückt, zwischen der »eng begrenzten Puppe« und dem »unendlichen Menschen« angesiedelt – in einer Oper, die »halb real, halb imaginär« ist. Baron Ochs auf Lerchenau und die Feldmarschallin, der Landedelmann und die hohe adlige Frau, versinnbildlichen, wie unumgänglich, aber auch wie tragisch das Aussterben des Adels, des tonangebenden Standes, ist. Zwischen beiden steht – mal Frau, mal Mann (in der Oper als Hosenrolle durch einen Mezzosopran besetzt) – Octavian alias Mariandl, laut österreichischem Adelskalender, von dem im Text die Rede ist, siebzehn Jahre und zwei Monate alt. Der Rosenkavalier Octavian ist eine schillernde, sich unentwegt verwandelnde Figur. Ihr musikalisches Hauptthema ist ein einziges Ausrufezeichen, nach dem Motto »Jetzt komme ich!«. Sophie, fünfzehn Jahre alt und Ochs zur Braut bestimmt, ist die erotische Gegenspielerin, aber auch das jugendliche Spiegelbild der vierunddreißigjährigen Feldmarschallin. Wiederum steht Octavian, als Spielball erotischer Wunschträume, dazwischen. Baron Ochs ist keineswegs plump, sondern gerade wegen seiner direkten Art von unwiderstehlichem, freilich für Sophie, das Opfer, unerträglichem Charme. Hofmannsthal sieht ihn als »einen im Falstaff steckengebliebenen kleinadeligen Don Juan«.

Das Stück beginnt nach einer Liebesnacht zwischen der Feldmarschallin und Octavian. Die

■ Ochs von Lerchenau erliegt dem Irrtum, seine Vorstellung von Erotik sei in einer mondänen Welt noch gefragt. Jan-Hendrik Rootering als Ochs. Inszenierung von Herbert Wernicke, Salzburger Festspiele, 1995.

Komödie, deren zentrales Thema die Seligkeit einer längst vergangenen Epoche zu sein scheint, lebt vom Gefühl eines »letzten Mals«, das auch den glücklichen Ausgang nach drei Akten bestimmt. Hat die sich im Laufe der Oper entwickelnde Liebe von Octavian und Sophie eine Zunkunft? Strauss komponiert für beide ein Schlussduett wie aus einer Operette, einfach zu schön, um wahr zu sein. Ochs auf Lerchenau muss am Ende widerwillig das Feld räumen. Für einen Außenseiter seines Schlages scheint in einer dem Untergang geweihten Welt kein Platz zu sein, ebensowenig wie für die Marschallin, deren Verzicht auf Octavian einer des Verstandes, aber keiner des Herzens ist. Das Schlussterzett von Marschallin, Octavian und Sophie ist von nicht zu überbietender Virtuosität. Dennoch bleibt jede der drei Stimmen für sich allein. Was nach außen wie Seligkeit anmutet, ist in Wahrheit unüberwindliche Trauer.

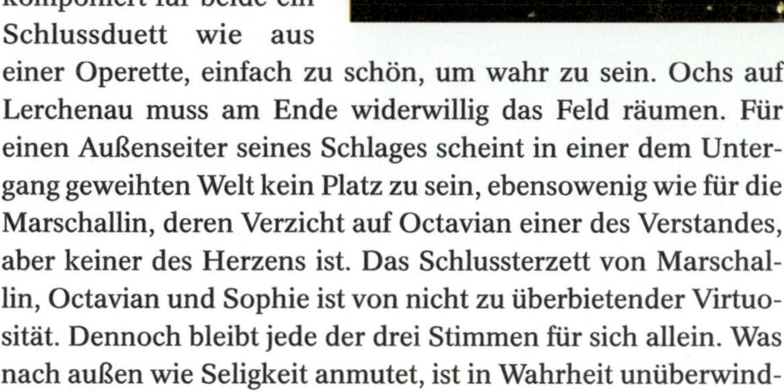

Mit den Figuren verwandeln sich die Räume. Der erste Akt spielt im adligen Schlafzimmer. Der zweite Akt, der von der Überreichung einer Rose und von einem Initiationserlebnis handelt, läuft im Empfangssaal des neureichen Herrn Faninal ab, der in Ohnmacht zu fallen droht, als er Blutflecken auf seinem prächtigen Fußboden sieht. Der Charakter Faninals ist Richard Strauss nur ein einziges musikalisches Motiv wert, so wesensgleich sind in diesem Fall Person und Anspruchsdenken. Der letzte Akt ereignet sich im Hinterzimmer eines Wiener »Beisels«, einer Vorstadtwirtschaft, in der alle

GEBURTSSCHWIERIGKEITEN

Auf Inhalt, Form und Stil des Werkes einigen sich Hofmannsthal und Strauss schnell, nicht aber auf den Titel. Zunächst ist die Rede von *Der Vetter vom Land*, dann von *Quinquin*, dem Kosenamen Octavians. Strauss ist erbost: dann lieber gleich *To-To* oder *Rip-Rip*. Im Nebensatz eines Briefes von Hofmannsthal heißt es erstmals »oder der *Rosenkavalier*?« Wäre *Mariandl* nicht besser? Strauss schreibt an seinen Bühnenbildner Alfred Roller: »Mir gefällt der *Rosenkavalier* gar nicht, mir gefällt der *Ochs*! Aber was will man machen? Hofmannsthal liebt das Zarte, Ätherische, meine Frau befiehlt: *Rosenkavalier* … Der Teufel hol ihn!«

LIEBESPROBLEME

Zweiter Akt, die Überreichung der Rose: Ein Mädchen wartet auf die Hochzeit. Um sie herum wird die Welt zu einem sehnsüchtigen Ruf nach »Rofrano! Rofrano!«, dem Nachnamen, aber auch dem mythischen Namen Octavians. Bei der Rosenüberreichung, der Erinnerung an die himmlische Rose und an das Paradies, ertönt eine Folge von Akkorden. Sie klingen wie eine magische Formel aus alter Zeit – berührend, aber seltsam leblos. Dasselbe fragile Gebilde wird im Schlussduett von Octavian und Sophie zitiert und verleiht der Liebe beider etwas Fragwürdiges. Das wahre Paar dieser Oper hat einen anderen Namen: Marie-Therese und Quin-quin, die Marschallin und Octavian.

Personen zu einem Kehraus ihrer Begierden und Wunschträume zusammenkommen. Es ist nicht abwegig, wenn man beim gewaltigen Einschlag des Orchesters zum Auftritt der Feldmarschallin, die als klärende Instanz erscheint, zugleich den ersten Kanonendonner einer unaufhaltsamen Weltkatastrophe hört: Die anscheinend heillos veraltete Sittenkomödie im Wien Maria Theresias um 1740 stellt den Bezug von Verklärung und Untergang weit erhellender her als jedes auf Aktualität getrimmte Problemstück.

Die ersten Szenen, teilt der Komponist dem Dichter mit, lassen sich komponieren wie »Öl und Butterschmalz«. Hofmannsthal verliert nie den Mut und die Geduld, Strauss immer wieder die faszinierende Brüchigkeit ihrer gemeinsamen »Komödie für Musik« auseinanderzusetzen. Das Geständnis von Ochs »Muß halt ein Heu in der Nähe dabei sein!« im ersten Aufzug dürfe, so der Librettist an den Komponisten, »um Gottes willen nicht gebrüllt sein«, da es sich um eine »dumm-schlaue Intimität« handelt. In

■ Ankunft des Rosenkavaliers im Palais des Herrn von Faninal. Håkan Hagegård als Faninal, Heidi Grant Murphy als Sophie.

der endgültigen Version muss der Sänger das Wort »Heu« neun Takte lang auf dem höchsten Ton seiner Partie aushalten, aber dabei piano singen, und das heißt: leise! In den ersten drei Takten der Orchestereinleitung notiert Strauss das Thema Octavians. In den nächsten beiden Takten folgt das Thema der Marschallin. Und danach ertönt das Liebesthema beider, in der ersten Szene auf »Du, du, du ...« komponiert, bereits jetzt verbunden mit dem Thema des am Ende der Oper stehenden Verzichts der Marschallin. Noch ist kein einziges Wort gesungen, da wird bis in kleine Nuancen ein erotisches Psychodrama entworfen.

Der Rosenkavalier gilt als Oper der Walzerseligkeit, bereits deswegen ein Anachronismus, da die Zeit Maria Theresias mit einem Musikstil verbunden wird, der sich erst mehr als hundert Jahre später etabliert. Richard Strauss erhebt den »postmodernen« Walzer zum Klangsymbol der Doppelbödigkeit in der erotischen Komödie. Ist alles ein verführerischer Traum oder die Flucht in ein falsches, da längst abgelebtes Gefühl? Nicht zufällig erklingt der erste Walzer zum Satz der Feldmarschallin »Jedes Ding hat seine Zeit«. Sie hat in der Liebesnacht mit Octavian geträumt, ihr Mann wäre unvermutet zurückgekehrt. Jetzt, am hellichten Tag, ist es laut im Vorzimmer. Kommt der Feldmarschall tatsächlich? Gott sei Dank muss man in der Komödie genau hinhören. Es ist jemand anderes, »nur ein Besuch«, wie die Marschallin sagt. Sie atmet durch, und dies heißt für das Orchester: der nächste Walzer. Der berühmteste, vom Komponisten Leoš Janáček einmal in einer Partitur des *Rosenkavaliers* mit der Randnotiz »Pfui!« kommentierte Walzer, dient im zweiten Aufzug der Überrumpelung Sophies durch Ochs: »Mit dir mir keine Nacht zu lang.« Mit dieser Melodie im Kopf gelingt es Strauss, den, wie er an Hofmannsthal schreibt, »nicht gut disponierten und matten zweiten Akt« auf einen Schlag zu klären. Er

■ Der Morgen danach. Selig und schmachtend zugleich liegt der adoleszente Liebhaber Octavian an der Brust der Marschallin, seiner reifen Geliebten. Erna Denera und Elisabeth Böhm von Endert auf einem Atelierfoto zur Frühstücksszene im ersten Akt, Berlin 1912.

»Ein dicker, älterer, anmaßender Freier, vom Vater begünstigt, wird von einem hübschen jungen ausgestochen – das ist ja das Nonplusultra an Einfachheit.«

HUGO VON HOFMANNSTHAL

■ Stehen die Figuren am Anfang oder am Ende aller Illusionen? Die Marschallin zwischen Sophie mit der Rose in der Hand und Octavian, dem Rosenkavalier. Heidi Grant Murphy als Sophie, Cheryl Studer als Marschallin, Ann Murray als Octavian. Inszenierung von Herbert Wernicke, Salzburger Festspiele, 1995.

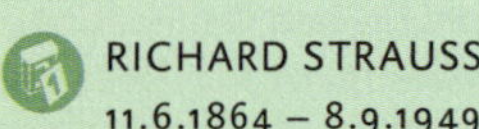

RICHARD STRAUSS
11.6.1864 – 8.9.1949

1884 Erstes öffentliches Auftreten als Dirigent
1885 Musikdirektor in Meiningen
1908 Generalmusikdirektor der Berliner Hofoper
1919 Direktor der Wiener Staatsoper
1933 Präsident der Reichsmusikkammer
1935 Rücktritt als Präsident der Reichsmusikkammer
1936 Olympische Hymne für die Olympischen Spiele in Berlin

rät dem Librettisten, gleich am Beginn des Aktes die Abneigung von Sophie gegen Ochs einzuführen. Octavian soll die ganze Zeit dabeibleiben, »je mehr Schwerenöter, desto besser«, wie Strauss fordert. Eine Komödie, so Strauss an Hofmannsthal, bleibe das Stück am Ende des zweiten Aktes nur, wenn sich der am Boden zerstörte Ochs am eigenen Schopf mit einer Walzermelodie aus der Niederlage ziehe.

Hofmannsthal bezeichnet das Feld, auf dem er die Marschallin, die heimliche Hauptfigur des Stückes, vom Wesen her ansiedelt, als die »höhere Region des Rührenden«. Strauss macht daraus die Resignation einer dem Spiegel und dem Tod illusionslos ins Gesicht blickenden Frau. Mit Rokokotändelei hat ein solcher Erkenntnisprozess nichts zu tun. Er offenbart die Tragikomödie des 20. Jahrhunderts, in dem man im Walzerton in den Tod ziehen wird. Figuren, die sich nach Seligkeit sehnen, verlieren sich mehr und mehr in der Einsamkeit. Sie entschlüpfen dem Rokokokostüm und verwandeln sich in Melancholiker und Romantiker des 20. Jahrhunderts. Das ist der moderne, aktuelle Aspekt an diesem vordergründig rückwärts gewandten Stück. Wenn Sophie im letzten Akt die Nähe Octavians zur Marschallin spürt und für Augenblicke begreift, wie nahe Glück und Katastrophe beieinander liegen, drückt das, was sie voller Trauer den anderen nachsingt, am deutlichsten den unvergleichlichen Zauber dieser »halb imaginären, halb realen« Oper aus: »Das Ganze war halt eine Farce und weiter nichts.«

DER ROSENKAVALIER

KOMÖDIE FÜR MUSIK IN DREI AUFZÜGEN
IN DEUTSCHER SPRACHE

HANDLUNG

Erster Aufzug: Baron Ochs auf Lerchenau stört das Frühstück der Feldmarschallin Fürstin Werdenberg mit Octavian Graf von Rofrano, die eine Liebesnacht miteinander verbracht haben. Gerade noch rechtzeitig kann sich Octavian als Stubenmädchen verkleiden. Ochs macht keinen Hehl aus seiner Vorliebe für das vermeintliche Mädchen. Er ist gekommen, von der Marschallin einen Rat zu erbitten, wer aus der Familie die Rolle des Kavaliers übernehmen soll, der seiner zukünftigen Braut, der bürgerlichen Sophie von Faninal, die Rose zum Zeichen der Werbung überbringt. Die Marschallin schlägt ihren Verwandten Octavian vor. Genervt lässt die Marschallin die morgendliche Audienz über sich ergehen. Nachdem alle gegangen sind, können selbst Octavians leidenschaftliche Beteuerungen, sie nie zu verlassen, ihre Schwermut nicht vertreiben.

Zweiter Aufzug: Vom ersten Augenblick ihrer Begegnung verfällt Sophie der Erscheinung Octavians, des Rosenkavaliers. Von der ungenierten, derben Art ihres künftigen Bräutigams Ochs auf Lerchenau ist sie, ebenso vom ersten Moment an, angewidert. Während Faninal und Ochs in einem Nebenzimmer den Ehevertrag besprechen, bittet Sophie Octavian inständig, alles zu tun, ihre Heirat mit dem Baron zu verhindern. Annina und Velzacchi, die beobachtet haben, wie Octavian Sophie geküsst hat, rufen Ochs und die Leute Faninals zusammen. Ochs wird von Octavian zum Duell aufgefordert und gleich beim ersten Stoß am Arm verletzt. Faninal ist außer sich über den Skandal und droht Sophie aus dem Haus zu werfen. Octavian, der im allgemeinen Aufruhr entkommen konnte, spielt Annina einen Brief zu. Sie übergibt ihn an Ochs. Das Stubenmädchen Mariandl verspricht ihm darin ein Rendezvous.

Dritter Aufzug: Annina und Valzacchi stellen sich den Plänen Octavians zur Verfügung, der sich als Bürgermädel Mariandl verkleidet hat. Während der Baron alles daransetzt, sie zu verführen, tauchen Gesichter und Spukgestalten auf. Der Polizeikommissar, den Ochs herbeigerufen hat, gibt sich mit dem Geständnis des Barons nicht zufrieden, das Mädchen sei seine künftige Braut. Heimlich verständigt, kommen Sophie und Faninal hinzu. Vertraulich gesteht Mariandl dem Kommissar die Verkleidungskomödie. Im Augenblick, da sie sich allen als Octavian zu erkennen geben will, erscheint die Marschallin. Sie macht Ochs unmissverständlich klar, dass von dieser Stunde an seine Heiratsabsichten null und nichtig sind. Die Marschallin muss mit ansehen, wie Octavian, was sie erahnte, einer Jüngeren seine Liebe schenkt.

DATEN

Text: Hugo von Hofmannsthal

Musik: Richard Strauss op. 59

Uraufführung: 26. 1. 1911, Dresdner Hofoper

Handlungszeit: Nach 1740, in den ersten Jahren der Regierung von Kaiserin Maria Theresia

Handlungsort: Wien

Spielzeit: etwa 3½ Stunden

Personen: *Die Feldmarschallin Fürstin Werdenberg* (Sopran), *Der Baron Ochs auf Lerchenau* (Bass), *Octavian, genannt Quinquin, ein junger Herr aus großem Haus* (Mezzosopran), *Herr von Faninal, ein reicher Neugeadelter* (Bariton), *Sophie, seine Tochter* (Sopran), *Jungfer Marianne Leitmetzerin, die Duenna* (Sopran), *Valzacchi, ein Intrigant* (Tenor), *Annina, seine Begleiterin* (Alt), *Ein Polizeikommissar* (Bass), *Der Haushofmeister bei der Feldmarschallin* (Tenor), *Der Haushofmeister bei Faninal* (Tenor), *Ein Notar* (Bass), *Ein Wirt* (Tenor), *Ein Sänger* (Tenor) u. a. *Chor: Ein kleiner Neger, Lakaien, Lauffer, Haiducken, Küchenpersonal, Gäste, Musikanten, zwei Wächter, vier kleine Kinder, verschiedene verdächtige Gestalten*

WERTUNG

Die größte Qualität des Werkes ist sein Anachronismus. Durch die Rückbesinnung auf eine vergangene Epoche wird die Fragwürdigkeit einer zukünftigen deutlich. Im Mittelpunkt der erotischen Komödie stehen Verwandlung, Verkleidung, Verzauberung und Verzicht. Das Stück verlangt außergewöhnliche Darstellungsfähigkeiten. »Mit den gewöhnlichen Opernsängern geht's schon wieder nicht.« (Richard Strauss)

Verständlichkeit:	✪✪✪✪
Eingängigkeit:	✪✪✪✪
Aktualität:	✪✪
Rokoko:	✪✪✪✪✪
Melancholie:	✪✪✪✪✪

Der Wildschütz
Von der erotischen Affäre

Musik bringt es an den Tag. Hinter der biederen Spießerkomödie verbirgt sich ein explosives Lust-Spiel, in dem Vertreter der besseren Gesellschaft hemmungslose Triebtäter sind.

■ Biedermeierliche Lustbarkeiten. Doch obwohl die Männer an den Ästen hängen wie überreife Früchte, hat die holde Weiblichkeit mit dem Pflücken so ihre Schwierigkeiten. *Der Baum der Liebe*, um 1850.

Der Wildschütz, Lortzings Plädoyer für eine an Natürlichkeit orientierte Konversationsoper, ist die Neuauflage von Mozarts *Hochzeit des Figaro*, nur dass sich Zeit und Raum radikal verändert haben. Die Freiheit des Eros, die Mozart verkündet, schlägt in triebhaften Zwang um, den Lortzing entblößt. Aufbruch ins Abenteuer, Nacht der Eroberung und trügerische Rückkehr in die Normalität lauten die Themen der drei Akte. »Jagdszenen auf Schloß Eberbach«: Nur oberflächlich verdeckt die Dorfkomödie um einen sich am Ende als Esel entpuppenden Rehbock, den der Schulmeister Baculus im Revier des Grafen Eberbach wildert, die Treibjagd auf alles, was einen Rock anhat. Von der Gräfin über die Baronin bis zu Gretchen und den Dorfjungfern sind alle Frauen Freiwild.

Baculus heiratet Gretchen. Die düsteren Töne in Moll, mit denen Oper und Hochzeitsfest beginnen, werfen dunkle Schatten auf die Zukunft. Eros wird ins Alphabet gepresst: »A, B, C, der Junggesellenstand tut weh!« Die Figuren hetzen von einer Affäre zur nächsten, um sich selbst nicht kennen lernen zu müssen. Worte wie »vielleicht« und »hoffentlich« werden in der Musik nicht zufällig wiederholt. In der berühmten Arie »Fünftausend Taler« droht der Pedant Baculus von der Gewalttätigkeit seiner Musik und vom eigenen

Größenwahn – »Ich werd ein hochberühmter Mann« – aufgesogen zu werden. Alle verkleiden und maskieren sich ständig. Keiner ist der, der er scheint. Graf von Eberbach versteckt sich hinter der Maske des volksnahen Fürsten. Die aggressiven Töne der Jagdhörner – Fanfare des Verführers – offenbaren seinen Eroberungstrieb ebenso unerbittlich wie das erregte Hauptthema der Arie »Heiterkeit und Fröhlichkeit, ihr Götter dieses Lebens«. Um nicht völlig in Depression zu verfallen, nimmt Gräfin Eberbach, manierierte Schwester der Gräfin Rosina aus Mozarts *Hochzeit des Figaro*, Zuflucht zu übertriebener Griechenschwärmerei. Lortzing macht aus einer Realsatire – eine Preußenprinzessin seiner Zeit verfällt einer solchen Marotte – eine moderne Gesellschaftsstudie: Vernachlässigte Frau sucht Gleichgesinnte für klassische Liebhaberaufführungen ... Baronin Freimann, junge Witwe und Schwester des Grafen, wird als Versuchskaninchen in die Falle des erotischen Wechselspiels gelockt. Ihre Auftrittsarie »Auf des Lebens raschen Wogen« klingt wie ein verzweifelter Versuch, der Jagd zu entgehen. Sie verklärt den Witwenstand, um sich nicht ihre Einsamkeit eingestehen zu müssen. Glück wird, ein Leitmotiv in Opern Lortzings, so lange vorgegaukelt, bis man daran glaubt. Wie ein Perpetuum Mobile setzt das Hauptmotiv ihrer Arie immer wieder von neuem ein. Ohne Bindung an einen Mann droht die höher gestellte Frau des 19. Jahrhunderts zum Neutrum zu werden. Lortzing liefert ein bestechendes Sittengemälde. Als die Baronin und der Baron Kronthal aufeinander treffen, treibt sie der Komponist gnadenlos in ein wahres Inferno trügerischer Erwartungen. Bei der Frage, ob ihre Herzen »wirklich Liebe, wahre Triebe« fühlen, singen beide Operettenmelodien. Das Geschäft mit der Lust beginnt zu florieren.

Baron Kronthal scheint mit seinem lyrischem Tenor alle für sich einzunehmen. Doch ist sein Ton stets das perfekte Abziehbild

ALBERT LORTZING
23. 2. 1801 - 21. 1. 1851

1826–1833 Engagement mit seiner Frau Rosina am Theater in Detmold

1833–45 Schauspieler, Sänger, Kapellmeister, Komponist in Leipzig

1837 Durchbruchswerk *Zar und Zimmermann*

1845/45 Kapellmeister in Wien im Theater an der Wien

1848 Lieder für den Dresdner Märzaufstand, Revolutionsoper *Regina*

1850 Musikalischer Leiter am Friedrich Wilhelmstädtischen Theater in Berlin

■ Während in *Der Wildschütz* eine zwanghafte, gesellschaftlich vermittelte Triebhaftigkeit das Geschehen bestimmt, malt Arnold Böcklin mit seinem Bild *Frühling* (1862) das Bild einer friedlich schlummernden und mit der Natur in Einklang stehenden Sinnlichkeit.

VOM LIED ZUR ARIE

Opernlied, Liederoper: Wo man die große Arie erwartet, steht stets das kleine Lied. Das klingt nach Bescheidenheit und dient doch der Maskerade. Lortzing nimmt im Lied Sezierarbeit vor: kurzatmige Melodien, hektische Rhythmen, Kreisbewegungen, die einem den Kopf schwindlig machen, ständige Wiederholungen. Träume laufen sich tot. Ein wahres Horrorszenario, dieses betuliche deutsche Biedermeier.

der omnipotenten Stimme des Grafen. Genüßlich presst Lortzing beide Männer mehr als einmal ins Zitat der grausamen Verführer aus Mozarts *Cosi fan tutte*. Im Quintett des zweiten Aktes, dem Dreh- und Angelpunkt der Handlung, werden Moral und Tugend in nächtlicher Verfolgungsjagd außer Kraft gesetzt. Die Szene spielt nicht länger in freier Natur, sondern im verwinkelten Biedermeierzimmer. Sie ist aufgebaut wie ein Mozart-Ensemble. Man hört, was jede einzelne Figur will, und begreift zugleich ihre Abhängigkeit von den anderen. Die Kunst der Verführung wird zur Methode der Nachstellung. Statt Mondlicht glimmt Petroleum. Billardkugeln werden angestoßen. Man bugsiert sich gegenseitig aus dem Raum, um bei der Verführung, die in eine Vergewaltigung auszuarten droht, freie Bahn zu haben. Die Figuren fragen unaufhörlich: »Wie steht das Spiel?« Baculus verleiht dem Quintett, halb träumend, halb wachend, in den Tönen eines Chorals den grotesken Unterton eines spießigen Satyrspiels.

■ Alles hat seine eigene Melodie. Lortzing nimmt im *Wildschütz* Sezierarbeit vor. *Musikalisches Bilder-ABC*, 1850.

»Nun geht das Spiel zu Ende, und jede Maske fällt«, stimmt der Graf das letzte Finale an. Lortzing versieht das Wort »schuldbewußt« mit einem verminderten Akkord und macht durch einen solchen Bruch die allgemeine Verdrängung deutlich. Am Ende stimmen alle Figuren in die befreiende Erkenntnis ein: »So hat mich nicht getäuscht die Stimme der Natur!« Der Komponist fasst dieses Fazit, immerhin der eigens für die Oper erfundene Untertitel, als banale Schlusskadenz auf. Es ist eine Formel, die sich jeder merken kann und die man jederzeit griffbereit hat, will man verschleiern, worin Sinn und Wahn bürgerlicher Existenz in einer trügerisch vertrauten kleinen Welt bestehen: in ungehemmter Lust, Befriedigung um jeden Preis.

DER WILDSCHÜTZ

KOMISCHE OPER IN DREI AKTEN IN DEUTSCHER SPRACHE

HANDLUNG

Erster Akt: Die Hochzeit des Schulmeisters Baculus mit seinem Mündel Gretchen wird durch einen Brief des Grafen Eberbach gestört. Da er im Jagdrevier des Grafen einen Rehbock gewildert hat, wird Baculus aus dem Amt geworfen. Aus Eifersucht zögert er, Gretchen als Fürsprecherin ins Schloss des als Schürzenjäger bekannten Eberbach zu schicken. Verkleidet als Studenten sind auch die verwitwete Baronin Freimann, die Schwester des Grafen, und ihre Zofe Nanette auf dem Weg zum Schloss. Die Baronin will ungestört den ihr zugedachten Bräutigam, Baron Kronthal, Bruder der Gräfin, in Augenschein nehmen. Die Not von Baculus bringt sie auf eine neue Idee. Sie schlüpft in die Rolle Gretchens. Auch Baron Kronthal greift zur Maskerade und gibt sich als Stallmeister aus. Wie der Baronin dient auch ihm die Verkleidung zum Vorwand, eine in Aussicht gestellte Verbindung zu prüfen. Die als wehrloses Mädchen vom Lande verkleidete Baronin wird für alle Männer augenblicklich zum Objekt der Begierde.

Zweiter Akt: Die von ihrem Mann vernachlässigte Gräfin Eberbach flüchtet sich als Ersatzbefriedigung in Griechenschwärmerei, ohne ihre Vorliebe für den jungen Stallmeister zu verbergen. Despotisch verfährt der Graf mit Baculus, der als angeblicher Kenner des »Sophoklex« die Fürsprache der Gräfin zu ergattern versucht. Die Baronin gerät als falsches Gretchen beim Billardspiel in die Fänge von Graf und Baron, der von ihrem natürlichen Charme von Anfang an entzückt ist. Die Gräfin bereitet dem Spiel zusammen mit ihrem Diener Pankratius ein abruptes Ende. Der Baron will dem Schulmeister Gretchen für 5 000 Taler abkaufen. Er hat keinen blassen Schimmer, um wen es sich handelt.

Dritter Akt: Die Gräfin stört die Absichten des Grafen, sein Geburtstagsfest zur Schürzenjagd zu machen. Baculus bietet dem Baron das echte Gretchen zum Kauf. Die Geheimnisse müssen gelüftet werden. Die Baronin bekennt ihre wahre Identität. Die Tatsache, dass die Paare sich als Bruder und Schwester erkennen, lässt ihre Leidenschaften rasch abkühlen. Dem Band der Ehe steht nichts mehr im Wege, schon gar nicht für den Baron und die Baronin, die von Anfang an füreinander bestimmt sind. Auch die Wilddieberei klärt sich auf. Anstelle des gräflichen Rehbocks hat Baculus nämlich seinen alten Esel erschossen.

DATEN

Text: Albert Lortzing nach dem Lustspiel *Der Rehbock oder Die schuldlosen Schuldbewussten* von August von Kotzebue (1813)

Untertitel: Die Stimme der Natur

Musik: Albert Lortzing

Uraufführung: 31. 12. 1842, Leipziger Oper

Handlungszeit: Um 1840

Handlungsorte: Ländliche Gegend, eleganter Salon im Schloss zu Eberbach, Park am gräflichen Schloss

Spielzeit: etwa 2½ Stunden

Personen: *Graf von Eberbach* (Bariton), *Die Gräfin, seine Gemahlin* (Alt), *Baron Kronthal, Bruder der Gräfin* (Tenor), *Baronin Freimann, eine junge Witwe, Schwester des Grafen* (Sopran), *Nanette, ihr Kammermädchen* (Sopran), *Baculus, Schulmeister auf dem Gut des Grafen* (Bass), *Gretchen, seine Braut* (Sopran), *Pankratius, Haushofmeister auf dem gräflichen Schloss* (Bass), *Ein Gast* (Bass), *Chor und Kinderchor: Dienerschaft und Jäger des Grafen, Bauern und Bäuerinnen, Schuljugend*

WERTUNG

Lortzings Opern werden gern als biedere Zugstücke des Repertoires missbraucht. Wer ohne Vorurteil an seine Gesellschaftssatiren herangeführt wird, begreift, wenn er gut zuhört, rasch ihre einmalige Stellung zwischen klassischer Oper und Musikdrama: In Lortzings Welt regiert stets der Größenwahn von Möchtegernhelden.

Verständlichkeit:	✪✪✪
Eingängigkeit:	✪✪✪✪
Aktualität:	✪✪
Erotische Komödie:	✪✪✪✪

Die Hochzeit des Figaro

Von der Utopie der Liebe

Mozarts politische, soziale und erotische Utopie. Die Vision von einer Gesellschaft ohne Vorurteile, in der jeder seine Sehnsüchte verwirklichen kann, ohne die anderer zu zerstören.

Der Augenblick der Utopie wird in der Geschichte der Großen Revolution durch den Sturm auf die Bastille am 14. Juli 1789 markiert. Es gibt zu diesem Zeitpunkt kaum Insassen in diesem Gefängnis. Was zählt, sind Symbol und Sinnbild. In der Geschichte der Oper lässt sich dieser Augenblick weit prägnanter ausmachen: Wien, 1. Mai 1786, Uraufführung von *Die Hochzeit des Figaro*. Mozarts Oper schwächt die politischen Ideen der Vorlage von Beaumarchais nicht ab. Eros und Politik bedingen einander. Die aus der Not geborenen Aktionen der Frauen überflügeln die Intrigen der Männer. Beim Tanz im Finale des dritten Aufzuges endet die Handlung, die der Oper ihren Titel gibt:

■ Politische, soziale und erotische Utopie. Verwechslungsspiele zwischen Herr- und Dienerschaft. Inszenierung von Johannes Schaaf. Hamburgische Staatsoper, 1989.

Die Hochzeit des Figaro. Es folgt der vierte Akt, in dem sich in freier Natur ein nächtliches Chaos entfaltet. Die Maskerade mündet in ein dämonisches Satyrspiel, an dessen Ende alle zum nächsten turbulenten Fest eilen. Mozarts Spiel ist eine Parabel, deren Wahrheit auf der Einsicht beruht, dass die eigenen Interessen nicht gegen die Sehnsüchte anderer, sondern eben nur im Einklang mit ihnen durchzusetzen sind.

In der Oper wird nicht offen zur Revolution aufgerufen. Aber Missstände werden so kompromisslos aufgedeckt, dass man spürt, wie sich nach dem Scheitern von Reformen die Stimme der Straße Gehör verschaffen wird. Der erste Akt beginnt mit einer trügerischen Idylle. Figaro glaubt, seine Hochzeit sei ungefährdet. Rücksichtslos zerstört Susanna seine Arglosigkeit. Endlich aufgeklärt, eignet sich der Kammerdiener in seiner Kavatine »Se vuol ballare signor contino« das höfische Menuett des adligen Grafen zur erotischen Kampfansage an. In Cherubinos Arie »Non so più cosa son, cosa faccio« entwirft Mozart das aufwühlende Psychogramm eines zwischen allen Gefühlen und Geschlechtern (Hosenrolle) stehenden jungen Menschen. Eine Stimme wird zum Eros.

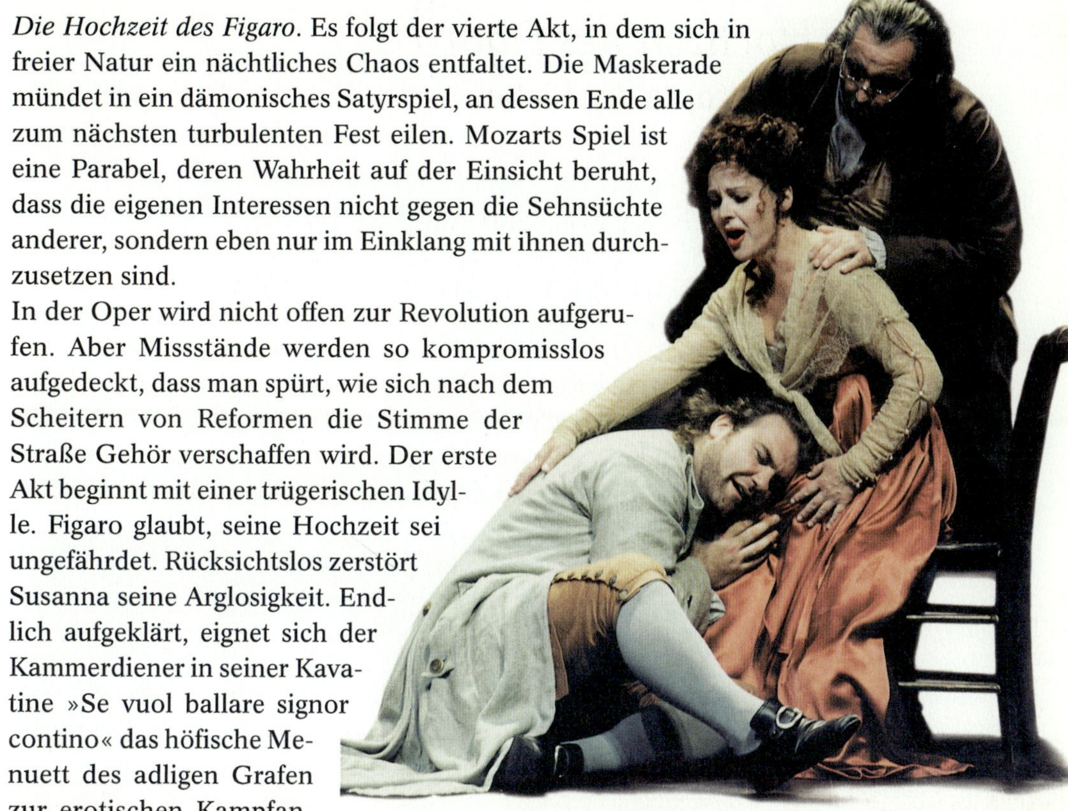

■ Wer mit wem? Figaro, Marcellina und Bartolo. Inszenierung von Luc Bondy, Salzburger Festspiele, 1995.

Bei Mozart wird die Gräfin im Unterschied zum Schauspiel erst am Beginn des zweiten Aktes eingeführt, mit einer Arie, in der ein Mensch, dessen Liebe einen anderen langweilt, seine Hoffnungslosigkeit bis zur Todesbereitschaft durchlebt – und dadurch überwindet. Der zweite Aufzug, in dem sich die intime Annäherung zwischen der Gräfin und Cherubino im Rezitativ vollzieht und so ein Spiel mit dem Feuer bleibt, verläuft auf zwei Ebenen. Die Intrigen der Männer gehen in die Hände der aufrichtig um ihre Sehnsüchte kämpfenden Frauen über. Verzeihung wird erprobt,

> *»Unsere süßliche Auffassung des 18. Jahrhunderts als Rokoko … versentimentalisierte auch Mozart … Mozart aber schrieb seinen* Figaro *in einem einzigen lodernden Sturm- und Drangzuge nieder.«*
>
> Ernst Lert

WOLFGANG AMADEUS MOZART
27.1.1756 – 5.12.1791

1777/78 Reise nach Paris, auf der die Mutter stirbt
1779 Aloisia Weber lehnt Mozarts Heiratsantrag ab
1781 Bruch mit dem Fürsterzbischof von Salzburg, Übersiedlung nach Wien, Große Oper *Idomeneo*
1782 Heirat mit Constanze Weber
1784 Mozart beginnt die Eintragung seiner Stücke in ein Werkverzeichnis
1785 Aufnahme in die Freimaurerloge »Zur Wohltätigkeit«
1787 Reise nach Prag, Ernennung zum k. u. k. Kammermusicus
1791 Opera seria *La clemenza di Tito*, *Requiem* (unvollendet)

wenn auch noch als Spiel um Lüge und Zufall. Im großen Finale überträgt der Komponist Aktionen und Reaktionen der Figuren auf die Gesetzmäßigkeiten der Sonate. Er erfindet ein »sinfonisches Drama«, in dem die Figuren sich etwas vormachen, während in der Musik schonungslos aufgedeckt wird, was sie tatsächlich denken und fühlen.

Im dritten Aufzug zerfällt die Handlung in Bruchstücke. Dies spiegelt die schwindende Autorität des Grafen wider. Obwohl Susanna den Grafen an der Nase herumführt, wird sie um ein Haar Opfer seiner Verführungskunst. Nicht ein politisches Manifest, sondern die Unwägbarkeit des Eros erzwingt aus Mozarts Sicht revolutionäre Umwälzungen. Während die Arie des Grafen »Vedró mentre io sospiro« im zwar gewaltigen, aber wirkungslosen barocken Affekt stecken bleibt, erringt sich die Grä-

■ Und schließlich werden auch die gräflichen Umarmungen wieder inniger. Susanna, der Graf und die Gräfin.

fin in ihrer Arie »Dove sono« durch die unentwegt wiederholten Wörter »cor« (»Herz«) und »speranza« (»Hoffnung«) ihre Liebe zurück. Nicht allein aus Lust an der Intrige, sondern im Wissen um ein lebensgefährliches Abenteuer vereinen sich im Briefduett die Stimmen von Gräfin und Susanna, bis sie nicht mehr zu unterscheiden sind. In der Erwartung liegt bereits die Erfüllung.

■ Der Page Cherubino hat's nicht leicht beim wechselvollen Intrigenspiel der Herrschaften. Susanna, Cherubino, Figaro und der Graf.

Dass der wahre Untertitel der Oper *Susannas Hochzeit* lauten müsste, zeigt sich in der als Rosenarie berühmt gewordenen Szene »Giunse alfin il momento«. Susanna erteilt Figaro, der sie belauscht, eine Abfuhr. Sie gibt vor, von der Liebe zum Grafen zu singen. Aber schon im einleitenden Rezitativ verdeutlicht ein Wechsel von Dur nach Moll, wie Susanna von einer Sekunde auf die andere das Objekt ihrer Lehrstunde vergisst. In ständig aufsteigenden Tönen erobert sie sich jenes klare

EIN POLITISCHER TRICK

Kein Autor der damaligen Zeit außer Mozart hätte es gewagt, sich das brisante Gegenwartsstück von Pierre-Augustin Caron de Beaumarchais zur Vorlage für eine Oper zu nehmen: »zuviele Wörter!« Es gibt auch politische Gründe, die dagegen sprechen, wobei Kaiser Joseph II. zwar eine deutschsprachige Aufführung des Skandalstücks verbietet, es aber als Oper zulässt, um dem Adel dessen sittliche Verderbtheit vor Augen zu halten. Figaro weiß es bei Beaumarchais nur zu gut: »Was in unseren Zeiten nicht erlaubt ist, gesagt zu werden, wird gesungen.«

■ Trotz all des Zerrens und Ziehens – am Ende sind alle vereint, oder auch nicht. Inszenierung von Luc Bondy, Salzburger Festspiele, 1995.

Gefühl, aus dem Augenblicke später die mögliche Utopie des letzten Finales entsteht. Der Graf fällt vor aller Augen seiner Frau zu Füßen. Ob diese Geste aufrichtig gemeint ist, bleibt offen, da die Melodie des Grafen mit einem Auftakt beginnt, den bis zum heutigen Tag jeder bessere Schlagersänger effektvoll einzusetzen versteht. Um so vehementer ringt Mozart in der Rosenarie um den Ausdruck aufrichtiger Gefühle. Dies zeigt die Originalhandschrift mit ungewöhnlich vielen Korrekturen. Komisch, das heißt human ist die am stärksten politisch akzentuierte Oper Mozarts vor allem, weil in ihr die Grenze zur Tragödie stets glaubwürdig gestreift wird. Nach der *Hochzeit des Figaro* wird es im Theater der Aufklärung niemals wieder richtig hell. Der Ursprung von Mozarts Nachtstücken liegt im Park von Aguas Frescas, in dem Cherubino verschwindet, um als Don Giovanni wiederzukehren.

VOM TRAUM ZUR WIRKLICHKEIT

Vierter Akt, Nr. 29, Finale: Schrecken, Verwunderung, schließlich Befreiung: das empfinden alle Personen, unabhängig von Alter und Stand, nach dem Kniefall des Grafen vor der Gräfin. Danach eilen alle zum nächsten »tollen Tag«. Nur die Musik »weiß«, was in dem Augenblick zwischen Utopie und Wirklichkeit geschieht. Eine abfallende Linie in den Streichinstrumenten spiegelt die Zerstörung der Illusion. Damit ein Übergang ins letzte Ensemble möglich wird, stellen Oboen und Flöten den Wechsel von einer Sphäre zur anderen her, vom Traum zur Wirklichkeit: eine »Zauberflöte« der besonderen Art.

DIE HOCHZEIT DES FIGARO (LE NOZZE DI FIGARO)

OPERA BUFFA IN VIER AKTEN
IN ITALIENISCHER SPRACHE

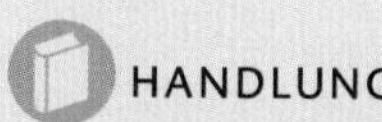

HANDLUNG

Erster Akt: Am Tag ihrer Hochzeit klärt Susanna, Kammerzofe der Gräfin, den Kammerdiener Figaro über die Absicht seines Herrn, des Grafen Almaviva, auf, bei ihr das »Recht auf die erste Nacht« heimlich zu erneuern. Eine weitere Gefahr droht von Marcellina, die Figaro für den Fall heiraten muss, dass er ein Darlehen nicht zurückzahlen kann. Marcellina holt Doktor Bartolo zur Wahrung ihrer Interessen ins Schloss. Der Graf entdeckt mit Hilfe Basilios, des Musiklehrers, Cherubino im Zimmer Susannas. Er wirft den Pagen aus dem Schloss. Figaro gelingt es nicht, den Grafen zur öffentlichen Anerkennung seiner Hochzeit zu zwingen.

Zweiter Akt: Die Gräfin leidet unter der Gleichgültigkeit ihres Mannes. Laut Figaros Plan soll Susanna dem Grafen ein Treffen im Park versprechen, zu dem aber der als Mädchen verkleidete Cherubino gehen soll. Die Frauen sollen die Komödie arrangieren, werden jedoch vom Grafen gestört. Die Gräfin versteckt Cherubino im Kabinett. Als der Graf das Zimmer abschließt und die Gräfin zwingt mitzugehen, nützt Susanna die Chance, Cherubino zu befreien. Der Page entkommt mit einem Sprung aus dem Fenster. An seiner Stelle findet der Graf Susanna vor. Figaro leugnet jede Mitwirkung an der Intrige, und auch die Beobachtungen des Gärtners Antonio führen zu keiner Klärung. Zuletzt behält der Graf die Oberhand, da Marcellina, Basilio und Doktor Bartolo von ihm die Erfüllung von Figaros Eheversprechen fordern.

Dritter Akt: Susanna und die Gräfin nehmen die Intrige Figaros selbst in die Hand. Beide wollen beim nächtlichen Rendezvous ihre Kleider tauschen. Der Graf ist entzückt von Susannas Versprechen, ihn am abend im Park zu erwarten. Der Prozess, durch den sich der Graf rächen will, endet mit einer Sensation. Figaro entpuppt sich als der uneheliche Sohn von Marcellina und Bartolo. Die Gräfin diktiert Susanna einen Brief, in dem der Ort des Rendesvouz genannt wird und verschließt ihn mit einer Nadel. Der Graf soll diese zurücksenden. Endlich bestätigt er die Hochzeit des Figaro. Beim Hochzeitstanz spielt Susanna dem Grafen den versiegelten Brief zu.

Vierter Akt: Durch Barbarina, die im Auftrag des Grafen die Nadel zurückbringen soll, erfährt Figaro von der Intrige. Marcellina beschließt, Susanna zu warnen. Im Park nehmen die erotischen Verwirrungen kein Ende. Im Unterschied zum Grafen aber durchschaut Figaro das Verkleidungsspiel. Unbeherrscht schreit der Graf das ganze Schloss zusammen, um seine Frau öffentlich der Untreue zu bezichtigen. Am Ende ist er der Blamierte und bittet um Verzeihung. Alle eilen zum Fest.

DATEN

Text: Lorenzo Da Ponte nach dem Schauspiel *La folle journée ou Le mariage de Figaro* von Pierre-Augustin Caron de Beaumarchais

Musik: Wolfgang Amadeus Mozart KV 492

Uraufführung: 1. 5. 1786, k. u. k. Nationalhoftheater

Handlungszeit: Um 1780

Handlungsorte: Schloss und Schlosspark von Aguas Frescas, unweit von Sevilla

Spielzeit: etwa 3 Stunden

Personen: *Der Graf von Almaviva* (Bariton), *Die Gräfin von Almaviva* (Sopran), *Susanna, die dem Figaro versprochene Braut* (Sopran), *Figaro* (Bass), *Cherubino, Page des Grafen* (Sopran), *Marcellina* (Sopran), *Bartolo, Arzt aus Sevilla* (Bass), *Basilio, Musiklehrer* (Tenor), *Don Curzio, Richter* (Tenor), *Barbarina, Tochter Antonios* (Sopran), *Antonio, Gärtner des Grafen und Onkel Susannas* (Bass), *Chor: Zwei Mädchen* (Hochzeitszeremonie 3. Akt), *Landleute, Bäuerinnen, Personen verschiedenen Standes, Diener*

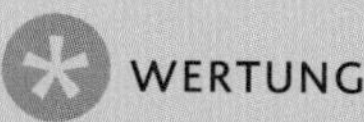

WERTUNG

Verdeutlicht ideal, dass Oper die Steigerung des Schauspiels mit erweiterten Mitteln ist und dass »politisches Theater« stets den Zusammenhang von gesellschaftlichen und privaten Konflikten zum Thema hat.

Verständlichkeit: ✪✪✪✪
Eingängigkeit: ✪✪✪✪
Aktualität: ✪✪✪✪
Situationskomödie: ✪✪✪✪✪
Gleichberechtigung: ✪✪✪✪✪

Die Winterreise
Von der Einsamkeit

Die Winterreise ist ein Liederzyklus. Er verdeutlicht ohne Kostüm, Maske, ohne Bühne und Licht die auch für eine Oper entscheidende Dramaturgie von der Zerrissenheit des singenden Menschen. Früh ahnt der Wanderer sein einziges Zuhause, zu dem er immer wieder von neuem aufbrechen muss: das Grab.

Franz Schuberts Liederzyklus *Die Winterreise* ist zwar ein Klassiker, zweifellos aber keine Oper. Dennoch sind die Grundvoraussetzungen zur dramatischen Darbietung ideal, auch wenn der Sänger und der Pianist vornehme Abendkleidung tragen und der Aufführungsraum zumeist ein Konzertsaal ist. Die Reduzierung auf einfachste Bedingungen schafft sogar einzigartige Voraussetzungen, um zu begreifen, in welchem Verhältnis Sprache und Musik zueinander stehen, wie die Stimme, in diesem Fall nur eine, und ein Instrument, in diesem Fall nur das Klavier, aufeinander eingehen, um eine bestimmte Situation oder Befindlichkeit theatralisch widerzuspiegeln: Oper als Lied. Im ersten Drittel des 19. Jahrhunderts – nach Mozart und Beethoven, zeitgleich mit Weber, vor Wagner und Verdi – lässt sich kein zwei-

■ Hinter der Idylle des Biedermeier verstecken sich die Ängste und Zwänge einer »geschlossenen« Gesellschaft. *Eine Schubertiade bei Ritter von Spaun* (1890). Nachträglich kolorierter Holzstich nach einem Gemälde von Hans Temple.

tes musikdramatisches Werk finden, in dem die Verstörung und Heimatlosigkeit des Menschen so unerbittlich zur Gewissheit wird wie in der *Winterreise*.

Zudem bietet sich im Fall der *Winterreise* die ideale Möglichkeit, ein Werk des 19. Jahrhunderts mit einer zeitgenössischen Version zu vergleichen, um zu verstehen, dass die sogenannten Klassiker zu ständig neuer Interpretation herausfordern. 1827 entsteht der Zyklus von Schubert; 1993 wird in Frankfurt eine »komponierte Interpretation« des Komponisten und Dirigenten Hans Zender für Tenor und kleines Orchester uraufgeführt: Schuberts *Winterreise*. Theatralisches ist dabei von vornherein beabsichtigt. Am Beginn der Aufführung »findet sich nur ein Teil der Musiker auf dem Podium, ein anderer … zieht in sehr ruhiger, fast ritueller Bewegung durch den Zuschauerraum« (Hans Zender). Im ersten Lied mit dem Titel »Gute Nacht« gehen dem Einsatz des ersten originalen Taktes von Schubert dreiundfünfzig Takte voraus, in denen die Instrumente, etwa durch Akzente mit einem Sandblock, knirschende unruhige Schritte illustrieren. Man glaubt zu hören, wie sich Schuberts Wanderer aus seinem Jahrhundert in die Gegenwart aufmacht.

■ Des Künstlers Sicht der Welt. Schuberts Brille auf Originalmanuskripten der Lieder *Die Taubenpost* und der letzten Quartette.

Ist ein Klassiker, wie Bertolt Brecht befürchtet, zur »durchschlagenden Wirkungslosigkeit« verurteilt, da er, längst verdaut, höchstens zur Wiedererkennung taugt? In den vierundzwanzig Liedern der *Winterreise* ereignet sich etwas Verblüffendes, auf den ersten Blick Unvorstellbares. Schubert lässt dem Zuhörer, zumeist Besucher eines Liederabends, der wahrscheinlich auf erlesenen Kunstgenuss eingestellt ist, keine Möglichkeit zur Distanz. Es ist der Hörer selbst, der geht, steht, torkelt,

TON – SPUR

Erstes Lied, »Gute Nacht«: Die ersten zwei Wörter »Fremd bin …« sind auf zwei Tönen komponiert: e und f. Welche es sind, spielt keine Rolle, nur dass sie ständig wiederkehren, in diesem Lied stets an entscheidenden Schnittpunkten, später im ganzen Zyklus. Durch diese enervierende Bewegung – Musik und Drama reduziert auf zwei Töne – hört und sieht man, was ein Mensch fühlt, wie der Schmerz sein Herz und Hirn durchdringt. Wie er gegen Mauern rennt und sich daran den Kopf blutig schlägt. Diese Verstörung hört bis heute nicht auf: Leben als *Winterreise*.

■ *Die Winterreise* als ideales Studienobjekt für das Spannungsverhältnis zwischen der menschlichen Stimme und einem Instrument. Jürg Henneberger (Pianist), Nikola Weisse. Inzenierung von Herbert Wernicke, Theater Basel, 1996.

stürzt, sich aufbäumt etc. Der Sänger ist lediglich ein Medium. »Über das Mitempfinden hinaus mitschaffen …, weil es sich im Hören bildet, wenn wir es mitvollziehen«, nennt der Musikwissenschaftler Arnold Feil diesen Vorgang. Er erfordert eine bestimmte Einstellung des Sängers zu seinem Vortrag, eine Konstellation, die sowohl für das Lied wie die Oper gilt. »Es kommt nicht auf sein Innenleben an, sondern er möge sich bemühen, den Hörern die Inhalte eher zu referieren als auszudrücken«, fordert der Komponist Hanns Eisler für die Wiedergabe der *Winterreise*. Opernhafter lässt es sich nicht sagen. Nichts verfälscht auf einer Bühne die Intentionen eines Komponisten so sehr wie die falsch verstandene Identifikation eines Sängers mit der Musik. So merkwürdig und blasphemisch dies für einen leidenschaftlichen Anhänger der menschlichen Stimme klingen mag: »In erster Linie ist sie ein Mitel zur klanglichen Realisation von Partituren«, wie der Komponist und Essayist Wolf Rosenberg nüchtern feststellt.

Mit dem Bekenntnis »Fremd bin ich eingezogen, fremd zieh ich wieder aus« beginnt das erste Lied, »Gute Nacht«. Schubert komponiert gleichmäßige Bewegungen in ruhigen Achtelnoten, die er ständig durch einen scharfen Rhythmus unterbricht. Da man es hört, sieht man auch, wie

WORT – RAHMEN

Johann Ludwig Wilhelm Müller, »Griechen-Müller« genannt, ist Salonliebling und Dichter schwärmerischer Lyrik. Schubert erkennt sicherlich die Möglichkeit zur Verdichtung und Vertiefung seiner anrührenden Verse. Doch dienen sie ihm nur als Rahmen eigener »Dichtung«: »Keiner, der den Schmerz des Andern, und Keiner, der die Freude des Andern versteht! Man glaubt immer, zueinander zu gehen, und man geht immer nur nebeneinander. O Qual für den, der es erkennt.« (Tagebuch)

ein Mensch losgeht. Hans Zender folgt in seinen Annäherungen an Schubert dem Notentext bis zu der Stelle, an der die Rede davon ist, die Liebe sei wie das Wandern, Gott habe sie so gemacht. Der Sänger kann eine solche Lüge, fast zweihundert Jahre nach Schubert, nur noch aus sich herausschreien. Im zweiten Lied, »Die Wetterfahne«, ahmen Stimme und Klavierbegleitung mit aggressiven Tönen den Wind nach. Da sie es aber unisono tun, das heißt mit gleichen Tönen, wird deutlich, dass der Wanderer trotz heftiger Bewegung auf einer Stelle verharrt. Es handelt sich um primär gestische Musik wie sonst nur in der Oper. Im Lied »Gefrorene Tränen« bestehen das Vor- und Nachspiel aus einem identischen Takt, in dem jemand losgeht, gleich darauf jedoch wie vor einer Eiswand stehen bleibt. »Zerschmelzen«, wie es im Text heißt, lässt sie sich einzig durch die Träne. »Vor Schuberts Musik stürzt die Träne aus dem Auge, ohne erst die Seele zu befragen«, urteilt Theodor W. Adorno über die einzigartige Dramatik Schuberts. Hinter der romantischen Idylle vom ausgestoßenen Liebhaber tritt die Einsamkeit des modernen Menschen hervor.

Im Lied »Erstarrung«, der vergeblichen Spurensuche des Wanderers nach der Geliebten in Eis und Schnee, wiederholen sich ständig zwei Takte. Ein Mensch dreht sich im Kreis. Im fünften Lied träumt der Wanderer unter einem Lindenbaum. Die ersten beiden Strophen sind zum Volkslied geworden. Die zumeist unbekannte dritte Strophe, in der kalte Winde dem Wanderer den Hut vom Kopf wehen,

> *»Dann sinkt für ihn wohl die schreckliche Nacht wie eine zweite Wüste auf die Wüste, und sein Herz wird des Wanderns müde.«*
>
> FRIEDRICH NIETZSCHE

■ *Die Winterreise* als ideales Sinnbild für dramatische Musik des 19. Jahrhunderts, in der sich die Heimatlosigkeit des modernen Menschen ankündigt. Christoph Homberger in der Rolle des Wanderers.

FRANZ SCHUBERT
31.1.1797 – 19.11.1828

1828 Lehrerexamen, Schulgehilfe beim Vater
ab 1816 Starke Bindung an den Freundeskreis (Spaun, von Schober, Vogl u.a.)
1818 Erste Veröffentlichung eines Liedes
1819 *Forellenquintett*
1821 Beginn der Schubertiaden
1823 *Die schöne Müllerin*
1828 Erstes Konzert mit Werken Schuberts

wird von dramatischer Klavierbegleitung bestimmt. Die Rückkehr zur einschmeichelnden Volksmelodie erweist sich als Trugschluss: »... und fände Ruhe dort«. Der Wanderer erträumt sich eine Idylle. Den Lindenbaum gibt es nur in seiner Phantasie. Hans Castorp hört dieses Lied in Thomas Manns *Zauberberg*, bevor er vielleicht über die Schlachtfelder des Ersten Weltkriegs irrt. Der Wanderer ist zum ewigen Gehen verurteilt. Nach der Hälfte des Weges, nach zwölf von vierundzwanzig Liedern, beginnt der Kreislauf erneut. Gerade das Prinzip, Themen und Motive durch Wiederholung dramatisch zu verdichten, macht die Liederfolge einer Oper wesensverwandt.

Es gibt im zweiten Teil des Zyklus eine ungewöhnliche, immer wieder angesprochene dramatische Instanz: das menschliche Herz. Schubert scheint dabei sogar die wahnwitzige Möglichkeit auszunutzen, auf einer imaginären Bühne, die einzig im Kopf des Hörers entsteht, zu keiner naturgetreuen Darstellung verpflichtet zu sein. Das Herz selbst kann zu einer Figur werden. Über dem Kopf des Wanderers kreist im Lied »Die Krähe« der Todesbote. Man hört die Krähe fliegen, bis sie ihr Ziel erreicht, die »Treue bis zum Grabe«. In dem Lied »Im Dorfe« fällt eine unausweichliche Entscheidung. Der Wanderer spürt, »unter den Schläfern« dieser Welt keine Heimat zu finden. Er wird zum Grenzüberschreiter, ein Bruder von Orpheus und Faust. In dem Lied »Der Wegweiser« wird der Wanderer gezwungen, weiterzugehen, obwohl er glaubt, auf der Stelle zu stehen. Je orientierungsloser er umherirrt, desto süßer und inniger klingen die Melodien, die ihn begleiten. Bis heute macht dieser scheinbare Widerspruch die Betroffenheit aus, die man bei Schuberts Musik empfindet. Die Lieder, die auf das Ende weisen, gleichen immer stärker Arien. Einzig das Singen gewährt dem Menschen noch Trost und Hoffnung. Dies ist Oper im klassischen Sinn.

■ *Johann Michael Vogl und Franz Schubert ziehen aus zu Kampf und Sieg*, Karikatur von Moritz von Schwind (1804–1871), undatierte Federzeichnung.

DIE WINTERREISE

LIEDERZYKLUS
IN DEUTSCHER SPRACHE

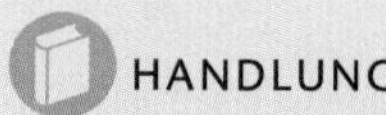

HANDLUNG

Erste Abteilung, Nr. 1, *Gute Nacht:* Der Wanderer wird die Geliebte im Traum nicht stören. Er geht fort. Nr. 2, *Die Wetterfahne:* Der Wanderer glaubt, der Wind spielt mit seinem Herzen wie mit der Fahne auf dem Dach. Er steht. Nr. 3, *Gefrorene Tränen:* Der Wanderer erlebt Tränen, die zu Eis werden. Er droht zu fallen. Nr. 4, *Erstarrung:* Der Wanderer sucht im Schnee vergebens nach den Spuren der Geliebten. Er dreht sich im Kreis. Nr 5, *Der Lindenbaum:* Der Wanderer macht sich vor, Ruhe finden zu können. Er träumt. Nr. 6, *Wasserflut:* Der Wanderer bittet den Schnee, zur Flut seiner Tränen zu werden. Er steht still. Nr. 7, *Auf dem Flusse:* Der Wanderer befragt sein Herz, ob es unter fester Rinde genauso reißend sei wie die Flut. Er geht zu einem Totenfluss. Nr. 8, *Rückblick:* Der Wanderer denkt an die Augen der Geliebten zurück. Er muss weitergehen. Nr. 9, *Irrlicht:* Der Wanderer sieht sein Grab vor sich. Er geht in die Irre. Nr. 10, *Rast:* Der Wanderer legt sich zur Ruhe. Er geht in Wahrheit unermüdlich weiter. Nr. 11, *Frühlingstraum:* Der Wanderer sieht Blumen im Winter. Er träumt. Nr. 12, *Einsamkeit:* Der Wanderer wird durch die Stille stärker beunruhigt als durch den Sturm. Er geht und steht.

Zweite Abteilung, Nr. 13, *Die Post:* Der Wanderer sagt seinem Herz, dass kein Brief von der Geliebten gekommen sei. Er rast voran. Nr. 14, *Der greise Kopf:* Dem Wanderer graust es vor seiner Jugend. Er steht still. Nr. 15, *Die Krähe:* Der Wanderer sieht voraus, dass ihn der Vogel nicht mehr lange begleiten wird. Er fühlt, sich tot. Nr. 16, *Letzte Hoffnung:* Der Wanderer begreift sich als einziges Blatt an einem Baum. Er weint. Nr. 17, *Im Dorfe:* Der Wanderer erkennt seine Heimatlosigkeit unter den Menschen an. Er entscheidet sich. Nr. 18, *Der stürmische Morgen:* Für den Wanderer gibt es nur noch den Winter. Er bricht auf. Nr. 19, *Täuschung:* Der Wanderer hält sich an den Irrtum. Er träumt. Nr. 20, *Der Wegweiser:* Der Wanderer entscheidet sich endgültig für einen Weg. Er geht voran. Nr. 21, *Das Wirtshaus:* Der Wanderer findet keine Aufnahme. Er geht weiter. Nr. 22, *Mut:* Der Wanderer überschreit seine Klage. Er begehrt auf. Nr. 23, *Die Nebensonnen:* Der Wanderer wünscht, auch die letzte seiner Sonnen möge untergehen. Er träumt ein letztes Mal. Nr. 24, *Der Leiermann:* Der Wanderer fragt sich, ob er dem Leierkastenmann folgen soll. Er geht immer weiter.

DATEN

Text: Wilhelm Müller nach den Gedichten aus den hinterlassenen Papieren eines reisenden Waldhornisten

Musik: Franz Schubert op. 89

Entstehungszeit: Schuberts Zyklus: Frühsommer 1827, zweiter Teil ab Oktober 1827, Erstveröffentlichung Januar 1828.

Schuberts Winterreise – Eine komponierte Interpretation für Tenor und kleines Orchester

Musik: Hans Zender

Uraufführung: 21. 9. 1993, Frankfurt

Handlungszeit: Zwischen dem 19. und 20. Jahrhundert, von der Romatik in die Moderne und zurück

Handlungsort: Konzertsaal

Spielzeit: etwa 1¼ Stunden

Personen: *Der Wanderer* (Bariton, auch andere Stimmlagen möglich), *Ein »Begleiter«* (Klavier)

WERTUNG

Häufig schon szenisch gedeutet, ist es ein ideales Stück, um kennen zu lernen, was Dramatik in der Musik ausmacht. Das Wesentliche ist im Rohzustand zu erleben, ohne Trennung durch den Orchestergraben: Der leidende Mensch wird hier mit der menschlichen Stimme gleichgesetzt. Es ist eine faszinierende Herausforderung an die imaginäre Bühne im Kopf des Zuhörers.

Verständlichkeit:	✪✪✪
Eingängigkeit:	✪✪✪✪
Aktualität:	✪✪✪✪
Lied:	✪✪✪✪✪
Drama:	✪✪✪✪✪

Der Freischütz

Von Himmel und Hölle

Einst als Inbegriff deutscher Seele und Rührseligkeit zur Nationaloper verklärt, handelt das Stück von Traum- und Wahnbildern von Lebensangst, verdrängter Sexualität und allgegenwärtiger Dämonie – ein Stück, das Angst vor dem deutschen Wald und dem deutschen Wesen macht.

Wenn nicht *Die Zauberflöte,* so ist es zumeist *Der Freischütz,* der in Kindertagen erste Opernerfahrungen beschert. Wer Webers Klänge und Töne in der Wolfsschlucht als Phantasmagorien aus der Biedermeierzeit hört, blickt in die Abgründe der eigenen Existenz. Es geht um den Albtraum des Probeschusses, der nicht in grauer Vorzeit angesiedelt ist, sondern stets heute. Das Stück kreist um Prüfungsangst und Furcht vor dem Versagen, sei es im Beruf oder in der Liebe. Zu hohe Erwartungen werden geweckt. Zu großer Druck wird erzeugt. Der böse Jäger, der ausgelassene Bauer, der fidele Spielmann aus dem Dreißigjährigen Krieg, der, wird er so vertont wie bei Weber, gestern stattgefunden hat, zudem der Jungfernkranz, die Taube, der große Raubvogel, die Freikugeln, ein Sammelsurium archaischer, heidnischer Bilder, die kein Christengott und keine Theaterzensur verhindern können: all dies führt mit Szenen wie aus dem Kasperltheater ins Reich der Kindheitserinnerungen zurück.

■ Ein einziger Albtraum: Nur wenn ihm der Probeschuss gelingt, kann Max die geliebte Frau gewinnen. Poul Elming als Max und Albert Dohmen als Caspar. Inszenierung von Peter Konwitschny, Hamburgische Staatsoper, 1999.

Ein »Kartenspiel der Zeitlichkeit und Ewigkeit« nennt Theodor W. Adorno den *Freischütz*, in dem es stets nur ein Entweder-oder gibt, schwarz oder weiß, Brautkranz oder Totenkrone, Tag oder Nacht, Himmel oder Hölle. Obwohl sich Weber bewusst damit bescheidet, eine Nummernoper statt einem großen Musikdrama zu schreiben, und obwohl er gerade die Wolfsschluchtszene so komponiert, als sei sie anstelle einer großen Schreckenssinfonie nur eine Folge von Miniaturen, aneinandergereiht wie die Zielscheiben in einer Schießbude, ist der *Freischütz* tatsächlich eine einzige große

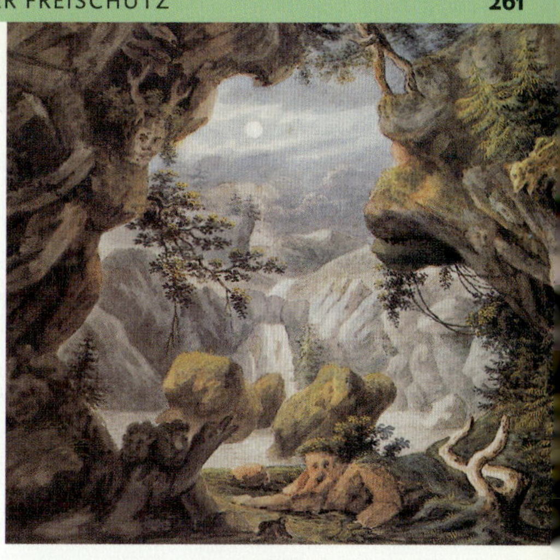

Bestandsaufnahme des Mysteriums des Lebens. Es bedarf eines kindlichen Instinkts und eines vorurteilsfreien Hörens, Schauens und Staunens (da hat die Inszenierung ihre Aufgabe!), um zu begreifen, wie im anscheinend fröhlichen Spiel alle Lebensweisheit und Existenzangst verborgen sind. Und zwar so – dies ist ein entscheidender Aspekt –, dass die nicht länger verdrängte Angst auch befreit, zu neuem Bewusstsein, zu neuer Sicherheit führt, heute würde man sagen zur Verarbeitung einer Seelenkrise. Daher heißt es bei Weber auch: »Das Ganze schließt freudig.« Allerdings setzt der Komponist vor die entsprechende Stelle in der Ouvertüre, die, wie er sagt, das Stück »in nuce« enthält, also im Kern, eine Generalpause. Es bedeutet, dass das glückliche, im Stück von der Zweckgemeinschaft zwischen Fürst und Eremit, Staat und Kirche diktierte gute Ende ein höchst fragwürdiges ist. Die Sache mit dem Probejahr, die dem Liebespaar weitere Entsagung statt Erfüllung auferlegt, ist ohnehin ein Hohn auf all das, was man zuvor an nicht zu bändigender Erwartung und Lust in Webers Musik erlebte. Dabei sind es, wie in Mozarts Opern, die Frauen, die das fadenscheinige Geflecht aus Sitte, Moral und männlichem Erfolgszwang durchbrechen – Ännchen mit Liedern, die Angst vertreiben sollen, und Agathe mit zwei Arien, von denen eine vom bewussten Schritt in die freie, ungebändigte und ungeschützte Natur, die andere vom ungetrübten Blick, das heißt von einem Leben ohne Angst handelt.

■ Wie ein Gemälde von Caspar David Friedrich. Die Wolfsschlucht auf einem romantischen Bühnenbildentwurf von Simon Quaglio, München 1822.

Wer den betörend unheimlichen Klang der Hörner, den enervierend intensiven Ton einer einzigen, das Orchester übertrumpfenden Klarinette oder den dumpfen Klang der Pauken einmal gehört hat, weiß fortan, was Oper an kollektivem Unbewussten, heimlicher Geborgenheit und seelischer Erschütte-

VOM BRAUTKRANZ ZUR TOTENKRONE

Dritter Aufzug, Nr. 14, Volkslied: Heinrich Heine berichtet, jedermann in Berlin sänge das Lied vom Jungfernkranz. Oper wird zum Allgemeinbesitz, ein Text zum Sprichwort, eine Melodie zum Schlager. Zunächst einmal muss der Dirigent das angegebene Tempo wörtlich nehmen: Andante quasi Allegretto – langsam, aber vorwärts drängend, nicht zu sentimental, sondern mit innerer Unruhe. Dann gilt es beim letzten Refrain zu beachten, dass ein einziger, zunächst unscheinbarer Ton – der Ton as, wo der Ton a erklingen müsste – ein ganzes Lied, damit ein vorgetäuschtes Glücksgefühl zum Einsturz bringt. Nicht das Symbol des Brautkranzes, sondern das Schreckensbild der Totenkrone bleibt im Gedächtnis haften.

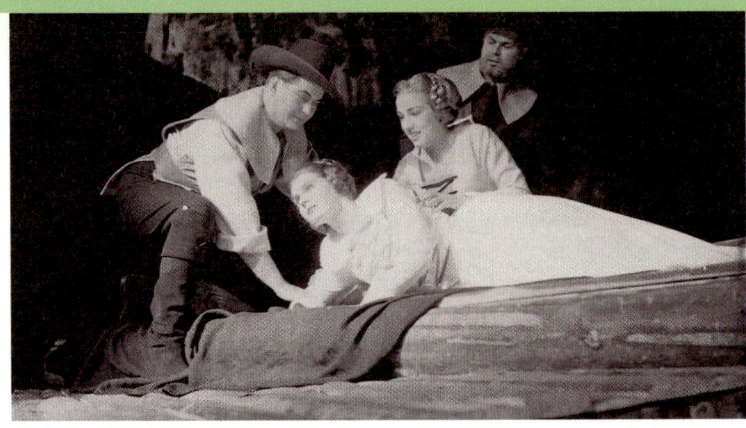

■ Kammerspiel im deutschen Wald. Szene aus einer Aufführung an der Oper der Stadt Bonn, 1966.

CARL MARIA VON WEBER
18. oder 19. 11. 1786 – 5. 6. 1826

1803–1807 Unterricht in Wien bei Abbé Vogler
1807–1810 Sekretär des Herzogs Ludwig von Württemberg, Ausweisung wegen einer Korruptionsaffäre des Vaters
1811–1813 Reisejahre
1813–1816 Operndirektor am Ständetheater in Prag
1816 Königlich Sächsischer Hofkapellmeister an der Dresdner Oper
1817 Heirat mit der Sängerin Caroline Brandt
1823 *Euryanthe*
1826 Reise nach London; *Oberon oder Des Elfenkönigs Schwur*

rung wachzurufen vermag, weiß aber auch, mit welcher Verstörung das Gefühl erkauft ist, im deutschen Wald zu Hause zu sein. Bei der ungebrochenen martialischen Fröhlichkeit des Jägerchores kommt einem das Grausen mindestens so unmittelbar wie in der Wolfsschlucht. Es müsse dem Betrachter beim Hören wie Schuppen von den Augen fallen, so der Komponist, dass die »halbe Oper im Dunkel spielt«. Der wichtigste Satz des Werkes ist laut Weber die Erkenntnis des von aller Welt verlassenen erfolglosen Jägerburschen Max: »Mich umgarnen finstere Mächte!«

Bezeichnenderweise ist dessen große Arie »Durch die Wälder, durch die Auen« mit einem Walzer der unvermutet einmal über die Jäger triumphierenden Bauern verbunden, dem nach und nach die Melodie und die Luft ausgeht. Man sieht, was man hört. Es wird dunkel in Räumen und Seelen. »O dringt kein Strahl in diese Nächte?«, singt Max. Weber überlässt die Melodie einzig der Stimme, als wollte ein um Lebenssinn und Liebeserfüllung kämpfender Mensch die große Opernarie neu erfinden. »Herrscht blind das Schicksal?«, heißt es im Satz danach. Die Melodie steigt in Dreiklängen auf, einmal in Dur, danach in moll, als durchschreite eine Kreatur zusammen mit der Musiklehre auch ein ganzes Menschenleben. Schließlich ertönt der Aufschrei »Lebt kein Gott?«. Dies ist dem Zeitalter der Restauration als unmissverständliche Anklage entgegengehalten. Das Orchester fügt dem schroff aus der Grundtonart der Arie fallenden Wort »Gott« einen unregelmäßigen Akkord im dreifachen forte hinzu. Die Harmonie, das Fundament der Welt, bricht zusammen. Und man hört, was *Der Freischütz* neben vielem anderen auch ist: die Geburtsstunde einer modernen Oper.

DER FREISCHÜTZ

ROMANTISCHE OPER IN DREI AUFZÜGEN IN DEUTSCHER SPRACHE

HANDLUNG

Erster Aufzug: Max, der zweite Jägerbursche, kann Agathe, die Tochter des Erbförsters Kuno, nur dann zur Frau gewinnen, wenn ihm der Probeschuss glückt. Seit Wochen gelingt ihm kein erfolgreicher Schuss mehr. An diesem Tag ist er beim Scheibenschießen sogar dem Bauern Kilian unterlegen. Der erste Jägerbursche Kaspar redet Max ein, sein Gewehr sei verhext. Er benötige Freikugeln, die durch eine besondere Prozedur errungen werden. Mit einer von Kaspars Kugeln trifft Max einen vermeintlich in unerreichbarer Höhe kreisenden Raubvogel. Max willigt ein, in der Wolfsschlucht zum Kugelguss zu erscheinen. Noch in dieser Nacht läuft Kaspars Pakt mit dem Höllenfürsten Samiel aus. Bringt er ihm kein neues Menschenopfer, verfällt er selbst dem Teufel.

Zweiter Aufzug, *Erstes Bild:* Im Augenblick, da Max den Raubvogel schoss, ist im Zimmer Agathes das Bild des Urahnen Kuno von der Wand gefallen. Ännchen, eine junge Verwandte, versucht, die düstere Stimmung zu verscheuchen. Agathe erzählt, dass ihr gerade heute ein frommer Eremit einen Strauß weißer Rosen geschenkt und sie vor einer unbekannten Gefahr gewarnt habe. Agathes Freude über die Rückkehr von Max währt nur kurz. Er bricht aufgeregt in die Wolfsschlucht auf. – *Zweites Bild:* Kaspar verspricht Samiel, ihm entweder Max oder Agathe als Opfer auszuliefern. Max lässt sich weder von der Gestalt seiner toten Mutter noch durch die Erscheinung der sich aus Verzweiflung in den Fluss stürzenden Agathe vom Abstieg in die Wolfsschlucht abhalten. Sieben Kugeln werden gegossen. Sechs treffen, sieben äffen, da die siebente dem Teufel gehört.

Dritter Aufzug, *Erstes Bild:* Max hat drei seiner vier Freikugeln verschossen. Auch Kaspar verschießt seine Kugeln, damit für Max nur die siebente übrig bleibt, die Samiel, dem Schwarzen Jäger, gehört. – *Zweites Bild:* Agathe hat geträumt, sie sei eine weiße Taube, auf die Max schieße. Die von Ännchen mitgebrachte Schachtel, in der sich der Brautkranz befinden soll, enthält eine Totenkrone. Agathe sieht darin ein Zeichen des Himmels. Sie windet sich den Brautkranz aus den weißen Rosen des Eremiten. – *Drittes Bild:* Vor der Jagdgesellschaft bestimmt Fürst Ottokar eine weiße Taube zum Gegenstand des Probeschusses. Max zielt. Agathe sinkt zu Boden. Aber die Kugel traf nicht die Braut, die durch die Rosen des Eremiten vor der Macht des Teufels geschützt ist, sondern Kaspar, der sterbend Samiel verflucht. Der Fürst will Max verbannen. Durch den Einspruch des Eremiten wird die Strafe in ein Probejahr abgemildert. Bewährt er sich in dieser Zeit, soll Max die Hand Agathes erhalten.

DATEN

Text: Friedrich Kind nach der Erzählung *Der Freischütz: Eine Volkssage* von Johann August Apel (1810)

Musik: Carl Maria von Weber

Uraufführung: 18. 6. 1821, Königliches Schauspielhaus am Gendarmenmarkt Berlin

Handlungszeit: Kurz nach Beendigung des Dreißigjährigen Krieges

Handlungsort: Böhmen

Spielzeit: etwa 2½ Stunden

Personen: *Ottokar, böhmischer Fürst* (Bariton), *Kuno, fürstlicher Erbförster* (Bass), *Agathe, seine Tochter* (Sopran), *Ännchen, eine junge Verwandte* (Sopran), *Kaspar, erster Jägerbursche* (Bass), *Max, zweiter Jägerbursche* (Tenor), *Ein Eremit* (Bass), *Kilian, ein reicher Bauer* (Bass/Tenor), *Vier Brautjungfern* (Sopran), *Samiel, der Schwarze Jäger* (Sprechrolle), *Drei fürstliche Jäger* (Sprechrollen), *Chor: Jäger und Gefolge, Brautjungfern, Landleute und Musikanten, Erscheinungen.*

WERTUNG

Die Oper gehört nicht nur zu den bekanntesten, sondern zu den beinahe jedem Kind vertrauten Werken. Wie auf dem Weg durch einen dunklen Wald entdeckt man, dass Schönheit und Schrecken nicht voneinander zu trennen sind und dass erst völlig unterschiedliche Empfindungen zwischen Angst und Hoffnung die Faszination eines menschlichen Lebens ausmachen.

Verständlichkeit:	✪✪✪✪✪
Eingängigkeit:	✪✪✪✪✪
Aktualität:	✪✪✪✪
Bühnenspektakel:	✪✪✪✪✪
Dämonie:	✪✪✪✪✪

Der Ring des Nibelungen
Von Liebe und Macht

Man kann sich an die *Nibelungensage* oder die *Edda* halten. Oder an Wagner, den Anarchisten und Königstreuen. Oder an Schopenhauer, Nietzsche und Marx. Oder man kann nach Bayreuth fahren. Man kann aber auch begreifen, dass hier die eigene Geschichte erzählt wird: ein Traum, der seit Generationen in einen Albtraum umschlägt.

■ »Brennender Zauber zückt mir ins Herz; feurige Angst fasst meine Augen …« Durch den Anblick des Weibes lernt Siegfried das Fürchten. »Brünnhildes Erwachen« in *Siegfried*, Illustration von Hugo L. Braune.

Es ist die Geschichte von Wotan, an dessen Lebenslüge, dass Macht und Liebe zu vereinbaren seien, seine Kinder Brünnhilde, Siegmund, Sieglinde und Siegfried zerbrechen: drei Opern samt einem Vorabend, von Wagner bewältigt, weil er das Pferd vom Schwanz her aufzäumt. Zuerst entsteht *Siegfrieds Tod*, die spätere *Götterdämmerung*, dann *Der junge Siegfried*, danach geht es immer weiter zurück nach vorne, bis man mit *Rheingold* in die Tiefen des Rheines gelangt, wo »Wagalaweia« gesungen wird, als befände man sich an der Wiege der Menschheit.

Mythos. Gleich zu Beginn des *Rheingoldes* geht es um Betrug. Es gibt keine Schöpfungsgeschichte, keinen Urknall, keine Stunde Null, so betörend einem das die Hörner im »unsichtbaren Orchester« (Wagner) vorgaukeln. Würden die Rheintöchter dem Zwergen Alberich nicht das bisschen Spaß verderben, das er will, gäbe es keine Entsagung der Liebe, keine Kriege, keinen Albtraum. Der Dramatiker Wagner erweckt nicht nur Abscheu, sondern auch Anteilnahme gegenüber der ersten Figur, die in diesem Stück die Rolle eines Bösewichtes zu übernehmen hat. Das Rheingold wird von Alberich geraubt. Es gibt, im Text ist davon die Rede, das weiße und das rote Gold. Das weiße kommt aus der Erde und bedeutet Bodenschätze, Goldrausch, »Wallstreet«. Das rote Gold existiert nur als Symbol für eine Utopie – die erlösende Formel von der Einheit zwischen Leben, Liebe, Tod. Aus mythischer Sicht ist Alberich kein grässlicher Zwerg, sondern Luzifer, der gefallene Engel. Wagner komponiert dessen räuberische Tat bewusst als Kulthandlung. Wotan hat den Besitz des roten Goldes, der Weisheit, mit dem Verlust eines Auges bezahlt. Auf der Bühne ist er der mit der Augenklappe.

Von der Vorgeschichte, von der Weltesche und vom Speer Wotans, erfährt man erst im Vorspiel der *Götterdämmerung* durch die drei Nornen, die Töchter der Urmutter Erda, die am Weltenseil weben. Wer bis dahin die Handlung von vier Opern verfolgt hat, kann die Bangigkeit der Nornenfrage nur bestätigen: »Weißt du, wie das wird?« Wagners Seil, das die Handlung zusammenhält, ist der Mythos vom roten Gold. Am Ende

■ Victor Braun als Wanderer. Inszenierung des *Siegfried* von Herbert Wernicke, Théâtre Royal de la Monnaie, Brüssel, 1991.

VON DER GESCHICHTE ZUM MYTHOS

Wagner liebäugelt 1848 mit einer Oper über eine große Sagengestalt, vielleicht Friedrich Barbarossa. Das Geschlecht der Nibelungen leitet er vom italienischen Ghibellini ab, den deutschen Wibelungen. Aber wie wird das »W« zum »N«? Noch im selben Jahr schreibt er als »Entwurf zu einem Drama« den Essay *Der Nibelungen-Mythus*. Bis ins kleinste Detail sind darin alle entscheidenden Szenen und Figuren des *Rings des Nibelungen* enthalten. Mit einer Ausnahme: Alberichs Entsagung der Liebe, ohne die das Drama keine Motivation hätte. Damit ist alles für eine mehr als zwanzigjährige Arbeit zusammengetragen. Er muss das Konglomerat nur noch komponieren.

■ Endzeitstimmung und Uniformität. Brünnhilde bei den Gibichungen. Janis Martin als Wotans Tochter.

der *Walküre* wird Brünnhilde in einen Feuerkreis gelegt. Die Liebe wird als tiefstes Geheimnis menschlicher Existenz aufbewahrt. Siegfried trinkt das Blut des Drachen Fafner – »Wie Feuer schmeckt das Blut«, singt er – und findet, geleitet vom Waldvogel, der Stimme seines Unbewussten, den Weg zu Brünnhilde. Ein altes Märchenmotiv verwandelt die mythische Wahrheit in Lebensweisheit. Nur wer das Mysterium der Liebe begreift, ist fähig, Mitleid und Angst zu empfinden.

Macht. »Ich will zerbrechen die Gewalt der Mächtigen, des Gesetzes und des Eigentums.« Mit diesem Wahlspruch aus seinem Essay *Die Revolution* tritt der Anarchist Wagner 1848/49 zur Weltveränderung an. Wotan, der Reaktionär, macht ihm dabei auf der Bühne einen dicken Strich durch die Rechnung. Er bezahlt den Riesen nicht die Rechnungen für den Hausbau, gibt den Rheintöchtern trotz Loges Parteinahme den Ring aus weißem Gold nicht zurück, nimmt Alberich alles ab (so kommt es zum Fluch), durchstreift in *Siegfried* als tödliche Rätsel

> *»Die Götter sind gebunden und reagieren nur durch Vertrag. Auch dem Himmel kann gekündigt werden. Wächst der Mensch, so sinken die Götter; der eigentliche Weltenherrscher ist der freie Geist und die Liebe.«*
>
> THEODOR FONTANE

stellender Wanderer die Welt, taucht zusammen mit Alberich – einem weiteren unbelehrbaren Tyrannen – vor der Drachenhöhle auf und zieht sich in der *Götterdämmerung* nach Walhall zurück, um das Ende der Welt abzuwarten.
Der Streit von Göttersippen, angefangen mit dem Machtkampf im *Rheingold*, und die Machenschaften der Menschen, gipfelnd in den Intrigen der *Götterdämmerung*, sind stets austauschbar. Es herrschen Gier und Gewalt, wo man hinsieht. Wenn Hagen im zweiten Akt der *Götterdämmerung* seine Mannen ruft, registriert man mit Staunen und Schrecken, wie prophetisch Wagner den Ton künftiger Menschenhatz vorwegnimmt. Seine Haltung zum Judentum und zu Fragen des Rassismus ist alles andere als naiv. Seine Deutschtümelei lässt sich nicht als Verstiegenheit eines Künstlers abtun. Aber gegen den Missbrauch, den andere im Namen völkischer Verherrlichung später betreiben, muss man ihn vehement in Schutz nehmen, da seine Musik nicht der Verklärung einer Ideologie, sondern der schonungslosen Offenbarung der Grausamkeit dient, die Menschen anderen Menschen antun.
Liebe. In *Rheingold* gibt es eine keifende Ehefrau namens Fricka, eine Liebesgöttin mit goldenen Äpfeln namens Freia und einen Riesen, der sich in sie verliebt und erschlagen wird. Ein junges, gepanzertes Mädchen namens Brünnhilde wirft sich mit wildem »Hojotoho« im zweiten Akt der *Walküre* Wotan an den Hals. So lieb und widerspruchslos wünschen sich Väter ihre Töchter. Doch von dem Augenblick an, da Wotan Brünnhilde

RICHARD WAGNER
22.5.1813 – 13.2.1883

1834 Musikdirektor in Bad Lauchstädt
1836 Heirat mit Minna Planer
1837 Musikdirektor in Königsberg und am Deutschen Theater in Riga
1843 Zweiter Kapellmeister am Dresdner Hoftheater
1849 Maiaufstand in Dresden, Flucht in die Schweiz
1857 Enger Kontakt zu Mathilde Wesendonck
1864 Ludwig II. von Bayern ordnet den Bau eines Wagner-Theaters an
1870 Heirat mit Cosima von Bülow
1876 Erste Bayreuther Festspiele
1877 Gründung einer Stilbildungsschule in Bayreuth

■ Die Götterburg Walhall. Szene aus einer *Rheingold*-Inszenierung, Köln, 1939.

EIN UNHEILVOLLER GEDANKE

Das Rheingold, 4. Szene: Wotan will Walhall betreten, sein auf Lüge und Betrug gegründetes Heim. »Wie von einem großen Gedanken ergriffen, sehr entschlossen«, lautet die Szenenanweisung. Komponiert ist das »Schwert-Motiv«, die Idee, seine Söhne mögen ohne Bindung an Verträge das erreichen, was ihm versagt ist. Auf dem Theater benötigt man dafür ein Symbol, also ein Requisit: das Schwert. Wagner schreibt das Motiv aus Carl Maria von Webers Oper *Oberon* ab. Dort charakterisiert es die Ehrfurcht eines Menschen vor der Allgewalt der Natur. So wird es auch Wagner verstanden haben. Damit jedermann den Zusammenhang begreift, überlegt er kurzzeitig, zufällig ein Schwert auf der Bühne herumliegen zu lassen. Er verwirft die Idee jedoch als albern und lässt allein das Orchester sprechen.

gesteht (er bringt den Stein ins Rollen!), was er tatsächlich denkt und fühlt – »Was ich liebe, muß ich verlassen, morden, wen je ich minne, trügend verraten, wer mir traut!« –, läuft alles Geschehen aus dem Ruder. Brünnhilde soll Siegmund den Tod verkündigen und entdeckt, dass leben aus Mitleid lieben heißt. Siegmund, dessen inzestuöse Beziehung zu seiner Schwester Sieglinde zugleich Freiheit und Ächtung bedeutet – ein Tabubruch, an dem sich die Geister scheiden –, ist mit seiner kompromisslosen Haltung ohne jedes Wenn und Aber das krasse Gegenteil des Vaters. Die Mission der Erlösersöhne wird mit Siegfried fortgesetzt, einem Kindskopf und Gernegroß, stets mit einem munteren »Ich schlag dich tot« auf den Lippen. Zum tragischen Helden wird er allein durch seine Liebe zu Brünnhilde. Ursprünglich will Wotan sie für ihren Treuebruch als Dirne dem nächstbesten Freier vor die Füße legen. Wagner komponiert in Moll. Dann schützt er sie auf ihr Bitten hin durch einen Feuerzauber. Wagner komponiert in Dur. Auf die letzte Szene in *Siegfried*, auf die Erweckung Brünnhildes, laufen alle vorangegangen Szenen zu, und von ihr nehmen alle folgenden ihren Ausgang. Wagner bereitet die Komposition dieses inneren Zentrums offenbar so große Probleme, dass er die Arbeit zwölf Jahre lang unterbricht.

■ Die germanischen Heldensagen bildeten den stilistischen Rahmen der ersten *Ring*-Aufführungen. Im Widerspruch zu ihnen steht Wagners Plädoyer für den *Ring des Nibelungen* als Gegenwartstheater.

Dann ist des Rätsels Lösung und die vollendete Wiedergabe eines einzigartigen abendländischen Mythos gefunden. Siegfried, der Mondgott, küsst Brünnhilde, die Sonnengöttin, wach. Danach geht Siegfried in die Welt hinaus. Durch seine Naivität, die weder Vorsicht kennt noch Recht und Gesetz akzeptiert, beschwört er seinen Tod in der *Götterdämmerung* regelrecht herauf. Beim ersten Ton des Trauermarsches wird deutlich, wer da klagt und weint: die Menschheit. Sie bekommt durch Brünnhilde ein unverwechselbares Gesicht, durch jene Frau, die mit ihrem Wandel vom naiven Mädchen zur tragischen Heldin die folgenreichste Veränderung durchmacht. Sie ist die einzige, die freiwillig den Ring des Nibelungen vom Finger zieht. Ein endgültiger Schluss will Wagner nicht gelingen, weder im späten Appell an die Revolution noch mit Brünnhildes ursprünglichem Fazit »Selig in Lust und Leid lässt die Liebe nur sein«, das er nicht in die letzte Fassung übernimmt. Man kann Brünnhildes Schlussmonolog als konzertanten Kommentar deuten (Wie ließe sich anders Bilanz ziehen?) oder als Wahnsinnsarie (Wie sollte Brünnhilde anders mit allem fertig werden?). Die Musik stellt einen anderen Zusammenhang her. Wagner legt in Brünnhildes Stimme Sieglindes Melodie »O hehres Wunder« aus der *Walküre*. Der Kommentar ist unmissverständlich. Im Leben, Lieben und Sterben einer ohnmächtigen und wehrlosen Frau ist das Schicksal aller Menschen aufgehoben. Zuletzt geht die Welt in Flammen auf, das Wasser tritt über die Ufer und es herrscht die Allmacht des roten Goldes. Vorhang zu.

■ Kennt weder Vorsicht noch Recht und Gesetz: der naive und furchtlose Held Siegfried, Bayreuth 1899.

DER RING DES NIBELUNGEN

EIN BÜHNENFESTSPIEL FÜR DREI TAGE UND EINEN VORABEND
Vorabend DAS RHEINGOLD in vier Szenen
Erster Abend DIE WALKÜRE in drei Akten und elf Szenen
Zweiter Abend SIEGFRIED in drei Akten und neun Szenen
Dritter Abend GÖTTERDÄMMERUNG in einem Vorspiel, drei Akten und elf Szenen
IN DEUTSCHER SPRACHE

HANDLUNG

Mit dem Verlust eines Auges hat Wotan seine göttliche Allmacht bezahlt, die durch einen Speer symbolisiert wird, in den Runen als Zeichen seines Weltwissens eingeritzt sind.

Vorabend, **Das Rheingold**, *Erste Szene:* Vorgeschichte: Die drei Rheintöchter verweigern dem Nibelungen Alberich die Befriedigung seiner Begierden. Aus Rache entsagt er der Liebe und raubt das Rheingold, aus dem sich ein Ring schmieden lässt, der die Weltherrschaft verleiht. – *Zweite Szene:* Wotan, seine Gattin Fricka und die Götter Donner und Froh verweigern den Riesen Fasolt und Fafner die Göttin der Jugend, Freia, die beiden als Lohn für den Bau der Götterburg versprochen worden war. Loge erzählt vom Nibelungenschatz Alberichs als möglichem Ersatz. Fasolt und Fafner wären damit einverstanden, nehmen aber Freia als Pfand mit sich. – *Dritte Szene:* Durch die hinterhältige List, Alberich dazu zu bringen, sich in eine Kröte zu verwandeln, rauben Loge und Wotan den Schatz, den Tarnhelm, der unsichtbar macht, und den Ring. – *Vierte Szene:* Alberich verflucht den Ring und jeden, der ihn besitzt. Wotan gibt den Riesen den Schatz, gönnt ihnen aber nicht den Ring. Erst die Warnungen von Erda, der Urmutter, zwingen ihn zur Herausgabe. Alberichs Fluch zeigt erste Auswirkungen. Aus Neid erschlägt Fafner seinen Bruder Fasolt. Fafner wird sich in einen Drachen verwandeln, um den Schatz zu bewahren. Die Götter ziehen in Walhall, die Götterburg, ein. Loge weiß, dass dies der Anfang vom Ende ist.

Erster Tag: **Die Walküre**, *Erster Aufzug:* Siegmund, Wotans Sohn, findet auf der Flucht Schutz im Haus von Hunding, der mit Sieglinde, Wotans Tochter, verheiratet ist. Hunding und Siegmund sind verfeindet, aber das Gastrecht zwingt Hunding, Siegmund für eine Nacht zu verschonen. Sieglinde gibt Hunding einen Schlaftrunk. Die wie im Rausch aufbrechende Liebe zu seiner Zwillingsschwester befähigt Siegmund, jenes Schwert zu erringen, das einst Wotan in Hundings Haus als Erbe für jenen Sohn hinterlassen hat, der, frei von Verträgen, Liebe und Macht vereinen soll. – *Zweiter Aufzug:* Fricka nötigt Wotan die Ermordung Siegmunds ab, da er durch den Inzest mit Sieglinde das Recht der Ehe gebrochen hat. Wotan gesteht einzig seiner Lieblingstochter Brünnhilde, einer jener Walküren, die tote Helden nach Walhall bringen, seinen unlösbaren Zwiespalt ein. In seinem Auftrag soll sie Siegmund, der mit Sieglinde auf der Flucht vor Hunding ist, den Tod verkünden. Aus Mitleid schenkt sie Siegmund das Leben. Wotan aber tötet seinen Sohn. Brünnhilde flieht mit Sieglinde, die ein Kind von Siegmund erwartet. – *Dritter Aufzug:* Nachdem sie Sieglinde die zerbrochenen Stücke von Siegmunds Schwert mit auf die Flucht gegeben hat, tritt Brünnhilde Wotan offen entgegen. Zur Strafe entzieht er ihr die Göttlichkeit. Sie soll dem ersten Mann angehören, der sie findet. Überwältigt von Brünnhildes Bitte, vor Vergewaltigung verschont zu bleiben, befiehlt Wotan Loge, sie mit einem Flammenmeer zu umgeben, das nur der tapferste Held überwinden kann.

Zweiter Tag, **Siegfried:** *Vorgeschichte:* Sterbend übergab Sieglinde Mime, dem Bruder Alberichs, ihr neugeborenes Kind Siegfried und die zerbrochenen Schwertstücke. Mime hat Siegfried aufgezogen. – *Erster Aufzug:* Es gelingt Mime nicht, Siegfried ein Schwert zu schmieden, das dieser nicht sofort zerbricht. Mime zeigt ihm die Schwertstücke seines Vaters. Siegfried verlangt, Mime solle ihm daraus ein Schwert herstellen, und geht in den Wald. In der Gestalt eines Wanderers verstrickt Wotan Mime in ein Rätselspiel, in dem der Zwerg erfährt, dass nur derjenige, der die Furcht nicht kennt, das Schwert neu schmieden kann. Heimgekehrt setzt Siegfried unbekümmert das Schwert zusammen und macht sich mit Mime, der heimlich einen Gifttrank für ihn gebraut hat, auf den Weg zu Abenteuern. – *Zweiter Aufzug:* Unversöhnlich warten Wotan und Alberich vor der Höhle Fafners auf die Entscheidung. Siegfried tötet Fafner im Zweikampf. Dessen Blut macht Siegfried hellsichtig, um die Stimme eines Waldvogels zu verstehen. So entgeht er dem Mordanschlag Mimes, tötet umgekehrt den Ziehvater, erringt sich Helm und Ring und macht sich auf den Weg zu Brünnhilde. – *Dritter Aufzug:* Abgewiesen von Erda, der Urmutter, erfährt Wotan auch von Siegfried, dem sich der Vater nicht zu erkennen gibt, eine herbe Abfuhr. Siegfried zerschlägt den Speer Wotans. Er küsst Brünnhilde wach und lernt durch die Liebe endlich die Angst begreifen.

Dritter Tag, **Götterdämmerung**, *Vorspiel:* Die Nornen, Erdas Töchter, wissen, dass Wotan auf sein Ende wartet.

Brünnhilde muss Siegfried ziehen lassen. – *Erster Aufzug:* Hagen, Alberichs Sohn, rät seinen Stiefgeschwistern Gunther und Gutrune, ihre Macht durch Heiraten abzusichern. Der ahnungslose Siegfried wird durch einen Vergessenheitstrank Hagens der Erinnerung beraubt. Gutrune soll seine Frau werden. Für Gunther, mit dem er Blutsbrüderschaft schließt, will er Brünnhilde zur Gemahlin gewinnen. Um keinen Preis will Brünnhilde den Ring, das Liebespfand Siegfrieds, ihrer Schwester Waltraute geben. Um so grausamer ist es für Brünnhilde, von einem Unbekannten überwältigt zu werden. Siegfried, durch den Tarnhelm in Gunthers Gestalt, entreißt ihr den Ring. – *Zweiter Aufzug:* Alberich mahnt Hagen, den Ring zurückzugewinnen. Siegfried erkennt die von Gunther mitgeführte Brünnhilde nicht. Sie sieht den Ring an Siegfrieds Finger und fordert Rache für den Verrat. Hagen überredet Gunther zum Mord an Siegfried. Brünnhilde verrät die einzige Stelle, an der Siegfried verwundbar ist: im Rücken. – *Dritter Aufzug:* Siegfried, bei der Jagd von den anderen abgekommen, vertreibt sich die Zeit mit den Rheintöchtern. Die Jagdgesellschaft stöbert ihn auf. Siegfried geht auf Hagens Vorschlag ein, sein Leben zu erzählen. Mit Hilfe eines Erinnerungstrankes treibt Hagen Siegfried bis zu dem Punkt, an dem er sich an die Liebe zu Brünnhilde erinnert. Dann stößt er zu. Siegfried stirbt in Gedanken an Brünnhilde. *Trauermarsch.* Die Bahre mit der Leiche Siegfrieds wird zu Gutrune gebracht, die Gunther beschuldigt. Dieser schiebt alles auf Hagen, der daraufhin seinen Stiefbruder erschlägt. Brünnhilde zieht Siegfried den Ring vom Finger. Sie lässt einen Scheiterhaufen entzünden, um sich im Flammentod mit Siegfried zu vereinen. Beim Versuch, den Ring an sich reißen, wird Hagen von den Rheintöchtern in die Tiefe gezogen. Ein Kreis schließt sich. Der Brand greift auf Walhall über.

DATEN

Text und Musik: Richard Wagner

Uraufführung 13. - 17. 8. 1876, Bayreuth

Handlungszeit: Zeitlos im Mythos angesiedelt

Handlungsorte: *Das Rheingold*: In der Tiefe des Rheines/freie Gegend auf Bergeshöhen/die unterirdischen Klüfte Nibelheims – *Die Walküre:* Das Innere eines Wohnraumes/wildes Felsengebirge/auf dem Gipfel eines Felsberges – *Siegfried:* Wald/tiefer Wald / wilde Gegend/Höhe eines Felsengipfels – *Götterdämmerung:* Auf dem Walkürenfelsen/die Halle der Gibichungen am Rhein/die Felsenhöhe (wie im Vorspiel)/Uferraum/ wildes Wald- und Felsental/die Halle der Gibichungen

Spielzeit: *Das Rheingold:* etwa 2 3/4 Stunden/*Die Walküre*: etwa 4 1/2 Stunden/*Siegfried:* etwa 4 1/2 Stunden/ *Götterdämmerung:* etwa 5 Stunden

Personen: R = *Das Rheingold*/W = *Die Walküre*/S = Siegfried/G = *Götterdämmerung*

Wotan (Bariton/R,W, ev. S), *Wotan als Wanderer* (Bariton/S) , *Donner* (Bariton/R), *Froh* (Tenor/R), *Loge* (Tenor/ R), *Alberich* (Bariton / R, S, G), *Mime* (Tenor/R, S), *Fasolt* (Bass/R), *Fafner* (Bass/R, S), *Fricka* (Mezzosopran/R, W), *Freia* (Sopran/R), *Erda* (Alt/R, S), *Woglinde* (Sopran/R, G ev. doppelt besetzt), *Wellgunde* (Sopran/R, G ev. doppelt besetzt), *Floßhilde* (Alt/R, G), *Siegmund* (Tenor/W), *Hunding* (Bass/ W), *Sieglinde* (Sopran/W), *Brünnhilde* (Sopran/W, S, G), *Helmwige* (Sopran/ W), *Gerhilde* (Sopran/W), *Ortlinde* (Sopran/W), *Waltraute* (Mezzosopran/W;Alt/G), *Siegrune* (Mezzosopran/W), *Rossweiße* (Mezzosopran/ W), *Grimgerde* (Alt/W), *Schwertleite* (Alt/W), *Siegfried* (Tenor/S,G), *Stimme eines Waldvogels* (Sopran/S), *Gunther* (Bariton/G), *Hagen* (Bass/G), *Gutrune* (Sopran/G), *Erste Norn* (Alt/ G, ev. auch Waltraute/G), *Zweite Norn* (Mezzosopran/G), *Dritte Norn* (Sopran/G), *Chor: Mannen, Frauen* (G)

WERTUNG

Das monumentale Werk scheint auf den ersten Blick ein jeden Betrachter überforderndes Geflecht aus Mythos, Geschichte, Philosophie und Theaterspektakel zu sein. Dabei gibt es kaum eine Oper, die vom Grundgedanken einfacher zu verstehen ist. Wer lieben will und geliebt werden möchte, muss der Macht und der Gewalt abschwören. Wer das nicht tut, wer alles zugleich haben will, reißt sich und andere in die Katastrophe.

Verständlichkeit:	✪✪✪✪
Eingängigkeit:	✪✪✪
Aktualität:	✪✪✪✪✪
Mythos:	✪✪✪✪✪
Machtparabel:	✪✪✪✪✪

Die Soldaten
Von der Vergewaltigung

Ein radikaler Aufschrei gegen die physische, psychische und seelische Vergewaltigung des Menschen führt zu einem totalen Theater, in dem die Tradition der Oper zu neuer Ausdruckskraft entwickelt wird.

Das Werk gilt lange als unaufführbar. Es stellt extreme Anforderungen an die Ausführenden. Von den Gesangspartien sind allein sechs für das Stimmfach »hoher Tenor« notiert. Das Orchester fordert eine Stärke von hundert Mann. Hinzu kommen Bühnenmusiker, ein umfangreiches Schlagwerk, vom Vibraphon bis zu frei hängenden Eisenbahnschienen, und eine Jazzcombo. Vorgeschrieben sind Lautsprechereffekte und der Einsatz aufwendiger Filmprojektionen. Verblüfft es da nicht, dass gerade dieses Werk ein Klassiker genannt werden kann? Es gibt keinen einzigen Takt, keine einzige Note, die nicht im ursächlichen Zusammenhang mit dem Drama und den Charakteren auf der Szene stehen.

Die Gewalt des Anfangs einer Orchestereinleitung, in der sich Klänge unterschiedlicher Zeiten und Räume zusammenzuballen scheinen, ist einzig vom Ende der Oper her zu begreifen. Marie, die Hauptgestalt, wird in der letzten Szene, dem Schlusspunkt eines unerbittlichen Zerfallsprozesses, zur Straßenhure. Sie bettelt ihren Vater an. Beide erkennen einander nicht. Und die abstrakte Klanggewalt des Anfangs bekommt jetzt als Fazit des durchlebten Dramas ein konkretes Bild. An den gesichtslos gewordenen Figuren rollt – Zustand der Apokalypse –

■ Vielleicht könnte Marie auch einmal eine »gnädige Frau« werden. Kleinbürgerliche Hoffnung auf sozialen Aufstieg. Regina Schudel als Marie. Inszenierung von Willy Decker, Sächsische Staatsoper Dresden, 1995.

unaufhörlich ein Transportzug mit Panzern vorbei (Film). Kriegsgeschrei und Marschschritte sind zu hören. »Wehen, Kreischen, trostloses Weinen und hoffnungsloses Wimmern« von Frauenstimmen (Lautsprecher) versinnbildlichen, wie es in der Partitur heißt, den ewigen Kreislauf von »Tod, Geburt und Liebe«. Zugleich ertönt die Stimme des Feldpredigers Eisenhardt, der auf Lateinisch monoton rezitierend das »Vater unser« auf einem einzigen Ton singt, dem Ton d, Todeston in Mozarts *Don Giovanni*, aber auch in zahlreichen Werken von Bernd Alois Zimmermann. Zudem – die Zusammenballung heutiger Klänge wirkt immer totaler – wird die Musik einer Jazzcombo einbezogen, die bereits zu Beginn des zweiten Aktes die Allüren und Angebereien der Offiziere, die in diesem Stück die herrschende Klasse verkörpern, als gieriges und geiles Triebverhalten entlarvt hat.

■ Körperliche, geistige und seelische Vergewaltigung.

Bernd Alois Zimmermann strafft, kürzt, ordnet die Originalsprache von Lenz, fügt zudem noch einige von dessen Gedichten ein. Er sucht nach einer im besten Sinne tra-

SITTENSTÜCK

»Sturm und Drang« wird in der Literaturgeschichte der Protest der jungen Wilden vor der sich etablierenden Klassik genannt. Jakob Michael Reinhold Lenz arbeitet 1774/75, wie er sagt, in seinem Schauspiel *Die Soldaten* der »Verderbnis der Sitten entgegen, die von den glänzenden zu den niedrigen Ständen hinab schleicht, und wogegen diese die Hilfsmittel nicht haben können …« Das Gefälle von Macht und Ohnmacht wird benannt. Bernd Alois Zimmermann macht zwischen 1958 und 1965 aus dem Sittenstück die Parabel auf die Todsünde seines Jahrhunderts: die Vergewaltigung.

■ »Die Konstellationen der Klassen, Verhältnisse und Charaktere unterwerfen Menschen einem Geschehen, dem sie nicht entfliehen können.«

ditionellen, da klanglichen Opernsprache, die Identifikation ermöglicht. Was hat man normalerweise mit einem jungen naiven Mädchen zu tun, das von einem Offizier sitzen gelassen wird? Was berührt uns am Schicksal von Stolzius, einem Tuchhändler aus Armentières, dem Marie eigentlich versprochen ist und der in der vorletzten Szene der Oper den Edelmann Desportes, der Marie als erster verführte, mit Rattengift tötet? Ein Takt und fünf monotone Töne genügen für das Ende des Unmenschen Desportes: »Ich bin vergiftet!« Stolzius schreit dem Sterbenden ins Gesicht: »Marie! Marie! Marie!« Der Komponist löscht sogar den Namen der Geliebten aus, denn das zweisilbige Wort wird jeweils auf einem Ton mit einem Vorschlag gesungen, sodass man »rie! rie! rie!« hört. Der letzte Satz von Stolzius lautet: »Gott kann mich nicht verdammen!« »Gott« ist ein lauter Aufschrei auf einem langen und hohen Ton. Der Satz »kann mich nicht verdammen« wird schnell und leise auf einem einzigen tiefen geflüstert. Das Dramatische der Figuren ist ihr durch Musik entlarvtes undramatisches Allerweltsschicksal. Marie und Stolzius sind jede und jeder von uns.

Klassisch im Stil des 20. Jahrhunderts ist die Oper im Bezug auf ihr zentrales Ordnungsprinzip. Es ist auf einer zwölftönigen Reihe aufgebaut, wobei diese – das erscheint zunächst kompliziert – nicht nur einzelne Töne umfasst, sondern auch deren Abstände, die sogenannten Intervalle. Diese Ordnung wäre

GEWALTSTÜCK

Vierter Akt, Toccata III, »Marie fortgelaufen«: Mit diesem Aufschrei, Sinnbild für den unaufhaltsamen Untergang der Hauptfigur, nimmt die Szene, so Zimmermann, »den Charakter eines Traumes an, losgelöst von Raum und Zeit«. »Toccata« ist wörtlich genommen: schlagen, zerstören, vernichten. Drei Ebenen durchdringen sich: Kaffeehaus, Tanzsaal, Tribunal – Vernichtung, Orgie, Anklage. Die Vergewaltigung Maries ist die Vergewaltigung aller »in die Handlung Verflochtenen« (Zimmermann). Ohne die Worte des Textes zu verstehen, begreift man deren Sinn unmittelbar: »Und müssen denn die zittern, die Unrecht leiden, und die allein fröhlich sein, die Unrecht tun?«

sinnlos, würde man versuchen, Strukturen herauszuhören. Es geht stattdessen im direkten Höreindruck um Dichte und Intensität des Dramas, das sich so unmittelbar vollzieht, als stünde der Hörer mitten darin. Diese Identifikation erreicht Zimmermann auch durch eine raffinierte Überblendungstechnik. Der erste und dritte Akt wirken wie Kammerspiele, die von eitlen, schließlich enttäuschten Hoffnungen der Kleinbürger handeln. Im zweiten und vierten Akt werden die Hintergründe dieses »Klassendramas und Zeitstückes«, das ihn, wie Zimmermann sagt, nur am Rande interessiert, in großen, im Stil klassischer Opernszenen gebauten Tableaus als Kritik, Appelle und Anklagen deutlich. »Die Konstellationen der Klassen, Verhältnisse und Charaktere unterwerfen Menschen einem Geschehen, dem sie nicht entfliehen können.«

Dass dieses Werk zum Sinnbild für die Oper der Gegenwart geworden ist, hängt mit der Formel von der »Kugelgestalt der Zeit« zusammen. Es verhält sich mit ihr so tückisch wie mit der Einstein'schen Formel. Jeder führt sie im Mund, doch keiner kann recht sagen, was gemeint ist, so plausibel Zimmermanns Hinweis (einer von unzähligen zu diesem Begriff) auch ist, er verstehe unter der Gleichzeitigkeit von Vergangenheit, Gegenwart und Zukunft die Idee von James Joyce, den »gesamten Weltenraum in eine Nussschale« zu pressen. Am stärksten fasziniert Zimmermann am Schauspiel von Lenz dessen kategorische Forderung nach einer »inneren dramatischen Einheit«. Mit dem sarkastischen Hinweis, es gäbe »Hunderte von Einheiten für ein Drama«, setzt sich Lenz bereits im 18. Jahrhundert respektlos über die, wie er es nennt, »jämmerlich berühmte Bulle von den drei Einheiten von Zeit, Ort und Raum« hinweg.

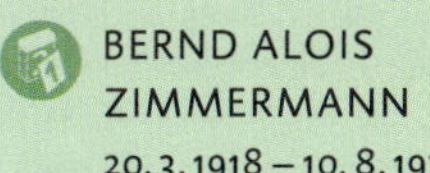

BERND ALOIS ZIMMERMANN
20.3.1918 – 10.8.1970

1948 Erstmals Mitwirkung bei den »Darmstädter Ferienkursen für Neue Musik«
1950 Lektor für Musiktheorie an der Universität Köln
1962 Professor für Komposition an der Kölner Musikhochschule
1967 *Requiem für einen jungen Dichter*
1970 Ekklesiastische Aktion *Ich wandte mich und sah an alles Unrecht, das geschah unter der Sonne*

■ Leidensweg einer Frau, die die Liebe suchte. Regina Schudel als Marie in der Dresdener Aufführung von Willy Decker.

> *»Wer sich auf eine Oper einläßt, muß sich der Tatsache eines der faszinierendsten, perseverierenden Anachronismen aller Zeiten bewußt sein«.*
>
> BERND ALOIS ZIMMERMANN

Zimmermann steigert dieses Prinzip. Die zweite Szene des zweiten Aktes verbindet beispielsweise drei völlig unabhängige Vorgänge, überschrieben als »Capriccio, Corale e Ciacona«. Capriccio, die Überraschung des Augenblicks, bezieht sich auf die Vereinigung von Marie und Desportes, ein »Geschrei und Gejauchze«, teilweise so expressiv komponiert wie ein Liebesduett in einer Oper Puccinis. Corale, der Choral, weist in die Vergangenheit zurück. Die alte Mutter Weseners kriecht (so lautet die Szenenanweisung) auf die Bühne, eine aus der Erde ausgespiene Urmutter. Zimmermann zitiert zu ihrem Lied im Orchester den Choral »Ich bin's, ich sollte büßen«, mit dem Johann Sebastian Bach in der *Matthäus-Passion* eine Menschheitsschuld brandmarkt, der sich niemand entziehen kann. Eine Ciacona (Chaconne), die auf einer ständig wiederholten Bassstimme beruht, charakterisiert die unbändige Wut und anhaltende Ohnmacht von Stolzius über Maries Untreue. Sein Schwur, sich zu rächen, weist in die Zukunft und ist doch bereits Vergangenheit, da zwecklos, wie im Choral vom immerwährenden Leid angezeigt wird, das zugleich Zukunft ist, da es sich unendlich oft wiederholen wird. Maries Freudenrufe in der Gegenwart werden Augenblicke später zu Tränen. Ihre Beziehung zu Desportes ist dann bereits Vergangenheit, die ihr nur noch die Zukunft offen lässt, eine Hure zu werden. Derartige »Kugelgestalten«, in denen alles aufeinander bezogen ist, verwandelt Zimmermann in dramatisch plausible, jedem aufmerksamen Zuhörer spontan verständliche Vorgänge. »Das Stück spielt gewissermaßen hin und her pendelnd zwischen morgen, gestern und heute«, sagt der Komponist. Seine Oper stellt den im 20. Jahrhundert immer neuen Vergewaltigungen ausgesetzten Menschen in den Mittelpunkt. Da man die ihm angetane Gewalt hört, sieht man sie auch.

■ Das Opfer am Boden, den Blick abgewandt von ihren soldatischen Peinigern. Marie zerbricht nicht allein an der männlichen, durch Desportes in Gang gesetzten Gewalt, sondern auch an ihren eigenen Ambitionen.

DIE SOLDATEN

OPER IN VIER AKTEN
IN DEUTSCHER SPRACHE

HANDLUNG

Erster Akt: Marie und Charlotte, die Töchter des Galanteriehändlers Wesener, geraten sich über einen Brief, den Marie an Madame Stolzius schreibt, in die Haare. Marie will nicht offen eingestehen, in deren Sohn, einen Tuchhändler, verliebt zu sein. – Erregt reißt Stolzius seiner Mutter den Brief Maries aus der Hand, um ihn augenblicklich zu beantworten. – Wesener untersagt dem Baron Desportes, Marie in die Komödie mitzunehmen. – Heftig diskutieren die Offiziere des Regiments mit dem Feldgeistlichen Eisenhardt über das amoralische Leben der Soldaten. Ist eine Hure stets eine Hure oder wird sie erst dazu gemacht? – Marie zeigt ihrem Vater Liebesbriefe von Desportes. Wesener untersagt ihr, Geschenke von ihm anzunehmen.

Zweiter Akt: Für seine Kameraden hat sich Hauptmann Haudy einen Spaß ausgedacht. Er hat Stolzius eingeladen, dem Marie versprochen ist, von der man aber weiß, dass sie von Desportes umworben wird. – Desportes nützt die bei einem Disput über einen Brief von Stolzius ausbrechende Schäkerei, um Marie zum Beischlaf zu verführen. – Stolzius verteidigt Marie gegen die Vorwürfe seiner Mutter, sie sei eine Soldatenhure. Stolzius will sich an dem Verführer rächen.

Dritter Akt: Auf die Spekulation Eisenhardts, um den Menschen kennen zu lernen, müsste man bei den Frauen anfangen, entgegnet Hauptmann Pirzel, wohl besser gleich bei den Schafen. – Stolzius wird Bursche bei Hauptmann Mary, um an Desportes heranzukommen. – Charlotte wirft ihrer Schwester Marie vor, sich ungeniert an Mary zu hängen, seit sie von Desportes verlassen worden sei. Mary macht Anspielungen auf seinen Burschen Stolzius, den Marie zunächst nicht erkannt hat. Für sie ist die Sache abgetan. – Die Gräfin de la Roche überzeugt ihren Sohn, von der Liebe zu Marie, die er für ein aufrichtiges und unschuldiges Mädchen hält, abzulassen. Sie will sich aber um sie kümmern. – Die Gräfin besucht Marie und bietet ihr an, sie als Gesellschafterin in ihr Haus zu nehmen.

Vierter Akt: Marie bricht alle Brücken hinter sich ab. Desportes geht ihr aus dem Weg und schickt seinen Jäger zu ihr, der Marie vergewaltigt. In diese Vergewaltigung sind alle Personen des Stückes einbezogen. – Desportes prahlt vor Mary mit seiner Gleichgültigkeit gegenüber dem Schicksal der Hure Marie. Stolzius vergiftet ihn und tötet sich dann selbst. – Mitten in einem endlosen Zug von Soldaten weist der alte Wesener die Bitten einer Hure um Almosen zurück. Er erkennt seine Tochter nicht. Marie erkennt ihren Vater nicht.

DATEN

Text: Nach dem gleichnamigen Schauspiel von Jakob Michael Reinhold Lenz (1774/75)

Musik: Bernd Alois Zimmermann

Uraufführung: 15. 2. 1965, Kölner Oper

Handlungszeit: Gestern, heute, morgen (Angabe des Komponisten)

Handlungsort: Das französische Flandern

Spielzeit: etwa 2 Stunden

Personen: *Wesener, ein Galanteriehändler in Lille* (Bass), *Marie, seine Tochter* (Sopran), *Charlotte, seine Tochter* (Mezzosopran), *Weseners alte Mutter* (Alt), *Stolzius, Tuchhändler in Armentières* (Bariton), *Stolzius' Mutter* (Alt), *Obrist, Graf von Spannheim* (Bass), *Desportes, ein Edelmann aus dem französischen Hennegau, in französischen Diensten* (Tenor), *Ein junger Jäger, in Desportes' Diensten* (Sprechrolle), *Pirzel, ein Hauptmann* (Tenor), *Eisenhardt, ein Feldprediger* (Bariton), *Haudy, Hauptmann* (Bariton), *Mary, Hauptmann* (Bariton), *Drei junge Offiziere* (Tenöre, ev. auch Hosenrollen/ Sopran), *Die Gräfin de la Roche* (Mezzosopran), *Der junge Graf, ihr Sohn* (Tenor), u. a.

WERTUNG

Das Werk ist die Verwirklichung der vom Komponisten erstrebten »Oper der Zukunft« als einem »totalen Theater« aus Musiktheater, Sprechtheater, Film, Band- und Tontechnik, Elektronik, konkreter Musik, Zirkus, Musical, freien Theaterformen usw. In diesem Stück ist zugleich eingelöst, welche Form im Musiktheater des 20. Jahrhunderts einzig Bestand haben kann: die »pluralistische Oper« (Bernd Alois Zimmermann).

Verständlichkeit:	●●●
Eingängigkeit:	●●
Aktualität:	●●●●
Theatervielfalt:	●●●●●
Gewaltstudie:	●●●●●

Die Rocky Horror Show
Von Lust und Schrecken

Ein Kult-Phänomen braucht keine umständlichen Erklärungen. Die Mischung ist so gespenstisch wie unübertrefflich: Rock und Schock, Frust und Lust, Revue und Science-Fiction. Vampire, Transvestiten und andere Sonderlinge rufen zu sexueller Befreiung und kollektivem Wahnsinn auf.

■ Willkommen im transsexuellen Transsylvanien. Die Bewohner des Lustschlosses Frank N. Furter, Riff-Raff, Magenta und Columbia rufen zur sexuellen Befreiung und zum kollektiven Wahnsinn auf.

Das ist eine Oper? Ja, es ist eine Oper im modernen Gewand, versteht man darunter ein Werk mit Musik, zu dem Unterhaltung, Märchen und Mythos gehören. Jede Generation kreiert ihren Musentempel neu. Im Fall der Uraufführung ist es eine Londoner Underground-Bühne mit einem Fassungsvermögen von sechzig (!) Zuschauern. Nicht allein *La Traviata, Carmen* oder *La Bohème* fallen beim ersten Mal glatt durch. Über die *Rocky Horror Show* steht 1973 im *Time Magazine* zu lesen: »eine hirnlose Verkasperung alter Horror-Filme zur rockmusikalischen Begleitung der 1950er Jahre«. Aber das Publikum lässt sich nicht beirren. In den ersten zehn Jahren spielt das Stück an der Kasse 70 Millionen Dollar ein.

Der in den 1970er Jahren einsetzende Musical-Boom ist auch eine Antwort auf die von Pierre Boulez geäußerte Provokation jener Zeit: »Sprengt die Opernhäuser in die Luft!« O Jesus Christ, nimm deine Katzen und jag' das Phantom aus der Oper! Dabei beginnt alles improvisiert im Schlepptau von Flower Power und Beat-Generation, ein Hauch von Chuck Berry, Fats Domino und Woodstock. Der ehemalige Filmstatist Richard O'Brien schreibt Text und Musik seiner Horror-Show in sechs Monaten nach einem, wie er sagt, simplen Konzept nieder. Jede

Figur könnte er selbst sein, und alles trage den Charakter eines Fernsehabends, der auch ihm gefallen würde. Nach der amerikanischen Kleinstadt Denton soll das »Grusical« zunächst *They Came from Denton High* heißen.

In der Oper dinierte man einst ungeniert mitten in der Vorstellung, und im Dunkel der Logen tat sich noch ganz anderes. 1973 verschafft man sich den »transit beam« und lässt sich nach Transsylvanien versetzen. Ein riesiger roter Kussmund, aus dem Blut tropft, verheißt Befreiung aus dem Alltag. Man singt mit und souffliert den Sängern den Text. Wunderkerzen, riesige Klopapierschlangen, eine Wasserspritzpistole, Reis und Konfetti gehören bald zur Grundausstattung des ins Stück einbezogenen Publikums, mit dem sich so wenig über Geschmack streiten lässt wie mit fanatischen Opernfans.

■ Klassisch: das verklemmte Spießerpärchen verirrt sich im Wald und gelangt zur Stätte der Lust. Da fällt das holde Fräulein erst mal in Ohnmacht – Freud lässt grüßen.

La Musica erscheint in barocker Pracht, um zu verkünden, dass man sich im Reich der Töne und Klänge befindet. Sie hat sich ein modernes Outfit zugelegt, heißt Usherette, später Magenta und singt den Auftaktsong »Science Fiction – Double Feature« in Es-Dur. Mit dieser Tonart beginnt auch die *Zauberflöte*. Was? Ja, geht's im galaktischen Zauberreich, dem Ägypten des Medienzeitalters, nicht um eine Prüfungsreise ins eigene Ich, wo bislang unbefriedigte Sehnsüchte auf Erfüllung warten? Janet Weiss (abgeleitet von vice = Laster) und Brad Majors sind das dem College entflohene Spießerpaar schlechthin. Der Komponist Richard O'Brien blickt 1999 in einem Interview zurück: »Vor allem handelt es sich um eine moderne Fabel. Die Liebenden verirren sich im Wald wie Hänsel und Gretel.« Das Paar wird von Rigoletto, pardon: vom buckligen Riff-Raff aus dem tristen Alltagsregen und der »Dunkelheit der schwärzesten aller Nächte« ins Lustschloss von Frank N. Furter, auszusprechen als

LEIT-MELODIE

The Time Warp. Die Melodie des Songs steht in A-Dur. Der zentrale Satz »Let's Do the Time Warp again« (Lass uns den Zeitsprung noch einmal machen) beginnt mit einem Akkord in F-Dur. Es folgen C-Dur, G-Dur und D-Dur. Diese Tonart führt zurück nach Dur, zur Grundtonart. Man wird's kaum glauben: Die Melodie zur Rosenüberreichung im *Rosenkavalier* ist ganz ähnlich als Folge von Akkorden strukturiert. Was soll die hausbackene Harmonielehre? Sie lüftet das Geheimnis des Rezepts, mit dem man Evergreens zimmert und zaubert. Man muss die Melodie nur einmal hören und vergisst sie nie wieder.

RICHARD O'BRIEN
geb. 1942 in
Cheltenham, England

Ab 1970 Mitwirkender in den Musicals *Hair* und *Jesus Christ Superstar*
Ab 1972 Schauspieler, Autor, Komponist in England
1974 Darsteller des Riff-Raff in dem Film *The Rocky Horror Picture Show*, Regie: Jim Sharman
1979 Rolle des Brückenarbeiters in *Der Golden Gate Mörder*
1981 Mitwirkung in dem Film *Shock Treatment*, in dem Brad und Janet als Paar in einer Fernsehshow auftreten
1988 Rolle des James in *Die Wölfe von Willowby*
1998 Hauptrolle in *Dark City*

»Fränkenförter«, eingelassen. Frank N. Furter ist eine Mischung aus Frankenstein, Dracula, Fürst Orlofsky aus der *Fledermaus* und Mozarts Don Giovanni. Wie dieser ist er einzig daran interessiert Chaos zu entfachen. »Er schert sich nicht darum, was andere Menschen empfinden. Er benötigt sie für sein eigenes Ende. Er ist halb Gott, halb Teufel. Aber wenn wir uns in seiner Gesellschaft befinden, denken wir an nichts anderes.« Das sagt nicht Mozart über Don Giovanni, sondern Richard O'Brien über seinen transsylvanischen Helden. Der Eintritt ins Reich der Begierden im Song »Over at the Frankenstein Place« erfolgt über einen unaufhörlich wiederholten Grundton im Bass, mit ständigen Wechseln von Dur nach Moll und mit der auffälligen Verzierung des Wortes »life«, die man in der Oper Koloratur nennen würde.

»I can make you a man«: Rocky, die Super-Sex-Kreatur, ist der synthetisch erzeugte Muskelmann, anders gesagt die Wiedergeburt Siegfrieds. Als Gegenfigur agiert nicht Mime wie in Wagners *Ring des Nibelungen*, sondern der hässliche Eddie, der sich als Neffe von Dr. Scott, dem Vampir-Jäger, entpuppt, bevor die Handlung in einer Floor-Show gipfelt, die als Theater im Theater nichts anderes ist als das Divertissement der »Großen Oper« aus dem Paris des 19. Jahrhunderts. »Zum Raum wird hier die Zeit«, heißt es in Wagners *Parsifal*, und man könnte meinen, die Horror-Show verstünde sich als gewitzte Parodie auf jede elitäre Sinnsuche. Zur gelungenen Musikkomödie braucht es noch das charismatische Liebeslied, ein Hauch von »Wie eiskalt ist dies Händchen«. Und um Berührung geht es auch in diesem Fall. »Touch-a, touch-a, touch-a, touch meeee!«, singt Jane, wenn sie sich Rocky hingibt. Alles wird so oft und innig auf einem einzigen Ton wiederholt wie in der italienischen Oper. Nur dass in dieser Show aus »la, la, la« jetzt »sha, la, la« wird. Die Zeiten ändern sich, die Formen des musikalischen Theaters auch, die Sehnsüchte nie: Alle Lust will Ewigkeit.

■ Der sexuelle Anarchist ist tot. Die Super-Sex-Kreatur Rocky trauert um ihren Schöpfer. Mit erotischer Brillanz spielte Tim Curry in der Verfilmung von Jim Sharman aus dem Jahre 1975 die Rolle des Frank N. Furter.

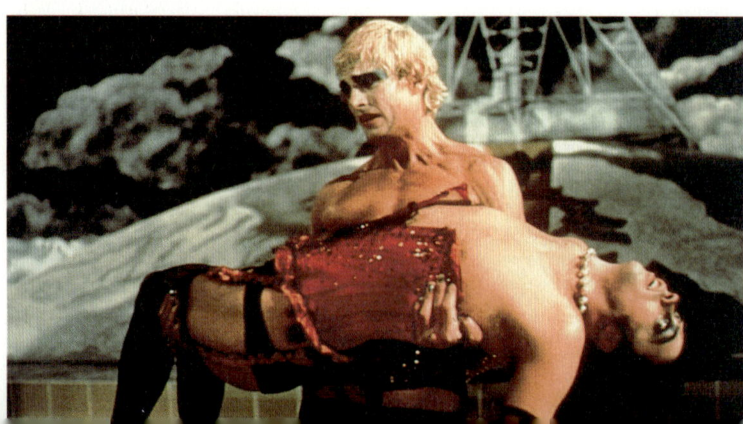

DIE ROCKY HORROR SHOW (THE ROCKY HORROR SHOW)

ROCK MUSICAL IN EINEM PROLOG, EINEM AKT MIT ELF SZENEN IN EINEM VARIABLEN BILD UND EINEM EPILOG
IN ENGLISCHER SPRACHE

HANDLUNG

Die Verlobten Brad Majors und Janet Weiss verlassen die Kleinstadt Denton, um ihren einstigen Lehrer Dr. Evrett Scott aufzusuchen. Eine Autopanne zwingt Brad und Janet, Zuflucht vor einem nahenden Gewitter in einem unheimlichen Schloss zu suchen, das sich als »Frankenstein Place« entpuppt. Riff-Raff, der bucklige und kauzige Diener von Frank N. Furter, dem Herrscher aus dem galaktischen transsexuellen Transsylvanien, öffnet Brad und Janet die Tür und macht sie mit den Bewohnern des Schlosses bekannt, zu denen auch Magenta und Columbia gehören, die attraktiven Dienerinnen von Frank N. Furter. Frank N. Furter, im Besitz des Geheimnisses vom ewigen Leben, lässt in dieser Nacht Rocky Horror entstehen, die Krönung der Schöpfung – einen blendend aussehenden Jüngling im modischen Slip. Er ist eine völlig andere Kreatur als der hässliche Eddie, eine Art Riesenbaby in der Uniform eines Zustellboys. Eddie entschlüpft einem Riesencontainer, in dem er für weitere Experimente von Frank N. Furter aufbewahrt wurde. Dort landet er auch wieder, nachdem er von Frank N. Furter, dem er zu hässlich ist, mit einem Mikrophonständer gejagt und erschlagen wurde. In getrennten Zimmern werden Brad und Janet nacheinander von Frank N. Furter verführt. Im Laboratorium begegnen sich Janet und Rocky, der Frank N. Furter fürchtet. Als Janet an den Knöpfen eines Fernsehapparates dreht, erscheint Brad in den Armen von Frank. Janet gibt sich befreit Rocky hin, eine Szene, die wiederum Brad auf dem Bildschirm sieht, der mittlerweile zur Einsicht gekommen ist, dass Freizügigkeit einem schlechten Gewissen vorzuziehen sei. Inzwischen lässt Frank N. Furter Riff-Raff zur Strafe dafür auspeitschen, dass Rocky entkommen ist. Dr. Evrett Scott taucht auf, der ehemalige Lehrer von Brad und Janet, jetzt Beauftragter der Regierung und in dieser Funktion hinter den außerirdischen Lüstlingen her, auf deren Spur ihn sein Neffe Eddie gebracht hat. Frank N. Furter, auf dem Sprung in die Zeitmaschine, um zu einem anderen Planeten zu fliegen, versetzt seine Umgebung in Trance und macht alle zu Akteuren einer exzentrischen Nightshow, die sein fulminanter Abschied von der Erde sein soll. Riff-Raff und Magenta erscheinen im Gewand der Außerirdischen aus Transsylvanien und übernehmen, der Dekadenz ihres Herrn überdrüssig, das Kommando über die anstehende Flucht von der Erde. Sie vernichten mit einer Strahlenkanone Frank N. Furter, Columbia und Rocky. Riff-Raff zaubert das Spukschloss zurück in die transsylvanische Galaxie. Verstört stehen Dr. Scott, Janet und Brad in einer Einöde.

DATEN

Szenarium, Text und Musik: Richard O'Brien

Uraufführung: 19. 6. 1973, Theatre Upstairs at the Royal Court Theatre London

Handlungszeit: In den 50er Jahren des 20. Jahrhunderts

Handlungsorte: Die Kleinstadt Denton und Frankenstein Place, ein altes Spukschloss in der Nähe von Denton

Spielzeit: etwa 2 Stunden

Personen: Der Erzähler (Sprechrolle); Sprech- und Gesangspartien: *Brad Majors und Janet Weiss, junge Leute, miteinander verlobt; Frank N. Furter, Transvestit aus Transsylvanien; Riff-Raff, sein Diener; Magenta, auch Usherette oder Belasco Popcorn Girl genannt, Franks Dienerin; Columbia, Franks Dienerin; Rocky Horror, Schöpfung von Frank N. Furter; Eddie, sein früherer Geliebter; Dr. Evrett Scott, Dozent für Naturwissenschaften und Regierungsbeauftragter*

WERTUNG

Als Musical ist es ein Grusical, als Bühnenspektakel ein Flower-Power-Happening mit unmissverständlicher Botschaft: raus aus Mief und Alltag, rein ins Spukschloss der Lust. Vor allem ist es totales Theater, in das die Zuschauer unmittelbar einbezogen werden.

Verständlichkeit:	✪✪✪✪
Eingängigkeit:	✪✪✪✪✪
Aktualität:	✪✪✪✪
Music-Comedy:	✪✪✪✪✪
Bühnenspektakel:	✪✪✪✪✪
Vampirismus:	✪✪✪✪✪

Die Zauberflöte
Von Liebe und Tod

Ein Märchenmysterium wird zu einer Liebes- und Lebensprüfung für junge Menschen im Kampf gegen väterliche und mütterliche Autorität. Ein Vorstadtsingspiel wird großes Welttheater.

■ Flötenspieler. Tarquinia, um 470 v.Chr.

Mozart, der sich normalerweise einer Bewertung eigener Werke strikt enthält, gibt zur *Zauberflöte*, die auf dem Programmzettel der Uraufführung eine »Große Oper« genannt wird, ein Urteil ab, das bis heute gültig ist: »Man sieht recht, wie sehr und immer mehr diese Oper steigt.« Im Verlauf der Aufführungsgeschichte wird aus dem für das Vorstadttheater Schikaneders entstandenen Singspiel ein Lehrstück und schließlich *die* deutsche Nationaloper. Die Aspekte des Märchens und des Mysteriums geraten in den Hintergrund. Zwei Menschen entdecken in lebensgefährlichen Prüfungen ihre Liebe und behaupten sich gegen die Machtansprüche von Patriarchat und Matriarchat. Ein zweites Paar findet zueinander, vollauf damit beschäftigt, seine urmenschlichen Bedürfnisse zu befriedigen. Drei Knaben toben unbeschwert durch eine Kulissenwelt, die von verschleierten Damen, weihevollen Priestern, verzauberten Sklaven, einem nach Liebe gierigen Mohren und Tieren bevölkert ist, die vom Spiel jenes Instrumentes betört werden, das der Oper den Titel

■ Pamina in Bedrängnis. Ruth Ziesak als Pamina, Heinz Zednik als Monostatos. Inszenierung von Johannes Schaaf, Salzburger Festspiele, 1991.

gibt: der Zauberflöte. Wenn alle anderen Instanzen versagen, lassen sich die Widersprüche menschlicher Existenz einzig durch das Spiel eines Instrumentes aufheben.
Das Stück beginnt als Albtraum. Von einer Sekunde auf die nächste wird der Zuschauer mit der Todesangst Taminos konfrontiert. Nicht allein ein javonischer Prinz, jeder Mensch kennt solche Zustände. In höchster Not retten drei Damen den Jüngling vor einer Schlange, die sich so lautmalerisch nähert, als würde Mozart einen Horrorfilm vertonen. Tamino fällt in Ohnmacht. Damit endet die reale Handlung der ersten Nummer nach erst zweiundvierzig von zweihundersiebzehn Takten und weicht einem statischen Vorgang, der zum Verständnis des Mysteriums von Liebe und Tod unentbehrlich ist. In lyrischen Melodien himmeln die Damen in Tamino das Objekt ihrer Begierde an. Wo Augenblicke zuvor von Todesangst die Rede ist, dominiert jetzt die Liebe. »Dies Bildnis ist bezaubernd schön« singt wenig später der wieder erwachte Prinz, nachdem ihm die mit großem Theaterzauber erschienene Königin der Nacht ein Bild ihrer vom bösen Zauberer Sarastro geraubten Tochter Pamina gezeigt hat. Mozart macht aus Taminos Arie die atemberaubende Entdeckungsfahrt eines jungen Menschen in seine Gefühlswelt: »Soll die Empfindung Liebe sein?« Orchester und Stimme geben bekräftigend die Antwort: »Ja, ja, die Liebe ist's allein.« Wer sich seiner Gefühle sicher ist, erringt die Reife, eine Prüfung auf Leben und Tod auf sich zu nehmen.

Das Spiegelbild zu Taminos Arie, ziemlich am Beginn der *Zauberflöte*, ist zu deren Ende hin Paminas Arie »Ach, ich fühl's, es ist verschwunden«. Auch sie ist eine Entdeckungsfahrt, nur gilt sie nicht der Liebe, sondern der Sehnsucht nach dem Tod. Beide Monologe sind Eckpfeiler im Drama einer

■ Vorbild für Papageno: Vogelmensch. Tusch- und Federzeichnung in der Art des Parmigianino, 16. Jahrhundert.

DER MEISTER DER VORSTADTKOMÖDIE

»Man redt sich freilich auf die Musik aus, aber ohne Text wird doch nichts draus«, rechtfertigt Schikaneder sein Libretto, das viel besser ist als sein Ruf und Elemente der Aufklärung und der Freimaurerlehre sowie ägyptische Anklänge mit Vorstadtpossen und mysteriös Märchenhaftem vereint. Goethe, gescheitert am Versuch, die Ursprünglichkeit der *Zauberflöte* mit einem neuen Stück fortzusetzen, bringt es auf den Punkt. Schikaneder habe im hohen Grad die Kunst verstanden, »durch Kontraste zu wirken und große theatralische Effekte hervorzubringen«.

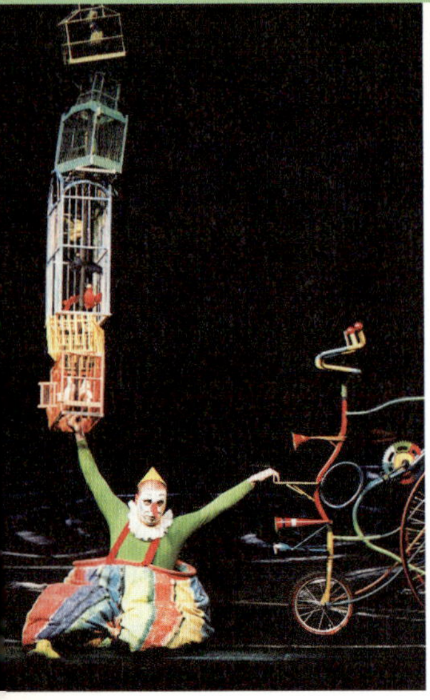

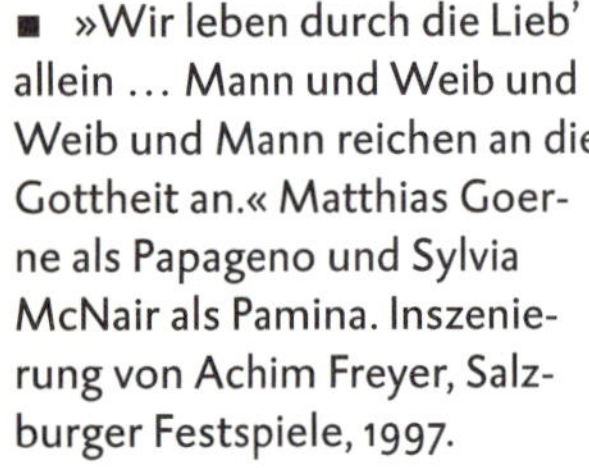

■ »Wir leben durch die Lieb' allein … Mann und Weib und Weib und Mann reichen an die Gottheit an.« Matthias Goerne als Papageno und Sylvia McNair als Pamina. Inszenierung von Achim Freyer, Salzburger Festspiele, 1997.

Lebensprüfung. Diese faszinierende Entsprechung, die sich nicht allein mit Vernunft, sondern nur mit kindlicher Naivität begreifen lässt, ist das vielleicht größte Geheimnis im Beziehungsgeflecht der *Zauberflöte*. Sarastro und die Königin der Nacht verkörpern als zentrales Gegensatzpaar die Kräfte von Matriarchat und Patriarchat. Je nach Blickwinkel wirkt der eine oder andere von ihnen gut oder böse. Tamino erfährt im Gespräch mit dem Sprecher Sarastros im Finale des ersten Aufzuges einen Bewusstseinswandel. Ihm wird mehr intuitiv als rational bewusst, dass die Königin vielleicht nicht allein aus Mutterliebe handelt und dass Sarastro auch etwas anderes verkörpern könnte als einen bösen Zauberer. Mozart vertont den Dialog Taminos mit dem Sprecher als ein weit in die Zukunft der romantischen Oper weisendes dramatisches Rezitativ. Vor Angst und Zweifel schützt Tamino der Griff zur Zauberflöte. Der Komponist gibt ein eindeutiges Urteil ab: Das Herz kommt vor dem Verstand. Pamina entdeckt in der Konfrontation mit ihrer Mutter, dass jede Liebe ihre tödliche Kehrseite hat. Die Tochter soll im Namen der Königin der Nacht die Rache der Hölle üben und Sarastro beseitigen. Wie überaltet dieser Machtanspruch trotz des großen Gefühlsausbruches ist,

ZUR LIEBE WILL ICH DICH NICHT ZWINGEN

Nr. 8, Erstes Finale: Erheitern soll sich Pamina, verlangt Sarastro, der sie gefangenhält und alles weiß, vor allem, dass sie einen anderen liebt. Zur »Liebe will er sie nicht zwingen«, aber die »Freiheit gibt er ihr nicht«. Was ist das für eine Humanität? Mozart komponiert krass gegen den Text: unruhige Töne und lyrische Melodien, als befände man sich bereits mitten in der Romantik. Sarastro verrät seine Liebe zu Pamina und straft damit seine pathetischen Worte Lüge. Musik besiegt die Sprache.

macht Mozart in der barocken Koloraturarie der Königin deutlich. Aber nicht nur Hass, auch Liebe kann zur Bedrohung werden, wenn sie als Machtanspruch gemeint ist. Mozart vertont den philosophischen Text von Sarastros Arie »In diesen heil'gen Hallen« als Liebeserklärung für Pamina, obwohl der Beherrscher eines Männerbundes ansonsten recht wenig Güte und Einsicht an den Tag legt, etwa bei seiner Antwort, was geschehen würde, sollte Tamino die Prüfung nicht bestehen: »Dann wird er der Götter Freuden früher fühlen als wir.«
Das Liebesduett der *Zauberflöte* singen Pamina und Papageno, der Naturbursche, dessen Rolle Mozart dem Improvisationskünstler Schikaneder auf den Leib schreibt. Pamina und Papageno fühlen dasselbe: »Wir leben durch die Lieb' allein … Mann und Weib und Weib und Mann reichen an die Gottheit an.« Eine höhere und tiefere Weisheit gibt es in der gesamten Oper nicht. Übrigens ist der auf Naturlauten aufgebaute Gesang »Pa, Pa, Pa …« von Papagena und Papageno im letzten Finale weniger ein Liebes- als ein Zeugungsduett, ein ironischer Hinweis Mozarts auf die Lust und Qual, die eine künftige bürgerliche Familienplanung mit sich bringt. Papageno ist eine mythische Urgestalt, halb Tier, halb Mensch. Er reagiert stets intuitiv, vor allem in Todesangst, die Mozart bei ihm ebenso ernst nimmt wie bei Pamina. Mozart entwickelt in der *Zauberflöte* eine besondere Vorliebe für das Schicksal von Außenseitern. Monostatos, dessen Name »der für sich allein Stehende« bedeutet und in dem der Psychologe Ernst Neumann die »schwarze Seite und Seele« Sarastros sieht, bekommt in der Einleitung zu seiner Arie »Alles fühlt der Liebe Schmerzen« die Flöte zugewiesen. Selbst wo Liebe in krankhafte Begierde ausufert, weist Mozart auf tiefere

WOLFGANG AMADEUS MOZART
27.1.1756 – 5.12.1791

- 1777/78 Reise nach Paris, auf der die Mutter stirbt
- 1779 Aloisia Weber lehnt Mozarts Heiratsantrag ab
- 1781 Bruch mit dem Fürsterzbischof von Salzburg, Übersiedlung nach Wien, Große Oper *Idomeneo*
- 1782 Heirat mit Constanze Weber
- 1784 Mozart beginnt die Eintragung seiner Stücke in ein Werkverzeichnis
- 1785 Aufnahme in die Freimaurerloge »Zur Wohltätigkeit«
- 1787 Reise nach Prag, Ernennung zum k. u. k. Kammermusicus
- 1791 Opera seria *La clemenza di Tito*, *Requiem* (unvollendet)

■ Gösta Winberg als Tamino, Angela Maria Blasi als Pamina und Laszlo Polgar als Sarastro. Inszenierung von Jean-Pierre Ponnelle, Salzburger Festspiele, 1986.

»*Nach der* Zauberflöte *haben ernste und leichte Musik sich nicht mehr zusammenzwingen lassen.*«

THEODOR W. ADORNO

Ursachen hin: Ausgrenzung und Bestrafung. Den Mond, das Symbol der Natur, bittet Monostatos um Vergebung, wenn er sich als Schwarzer der weißen Pamina nähern will. So sehr hat Monostatos der Hass verblendet, dass er ihn nun gegen sich selbst kehrt.

Die Prüfung Paminas, die am Ende sogar von Tamino im Stich gelassen wird, gestaltet sich weit existenzieller als die zum Teil groteske Heldenfahrt von Tamino und Papageno durch das Reich Sarastros. Da Mozart bei der Vertonung der Feuer- und Wasserprobe, die als kurioses Spektakel des Vorstadttheaters inszeniert wird, keinen Unterschied zwischen den Elementen macht, geht es ihm vor allem um die Frage, wie Tamino und Pamina die ungeheure Herausforderung bewältigen. Nicht anders als heute dienen die »special effects« der Bühnenmaschinerie auch der Darstellung eines Bewusstseinsprozesses. Liebe ist Spiegelbild des Todes, ob nun in der *Zauberflöte* oder wenn im *Phantom der Oper* der Kronleuchter zu Boden fällt. In der Finalszene wird Sarastro nur ein einziger Satz zugestanden. Die Königin der Nacht verschwindet in der Unterbühne. Auf dem Theater, das nun sogar eine Sonne darstellt, erklingt der Schlusschor, in dem verräterisch davon die Rede ist, dass »die Stärke siegt«. Bevor der Vorhang fällt, wird die Bühne vom Chor eingenommen, von jenem Kollektiv, das in der Welt der Oper die Gesellschaft versinnbildlicht oder das, was Mozart darunter versteht, nämlich Menschheit.

■ Aufdringliche Weiblichkeit. Eine der drei Damen, die auf Seiten der Königin der Nacht für das Matriarchat kämpfen. Inszenierung von Achim Freyer, Salzburger Festspiele, 1997.

■ Der Schwarze will die Liebe der Weißen erzwingen. Heinz Zednik als Monostatos, Ruth Ziesak als Pamina und Anton Scharinger als Papageno. Inszenierung von Johannes Schaaf, Salzburger Festspiele, 1991.

■ *nachfolgende Doppelseite: Fausts Verdammnis* von Hector Berlioz. Keith Lewis als Faust in der Inszenierung von Nikolaus Lehnhoff, Hamburgische Staatsoper, 1988.

DIE ZAUBERFLÖTE

EINE DEUTSCHE OPER (GROSSE OPER) IN ZWEI AUFZÜGEN

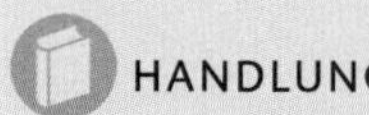

HANDLUNG

Erster Aufzug: Drei Damen retten Tamino vor einer Schlange. Papageno brüstet sich der Heldentat und bekommt als Strafe von den drei Damen ein Schloss vor seinen Mund. Mit einem Bildnis bringt die Königin der Nacht Tamino dazu, sein Leben zu wagen, um ihre Tochter Pamina aus der Gefangenschaft Sarastros zu befreien. Papageno und drei Knaben begleiten ihn auf der Reise. Pamina, die auf der Flucht vor Sarastros Aufseher Monostatos ist, erfährt von Papageno, dass sie durch Tamino gerettet werden soll, dem im Gespräch mit dem Sprecher Sarastros erste Zweifel an den Worten der Königin der Nacht kommen. Tamino, dem Stimmen aus dem Tempel verraten, dass Pamina noch am Leben ist, versucht diese mit einer Flöte, die selbst wilde Tiere bezaubert, herbeizulocken. Vor Sarastro gesteht Pamina mutig ein, sie habe aus Angst vor Monostatos und aus Liebe zu ihrer Mutter fliehen wollen. Sarastro verzeiht ihr, gibt sie aber nicht frei. Monostatos bringt Tamino und Papageno vor Sarastro. Zu seinem Entsetzen wird er dafür grausam bestraft. Sarastro befiehlt, Tamino und Papageno den Prüfungen der Eingeweihten zu unterziehen.

Zweiter Aufzug: Als erstes wird ihnen ein Schweigegebot auferlegt. Mit Blitz und Donner verjagen die Priester die in den Bezirk Sarastros eingedrungenen drei Damen, die Tamino und Papageno zur Flucht überreden wollten. Monostatos belauscht, wie die Königin der Nacht ihre Tochter zum Mord an Sarastro gewinnen möchte. Er will daraufhin Pamina zur Liebe zwingen, wird aber von Sarastro aus dem Tempelbezirk verjagt. Papageno erscheint ein altes Weib, das behauptet, seine Geliebte zu sein. Die drei Knaben bringen die den Prüflingen zuvor abgenommenen Zauberinstrumente zurück. Pamina wird von Taminos Flötenspiel angezogen. Verzweifelt über sein Schweigen, glaubt sie, allein im Tod Frieden finden zu können. Papageno hat Tamino verloren. Das alte Weib erscheint erneut, entpuppt sich als Papagena und wird entfernt. Die drei Knaben retten Pamina vor dem Tod und führen sie zu Tamino. Zwei Geharnischte heben vor den Toren von Feuer und Wasser das Schweigegebot auf. Gemeinsam bestehen Pamina und Tamino die Prüfungen. Die drei Knaben verhindern, dass sich Papageno, betrübt über den Verlust Papagenas, erhängt. Endlich sind auch Papageno und Papagena vereint. Mit Blitz und Donner vernichtet Sarastro die Macht der mit ihren Damen und dem abtrünnigen Monostatos in sein Reich eingedrungenen Königin der Nacht. Der Sonnenkreis wird Pamina und Tamino übergeben.

DATEN

Text: Emanuel Schikaneder

Musik: Wolfgang Amadeus Mozart KV 620

Uraufführung: 30. 9. 1791, Freihaustheater auf der Wieden, Wien

Handlungszeit: Märchenhafte Handlung ohne zeitliche Einordnung.

Handlungsort: Ägypten; Schauplätze: im Reich der Königin der Nacht, im Reich Sarastros.

Spielzeit: etwa 3 Stunden

Personen: *Sarastro* (Bass), *Tamino* (Tenor), *Sprecher* (Bass), Erster Priester (Bass), *Zweiter Priester* (Tenor), *Dritter Priester* (Sprechrolle), *Königin der Nacht* (Sopran), *Pamina, ihre Tochter* (Sopran), *Erste Dame* (Sopran), *Zweite Dame* (Sopran), *Dritte Dame* (Sopran), *Erster Knabe* (Sopran), *Zweiter Knabe* (Sopran), *Dritter Knabe* (Sopran), *Ein altes Weib / Papagena* (Sopran), *Papageno* (Bass), *Monostatos, ein Mohr* (Tenor), *Erster geharnischter Mann* (Tenor), *Zweiter geharnischter Mann* (Bass), *Drei Sklaven (Sprechrollen)*

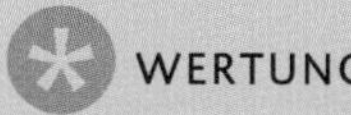

WERTUNG

Vielleicht tatsächlich die einzige Oper ohne jede Altersbegrenzung. Text und Musik sind unmittelbar und ohne weiterbildende Lektüre verständlich.

Verständlichkeit:	✪✪✪✪✪
Eingängigkeit:	✪✪✪✪✪
Aktualität:	✪✪✪✪✪
Märchenoper:	✪✪✪✪✪
Mythos:	✪✪✪✪✪
Eros und Tod:	✪✪✪✪✪

GLOSSAR

Accompagnato Kurzform für ▸ recitativo accompagnato, bestimmte Form des ▸ Rezitativs, vom Orchester begleitet. Bereits 1607 von Monteverdi in *L'Orfeo* (*Orpheus*) eingesetzt, durchgängig jedoch erst im 18. Jahrhundert verwendet.

Akkord (lat. »accordare« = übereinstimmen) Ein aus mindestens drei verschiedenen, gleichzeitig erklingenden Tönen bestehender Klang.

Akt (lat. »actus« = Handlung) Hauptuntergliederung eines dramatischen Werkes. In sich geschlossener Hauptteil, auch Aufzug genannt. In der Oper wird die Akteinteilung um 1640 obligatorisch.

Alt (lat. »vox alta« = hohe Stimme) Das tiefste Fach der Frauen- und Knabenstimmen. Bis zum 17. Jh. die zweithöchste Stimme (Contratenor altus) des nur von Männerstimmen gesungenen vierstimmigen Satzes. Die nächsthöheren Frauenstimmen sind ▸ Mezzosopran und ▸ Sopran.

Appoggiatura (ital.) Bezeichnung des Vorschlages. Eine zwischen zwei Melodietöne eingeschobene Verzierung aus einem Ton oder mehreren Tönen.

Arie (ital. »aria« = Luft, Atmosphäre, Erscheinung, frz.: »air«) Mehrteiliger, unterschiedlich gegliederter Sologesang mit Orchesterbegleitung. Im 17. und 18. Jahrhundert vorwiegend als ▸ Da-capo-Arie.

Ariette (franz.) Übernahme der ital. ▸ Da-capo-Arie in die französische Oper. Nicht, wie irrtümlich oft angemerkt, kleine oder kurze Arie.

Artikulation Richtige Bildung und Abgrenzung der Laute.

Atemtechnik Ausschlaggebende physiologische Grundlage für den Gesang.

Autograph Die für eine authentische Überlieferung maßgebliche Niederschrift des Autors.

Azione teatrale (ital. = theatralische Handlung) Huldigungsspiel oder Kurzoper an Fürstenhöfen des 17. und 18. Jahrhunderts. Sonderfall der Oper. So unterschiedliche Werke wie *Orpheus und Eurydike* von Christoph Willibald Gluck (Wiener Fassung) oder *Intolleranza* von Luigi Nono werden in bewußter Abgrenzung vom gängigen Begriff der Oper als theatralische bzw. szenische Aktion bezeichnet.

Ballad opera (engl.) Besondere Form des Singspiels in England im 18. Jahrhundert. Herausragendes Beispiel: *The Beggars Opera* (*Die Bettleroper*) von John Christopher Pepusch und John Gay (1728).

Ballett Selbständige Tanzdarbietung, aber auch Tanzszenen in Opern. Für die dramatische Entwicklung sind Balletteinlagen wesentlich u.a. in Verdis *Aida* oder Wagners *Tannhäuser*.

Ballet de cour (franz. = Hofballett) Ballettaufführungen am franz. Hof im 16. und 17. Jahrhundert. Gesamtkunstwerk aus Dichtung, Tanz, Vokal- und Instrumentalformen, prunkvoller Ausstattung und Kostümen. Vorform der Oper.

Banda (ital.) Eigentl. Militärmusik in Bläserbesetzung. Zumeist als ▸ Bühnenmusik eingesetzt. Häufig verwendet in Opern Verdis, z.B. in *Rigoletto* oder *La Traviata*.

Bariton (griech. »barytonos« = tiefertönend) Mittlere Männerstimme zwischen ▸ Tenor und ▸ Bass.

Barockoper Gattung im 17. und 18. Jahrhundert. Entstanden aus den Versuchen der ▸ Florentiner Camerata, das Theater der Antike wiederzuentdecken. Die Blütezeit erstreckt sich etwa bis zu den letzten Opern Händels um 1740. Diente den Herrschenden als Mittel zur Darstellung absolutistischer Macht.

Bass (lat. »bassus« = tief) Tiefe Männerstimme.

Belcanto (ital. »bel canto« = schöner Gesang) Virtuose italienische Gesangskunst vom 17. bis zum 19. Jahrhundert. Grundmerkmale sind veredelte Tonbildung und Schönheit des Klanges.

Bouffes-Parisiens Von Jacques Offenbach in Paris 1855 gegründetes Theater für Kurzopern.

Bruststimme Register der menschlichen Stimme mit überwiegender Brustresonanz und dunklem, vollem Klang.

Bühnenmusik Instrumentalmusik aus Opern, die nicht im Orchestergraben gespielt wird.

Bühnenorchesterprobe Auf die Orchesterarbeit konzentrierte Probe mit Sängern und Instrumentalisten im Endstadium einer Operninszenierung.

Buffonistenstreit 1752 in Paris nach dem Gastspiel einer ital. Operntruppe ausbrechende Auseinandersetzung, ob die franz. Sprache für den Operngesang tauglich sei.

Cabaletta (ital. »cobola« = Strophe) Kurze schlichte ▸ Arie oder Arienabschluß mit sich gleichförmig wiederholendem Rhythmus.

Cantar d'affetto In der ▸ Barockoper der auf den Affekt, die emotionale Wirkung hin berechnete Gesang.

Cantar parsaggiato In der ▸ Barockoper der reich verzierte, auf Virtuosität ausgerichtete Gesang.

Cantar sodo In der ▸ Barockoper der schlichte, auf dramatische Wirkung ausgerichtete, im 17. Jahrhundert als modern und progressiv aufgefaßter Gesang.

Charakterfächer Spezifische Rollenzuweisungen in der Oper, ausgerichtet nach den jeweiligen Stimmen und bestimmten Charaktereigenschaften wie z.B. lyrisch oder dramatisch.

Chor (griech. = Tanzplatz, Reigen, Reigentänzer) Gemeinschaft von Singenden. Ursprüngl. auch der für die Aufstellung der Sänger bestimmte Kirchenraum.

Comédie (franz. = Komödie) Bezeichnung für die frühe heitere franz. Oper im 17. Jahrhundert.

Comédie-ballet (franz.) Gattung des franz. Theaters, maßgeblich für die

Entwicklung der Oper in Verbindung mit dem ▸ ballet de cour und der ▸ tragédie lyrique.

Commedia dell'arte (ital.) Stegreiftheater auf hohem artifiziellem Niveau, orientiert an bestimmten Szenen, Situationen und Charakteren, z.B. Arlecchino (Harlekin) oder Colombine.

Commedia in muscia / Commedia per musica (ital.) Komische ital. Oper, vornehmlich im 18. Jahrhundert. Eng angelehnt an die Stilmittel der ▸ Commedia dell'arte. Zentrum dieser Opernkunst war Neapel.

Contratenor (ital.) Ursprüngl. Satzbezeichnung für die Füllstimme in der Motette oder im Madrigal. Ab dem 15. Jahrhundert Weiterentwicklung zu anderen Stimmfächern, z. B. ▸ Countertenor.

Countertenor (engl.) Männerstimme im ▸ Alt, bei der durch die Kunst des Falsettierens (▸ Falsett) Höhe und Ausdruck der weiblichen Altstimme erreicht wird.

Couplet (frz. = Verbindung, Paar) Strophenlied mit witziger Pointe im Refrain. Im 18. Jahrhundert entstanden. Häufig verwendet in der ▸ Opéra-comique und der ▸ Operette.

Da-capo-Arie (ital. »da capo« = vom Kopf an) Virtuose Form der ▸ Arie auf dem Höhepunkt der ▸ Barockoper. In dreiteiliger Form A – B – A, die später zur virtuosen fünfteiligen Form A – A' – B – A – A' erweitert wurde, vor allem in der ▸ Neapolitanischen Oper.

Deklamation (ital. »declamatio« = Vortrag) Eine dem Text und dessen emotionalem Gehalt gerecht werdende Vortragsweise.

Detonieren Abweichen von der richtigen Tonhöhe.

Deutsche Oper Als Gattung erst nach Inhalt und Form prägenden Entwicklungen in Italien, Frankreich und England bedeutend. Die älteste vollendete deutsche Oper ist *Seelewig – Das Geistliche Waldgedicht* von Sigmund Theophilus Staden (1644).

Diva (ital. = die Göttliche) Gefeierter Bühnenstar.

Divertissement (frz. = Unterhaltung, Zerstreuung) Dekorative und unterhaltsame Ballett-Einlage, teilweise mit Gesang.

Dodekaphonie Technik der ▸ Zwölftonmusik.

Dramma giocoso (ital. = heiteres Drama) Gattungsbezeichnung von ital. Opern im 18. Jahrhundert. Berühmtestes Beispiel: Mozarts *Don Giovanni*.

Drame lyrique (franz. = lyrisches Drama) Gattung in der franz. Oper, vornehmlich im 19. und 20. Jahrhundert. Eng verwandt mit ▸ Grand opéra und ▸ opéra comique.

Dramma per musica (ital. = Drama mit Musik) Ursprüngl. Gattungsbezeichnung der frühesten Opern, ausgehend von den Bestrebungen der ▸ Florentiner Camerata. Im 17. und 18. Jahrhundert häufig als Bezeichnung für ▸ opera seria beibehalten.

Dur (lat. »durus«= hart) Tongeschlecht im Dur-Moll-System. Im heutigen Sinn etwa seit Mitte des 17. Jahrhunderts gebräuchlich.

Durchkomponierte Oper Durchgehender musikalischer Ablauf im Unterschied zur ▸ Nummernoper.

Einschwingungsvorgang Entscheidender Übergang von der Ruhelage einer Stimme in den sogenannten »stationären« Klang.

Ensemble (frz. = zusammenwirken) Gruppe von ständig miteinander wirkenden Instrumentalisten oder Sängern. Es gibt verschiedene Formen: Duett (2 Sänger), Terzett (3), Quartett (4), Quintett (5), Sextett (6), Septett (7), Oktett (8) oder Nonett (9). Der Ensemblegesang ist insbesondere seit den großen Opern Mozarts ein zentrales Ausdrucksmittel, das auch im gesellschaftlichen Sinn die Abkehr von der ▸ ariosen, stark ichbezogenen ▸ Barockoper versinnbildlicht. Wesentliches Ausdrucksmittel vor allem in der ▸ opera buffa.

Entr'acte (franz.) Zwischenakt oder Zwischenaktmusik, u.a. verwendet in *Der Freischütz* von Carl Maria von Weber.

Falsett Die durch Brustresonanz verstärkte männliche Kopfstimme.

Farce (ital. »farsa« = Füllsel) Posse. Im 18. und 19. Jahrhundert Bezeichnung für einaktige komische Opern.

Favola in musica (ital. = Fabel mit Musik) Legendenhafte oder mythische ital. Oper zu Beginn des 17. Jahrhunderts mit starken epischen Elementen, auch » favellar in musica« genannt.

Florentiner Camerata Gelehrtengruppe am Ende des 16. Jahrhunderts, die beim Versuch, die Gesangsformen des antiken Dramas wiederzubeleben, im Zusammenhang mit der Kunst der Rhetorik die neue Ausdruckskunst der Oper entwickelte. Die für ihre Theorien wesentliche Schrift ist der *Dialogo della musica antica e della moderna* von Vincenzo Gallilei (1581).

Französische Ouvertüre Typus der ▸ Ouvertüre, im 17. und 18. Jahrhundert. Dreiteilig mit der Folge »langsam-schnell-langsam«.

Funkoper Bezeichnung einer Gattung, die spezielle Ausdrucksmöglichkeiten des Rundfunks zu nutzen versucht. Von Bedeutung vor allem in den 50-er und 60-er Jahren des 20. Jahrhunderts. U.a. *Die Flut* von Boris Blacher oder *Das Ende einer Welt* von Hans Werner Henze nach einem Text von Wolfgang Hildesheimer.

Gehörbildung Fähigkeit, Töne und Klänge, Tonabstände (▸ Intervall) und Rhythmen genau zu erfassen und wiederzugeben.

Generalmusikdirektor Chefdirigent, häufig Titel des musikalischen Leiters eines Opernhauses.

Grand opéra (franz. = Große Oper) Dominierende Gattung in der franz. Oper des 19. Jahrhunderts. Durchkomponierte Strukturen in vier oder fünf Akten und aufwendige Darstellungsformen. Sozialgeschichtlich bezeichnend als Selbstdarstellung des Bürgertums im Zeitalter des Imperialismus und der Industrialisierung.

Hosenrolle Weibliche Darstellung einer männlichen Rolle. Seit dem 19. Jahrhundert in Nachfolge der ▸

Kastraten. Herausragende Hosenrollen sind die Rolle des Cherubino in Mozarts *Le nozze di Figaro* (*Die Hochzeit des Figaro*) oder die Figur des Octavian in *Der Rosenkavalier* von Strauss.

Imbroglio (ital. = Verwirrung) Überlagerung verschiedener Taktarten oder Rhythmen zur Darstellung chaotischer Opernhandlungen, z.B. in Werken Mozarts oder Rossinis.

Impresario Leiter von Theater- oder Konzertunternehmen.

Inspizient Für den szenischen und technischen Ablauf einer Aufführung vom Inspizientenpult aus Verantwortlicher.

Intendant (franz. = Verwalter) Künstlerischer Leiter einer Oper, eines Theaters, eines Konzertunternehmens, eines Rundfunk- oder Fernsehsenders oder von Festspielen.

Intermedium (ital. »intermedio« = in der Mitte befindlich) Vokale oder instrumentale Musik, die im 16. und 17. Jahrhundert zwischen die Akte von Schauspielen gestellt wurde. Berühmt u.a. die *Florentiner Intermedien*. Noch Pergolesis *La serva padrona* (*Die Magd als Herrin*) entstand 1733 als solches Intermedium.

Intervall (lat. »intervallum« = Zwischenraum) Tonhöhenunterschied zweier Töne, die zur gleichen Zeit oder nacheinander ertönen. Die kleinsten Intervalle der Diatonik sind der Halbton- (kleine Sekunde, zum Beispiel c-cis) und der Ganztonschritt (große Sekunde, zum Beispiel c-d). Die Terz ist ein in der klassischen und romantischen Musik häufig vorkommendes Intervall. Als kleine Terz besteht sie aus drei Halbtonschritten (ein Charakteristikum der Molltonleiter), als große Terz aus zwei Ganztonschritten (Durtonleiter). Weitere Intervalle innerhalb einer Oktave sind Quarte, Quinte, Sexte, Septime und Oktave. Doch gibt es auch Intervalle, die über eine Oktave hinausgehen, etwa die None (9. Tonstufe) oder die Dezime (10. Tonstufe).

Intonation (lat. »intonare« = hineintönen) Einstellen der Singstimme oder eines Instruments auf die richtige Tonhöhe. Art der Tongebung, z.B. eine reine, unsaubere, weiche Intonation.

Introduktion Instrumentaleinleitung einer Oper oder auch eines Opernaktes.

Italienische Ouvertüre Typus der ► Ouvertüre im 17. und 18. Jahrhundert. Dreiteilig mit der Folge »schnell-langsam-schnell«.

Kammeroper In Besetzung und Stil reduzierte Operngattung, angewendet vom Barock bis in die Moderne. Ursprüngl. ausgehend von»camera«, der Kammer, dem höfischen Prunkvorstellungen dienenden Hauptraum der ital. Adelspaläste im 17. Jahrhundert. Im 19. und 20. Jahrhundert innovative Opernform, bei der die Beschränkungen von Raum und Struktur als positiver Aspekt berücksichtigt werden. Zgl. Bezeichnung für ein Opernensemble bzw. eine Institution, die Opern in kleinerer bzw. eingeschränkter Form aufführen.

Kammersänger Von staatlichen Stellen verliehener Ehrentitel für Opernsolisten.

Kastrat (lat. »castrare« = beschneiden) Sänger mit einer weiblichen Altstimme. Die Kastratenstimme wird durch teilweise Entmannung vor dem Stimmwechsel erzeugt. Dominierend als virtuoses Darstellungselement in der ► Barockoper erzielt. Im 19.Jahrhundert zunehmend durch die Tradition der ► Hosenrolle abgelöst. In der Päpstlichen Kapelle sangen seit 1562 Kastraten. Der letzte legendäre, Alessandro Moreschi, starb 1922.

Kavatine (ital. = Liedchen) Lyrisches, liedhaftes Sologesangstück mit Instrumentalbegleitung in Opern des 18. und 19. Jahrhunderts. Zumeist in einfacher zweiteiliger Form gehalten. Bereits in den letzten Opern Händels, u.a. in *Xerxes*, wird die virtuose Arienform durch liedhafte Formen im Stil der Kavatine abgelöst.

Kinderoper Eigens für Kinder und Jugendliche verfasste Oper mit zumeist kleineren und überschaubaren Formen und Strukturen, im 20. Jahrhundert u.a. Werke von Benjamin Britten oder Hans Werner Henze. Vgl. ► Schuloper.

Klavierauszug Einrichtung einer mehrstimmigen Komposition für das Klavier (zweihändiger Satz). In der Oper ist der Klavierauszug als Quintessenz der ► Partitur von zentraler Bedeutung für die Einstudierung von Solisten und Chor.

Klavierhauptprobe Endprobe im Entwicklungsprozeß einer Opernaufführung. Die Sänger agieren auf der original eingerichteten Bühne in Originalkostümen bei Originalbeleuchtung. Einzig das Orchester wird durch das Klavier ersetzt.

Koloratur (lat. »colorare« = färben) Virtuose Verzierung von Gesangsstücken durch schnelle Läufe, Sprünge und Triller. Bevorzugt in der Arie des 18. Jahrhunderts. Besonders in Opern von Mozart, Bellini, Donizetti, Rossini oder Verdi als dramatisches Ausdrucksmittel eingesetzt.

Konzertante Oper Darbietung einer Oper im Konzertsaal. Häufig bei selten gespielten Werken des ► Repertoires oder bedingt durch Zwänge im Spielplan eines Opernhauses.

Kopfstimme Register der menschlichen Stimme mit überwiegender Kopfresonanz und einem hellen und weichen Klang. Im Unterschied zum ► Falsett.

Korrepetitor Musikalischer Assistent bzw. Kapellmeister, der am Klavier die musikalische Einstudierung einer Oper mit den Gesangssolisten übernimmt.

Leitmotiv Prägnantes musikalisches Motiv, das einer Sache, Person oder Idee zugeordnet ist. Im 18. Jahrhundert bereits als Erinnerungsmotiv verwendet. Mit eindeutigem Sach- oder Personenbezug und als strukturelles Ordnungsprinzip eingesetzt u.a. im ► Musikdrama von Richard Wagner. Im 20. Jahrhundert zunehmend verwendet im Zusammenhang mit psychologischen Bezügen, u.a. in den Opern von Richard Strauss.

Libretto (ital. = Büchlein) Seit dem 18. Jahrhundert das gedruckt veröffentlichte Textbuch zu Opern und Werken des musikalischen Theaters.

Librettooper Das ► Libretto dient bei dieser Gattungsbezeichnung ausschließlich als Vorwand zur Entwicklung musikalischer Strukturen und stützt sich im Gegensatz zur ► Literaturoper nicht auf eine eigenständige Vorlage.

Ligatur (lat. »ligatura« = Bindung) Haltebogen. In der Vokalmusik das Singen mehrerer Töne auf einer Textsilbe.

Literaturoper Vor allem nach 1945 Bezeichnung für Opern, bei denen das ► Libretto im Gegensatz zur ► Librettooper auf einem vorliegenden literarischen Text beruht.

Madrigal Mehrstimmiges lyrisches Lied mit weltlichen Themen.

Madrigalkomödie Vorform der Oper in enger Anlehnung an die ► Commedia dell' arte, mit bevorzugt derben und komischen Handlungen.

Masque (engl. = Maskenspiel) Hauptsächl. in England beheimatete Gattung zur Darstellung von allegorischen und mythologischen Szenen mit Tanzeinlagen. Vorform der Oper.

Meistergesang Aus dem Minnesang entwickelte Kunst der vornehml. in Süddeutschland angesiedelten Meistersingerschulen im 15. und 16. Jahrhundert. Handlungshintergrund zu Richard Wagners *Die Meistersinger von Nürnberg*.

Melodrama Bühnengattung, in der das gesprochene Wort von Musik untermalt und illustriert wird. In enger Verwandtschaft zum ► Monodrama. In England seit dem 18. Jahrhundert Theaterform mit zumeist romantisch überhöhter und düsterer Darstellung.

Melodramma (griech. »melos« = Lied, »drama« = Handlung, ital. »Melodramma«, frz. »Mélodrame«) Im ital. Theater Ausdruck der Verbindung von Musik und Szene, ausgehend von den Bestrebungen der ► Florentiner Camerata.

Messa di voce (ital.) Allmähliches An- und Abschwellen des Tones. Eine der ausschlaggebenden Kriterien bei der Stimmbildung. Im Dt. auch ► Schwellton.

Mezza voce (ital.) Mit »halber Stimme«, mit zurückgehaltener Stimme.

Mezzosopran Mittlere Frauenstimme zwischen ► Alt und ► Sopran.

Miniaturoper Vornehml. im 20. Jahrhundert Gattungsbezeichnung für Kurzopern mit spezifischer Dramaturgie und Ästhetik, u.a. *Opéra-minutes* (*Minutenopern*) von Darius Milhaud (1927/28).

Moll (lat. »mollis« = weich) Neben > Dur beherrschendes Tongeschlecht im Dur-Moll-System. Im heutigen Sinn etwa seit Mitte des 17. Jahrhunderts gebräuchlich.

Monodie (griech. = Einzelgesang) Instrumental begleiteter Sologesang. Ausgehend von den Bestrebungen der ► Florentiner Camerata, die Gesangsformen des antiken Dramas wiederzubeleben. Ausschlaggebend für die Entwicklung der Opernkunst als eine maßgeblich vom Affektgehalt des Textes bestimmte dramatische Kunstform.

Monodrama (griech. »monos« = allein, »drama« = Handlung) Musikdramatisches Werk mit nur einer handelnden Person.

Moresca Von Männern ausgeführte pantomimische Tänze derben Charakters. Zurückgehend auf historische Kampfszenen u.a. gegen die Morescos (die Mauren) oder Türken. Eine der überlieferten Vorformen dramatischer Darstellung, die zur Entwicklung der Oper führten.

Moritat Schauergeschichte. Meist vorgetragen in Form der Ballade. Untermalt von Leierkastenmusik.

Musical (engl. abgeleitet von »musical comedy« = musikalisches Lustspiel) In Amerika entstandenes, zumeist englischsprachiges Musiktheater mit gesprochenem Dialog, Gesang und Tanz, das sich zu einer eigenständigen Gattung entwickelte. Seit den 80-er Jahren entstehen eigens Theaterbauten für kommerzielle Erfolgsmusicals wie *Cats* oder *Phantom der Oper*.

Musica practica (lat.) Auf Erfordernisse in der Praxis ausgerichtete Lehre der Komposition und des Gesanges im 15. bis 18. Jahrhundert.

Musica viva (ital. = lebendige Musik) Bezeichnung für zeitgenössische Musik.

Musikdrama ► Durchkomponierte Oper, bei der Wort, Ton und Geste eine Einheit bilden, z. B. bei Wagner.

Musiktheater Vielseitig anzuwendende Gattungsbezeichnung für musikalische Bühnenwerke. Häufig in bewußter Unterscheidung zum Begriff der Oper benutzt.

Mysterienspiel (griech. »mysterion« = Geheimkult) Mittelalterliche Spiele mit geistlichen, zuweilen auch weltlichen Themen außerhalb des sakralen Bereiches.

Neapolitanische Oper Vorherrschende Stilrichtung in der ► Barockoper ab der zweiten Hälfte des 18. Jahrhunderts. Maßgeblich für die Entwicklung der ► Da-Capo-Arie und der ► opera buffa. Herausragende Komponisten: Scarlatti, Hasse, Pergolesi, Jommelli, Traetta.

Nummernoper Form der Oper, in der die Arien, Ensemble- und Instrumentalstücke in sich abgeschlossen sind. Im 19. Jahrhundert setzt sich im Gegensatz dazu der Stil der ► durchkomponierten Oper durch.

Oper (ital., span., engl. »opera«, franz. »opéra« = Werk) Musikalisches Bühnenwerk, in dem Dichtung, Musik, Gestus, Aktion, Zeit, Raum, Technik, Licht und Farbe zu einer Einheit zusammenwachsen.

Opéra ballet In Paris am Ende des 17. Jahrhunderts aus der ► tragédie lyrique entstandene Opernform.

Opera buffa (ital. = heitere Oper, frz. »Opéra bouffe«) Ital. Gattung des 18. und 19. Jahrhunderts, deren Wurzeln u.a. in der ► Commedia dell'arte und in der ► Commedia in/per musica liegen. Weniger das Komische oder Heitere überwiegt als vielmehr das gemeinsame Spiel und die Dominanz des Ensembles, Sinnbild gleichberechtigt in die Handlung eingreifender Spieler, insbesondere in den Buffoopern Mozarts.

Opéra-comique (frz. = komische Oper) Franz. Operngattung, die in der ersten Hälfte des 18. Jahrhunderts entstand. Entscheidend ist nicht die Komik, sondern der Wechsel aus gesprochenen Dialogen und Gesangnummern meist heiteren, aber auch rührend-lyrischen und zuweilen auch tragischen Inhalts.

Opera semiseria (ital.) Halbernste Oper zwischen ► Opera seria und ► Opera buffa.

Opera seria (ital. = ernste Oper) Italienische Operngattung, die sich aus unterschiedlichen Stilelementen in der zweiten Hälfte des 17. Jahrhunderts zu einem eigenständigen Bühnenwerk mit allegorischen bzw. mythologischen Inhalten entwickelt. Bis ungefähr 1770 gilt die opera seria als anspruchsvollste und wichtigste Operngattung.

Operette (ital. »Operetta« = Werkchen) Auf die ► Opéra-comique und das ► Singspiel zurückreichende Form aus gesprochenem Dialog, Gesang, Ballett und Ausstattungstheater. In der ersten Hälfte des 18. Jahrhunderts werden in Form und Aufwand kleine Opern als »operette« bezeichnet, die zumeist an Fürstenhöfen aufgeführt werden. Seit der zweiten Hälfte des 19. Jahrhunderts ausschließlich Begriff für ein eigenes heiteres und unterhaltsames Genre.

Ouvertüre (frz. »ouverture« = Eröffnung) Instrumentale, in sich geschlossene Einleitungsmusik für Bühnenwerke oder größere Vokalwerke in unterschiedlichen Formen, u.a. ► italienische Ouvertüre oder ► französische Ouvertüre.

Parlando (ital. = sprechend) Die Singstimme soll sich der Sprechstimme annähern. Stilmittel vor allem in der ► Opera buffa.

Partitur (lat. »partire« = teilen, einteilen) Schriftliche Fixierung aller Stimmen einer Oper oder einer anderen mehrstimmigen Komposition.

Pasticcio (von ital. = Pastete) Ein aus bereits bekannten Musikstücken von einem oder von verschiedenen Komponisten neu zusammengestelltes Werk, bevorzugt in der Oper des 18. und 19. Jahrhunderts.

Polyphonie (griech. »polyphonia« = Vielstimmigkeit) Mehrstimmigkeit, in der die einzelnen Stimmen rhythmisch und melodisch nach den Regeln des Kontrapunktes durchgeführt werden.

Portamento (von ital.= die Stimme tragen) Gleitender Übergang von einem Ton zum nächsten.

Primadonna (ital. = erste Dame) Erste Sängerin eines Theaters oder Ensembles, der die weiblichen Hauptpartien zugewiesen werden.

Primo Uomo (ital. = erster Herr) Erster Sänger eines Theaters oder Ensembles, dem die männlichen Hauptpartien zugewiesen werden.

Puppenoper Eine auf *Damira Placata* von Marc' Antonio Ziani, uraufgeführt 1680 in Venedig, zurückgehende Tradition. Joseph Haydn verfaßte für das Puppentheaer auf Schloß Esterházy mehrere Marionettenopern.

Rappresentazione sacra In Florenz im 15. und 16. Jahrhundert gepflegtes sakrales Spiel als Vorform der Oper, u.a. *Rappresentazione di anima e di corpo* (*Geistliches Spiel von der Seele und dem Körper*) von Emilio de' Cavalieri.

Recitativo accompagnato (ital.) Ausgearbeitetes, vom Orchester begleitetes ► Rezitativ.

Recitativo secco (ital.) Einfaches, trockenes ► Rezitativ, vom Cembalo, Hammerklavier oder von Generalbaßinstrumenten begleitet.

Register Die für die unterschiedlichen Resonanzbereiche charakteristische Färbung der Stimme. Die wichtigsten Bestandteile des ► Timbres einer Stimme sind Kopfregister und Brustregister. Die klassische Gesangsausbildung zielt auf eine ausgewogene Mischung der Register und einen bruchlosen Übergang vom einen zum anderen Register.

Repertoire (franz. = Sachregister) Gesamtheit aller auf dem Spielplan eines Theaters bzw. Opernhauses stehenden Stücke.

Rettungsoper Bezeichnung für eine Gattung von vornehmlich franz. Opern um 1800, deren Handlung durch die Ereignisse der Frz. Revolution bestimmt wird. Sie beeinflußten Inhalt und Form des *Fidelio* von Beethoven.

Revue (franz. = Musterung, Bühnenschau) Prunkvoll ausgestattetes Unterhaltungsstück, etwa in der Mitte des 19. Jahrhunderts in Paris aus den Féerien hervorgegangen.

Rezitativ (ital. »recitare« = vorlesen, deklamieren) Der auf die ► Monodie zurückgehende Sprechgesang, der neben der ► Arie das Grundgerüst der musikalisch-dramatischen Struktur in der Oper bildet. Zunächst auf exakt festlegten Formen wie dem ► Recitativo Secco oder ► Recitativo Accompagnato aufgebaut, geht es im 19. Jahrhundert zunehmend in freie Dialogbehandlung über.

Rhythmische Deklamation Spezielle Technik des ► Sprechgesangs. Im 20. Jahrhundert vornehml. in Werken von Arnold Schönberg und Alban Berg, besonders prägnant in *Wozzeck* und *Lulu*.

Ritornell (ital. »ritornare« = zurückkehren) Bezeichnung für wiederholt auftretende Zwischenspiele, zunächst in Madrigalen, später in der ► Barockoper.

Rockoper Musiktheater mit Einflüssen aus der Rockmusik. Der Begriff wurde bekannt durch *Tommy* (uraufgeführt beim Woodstock-Musikfestival 1969) oder *Qudrophenia*, Rockopern der Gruppe »The Who«.

Rollenfächer Spezielle, nach gesanglichen und darstellerischen Anforderungen getrennte Gesangs- bzw. Stimmfächer, u.a. das sog. Seriöse Fach und das Charakterfach oder Spielfach.

Romantische Oper Gattungsbezeichnung des 19. Jahrhunderts für Werke mit vornehmlich märchenhaftem und zauberischem Gehalt.

Satyrspiel In antiken Theateraufführungen das den Tragödien folgende heitere und tanzartige Schlussstück, das zu den Urformen der Oper zählt.

Schuloper Kleines Bühnenwerk, auf Kinder und Jugendliche zugeschnitten, vgl. auch ► Kinderoper.

Schutzfrist Zeitdauer des nach dem Urheberrechtes geltenden Rechtsschutzes.

Schwarzer Baß Bezeichnung für einen seriösen, über prägnante tiefe Töne verfügenden ► Baß.

Singspiel Heitere Oper, musikalische Komödie in deutscher Sprache mit gesprochenen Dialogen. Das deutsche Singspiel entwickelte sich im 18. Jahrhundert und fand seinen Höhepunkt in Mozarts *Die Entführung aus dem Serail*.

Solfeggio (ital.) Auf einer bestimmten Silbentechnik aufgebaute Gesangsübung.

Songspiel Auf der Form des Songs, des kritischen Liedes, beruhende, zumeist kurze Opernform im 20. Jahrhundert, z. B. *Mahagonny* von Bertolt Brecht und Kurt Weill.

Sopran (lat. »supremus« = der höchste) Höchste der Frauen- bzw. Knabenstimmen.

Soprano spinto (lat. = gestoßen, im Sinn von hochgetrieben) Spezielle Sopranstimme zwischen dem sog. lyrischen und dramatischen Fach.

Sotto voce (ital. = unter der Stimme) Mit gedämpfter Stimme singen. Bildet teilw. ganze Abschnitte »innerer Handlung«, z.B. in Opern von Mozart.

Soubrette (franz. = Zofe) Besonderes Rollenfach, auch Spielsopran genannt.

Souffleur (franz. = Vorsager) In der Regel Vorsager des gesamten Textes. In ital. Opernhäusern geben Souffleure auch Einsätze des Dirigenten an die Sänger weiter.

Spieloper Heitere Oper, überwiegend mit gesprochenem Dialog, vgl. ► Singspiel.

Sprechgesang Begriff für einen Stil und Ausdruck zwischen Sprechen und Singen, sei es rhythmisch gebunden oder an einer Sprachmelodie orientiert.

Stagione (ital. = Jahreszeit) Ursprüngl. die auf höfischen Gepflogenheiten und der Beschränkung auf bestimmte Perioden, z.B. die Karnevalszeit, beruhende Spielzeit eines Opernensembles. Bezeichnung für eine bestimmte Ökonomie des Spielbetriebs an Opernhäusern.

Stretta (ital. = Druck) Effektvolle, im Tempo beschleunigte Schlußsteigerung einer ital. Arie oder eines Ensembles.

Tenor Hohe Männerstimme. Ursprüngl. Hauptstimme im Musiksatz des 12. bis 16. Jahrhunderts.

Tessitura (ital. = Gefüge) Tonhöhenumfang einer Gesangspartie im Vergleich zur geforderten Stimmlage, z.B. eine Partie in der Mittellage.

Timbre (franz.) Klangfarbe eines Instrumentes oder einer Gesangsstimme

Tragédie lyrique (franz.) Die von Jean Baptiste Lully begründete große französische Oper im 17. und 18. Jahrhundert, zu deren Hauptmerkmalen große Chöre und Balletteinlagen zählen.

Transkription Übertragung bzw. Einrichtung eines Werkes für eine andere Besetzung. In der Oper häufig und hauptsächlich beim Instrumentarium eingesetzt, z.B. bei Übertragungen der Partitur auf ein bzw. zwei Klaviere.

Vaganten Fahrende Studenten des Mittelalters, deren Trink- und Spottlieder zu den frühesten Formen der Musikdramatik zählen.

Vaudeville (frz. = Singspiel) Ursprüngl. ein nordfranzösisches Spottlied. Im 17. Jahrhundert Einlage von Stegreifstücken ital. Komödianten in Paris, woraus sich populäre Liederspiele entwickelten, die im 18. Jahrhundert zur Urform der ► opéra comique wurden.

Venezianische Oper Neben dem in Rom zur gleichen Zeit entwickelten Stil die Blüte- und Hochform der ital. Oper um die Mitte des 17. Jahrhunderts. 1637 wurde mit dem Teatro San Cassiano das erste öffentliche Opernhaus gegründet. Zu den Hauptvertretern zählen Komponisten wie Cavalli, Cesti, Caldara und Vivaldi.

Verismo (ital. im Sinn von »ein Stück Leben«) Ital. Operngattung mit naturalistischer Milieuschilderung. Von der literarischen Stilrichtung des Naturalismus beeinflußt, entwickelte sich die Gattung zwischen 1890 und 1910. Hauptvertreter sind Komponisten wie Mascagni, Leoncavallo, Giordano und Cilea.

Voce di petto (ital.) Bruststimme

Voce di testa (ital.) Kopfstimme

Zählzeit Kleinste Einheit im ► Takt.

Zauberoper Eigenständige Gattung in Wien an der Wende vom 18. zum 19. Jahrhundert mit populären Figuren und phantastischen Märchenstoffen, nicht zuletzt basierend auf Mozarts *Die Zauberflöte*.

Zwölftonmusik Auch ► Dodekaphonie genannt. Komposition, die auf einer festgelegten Abfolge (Reihe) der zwölf chromatischen Töne einer Oktave (► Intervall) beruht. Kein Ton darf hierbei wiederholt werden, bevor nicht die anderen elf erklungen sind. Zu herausragenden Opern im Zwölfton-Stil zählen *Moses und Aron* von Arnold Schönberg und *Lulu* von Alban Berg.

WERKREGISTER

PERSONENREGISTER

BILDNACHWEIS

Der Verlag dankt allen, die uns Bilder zur Verfügung gestellt haben für die freundliche Genehmigung zum Abdruck. Leider war es uns nicht in allen Fällen möglich, die Rechteinhaber ausfindig zu machen; alle Ansprüche bleiben gewahrt.

Besonderer Dank für den Bildteil dieses Buches gilt dem Fotografen Karl Forster und den Mitarbeitern des Aalto-Theaters in Essen unter Ihrem Intendanten Stefan Soltesz, die mit großem Engagement die Aufnahmen vom Proben- und Bühnenbetrieb eines Opernhauses ermöglichten.

© AKG, Berlin: S. 31 oben, 206, 245 unten, 254, 255, 258 · © Archiv der Salzburger Festspiele: 222, 223 · © Clärchen Baus-Mattar und Hermann J. Baus: S. 88 · © Gert von Bassewitz: S. 175 · © Andreas Birkigt: S. 75, 144, 203 unten, 204, 205 · © Hans Ludwig Böhme: S. 272 – 276 · © aus: Günter Böhmer, Die Welt des Biedermeier, München 1968: S. 244 · © Brinkhoff/Mögenburg: S. 68 · © Cinetext Bildarchiv: S. 118 unten, 238 · © Deutsches Theatermuseum: S. 70 · © Deutsches Theatermuseum/Abisag Tüllmann: S. 239, 240, 242 rechts · © Mara Eggert: S. 125, 217, 220 · © Film Fundus Robert Fischer: S. 24, 278, 279, 280 unten · © Karl Forster: S. 44, 45 unten, 46, 47, 48, 50, 51, 52, 53, 54, 62, 65 unten, 66, 74, 81 unten, 82 oben, unten, 100, 101, 102 unten, 103, 104, 106 – 108, 109 unten, 110, 124, 126 oben, unten, 127, 128 unten, 140 – 143, 150, 152, 153, 154 unten, 188, 189, 213, 214 unten, 216, 218, 219, 224, 225 unten, 226, 229, 231, 232 unten, 249, 250 unten, 251, 252, 282, 283, 284, 286 · © Gerstenberg Verlag, Fotograf Karl Forster: S. 8–19 · © Wilfried Hösl: S. 40 · © Matthias Horn: S. 212 · © Interfoto Presse-Agentur, München: S. 156, 157 · © Gundel Kilian: S. 236 unten · © Kranichphoto: S. 28, 29, 30, 31 unten, 32 unten, 56 – 58, 59 unten, 60, 148 unten, 160 – 162, 163 unten, 164 · © Jörg Landsberg: S. 90, 91, 260 · © Klaus Lefebvre: S. 23, 26 228, 230, 265, 266 · © aus: J. P. Lysers Musikalischem ABC, 1850: S. 246 · © Theaterservice GmbH: S. 96, 172, 174 · © Stefan Odry: S. 275 · © Opera Magazine: S. 179 unten · © Opernhaus Zürich: S. 22, 25 · © Photocards. Editioni Beatrice D'Este: S. 202 · © Andreas Pohlmann: S. 182, 184 unten · © Ros Ribas: S. 94 · © Russisches Museum, Leningrad: S. 137 links · © A. T. Schaefer: S. 120, 121, 122, 136, 191 unten, 192 · © Peter Schlegel: S. 63, 64 · © Christian Schnur: S. 256, 257 · © M. Schöne: S. 178 · © Sonnabend Gallery, New York: S. 138 · © Eduard Straub: S. 112 – 114 · © Österreichischer Bundestheaterverband, Joachim Thode: S. 168 unten, 208, 209, 235 · © Ullstein Bilderdienst: S. 234 · © Universität Köln, Theaterwissenschaftliche Sammlung: S. 41, 42 unten, 69, 71, 72, 84, 85, 86 oben, 89, 92 rechts, 95, 97, 98 unten, 116, 158 unten, 166, 167, 176 unten, 180, 183, 185, 186, 194, 195, 196 unten, 267 unten, 268, 269, 199, 210 unten, 241, 261, 262 rechts, 264 · © Ruth Walz: S. 34 – 36, 38 unten, 130 – 132, 133 unten, 134 · © Christine Wolf: S. 117 · © Axel Zeininger: S. 20–21, 190, 198

Schmuckbilder:
Erste Seite: *Hoffmanns Erzählungen* von Jaques Offenbach. Josef Protschka als Hoffmann und Jolanta Radek als Antonia, Bregenzer Festspiele.
Letzte Seite: *Hänsel und Gretel* von Engelbert Humperdinck. Stella Kleindienst als Hänsel und Catriona Smith als Gretel in der Inszenierung von Johannes Schaaf, Württembergisches Staatstheater, Stuttgart, 1994.

DANKSAGUNG

Dieses Buch wäre nicht zustande gekommen ohne die enge Zusammenarbeit mit dem Regisseur Johannes Schaaf und ohne die Anregungen der Regisseure bzw. Bühnenbildner Nikolaus Lehnhoff, Marco Arturo Marelli, Gottfried Pilz und der Theaterleiterin Pamela Rosenberg, durch deren aller Unterstützung ich gerade in den letzten Jahren meine Gedanken und Ansichten in der Opernpraxis umsetzen konnte. Christiane Filius-Jehne verdanke ich nicht nur die kompetente Textredaktion, sondern auch viele Hinweise und Anregungen. Ich widme dieses Buch meinen Studentinnen und Studenten an der Hochschule für Musik und darstellende Kunst in Hamburg und an der Musikhochschule Hanns Eisler in Berlin, da ich es nicht zuletzt dem Gedankenaustausch mit ihnen verdanke, immer wieder neu die Lebendigkeit und Aktualität der Kunstform Oper zu erfahren.

IMPRESSUM

Die Deutsche Bibliothek – CIP-Einheitsaufnahme
Ein Titeldatensatz für diese Publikation ist bei
Der Deutschen Bibliothek erhältlich.

2. Auflage 2002

Gestaltung und Satz: typocepta, Wilhelm Schäfer, Köln
Satz aus der Berthold Concorde und der DTL Caspari
Druck und Bindung: Canale, Torino
Printed in Italy
ISBN 3-8067-2510-1